财富管理理论与实务

主　编　周小全　苑德军
副主编　张春子　陶　林

中国金融出版社

责任编辑：刘　钊
责任校对：潘　洁
责任印制：丁淮宾

图书在版编目（CIP）数据

财富管理理论与实务 / 周小全，苑德军主编 .—北京：中国金融出版社，2020. 9

ISBN 978 - 7 - 5220 - 0705 - 2

Ⅰ. ①财…　Ⅱ. ①周…②苑…　Ⅲ. ①投资管理　Ⅳ. ①F830. 593

中国版本图书馆 CIP 数据核字（2020）第 124747 号

财富管理理论与实务
CAIFU GUANLI LILUN YU SHIWU

出版
发行　中国金融出版社

社址　北京市丰台区益泽路 2 号
市场开发部　（010）66024766，63805472，63439533（传真）
网 上 书 店　http：//www. chinafph. com
（010）66024766，63372837（传真）
读者服务部　（010）66070833，62568380
邮编　100071
经销　新华书店
印刷　北京市松源印刷有限公司
尺寸　169 毫米 × 239 毫米
印张　22. 75
字数　382 千
版次　2020 年 9 月第 1 版
印次　2020 年 9 月第 1 次印刷
定价　70. 00 元
ISBN 978 - 7 - 5220 - 0705 - 2

前　言

近年来，我国金融经济生活中的一个重大变化，是资产管理行业的迅速崛起。在资产管理机构之间深度竞争和国民财富快速积累效应的双重力量的强力推动下，资产管理机构管理的资产规模迅速扩大，资产管理产品的结构日趋丰富，资产管理市场的创新措施层出不穷，资产管理行业的对外开放程度显著提高。特别是2018年4月中国人民银行、中国银保监会、中国证监会、国家外汇管理局联合发布《关于规范金融机构资产管理业务的指导意见》（“资管新规”），吹响了对资产管理行业实施统一监管的号角，开启了资产管理行业高质量发展的新征程，标志着资产管理行业进入了新时代。

新时代资产管理行业的整体经营环境正在发生深刻变化，据此催生出强烈的行业转型发展需求。一是从宏观经济环境看，我国经济已由高速增长阶段转向高质量发展阶段，经济运行中的体制性、结构性、周期性问题交织在一起，经济发展的外部环境严峻复杂，经济下行的压力加大，这将从经济基础层面促使资产管理规模的增长由过去的高速度向常态化转型。二是从金融市场环境看，金融对外开放提速吸引外资金融机构纷纷进入我国金融市场，从而改变了资产管理行业的竞争格局，也加速了我国资产管理市场与国际金融市场的融合。这在客观上要求中资资产管理机构在外资金融机构被“引进来”的同时必须“走出去”，在投资组合中加大境外资产的配置比重，有效分散投资风险，同时加强与境外同业机构的合作，积极参与国际金融市场的竞争，尽快向国际化转型。三是从技术环境看，人工智能、区块链、大数据、云计算等新一代信息技术，在产品开发、估值定价、投顾投研、风险管理、客服营销等资产管理主要环节的应用力度不断加大，金融科技赋能资产管理，成为所有资产管理机构需要认真面对的重大课题。这在客观上要求资产管理机构必须尽快向数字化转型。四是从监管环境看，“资管新规”以及各种配套细则正在逐步实施，强监管成为资产管理行业监管的主基调。这在客观上要求资产管理机构必须摒弃产品层层嵌套、过度加杠杆、“资金池”模式、通道和非标盛行、监管套利等各种不规范行为，坚持依法合规经营，在经营行为上向规范化转型。应该说，这些转型是资产管理机构告别过去的粗放型发展模式，转向高质量发展的必由之路。

不过，除上述转型需求外，我国的资产管理机构还面临着资产管理业务向全面的财富管理业务转型的沉重压力。这种压力主要来源于两个方面：一是中等收入群体和高净值人群的迅速扩大。到2019年底，我国人均国内生产总值（GDP）已经超过1万美元，开始步入中高等收入国家的行列。与这种情况相适应，我国拥有全球规模最大、最具成长性的中等收入群体。此外，高净值人群的规模也在不断扩大。这两类群体是财富管理业务坚实、厚重的客户基础，其需求结构呈现鲜明的多层次、多样化的特点，涵盖了投资管理、医疗健康服务、子女教育、税收筹划、海外资产配置、慈善安排、财富代际传承等财富管理的众多内容，现行的主要以满足单一的资产保值增值需求为目标的资产管理业务，已经远远不能满足他们的需要。二是人口老龄化进程加快。到2019年末，我国60周岁及以上人口已达2.54亿人，占全国总人口的18.1%，并且老龄人口每年还在以700万人左右的规模递增。随着人口老龄化程度加深，全社会的养老需求显著扩大。为了有效应对人口老龄化带来的挑战，做到未雨绸缪，需要专业机构及早为客户制定切实可行的退休规划，测算客户的养老资金供求缺口并采取有效的缺口弥补措施，而这些尚未纳入资产管理机构现有的业务范围。鉴于此，我国的资产管理机构应该加快向财富管理机构的转型，逐步实现“三个转变”，即从“以产品为中心”向“以客户为中心”转变；从仅仅满足客户的资产保值增值需求，向以满足客户多样化、定制化、综合化的需求转变；从产品的同质化向产品的差异化、个性化转变。实际上，时下国内一些商业银行的私人银行通过构建专属产品体系，拓展产品线，正在努力增加产品品种和扩大业务服务范围，推动私人银行业务向广阔的财富管理领域延伸。一些信托公司也以开展家族信托业务为抓手，强化主动管理，通过开发新的信托产品和服务品种、设立家族办公室、与其他金融机构密切合作等方式，着力满足客户的家族财产风险隔离、保险规划、财富传承、子女教育等多方面的需求。这些资产管理机构致力于提升自身财富管理能力，在向财富管理转型的道路上迈出了坚实的步伐。

从资产管理向财富管理转型，是我国资产管理机构转型发展的根本方向，将给整个资产管理行业带来深刻变化和质的飞跃，是意义更为重要的转型。正是顺应这种转型需求并希望为这种转型贡献绵薄之力的意愿，构成了我们写作本书的初衷。

本书具有三个方面的特点：一是内容较为全面。本书内容涵盖了财富管理知识体系的主要方面，包括财富管理的基本理论和财富管理的主要业务。为了客观反映财富管理业务的新发展、新变化，使内容与时俱进，本书还专门安排了“智能财富管理”一章，对金融科技发展给财富管理带来的影响和变化，做了较为细致的阐述。二是理论与实务并重。本书既注重阐述财富管理的基本理论和与各种财富管理业务密切相关的理论知识，同时又注重从实务操作角度，详细介绍各种财富管理业务的操作方法、实施步骤和管理策略。为了增强读者对财富管理实务的理解和实感，本书还设置了一些专栏，紧密结合阐述的内容进行案例分析。三是国际化与本土化互相融合。在介绍财富管理的一些产品和业务时，既客观阐述国际上通行的一般性做法，同时也从我国的实际情况出发，对我国开展某些财富管理业务的具体情况和做法，做了较为全面的阐述。本书还开辟专章对我国资产管理市场的发展过程、总体结构、运行与监管、发展趋势等进行了较为深入的讨论。

本书是国内财富管理研究人员和民生证券财富管理专业人士的集体成果。各章写作的具体分工为：第一章，苑德军、陈煜；第二章，阿依仙木、齐冬妮；第三章，陈督、叶影；第四章，郑楠、陈督；第五章，王娟、魏祎璞；第六章，刘一婷；第七章，郑笑天；第八章，苑德军、苗培；第九章，张春子；第十章，石泉；第十一章，张春子。苑德军设计了全书的结构框架，周小全、苑德军、张春子、陶林总纂定稿。

本书在写作过程中，参考了大量的研究文献，谨向这些文献的作者表示衷心的感谢！由于参考的研究文献较多，难免挂一漏万，有的文献可能未被列出，还请作者予以谅解。人力资源和社会保障部的江泽英、中国财政科学研究院的李全、国开证券的宁阳、百瑞信托的张永等同志对本书的写作给予了热情的帮助，在此一并致谢。

本书既可作为高等院校学生的专业课教材和财富管理机构的培训教材，也可作为财富管理业界从业人员和财富管理爱好者的专业读物。若本书能对传播财富管理专业知识、提高财富管理从业人员专业素养、培养造就财富管理专业人才有些微小助益的话，我们将感到欣慰。

由于我们的水平有限，本书一定存在很多不足之处，诚请财富管理业内人士和热心读者不吝赐教。

周小全　苑德军

2020 年 4 月 20 日

目　录

第一章　财富管理概述

在现代市场经济条件下，居民个人随着自身收入水平的逐步提高，在基本的生存需求得到满足之后，希望利用节余收入获得更多资产回报，以更好地满足生命周期不同阶段的财务需求，实现更高的生活目标。居民个人这种持续增长的财富管理需求，为一国财富管理市场的形成和发展提供了基础条件。

财富管理涵盖的是一个外延较为宽泛、内容较为庞杂的知识体系，涉及与之相关的业务、产品、投资组合管理、风险管控、税收筹划，以及财富管理市场的运行与监管等很多方面。而关于财富管理的基本理论，则构成了这一知识体系的理论基础。

第一节　财富管理的含义

一、财富的定义、分类与特征

（一）财富的定义

所谓财富，就其一般意义而言，是指社会生产和个人生活领域中具有使用价值的物品。最早给财富下定义的是古希腊著名思想家色诺芬。他认为财富是对占用者有用的好东西，即强调财富本身的使用价值。后来，随着商品货币经济的发展，不同经济学派对财富定义的理解出现了歧见，呈现出一种多元化倾向。重商学派反对从使用价值的角度诠释财富，主张从交换价值的角度去理解财富，认为财富是由货币构成的；重农学派则反对这种观点，其十分看重的是使用价值，认为真正的财富是具有可消费功能的农产品而非货币。此后，古典经济学的著名代表人物亚当·斯密、萨伊、李嘉图，以及约翰·穆勒、马尔萨斯等人围绕财富是否既有使用价值又有价值、财富是否为劳动产品等问题，也展开了激烈的争论。马克思在全面总结和批判继承前人研究成果的基础上，形成了科学的财富观。马克思把财富理解为社会财富，特别强调劳动在财富形成中的重要作用，明确指出“财富的本质就在于财富的主体存在”①。他把劳动主体看作财富的本质，把劳动视为财富的主要来源。

经济学意义上的财富是指社会财富，即劳动者通过劳动创造的兼具使用价值和价值的劳动产品，当然也可以是这类产品的代表形式，如现金货币、有价证券等。

自然资源也是财富的一种表现形式。从表面上看，其形成和劳动者的劳动似乎并无关联，其实则不然。有用的自然资源也必须通过劳动者的开发或管理，才能转化为具有实际使用价值的财富。

金融领域中的财富管理所讲的“财富”，是指居民个人和各类机构的可投资资产，主要是指金融资产。这一财富概念有其特定内涵，且外延较一般意义的财富概念要窄。居民个人的住房、汽车及珠宝、名人字画等收藏品，通常情况下不会用于投资进入投资过程，因其不是可投资资产，故不宜归入财富管理过程中特指金融资产的“财富”范畴。

从财富具有使用价值和价值这两个根本特点出发，并考虑到金融发展使财富外延扩大的实际情况，可以将财富定义为：财富是经济主体拥有或控制的，能够给其带来经济利益的经济资源。

（二）财富的分类

按照不同的分类方法，可以将财富划分为不同的种类。

1. 按财富的存在形态分类

可以将财富划分为物质财富和精神财富。前者一般都有特定形状并呈现出一定的物理存在状态，能够满足社会生产和人们生活需要；后者没有物理存在形态，主要表现为人力资源和人们从事智力活动所取得的成果，如各类文化艺术产品和著作权、专利权、商标权等各类知识产权。此外，精神信念、道德准则、思想和文化传统等，也属于精神财富。正是由于存在形态上的明显差别，物质财富被称为“有形财富”和“硬财富”，精神财富被称为“无形财富”和“软财富”。

进入21世纪以来，建立在互联网基础上的数字经济的快速发展，特别是云计算、大数据和人工智能技术被越来越广泛地采用，使人类社会迎来了“软财富”时代。发达国家和新兴市场国家的金融、信息、科技、文化

① 马克思．1844年经济学哲学手稿［M］．北京：人民出版社，2000.

等软财富产业对国内生产总值（GDP）增长的贡献率显著提升，在 GDP 中的占比大大提高。这不仅导致了全球产业结构和国际分工结构的改变，深刻影响着世界经济的发展，而且使经济主体的财富结构、财富积累速度和财富保有量发生了重要变化，进而也影响到一国的财富分配格局。软财富在社会财富总量中的比重仍将继续上升，将是不可逆转的发展趋势。

2. 按财富的形成原因分类

可以将财富划分为自然性财富和创造性财富。前者是指可以被人们开发利用的各种自然资源，如森林、河流、湖泊、矿藏、野生动植物等。随着改革开放以来经济的持续高增长，我国作为自然性财富的自然资源的蕴蓄量逐步减少，原有建立在资源高消耗基础上的增长模式已经难以为继，有序、节约、高效利用自然资源，努力建立资源节约型和环境友好型社会，已经成为实现我国经济可持续健康发展的重要问题。后者是指自然界中没有但人们通过自身生产活动和科学研究活动发明创造出来的财富，如各类机械设备、通信工具、生活消费品，以及文学艺术、思想、道德、音乐等方面的精神产品。这类财富的生成，有的需要以一定的自然资源为基础，有的则完全不需要占用自然资源。但不管其与自然资源的关系如何，都要以体力劳动和脑力劳动的投入作为其产生的基本条件。

3. 按财富的持有主体分类

可分为个人及家庭财富、机构财富和国家财富。一般情况下，个人财富与家庭财富紧密联系，两者具有同一性，而且个人财富的形成，往往受到家庭因素的影响。但在现实生活中，有时也存在两者相互分离的情况。个人及家庭财富既是社会财富的基础，同时也是支撑个人生活、教育学习和职业生涯的物质保障。个人及家庭财富，包括不动产、金融资产、贵金属、各类实物财富、人力资本、知识产权等多种构成要素。机构财富是指作为经济实体的企业、社会组织等拥有的物质财富和精神财富。国家财富是指归中央政府所有的财富，因为这里的“国家”，实际上指的是国家的人格化代表——中央政府。国家财富，包括归国家所有、分配、管辖、专属的自然资源，归国家所有并支配的财政收入，各类货币金融形态的资本及实体企业，各种物质产品及储备，黄金及其他贵金属储备，外汇及其他国际储备等。

（三）财富的特征

财富的特征主要表现在以下四个方面。

1. 有用性

所谓有用性，即财富具有使用价值。这一点是财富最本质的特征。西方不同经济学派尽管在诠释财富和对财富的定义上角度各异、观点杂陈，但在“只有具备使用价值的东西才是财富”这一点上似乎并没有太大的异议。马克思说得更加明确：“不论财富的社会形式如何，使用价值总是构成财富的物质内容。”① 不具备“有用性”即没有使用价值的东西，无论如何是不能称为“财富”的，自然其也无法成为人们获取、追求的目标。

2. 可转让性

所谓可转让性，即财富可以通过市场进行转让。财富的这一特征，使财富的三种机制得以实现：一是财富的转移机制，即财富转让对接了财富买卖双方，使买方的财富购买需求和卖方的财富转让需求得以满足，成功实现了财富所有权的转移；二是财富的定价机制，即财富转让使财富有了明确的市场定价，财富的价值得以实现；三是财富的积累机制，即财富转让使财富主体得以扩大财富存量，提高财富累积程度，进而为扩大财富管理规模、实现未来生活目标创造了有利条件。

3. 价值可变性

所谓价值可变性，即任何一种财富的价值，都处于动态的、经常性的变化过程之中。特别是以金融资产形式存在的财富，由于通货膨胀和金融市场上各种影响金融资产价格的因素的变化，价值变动的频率和幅度更为突出。从客观因素看，生产成本、供求关系等影响财富价值的一些重要因素的改变，以及宏观经济金融环境的变化，会导致财富增值或贬值。从主观因素看，财富主体对财富的管理行为也会引起财富价值的变动。“你不理财，财不理你”，就是对财富主体和财富价值之间这种因果关系的通俗概括。如果财富主体对财富的管理积极主动且具有较高的专业管理水平，那么，原有的财富就可以实现增值。否则，情况就会完全相反。

4. 价值差异性

所谓价值差异性，即相同的财富在不同的持有主体手中，体现出来的价值是不同的。这种财富价值差异性的形成，主要是基于两方面的原因：一是由不同财富持有主体的知名度、社会影响力等不同所导致。比如，一只质地、品牌等完全相同的水杯，被老百姓使用后并没有什么特殊价值，仍只是普通的水杯，但被历史上某个著名政治家或某个大明星使用后，就

① 马克思．资本论．马克思恩格斯全集第23卷［M］．北京：人民出版社，1972.

会成为历史文物而身价倍增。显然，这种财富价值差异性是由财富持有主体的个人社会角色差异决定的。二是由不同财富持有主体对财富管理能力的不同所导致。这一点如前所述。

二、财富管理的内涵和外延

财富管理的含义是什么？这个问题是财富管理理论与实务知识的逻辑起点。而要从理论层面搞清楚这个问题，就要准确理解财富管理的内涵和外延。

（一）财富管理的内涵

财富管理的内涵，也就是财富管理的概念，现有教科书和研究文献对此并没有一个统一的表述。

在美国和欧洲一些发达国家，“财富管理”的概念有广义和狭义之分。广义的财富管理是指财富管理机构接受客户委托，为客户提供财务规划、现金和负债管理、投资管理、咨询建议等金融专业服务和其他相关服务，帮助客户实现资产的保值、增值和传承，进而满足客户在生命周期不同阶段的财务需求的经济活动。狭义的财富管理仅指“私人银行服务”或“私人财富管理”（Private Wealth Management），是财富管理机构专为高净值人群提供的个性化的高端专业服务，包括金融投资组合管理、不动产管理、税收筹划、遗产筹划等。

人类有了剩余产品，客观上产生了财富管理需求，自然也就有了对财富进行管理的活动。从这个意义上说，财富管理产生于金融投资活动出现之前。不过，众多金融投资工具的面世和金融投资活动的发展，则使财富管理发生了质的变化。

早在18世纪末期，瑞士就兴起了专门满足少数贵族需求的个性化私密服务和私人银行业务，这可以说是金融机构财富管理业务的起源。经过300多年的发展，财富管理行业不仅在欧美市场趋于高度成熟，即使在新兴市场国家也取得了长足进步。作为财富管理主体的机构，除金融机构外，还包括类金融机构和第三方理财机构。作为财富管理客体的客户除高净值人士外，还包括普通居民个人或家庭，以及企业、其他机构等各类社会组织和资金集合。财富管理的产品结构越来越多样化、层次化，财富管理的内容也有了显著扩大。在财富管理行业快速发展的现实情况下，再拘泥于狭义的财富管理概念，显然已经不合时宜。

那么，到底应如何界定“财富管理”的概念，才能更准确揭示其内涵，更契合财富管理行业发展的实际呢?

所谓财富管理，是指财富管理机构以客户为中心，通过为客户制定全面、长期的财富管理规划，并在此基础上为客户提供账户和现金管理、投融资等一系列金融服务和其他服务，对客户的负债、资产、流动性进行管理，促进客户财富的保值增值和传承，以满足客户生命周期不同阶段财务需求，实现客户财富管理目标的经济活动。

(二) 财富管理的外延

财富管理的外延，也就是财富管理所涵盖的业务和服务范围。从财富管理需求的角度出发，所有用来满足客户需求的与财富管理相关的产品、业务、方法、手段等，都属于财富管理的范围。其既包括多方面的金融服务内容，也包括各类非金融服务事项。

如果做更具体一些的划分，可以将财富管理的内容分为四类，即金融投融资管理服务、非金融资产管理服务、咨询服务和延伸服务。金融投融资管理服务，包括对客户的活期账户管理、现金管理、银行信贷、证券融资、证券投资管理、保险产品投资等方面的金融服务。非金融资产管理服务，包括对客户的不动产、大宗商品、酒类、艺术品等方面的管理服务。咨询服务是财富管理机构利用自身在专业技能、智力和人才条件、信息资讯、研发等方面的优势，为客户提供的规划、咨询建议等方面的服务，包括资产和财务方面的规划安排与顾问服务、财富传承、退休规划、税收筹划、遗产规划、慈善安排、信托服务等。延伸服务是建立在前三类服务基础上的非金融服务，如机场贵宾服务、健康保健服务、海外移民、旅游、子女教育、有针对性的艺术活动等。这类服务中的某些服务，实际上是财富管理机构为稳定和拓展客户资源，扩大财富管理市场份额而对客户提供的优惠措施，是其实施客户关系管理的产物。

三、财富管理与资产管理的联系与区别

所谓资产管理，是指资产管理机构按照与客户签订的资产管理合同的内容，为客户提供金融产品的投资管理服务以及其他资产的管理服务，以促进客户资产保值增值的行为。

财富管理与资产管理既有联系也有区别。

(一) 两者的联系

两者的联系主要表现在三个方面。

第一，两者都是管理机构接受客户委托，为客户提供投资管理服务。管理机构与客户之间，都是一种基于委托代理的信托关系。

第二，财富管理机构在为客户提供财富管理服务的过程中，一定要为客户进行资产管理，舍此便不能实现客户资产的保值增值，无法达成客户财富管理的目标。从这个意义上说，资产管理是财富管理不可或缺的重要内容，蕴含在财富管理之中。

第三，就财富管理和资产管理两者服务范围的比较看，资产管理是财富管理的初级形态，而财富管理则是资产管理发展的高级形态和成熟阶段。对于金融机构和其他专业理财机构来说，从资产管理逐步转向更高层次的财富管理，既是客户的客观需求，也是自身业务发展的必然趋势。

（二）两者的区别

两者的区别主要表现在四个方面。

第一，从服务内容看，财富管理的服务内容相较资产管理更为宽泛。除为客户提供金融服务外，财富管理机构还为客户提供种类多样的非金融服务。而一般的资产管理机构通常只为客户提供金融投资服务。

第二，从服务中心看，财富管理的服务以客户为中心，主要着眼于满足客户多方面需求，特别是客户生命周期不同阶段的财务需求，以帮助客户实现财富管理目标为目标导向。而资产管理的服务以产品为中心，主要着眼于扩大产品销售，以提高产品市场份额为目标导向。

第三，从产品和服务特点看，财富管理机构是根据客户需求特别是高净值客户的需求，制订相应财富管理方案并具体付诸实施的，提供给客户的产品是风险收益特征差异化的，提供的服务也是多样化、个性化的，具有较为鲜明的人本主义色彩，而资产管理机构的产品多面向大众客户销售，具有明显的标准化特征。

第四，从管理能力的侧重点看，财富管理机构强调资产配置和为客户提供多元化服务的综合服务能力，如一些发达国家的私人银行作为典型的财富管理机构，注重为客户均衡、高效配置资产，提供全方位综合性服务，而资产管理机构虽然也重视资产配置，但其更强调市场走势研判、投资时机选择、投资风险控制等方面的专业投资能力，如我国现阶段的公募基金公司和第三方理财机构作为典型的资产管理机构，注重获取较高投资收益，以实现客户资产的保值增值。

第二节　财富管理的经济意义

财富管理涉及社会经济生活中的各类经济主体。由众多财富管理需求主体和供给主体共同构建的财富管理供求关系链条，涉及具有多样性财富管理需求的居民个人，涉及纷繁复杂的金融机构的业务和产品结构，涉及金融市场的金融资产配置和各类投融资工具。财富管理不仅影响到居民家庭、金融机构和金融市场，而且还影响到实体企业经营和国家的经济社会发展。

一、财富管理与居民家庭生命周期

家庭生命周期是指居民家庭从形成、发展到解体的全过程。这是从时间推移角度展示家庭的动态发展变化。家庭生命周期理论最早于 20 世纪 30 年代由希尔和汉森提出，但到 20 世纪 50 年代才将其实际应用于家庭研究。这一理论的主要代表人物还有杜瓦尔、埃多斯、P. C. 格利克、F. 莫迪利安尼等人。其中，P. C. 格利克作为知名的美国人类学学者，第一次对家庭生命周期作出了清晰、完整的阶段划分，将家庭生命周期划分为形成、扩展、稳定、收缩、空巢、解体六个阶段。不过，不少学者对这种划分并不认可，认为其反映的只是一种理想的道德化模式，不完全符合现实情况，特别是不适用于许多发展中国家普遍存在的个体家庭差异和家庭生命周期变化的实际。被人们广泛接受的是四个阶段的家庭生命周期划分观点，即将这种周期划分为形成期、成长期、成熟期和衰退期。在这四个不同的发展阶段，由于家庭财务资源状况、财务支出特点等不尽相同，因而家庭可投资资产规模、投资风险承受能力、投资重点和投资目标也有所不同。如家庭形成期收入水平低，又面临着购房购车和抚养孩子的沉重经济压力，可投资资产很少甚至没有。这一阶段注重个人智力投资以促进事业发展，金融投资注重低回报和安全性。而在家庭成熟期，家庭主要成员均进入职业生涯的巅峰期，工资性收入和其他收入累加在一起的收入总水平，一般也是整个家庭生命周期的最高水平，可投资资金规模趋于最大化，同时，子女就业或结婚、离家则使家庭支出大幅下降。这一阶段可投资资产规模最大且追求较高投资回报，为退休养老储蓄财务资源成为投资重点。

单个家庭在生命周期不同阶段的收入、负债和可投资资产存在明显差异，是一种无法改变的客观存在。但在整个家庭生命周期的不同阶段合理分配财富，实现人生效用最大化，却是所有家庭共同追求的目标。F. 莫迪利安尼和

R. 布伦伯格、A. 安多共同创立的消费与储蓄的生命周期假说（也称为储蓄的生命周期理论）对此作出了深刻的阐释。该理论认为，人们的消费主要取决于其在整个生命周期内全部收入和财产的总和，一个人会综合考虑自己的现期收入、未来预期收入以及可预期的支出、工作时间、退休时间等因素，来决定其当期消费和储蓄，从而使其一生的消费保持在一个稳定的水平上，不至于大起大落产生剧烈波动。

该理论用公式表示为

$$C = \alpha \times WR + s \times YL \tag{1.1}$$

式中：C 为消费支出；α 为财富的边际消费倾向；WR 为实际财富；s 为收入的边际消费倾向；YL 为劳动收入。

生命周期理论是财富管理的基础理论，甚至可以将其视为财富管理理论的基石，因为家庭生命周期与财富管理之间存在天然的、本质的内在联系。正是家庭在生命周期不同阶段稳定消费水平、实现人生效用最大化所产生的财务和投资需求，特别是高净值人群这方面的需求以及对财富传承、综合服务等的需求，构成了财富管理业务、机构和市场存在与发展的内在根据。财富管理是家庭生命周期的客观要求和必然产物。财富管理机构只有根据家庭不同生命周期阶段的财务活动特点和财务需求，在做好家庭财务评估基础上，制订相应的财富管理规划和实施方案，并对其负债、资产、流动性等进行动态管理，才能实现其财富管理目标。财富管理机构的业务服务水平，很大程度上决定了家庭在生命周期不同阶段财务需求的满足程度，决定了家庭的幸福指数和养老保障水平。

二、财富管理与金融机构业务经营

金融机构是财富管理机构的主体力量，而财富管理业务又是金融机构的重要业务，在金融机构业务经营中占有重要地位。开展财富管理业务对金融机构的作用，主要表现在以下几个方面。

一是可以拓展金融机构业务范围，改善金融机构收入结构，使金融机构形成新的收入和利润增长点。金融机构传统的业务收入来源，大多建立在技术含量较低的业务和服务基础之上，如商业银行主要依靠简单的存贷利差收入，证券公司主要依靠经纪业务的手续费收入。相比之下，财富管理业务是技术含量较高的高附加值业务，对金融机构收入的贡献度也较高。特别是面向高净值人群的财富管理业务，盈利能力强，客户稳定性高，给金融机构带来的收入和利润更高。根据欧美的经验数据，私人银行客户带来的利润，为银行大众市场零售客户平均水平的10倍左右。而美国的财富管理业务在2008年前平均利润率更是高达35%。正因为如此，财富管理业务受到金融机构的高度青睐而备受重视。在一些发达国家，财富管理成为很多商业银行的主营业务，其管理客户的资产规模占总资产的比重普遍较高，大多在30%上下，甚至更高。近年来，随着财富管理市场的拓展，我国一些金融机构也提高了对财富管理业务的重视程度，努力增加财富管理产品和服务种类，财富管理业务收入在总收入中的占比有所提升，对稳定和提高业务收入水平发挥了积极作用。

二是可以促进金融机构转型发展，提高金融机构市场竞争力。20世纪80年代以来，随着金融监管趋严和巴塞尔3个资本协议逐步实施所带来的资本约束强化，发展具有"轻资本"特征的财富管理业务，已成为发达国家大型商业银行推进转型发展的共识。汇丰银行、花旗银行、瑞银集团等国际银行以客户为中心，适应客户需求不断拓宽财富管理产品供给和服务的广度，形成了覆盖面极广、结构高度复杂的全方位产品和服务体系。这些银行强化客户关系管理，实施差异化、集约化财富管理策略，加强财富管理业务与其他业务条线的战略协同，致力于打造财富管理品牌，同时利用网点优势在全球为客户配置资产和提供服务，积累了涵盖多元化、专业化、特色化、品牌化、全球化等特点的一整套成熟的财富管理运营经验，在全球财富管理市场上确立了竞争优势。在经济和金融进入新常态的宏观背景下，我国商业银行也面临着经济减速下行、金融脱媒加快、存贷利差收窄、互联网金融快速发展、金融监管强化等多重挑战，传统的靠"吃利差"的经营模式已难以为继，转型发展的压力很大。而注重发展私人银行业务，提高财富管理综合服务能力，加快实现资产管理业务向财富管理业务转化，则是商业银行转型发展的战略重点和必由之路。财富管理业务的拓展能力和运作质量，已成为决定商业银行转型发展成效的一个重要因素。

财富管理能力是金融机构市场竞争力的重要方面。这种能力包括产品的研发创新能力与定价技术、资产配置能力、投资组合管理能力、非金融服务能力等方面。金融机构只有不断提升财富管理能力，全方位、高质量地满足客户需求，才能稳定老客户，赢得新客户，不断扩大财富管理市场份额，并通过财富管理业务的扩大带动其他业务市场份额的提升，增强市场竞争力。对于财富管理业务在业务收入中占比较低的金融机构来说，财富管理能力的提升对增强自身市场竞争力的意义更为重要。由于国内一些金融机构对客户资产实施全球配置，客观上强化了其与国际知名财富管理机构的合作，从而还有助于逐步提升我国金融机构在国际财富管理市场上的竞争力。

三是可以促进金融机构开展综合经营，实现规模效益。财富管理是金融机构综合经营高度集中的一个领域，是金融机构综合经营的“富矿带”。金融机构为客户提供的财富管理产品和服务，好多是跨市场、跨金融子行业的。互联网技术的蓬勃发展，使金融各行业在财富管理业务方面的融合和交叉更加广泛和便捷。与这种情况相适应，金融机构之间在财富管理业务方面的“竞合关系”也逐步强化。财富管理业务对金融机构综合经营的促进，带来了金融机构之间的协同效应和规模经济，有助于金融机构培育发展新动能和竞争新优势，提高抗风险能力和经营效率。

三、财富管理与金融市场发展深化

财富管理与金融市场的关系，主要表现为财富管理机构与金融市场的关系。财富管理机构是支撑金融市场生存和发展的重要市场主体，而金融市场为财富管理机构开展业务提供了必要依托和基础条件。两者紧密联系，相互依存，相互促进。

（一）金融市场是财富管理机构运营的基础平台

金融市场的这种基础平台功能，主要表现在四个方面。

1. 融资平台

财富管理机构在为客户进行负债管理或基于客户的流动性需要进行融资时，需要通过金融市场。金融市场融资平台功能的发挥，不仅提供了满足财富管理机构客户融资需求的市场机制，而且可以扩大直接融资规模，优化社会融资结构。

2. 资产配置与投资平台

金融资产是财富管理机构资产配置的主要对象。财富管理机构根据客户的财富管理需求和投资约束条件，确定资产配置的种类、规模、结构并实际进行投资时，必须依托金融市场。当金融市场波动引起金融资产价格发生重要变化时，财富管理机构还要适时对原有资产配置结构进行调整优化，即进行资产配置再平衡来相应调整投资行为。

3. 交易平台

财富管理机构投资的债券、股票、基金等标准化金融资产，都要通过金融市场交易变现后才能为客户实现投资回报。财富管理机构投资的并购资产和私募股权等另类投资资产，也大多需要投资项目上市后才能兑现投资利润。当投资的金融资产的价格出现剧烈波动时，财富管理机构又需要及时在市场上出售金融资产以减少投资损失或锁定投资利润。由于金融市场价格发现功能的存在，财富管理机构的金融资产转让价格是通过市场竞争形成的公平、合理的价格，从而可以保证客户的经济利益。金融市场的交易平台功能，为财富管理机构提供了投资回报的实现机制和投资资产的止损止盈机制。

4. 风险管控平台

风险管控是财富管理的生命线，是财富管理永恒的主题。财富管理机构必须充分利用金融市场上的各种风险管理工具，有效管控财富管理过程中的各种风险，特别是投融资风险，舍此便无法实现既定的财富管理目标。

除上述 4 个平台外，金融市场对财富管理的制约作用还表现在：金融市场的结构优化、监管强化、开放程度提高等引致的金融市场发展深化，要求财富管理机构必须迅速适应市场变化，作出相应调整和改进，进一步改善服务手段，推动产品和业务创新，提升财富管理水平。金融市场向更广范围、更高层次的发展，构成了财富管理机构求新求变的外在压力。

金融市场是财富管理机构运营与发展须臾不可离开的外部环境。一国的金融市场运行越规范，监管越到位，成熟度越高，财富管理机构运营的外部环境越好，发展之路就越顺畅。

（二）财富管理机构是推动金融市场发展深化的重要力量

财富管理机构的这种推动作用，主要表现在四个方面：一是推动金融市场的总量扩张。财富管理机构作为金融市场重要的投资主体和金融交易主体，对金融市场总量扩张的贡献度很高。而财富管理业务的高成长性和财富管理市场的巨大发展潜力，又使财富管理机构推动金融市场总量扩张的作用具有持续性。二是财富管理机构顺应客户需求推出的新产品、新业务和新的服务品种，是推动金融市场结构优化和创新发展的重要动力。三是财富管理机构对资产的全球配置，要求打开投资境内外双向进出通道，提升跨境资本流动和金融交易的便利程度，这无疑会促进金融市场对外开放程度的提高。四是随着财富管理机构业务的快速发展，受既有监管体制或监管部门监管能力的制约，监管部门通常不能根据财富管理机构的业务变化及时出台相应的监管制度规则，形成监管滞后，或是对同一类型、同一基本属性的财富管理业务，由不同监管部门制定宽严不一的监管规则，碎片化地嵌入对不同财富管理机构的监管制度中，导致监管套利。在实行金融分业经营、分业监管体制的国家，这种情况尤为明显。而财富管理机构对监管部门统一监管规则、改善监管质量的要求，无疑有助于推动金融市场监管制度的创新和完善。

四、财富管理与国家经济社会发展

前面关于财富管理对居民家庭、金融机构、金融市场影响的阐述，是从微观和中观角度出发的。而从宏观角度看，财富管理对一国的经济社会发展，也具有相当重要的正面影响。

从财富管理对一国经济社会发展的影响路径和作用机制看，财富管理的积极影响主要表现在以下方面：其一，财富管理机构涵盖了金融机构、私募投资机构、第三方财富管理机构等各种类型的投资机构，是社会投资特别是金融投资的主导力量。财富管理机构通过大量的、经常性的金融投资活动，使巨额资金源源不断地进入企业，从而有力地支持了实体经济发展。特别是财富管理机构对企业的权益类投资，可以使企业筹集到稳定的、能够长期使用的资金，壮大自身资本实力和抵御经营风险的能力，同时也可以降低整个经济社会的宏观杠杆率。其二，财富管理机构的业务经营，实现了储蓄向投资的转化，推动了直接融资规模扩张，而金融市场可投资金融资产的多样性和金融交易的持续性，拓宽了财富管理机构资产配置的选择空间，提高了资产配置效率，相应提高了储蓄向投资转化的效率，从而能够有效发挥市场配置金融资源的决定性作用。其三，适应高净值客户群体追求高投资收益的需求，财富管理机构通过天使投资、VC 与 PE 投资、并购重组投资等投资活动，把资金投向符合国家经济发展战略导向和产业政策要求的成长性好、预期收益高的产业，投向国民经济发展最需要的领域和最具竞争力的环节，为高科技企业提供强有力的创业资本和追加资本支持，不仅可以获取较丰厚的投资回报，而且能够实现金融资源的优化配置，强化经济发展的创新驱动，推进国家产业结构转型升级和经济结构调整优化。其四，财富管理是增加居民财产性收入的重要途径。财富管理的广泛开展，能够增加居民的财产性收入，提高居民消费能力，从而有利于实现经济增长的动能转换，促进经济增长方式由过度依赖投资向主要依靠消费转变。其五，财富管理机构旨在为居民家庭提供覆盖全生命周期的财务解决方案，其业务活动的一个重要出发点，就在于通过有效的财富管理，保持和提升居民个人未来的消费能力，使居民个人在进入老年后生活水平不至于大幅下降。在人口老龄化已成为全球性趋势的背景下，居民个人的养老需求显著扩张并成为推动财富管理需求扩大的重要力量。而财富管理机构可以帮助居民个人提早制定退休规划，并通过实施弥补养老金供需缺口的金融措施，促进其收入增加，从而提高其进入老年阶段后的养老保障水平和全社会的养老保障程度，而这无疑有利于应对人口老龄化给一国经济社会带来的挑战，维护社会和谐稳定。我国现已进入老龄化社会。截至2018年末，60周岁及以上人口已达到2.49亿人，占全国总人口的17.9%。根据经济合作与发展组织（OECD）的人口发展预测，到2030年，我国65岁以上人口在总人口中的占比将超过日本，成为全球人口老龄化程度最高的国家。唯其如此，财富管理对满足我国日益扩大的养老需求，实现老年人的退休生活目标，作用越发重要。其六，公益慈善是财富传承的一个重要方面。财富管理机构将民间团体和个人用于社会公益的资金投向公益慈善事业，实际上是对社会财富进行再分配，不仅可以缩小居民之间的收入差距，而且有利于社会公益慈善事业的发展，推动社会文明进步。

第三节　财富管理的基本流程

财富管理的基本流程是财富管理机构以客户需求为导向，对客户提供全过程财富管理业务服务的顺序安排和步骤细分，主要包括明确客户定位、建立客户关系、制定财富管理规划、提供金融投（融）资管理等多方面服务、实现客户财富管理目标五个环节（见图1-1）。财富管理机构应该严格按照这一流程开展财富管理业务，有效防控财富管理过程中的各种风险，保证客户财富管理目标的实现。

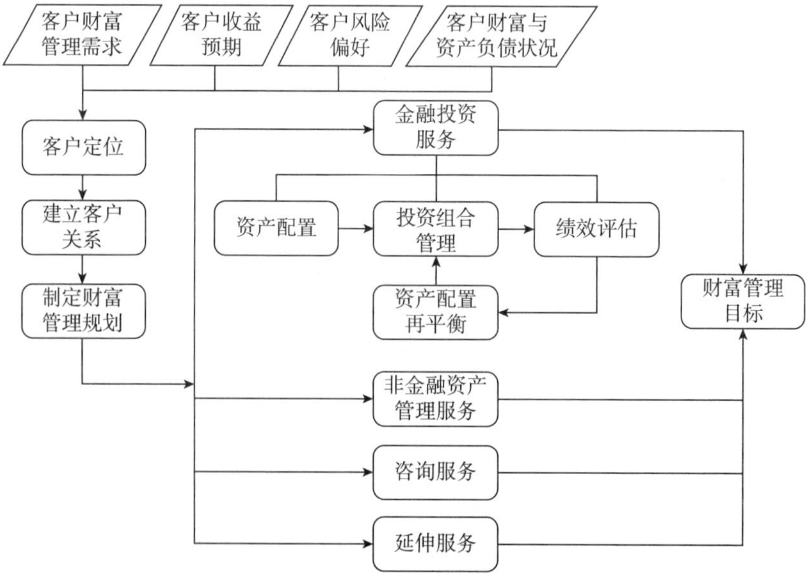

图1-1　财富管理的基本流程

一、明确客户定位

财富管理流程以财富管理机构与客户关系的建立为开端。而在建立客户关系之前，财富管理机构必须通过各种方式与客户进行沟通，搞清楚客户及其家庭所处的生命周期阶段、客户的收入水平与资产负债状况、客户的长期投资收益预期与可投资资金期限、客户的投资风险承受能力等，做到充分、全面地了解客户，进而准确把握客户的财富管理需求和目标，形成清晰的客户定位。

从客户定位的角度细分，财富管理机构的客户大体可以分为三种类型：一是高净值客户。这类客户具有可观的货币积累和资产存量，同时大多具有较丰富的投资认知和投资实践，投资信息渠道广泛，投资风险承受能力也是财富管理机构各类客户中最强的。二是中等收入水平客户。这类客户属中产阶级人群，收入状况良好，拥有较为稳定的可投资资产，投资风险承受能力处于适中水平。三是较低收入水平客户。这类客户主要是参加工作不久的青年群体、短期内有较大支出压力的工薪收入群体，以及面临退休或已经退休的老年人。他们的收入水平不高，可投资资产规模较小，投资风险承受能力较低。在这三类客户中，前两类客户特别是高净值客户，是财富管理机构之间争夺的主要对象。

不同客户在定位上的差异，主要是由客户自身的知识水平、专业能力、家庭条件等资源禀赋方面的差异带来的。同时，客户在其生命周期不同阶段的收入水平、资产负债情况、投资收益预期、投资风险偏好等方面的差异，也是导致客户定位差异的一个原因。而这种差异实际上是由客户生命周期不同阶段资产负债表的差异引致的。财富管理机构在了解客户情况时需要正视不同客户的这些差异，并对收集到的大量客户信息和第三方数据进行全面、科学的整理和评估，以便更准确地区分客户是哪一种类型的客户。

明确客户定位是财富管理机构和一般资产管理机构的重要差别。尽管一般资产管理机构在销售产品时也要对客户按照收入水平、风险偏好等进行简单的层次区分，但却用不着全面、充分了解客户。而对于财富管理机构来说，只有在深入了解客户的基础上明确了客户定位，才能有针对性地为不同类型客户提供与之相匹配的产品和业务服务，也才能找到业务服务的重点客户，促进实现利润最大化的经营目标。

二、建立客户关系

财富管理机构在全面了解客户基本情况、明确客户定位的基础上，经过与客户认真、充分协商，达成签订财富管理委托协议的一致意向，并通过双方正式签约、客户在财富管理机构设立账户等规范流程，完成客户关系的建立。财富管理机构与客户签约后，要加强客户关系管理，及时向客户反馈财富管理市场变化及履约情况，特别是要及时向客户传达其高度关心的投资收益变化、投资风险防控等方面的信息。要通过不断改善业务服务质量和投资业绩来提高客户忠诚度，确保客户关系得到长期维护。

三、制定财富管理规划

财富管理规划，是财富管理机构为客户提供财富管理业务服务，实现客户财富管理目标的行动指南。财富管理机构必须以客户的财富管理需求为中心，根据客户的收入、资产负债情况和财富管理目标，在全面、深入分析财富管理市场以及拟投资产品的现状和未来走势的基础上，制定具有个性化色彩的客户财富管理规划。

财富管理机构在帮助客户制定财富管理规划时，除了引导客户根据自身投资条件、财富管理市场动态走势等确立适宜的投资收益目标外，还要充分考虑一些客户特定的财富管理需求和财富管理目标，如流动性管理、家庭资产管理、退休规划、税收筹划、子女教育、财富传承等。此外，有些客户对财富管理还有一些其他事项要求，如投资时限、优先级、流动性需要等。有些国家的法律法规对客户投资某些资产还有限制性条款。这些要求和限制构成了财富管理机构开展业务服务的约束条件，财富管理机构在制定财富管理规划时也必须予以考虑。

四、提供金融投（融）资管理等方面服务

财富管理机构帮助客户制定财富管理规划后，就要按照规划内容认真履职，为客户提供全方位财富管理业务服务。

（一）金融投（融）资管理服务

较之对客户的融资管理服务，财富管理机构的金融投资管理服务对客户更为重要。其是财富管理机构实施主动管理、为客户创造投资收益的重要方式，对客户财富管理目标的实现具有决定性影响，是财富管理全流程

的核心环节和关键步骤。这里主要介绍财富管理机构的金融投资管理服务，其可以分为以下 5 个环节。

1. 资产配置

财富管理机构应根据客户的可投资资产状况、投资收益目标、风险承受能力和客户财富管理规划中的投资规划的要求，按照风险分散、组合资产相关度低等原则，在形成金融市场预期并对拟配置资产品种的风险和收益特征进行预测的基础上审慎确定资产配置结构，明确各大类资产在投资组合中的占比，以及资产可投资时间、投资成本、流动性需要等内容，并评估不同种类资产的预期收益、风险和它们之间的相关性。

2. 投资组合管理

投资组合管理是一个持续、动态的过程，包括计划、执行和反馈3个基本环节。资产配置旨在形成和构造投资组合，实际上是投资组合管理的计划环节。而投资组合管理的执行环节，与投资组合的构造同等重要。缺乏执行效率的投资组合管理，会提高交易成本，降低投资业绩水平。因此，财富管理机构在执行投资组合过程中，必须认真研判纳入投资组合的各类资产的市场走势，准确把握交易时机适时交易，避免由于错过有利交易时机形成的机会成本影响投资收益。负责具体交易的交易员要严格执行交易主管的交易指令，严格遵守投资纪律，该止盈止损时必须坚决止盈止损。财富管理机构要建立一套完善的、奖惩分明的管理制度并真正落到实处，压实决策层、经营层和普通员工在执行投资组合过程中各自应该承担的责任，确保财富管理机构内部各种资源的协调一致，形成执行投资组合的合力，从而保证投资组合管理的执行力和执行效率。

3. 投资风险管理

投资风险管理贯穿财富管理机构投资组合管理的整个过程，是关系投资组合管理绩效的关键因素。

从专业技术角度看，投资风险管理包括三方面内容：一是风险识别，即财富管理机构需识别可能导致投资预期偏差的风险敞口，发现潜在的投资风险因素；二是风险度量，即财富管理机构通过投资研究和市场分析，确定风险敞口范围，评估未来投资风险发生的概率和可能造成的损失程度；三是风险管控，即财富管理机构选择和运用各种金融工具，对投资风险进行预防、分散、转嫁、对冲和补偿。

包括投资组合风险管理在内的全面风险管理是一项系统工程，需要财富管理机构上下各个层面共同参与，密切配合。董事会从公司治理层面制定风险管理政策、指导原则和基本标准，对风险管理负总责。经营层直接主持和领导风险管理的日常工作并向董事会报告。风险管理部门是专门负责风险管理的职能部门，负责风险管理体系的建设、运转和风险管理工作的组织协调，并对重大风险管理事项的决策提出专业意见。有效的投资风险管理机制必须实行风险管理功能与交易功能相分离。风险管理部门作为中后台，必须独立于前台（主要是产品销售和交易部门），保持较强的独立性，并且风险管理部门的从业人员必须有较丰厚的知识储备、较强的专业能力和敢于负责担当的敬业精神。其他部门结合自身的本职工作，也都要承担相应的、具体的投资风险管理责任。

4. 投资绩效评估

投资绩效评估是通过对投资组合业绩表现的度量与分析，考察投资组合管理的有效性和投资目标的实现程度，是投资组合管理不可或缺的一个步骤。其和资产配置再平衡一起，构成投资组合管理的反馈环节。

投资绩效评估实际上是对财富管理机构投资组合管理质量和效率的一次全面检查。其不仅要按照绩效指标衡量投资业绩，还要探求业绩形成的原因。而在这个过程中，选择什么样的业绩评估标准是很重要的。从道理上说，总的投资组合或投资组合中各类资产的绝对收益率可以用来衡量投资业绩。但这种衡量标准并不科学，因为业绩评估是一个相对的概念。比如，某一股票投资组合半年的投资收益率是14%，单纯看这个收益率似乎不低，但同期整个股票市场的股价指数上涨了30%，相比之下，股票投资组合的收益并不理想。由此看来，单纯的绝对收益率指标对投资绩效评估并没有多大的实际意义，必须选择一个兼具科学性和有效性的评估基准，才能承担起投资绩效评估的使命。发达国家通常把整体市场指数（Broad Market Index）作为评估基准。如美国一般把标准普尔500指数和罗素3000指数作为股票投资组合的业绩基准。这些指数结构清楚、可测性强、易于理解且被人们普遍接受，具备成为基准的各种有利条件。由于投资风格的差异，股票投资往往又细分为价值型、成长型、大盘价值型、大盘成长型、小盘价值型、小盘成长型等多种资产类别。与此相适应，整体市场股价指数也被分割成不同的投资风格指数。美国就有多种股票投资风格指数，成为各类风格股票投资组合的绩效评估基准。此外，投资绩效评估也可以依据特定风险模型来进行。比如，因素模型中最简单的单因素模型，就是用风险敞口来评估投资组合收益，即把指定的风险敞口作为绩效评估的基准。

5. 资产配置再平衡

财富管理机构根据投资绩效评估结论，针对投资组合管理中存在的问题，需要持续调整和完善投资策略，进行资产配置再平衡。因为财富管理机构在投资组合绩效评估过程中发现，随着投资组合中资产价格的变化，一部分资产价格上涨使其在组合中的占比上升，一部分资产价格下跌使其在组合中的占比下降，组合中各种资产的占比已经偏离原定的资产配置比例和目标，必须对资产配置结构进行动态优化，以使投资组合的风险敞口维持在可接受范围内，降低投资组合的波动率，保持投资组合风险收益特征的一致性。

当然，资产配置再平衡还有另外两方面的动因：一是客户投资目标和其他投资约束条件的变化，要求重新确定投资组合中资产类别的比重；二是基于短期资产配置，即战术型资产配置的目的和要求，需要调整原有资产配置比例。

关于资产配置再平衡的意义、策略等问题，本书第二章将进行较为细致的阐述。

（二）非金融资产管理服务

非金融资产是重要的财富表现形式，是客户资产价值稳定增长的重要来源，在客户财富中占有重要地位。一些高净值客户的财富甚至主要表现为非金融资产。与金融资产相比，非金融资产有着不同的价格波动周期和不同的趋势变化。在长周期资产配置中，其往往会有良好的价格走势和市场表现，与金融资产可以形成不同周期下的配置组合。非金融资产管理主要以实物资产投资管理为主，流动性比金融资产低。财富管理机构需要认真探索非金融资产价格的变动规律，在把握好各类非金融资产市场大势、对其长期配置价值作出准确判断的基础上，对非金融资产的配置时点和配置比例作出正确决策。要通过非金融资产管理实践逐步积累管理经验，不断提高非金融资产管理的专业能力。

（三）咨询服务

咨询服务虽然是财富管理机构的附带业务，但其涉及的内容广泛，业务服务方式多样化，需求量也很大，是财富管理过程中必不可少的一项业务。这种业务的优越之处在于其凭借财富管理人员的专业知识和实践经验获取经营收入而无须承担任何风险。国际上一些大型财富管理机构非常重视咨询服务，有的机构甚至将其发展为核心业务。

（四）延伸服务

延伸服务是财富管理机构利用自身资源为客户提供的金融投资管理和非金融资产管理之外的综合性服务。其虽然不能像金融投资管理服务那样显著增加投资收益，但可以丰富客户的财富管理体验，提高客户对财富管理机构的归属感和向心力，增强客户黏性。特别是对高净值客户占比较高的财富管理机构来说，延伸服务需求在客户财富管理需求中占有重要地位且表现出很强的扩张势头，做好延伸服务对其意义更为重要。

五、实现客户财富管理目标

实现客户财富管理目标是财富管理机构开展业务服务的根本目的，也是财富管理基本流程的终点。客户财富管理目标的实现程度，取决于财富管理机构在财富管理基本流程各环节业务服务的效率和质量，同时也是衡量财富管理机构业务服务能力和市场竞争力的主要标尺。

第四节　财富管理市场

财富管理市场是财富管理机构为客户提供多样化产品和服务而形成的市场，是财富管理机构运行与发展必须依托的基础条件。产品和服务结构的多样性、运行的规范性、监管的有效性及开放性等多重因素制约下的财富管理市场的成熟与发达程度，直接影响着财富管理机构业务开展的广度和深度，进而影响其经营效率与经营业绩。

一、财富管理市场的经济主体

财富管理市场的经济主体，即财富管理市场的参与主体，包括需求主体、供给主体和中介服务机构。随着财富管理市场的发展，经济主体的结构不断丰富。需求主体由原来以高净值客户为主，逐步向中等收入群体和普通客户扩展，供给主体也从市场发展初期的私人银行，扩展至各类金融机构和独立第三方机构。

（一）需求主体

财富管理市场的需求主体，即前面阐述客户定位时述及的财富管理机构的三类客户群体。

1. 高净值客户

高净值客户的需求主要包括个人独资或控股的企业的投融资需求、个人金融投资管理和非金融资产管理需求，以及财富传承、医疗健康服务、子女教育、海外资产配置规划等方面的咨询服务和延伸服务需求。由于高净值客户投资收益预期目标较高，投资风险承受能力较强，其资产配置风格激进，高风险资产在投资组合中占比较高。

2. 中等收入水平客户

这类客户的需求，主要表现为个人金融投资管理需求，以及退休规划、税收筹划、医疗健康服务、子女教育等方面的咨询服务与延伸服务需求。也有部分中等收入水平客户存在非金融资产管理需求。这类客户的投资收益预期目标和投资风险承受能力，低于高净值客户而高于较低收入水平客户，其资产配置属于稳健型，投资组合中兼具固定收益类资产和权益类资产。

3. 较低收入水平客户

这类客户对投资收益要求不高且本能地抗拒投资风险，财富管理需求主要表现为在不损失本金的前提下实现资产增值。其资产配置风格保守，投资组合中主要是固定收益类资产。

随着家庭生命周期的演进，决定客户所属类型的主要因素在发生变化，客户自身的类型一般也会向更高层次攀升。特别是在客户家庭生命周期进入成熟期以后，家庭收入和可投资资产规模显著增加，长期资产配置需求放大，财富管理需求也越来越趋于多样化。

不同财富管理市场的需求主体呈现出不同的需求特征。欧洲市场与美国市场因为需求主体的财富来源和风险承受能力存在差异，财富管理需求也有明显差别。欧洲高净值客户的财富来源中，遗产继承占有重要地位，且好多财富并非企业新创造的经济成果，而是客户持有的不动产价格的上涨带来的，这部分资产的流动性较差。财富来源的遗产继承、部分财富的固化特征，以及财富拥有者年龄较大等因素，使欧洲客户更注重资产的保密性和安全性。美国客户的财富来源则明显不同。20 世纪 80 年代后，在高频率技术创新和活跃的金融创新推动下，美国经济步入了发展的快车道。社会劳动生产率快速增长，新建企业大量增加，资本市场行情稳步上行。不少客户从实体经济发展和股市中获得了丰厚回报，大大提高了财富积累水平，有的客户更是通过企业 IPO 迅速成为富豪。与欧洲客户相比，美国客户更关注投资资产的收益率水平，风险偏好水平较高。

在走过漫长的发展道路之后，如今欧洲财富管理市场客户的财富来源结构已经发生了重要变化。但客户的财富管理需求与美国市场的客户需求差别仍然比较明显。公开数据显示，欧洲客户的资产配置中，现金和储蓄占比高达30%以上，股票占比不到20%，而美国市场客户的资产配置中股票占比达到30%以上，现金和储蓄的占比很低。

（二）供给主体

财富管理市场的供给主体主要包括私人银行、投资银行、信托公司、第三方财富管理公司、资产管理公司、家族办公室、保险公司等机构。此外，还有独立理财师（也称独立投资顾问）以及独立理财师专业平台。各类机构发挥自身优势和经营特色，为客户提供差异化产品和服务。

1. 大型综合服务机构

私人银行、大型投资银行具有经营规模和渠道优势，客户群体中高净值客户占比较高，能够提供全方位产品供给和高质量金融专业投资管理服务，在流动性管理、金融投资管理、税收筹划、高风险投资等方面具有综合优势。

2. 独立第三方机构

这类独立于金融机构的第三方财富管理机构的业务收入，主要不是来自财富管理产品的销售佣金，而是财富管理顾问收入。其是站在帮助客户获取绝对收益的角度，根据客户个性化需求提供与客户风险偏好相匹配的金融投资产品或资产配置方案。近年来，随着计算机和人工智能技术在财富管理行业的广泛应用，以技术服务和外包业务服务为主的平台型财富管理机构应运而生，其为独立理财师及其客户提供广泛的财富管理和技术解决方案以及外包服务，大大节省了独立理财师的时间成本和资金投入成本。

3. 专业化特色机构

家族办公室、中小型证券公司、独立理财师等专业化特色机构和专业人士以客户为中心，着力提供适应客户家庭生命周期的不同阶段且体现客户风险收益偏好的投资组合，以满足客户的财务需求。

（三）中介服务机构

财富管理市场的中介服务机构包括会计师事务所、律师事务所、资产评估机构、信息技术服务机构、决策辅助数据和技术服务商以及鉴定机构等。其为财富管理机构及客户提供会计报表审计与会计咨询、法律事务、资产评估、信息技术、个人税务等方面的专业化服务，是财富管理市场中不可或缺的经济主体。

1. 会计师事务所

会计师事务所受财富管理机构或客户委托，承办有关审计、会计、咨询、税务等方面的业务。注册会计师在开展业务过程中，要对企业的经营管理状况进行专业评估，对企业的财务状况予以鉴证。企业的信息披露是建立在企业经过审计的会计报表之上的，因此，会计师的会计、审计工作，是保护客户权益的基础性工作。

2. 律师事务所

律师事务所是律师执业的机构，在规定的专业活动范围内，为财富管理机构及其客户提供各种法律服务。其业务类型主要包括民事诉讼、刑事诉讼、行政诉讼和各类非诉讼业务等。

3. 资产评估机构

资产评估机构是资产评估专业人员依照评估原则、方法和计价标准，对资产价格进行评定估算的专门机构。进行资产评估的目的，是为资产交易提供价值参考依据。财富管理机构的资产交易，离不开资产评估机构的参与。这种参与有助于在产权变动、资产流动和企业重组过程中，形成较为合理、科学的资产估价，为交易双方达成公平、合理交易提供有利条件。

二、财富管理市场的产品体系

财富管理市场的产品体系，主要表现为金融产品体系，其建立在金融投资产品的基本类型基础之上，由大类资产组成。

（一）产品的基本类型

财富管理市场产品的基本类型，即大类资产的类型，可分为现金管理类产品、固定收益类产品、权益类产品、商品类及衍生产品类产品和另类投资产品五大主要类别。

1. 现金管理类产品

现金管理类产品主要是指作为流动资产的货币资金、银行存款、应收票据以及其他流动性强的短期投资资产。

2. 固定收益类产品

固定收益类产品主要是指各类债券，包括国债、金融债、企业债、可转债、资产证券化产品以及债券型基金等。

3. 权益类产品

权益类产品主要包括股票、股票型和混合型投资基金、认股权证、存托凭证等。

4. 商品类及衍生产品类产品

商品类及衍生产品类产品包括主要的大宗商品种类和各种金融衍生产品。

5. 另类投资产品

另类投资产品主要包括房地产、私募股权投资、对冲基金、艺术品等。这类产品中有些本不属于金融投资产品，但由于被过多的金融投资资金追逐和炒作，也被“金融化”，因而具有了金融投资产品的属性。

（二）发达国家财富管理市场的产品体系

从全球范围看，发达国家的财富管理市场可以为客户提供全面的投资产品及专业化服务，产品结构丰富，产品类型涵盖了现金管理、固定收益、权益投资、商品及衍生产品、另类投资等。

财富管理服务具有定制化特点。财富管理机构基于大类资产配置向客户提供的各类资产的投资组合管理，可以满足客户个性化需求，同时，其还向客户提供相关的专业化增值服务。个性化服务包括保险产品组合、税收筹划、遗产规划、房地产咨询、留学咨询、移民咨询与服务等。

（三）不同财富管理市场产品体系的差异

发达国家财富管理市场的产品结构，无一例外具有多样性的特点。但不同发达国家财富管理市场的产品体系，也具有明显的差异。

从市场产品的差异看，欧洲市场侧重于私人银行服务模式，在产品的设计和选择上，强调资产收益的稳健和财富的传承。美国市场的财富管理机构在产品策略上具有“权益被动、固收主动”的特点，主要开展长期投资和指数化投资，资产配置结构中权益类投资品种居于很重要的位置。所谓“权益被动、固收主动”，是指美国一些大型财富管理机构或资管机构，权益类产品投资以被动类 ETF 为主，股票 ETF 组合收益在其收入中占有重要地位并呈占比逐步提高之势。国际上赫赫有名的、美国全球最大的资管机构黑岩（Blackrock，BLK）公司，就是这方面的典型代表。权益类资产中的被动指数类产品，是其投资布局的主要产品线。而随着全球利率水平的波动加大，固收产品择时交易的重要性凸显。在这种情况下，财富管理机构固收类投资产品中主动类产品占比提升。美国市场突出“以客户为中心”的理念，财富管理机构能够对客户的财务状况、投资偏好、消费行为和退休规划等全面把握，据此提供多样化资产配置和投资组合。

日本市场的产品比较丰富，客户选择余地较大。其主要产品包括境内外公募基金、私募基金、REITS、单设账户产品和可变年金等。日本国民的储蓄率很高，投资偏好趋于保守，因而在客户的投资产品中，现金、存款占比较高，其次是保险和年金。其资产配置目标偏向于财富价值的长期稳定增长。

从财富管理机构产品的差异看，全球大型财富管理机构的业务遍布全球主要金融市场，但不同类型的机构在产品和服务上存在差异。例如，大型私募投资机构的产品投向，涵盖证券投资、对冲基金、基础设施投资、能源投资和房地产投资等。大型资产管理机构还能够参与不良资产投资，能够从企业困境债务、股权、房地产以及银行不良贷款等资产中获得超额收益。平台型财富管理机构不仅可以提供折扣经纪、投资咨询、金融产品销售等服务，同时也能够提供资产管理、教育基金、债务管理、养老金等综合金融服务。这些财富管理机构参与的某些产品和服务，是私人银行、投资银行囿于法律法规或监管政策限制而不能参与，或虽可参与但对这些领域不熟悉而不愿参与的。很显然，这种产品差异的形成，与国家的法律法规、监管政策和财富管理机构自身主要的活动领域有关。

三、财富管理市场的运行与监管机制

财富管理市场的运行机制是财富管理机构业务发展的关键性驱动要素，也是客户财富管理目标和财富管理市场诸多功能的重要的实现机制。这种运行机制的有效性，既制约着财富管理机构业务开展和经营发展的顺利程度，同时也制约着财富管理市场作用的发挥程度。财富管理市场的监管机制，则是维护市场公平竞争、保护财富管理机构和客户利益、促进市场正常运行和健康发展的保障。

（一）运行机制

财富管理市场的运行机制，即财富管理市场的构成要素之间互相联系、互相依存、互相制约的作用机制，主要包括供求机制、价格机制和竞争机制。考虑到本节的第一个问题已经涉及供求机制，故这里主要阐述价格机制和竞争机制。

1. 价格机制

市场经济条件下的价格机制，是市场供求关系作用下的市场价格的形成和调节机制。财富管理市场的价格机制主要表现为供求关系制约下的财富管理产品和服务的定价机制，是财富管理市场运行机制的核心。因为只有确定了财富管理产品和服务的价格，才能实现客户财富资源的配置，财富管理机构才能正式开始财富管理业务活动。同时，财富管理产品和服务价格的变动，会影响其市场供求关系，也是财富管理机构之间开展市场竞争的重要手段。如果某家财富管理机构的产品和服务价格对客户更有吸引力，则其在市场竞争中就会处于有利地位。从这个意义上说，价格机制能够影响供求机制和竞争机制。

从财富管理产品的定价看，融资类产品的价格，基本遵循“资金成本+股东预期利润+违约风险溢价”的定价原理，并考虑到市场供求关系和市场竞争因素来加以确定。投资类产品价格的确定，既要考虑国家宏观经济政策取向、金融市场资金供求关系、市场利率现实水平和预期走势等宏观层面的因素，又要考虑投资类产品的性质、投资期限、风险程度、市场同类产品定价水平、市场供求状况等产品本身的因素。

财富管理服务的定价主要表现为财富管理机构对客户的服务收费。国外成熟财富管理市场的高端财富管理服务，主要有三种服务收费模式。

（1）资产管理费模式

资产管理费模式是指财富管理机构按照客户委托的资产规模，依一定比例收取管理费用。财富管理的时间周期长，很多客户更注重资产的安全性以及财富的传承，因此，资产交易和投资组合调整并不是很频繁，更适合按照资产规模收取费用。资产管理费模式是财富管理机构主要的服务收费模式，常见于欧美私人银行，日本的银行财富管理部门也大多采取这种收费模式。

采用资产管理费模式的典型机构有UBS（瑞银集团）、百达银行等，其财富管理的风格偏向稳健，把财富安全放在重要位置。在这种收费模式下，财富管理机构管理资产规模的增长能够带动业务收入稳步提升。

（2）资产管理费+交易佣金模式

所谓“资产管理费+交易佣金模式”，是指客户可以自行选择资产配置结构或投资交易风格，财富管理机构除了向客户收取资产管理费外，还会收取一定比例的交易佣金。这种模式常见于欧美全能型投资银行。

采用这种收费模式的典型机构有美银美林、摩根士丹利等大型投行的财富管理部门，其按照客户资产规模收取资产管理费，并在管理费基础上对每笔交易收取佣金。

（3）第三方咨询模式

第三方咨询模式是指第三方独立财富管理机构向客户提供资产配置计划和投资咨询等服务，通常采用按小时收取咨询费的收费模式。这种模式常见于欧美市场独立的财富管理咨询机构和财富管理顾问。

采用这种收费模式的代表机构有ASPIRIANT，其采用咨询收费模式向客户提供定制化投资咨询服务，按服务时间收取咨询服务费用。同时，其也可以为客户管理资产，按一定费率收取资产管理费。

不同收费模式下的财富管理服务存在差别，客户可根据需要自行选择收费模式。

2. 竞争机制

财富管理市场的竞争，即财富管理市场中各类经济主体之间的竞争，主要表现为市场供给主体之间的竞争，特别是开展同类业务的财富管理机构的竞争。竞争目的在于赢得更多客户，扩大自身市场份额，获取更多利润。竞争机制也会影响财富管理市场的供求关系和价格机制，加剧财富管理产品和服务的价格竞争。

（1）产品和服务

为客户提供高质量的产品和服务，是财富管理机构竞争取胜的基础和不二法门。国际上一些知名财富管理机构走产品差异化竞争之路，注重在财富管理产品设计上形成自身特色以求获得客户青睐。例如，罗素投资、领航投资是以指数追踪的被动型产品为主，而摩根大通的主打产品是具有各种风险—收益特征的基金产品，其基金投资范围涵盖各大资产类型，从外汇、股票到地产、对冲基金等全球资产。

（2）客户

财富管理机构的业务是以客户为中心，业务发展的主要路径是持续扩大高净值客户规模，从而提高业务收入。高净值客户往往还能为财富管理机构带来其他相关业务和资源，促进财富管理机构整体收入的提升。因此，寻求构建适合自身的客户结构，也是财富管理机构之间实行差异化竞争的一个重要方面。例如，高盛是以机构客户为主，而美银美林、嘉信理财则侧重于发展零售客户。

（3）价格

价格竞争是各类市场中的经济主体广泛采用的竞争手段，财富管理市场也不例外。财富管理机构同类产品和服务的竞争，主要取决于价格。财富管理机构的定价模式是否科学合理，产品和服务价格是否具有竞争优势，决定了其财富管理业务的市场份额和规模能否持续增长。嘉信理财从折扣经纪商发展为知名财富管理机构，靠的就是利用折扣佣金吸引零售客户，从而形成客户规模优势。

（4）人才

财富管理机构之间的竞争，归根结底是人才的竞争。财富管理业务涵盖产品设计、投资管理、行业研究、投资交易和信息技术等诸多方面，需要具备复合型知识结构和专业能力结构的高素质人才。高素质人才的储备和培养，对于财富管理机构扩大业务规模、提高市场份额至关重要。例如，高盛的行业分析师因为拥有专业优势，具有较大的行业话语权，因而能够获得广大客户信赖，使高盛在市场竞争中处于优势地位。

（5）战略

确立长期发展战略是财富管理机构战略管理的重要环节，也是财富管理机构实现稳健和可持续发展的重要条件。财富管理机构的发展战略，一般是从自身资源禀赋出发，结合财富管理市场的发展趋势，明确自身业务发展的战略重点和主攻方向。例如，摩根大通由于拥有高净值客户优势，把发展高净值客户作为业务发展的战略重点，通过建立私人银行办公室，积极整合高净值客户资源并开发相应产品和服务，有效提升了高净值私人客户占比，形成了领先同行的竞争优势。花旗集团的财富管理战略突出全面性和综合性的特点，产品和服务涵盖了现金管理贷款、投资策略、财务管理以及各类专业技术服务等，为成为全球领先的私人银行奠定了良好的基础。

（二）监管机制

财富管理市场的监管机制是指监管主体为保护客户利益，促进财富管理市场正常运行，在市场监管过程中采取的监管制度、监管组织结构形式、监管手段和方法等的集合体。

由于财富管理机构的主体是金融机构，主要活动范围是金融市场，主要业务是金融投资管理业务，因而构成财富管理市场监管机制基本要素的监管内容、监管机构与监管制度这三方面，与金融监管是高度重合的，两者在很大程度上具有同一性。

1. 监管内容

尽管不同国家在财富管理市场的监管体制上存在差别，但财富管理市场的监管内容大体上是相同的，即监管主体基本都是围绕市场准入、产品和行为三个方面开展监管。

（1）市场准入监管

欲从事财富管理业务的机构，必须满足相关的监管要求，具备必需的经营条件和经营资质，才能获准进入财富管理市场。美国对市场经营主体实施以信息披露为核心的注册制。根据《1940 年投资公司法》，开放式基金、封闭式基金、交易所开放式交易基金（ETF）及集合投资信托（Unit Investment Trust）四种类型的公募基金，须按该法要求向美国证券交易委员会（SEC）注册，成为注册投资顾问公司（Registered Investment Advisor），并且每年须提交 Form ADV 表格，披露投资管理人信息、管理的资产规模、产品估值等信息，在资金投向、资产托管、风控、对冲等方面受到严格监管。

（2）产品监管

各类金融产品是财富管理机构建立投资组合、开展业务的依托和基础。围绕金融产品的设立、发行、运行等产品要素所开展的监管，是财富管理市场监管机制的重要内容。美国对公募产品有严格的监管要求，而对私募产品的监管相对较为宽松。一般私募产品的监管规则，是注册和披露的豁免，而对登记为商品基金（Commodity Pool）的私募基金（多为管理期货类的对冲基金），则受到美国期货交易委员会（CFTC）的监管。2008 年国际金融危机以后，美国加强了对私募基金的监管，较大规模的对冲基金管理人必须向 SEC 注册，披露交易风险、资产状况、估值方法、产品杠杆等信息。

从欧盟的市场规范指引看，欧洲财富管理市场的监管主要是以产品监管为主，且重点针对各类投资组合计划。其一，集合投资组合。欧盟是以《可转让证券集合投资计划》（*The Undertakings for Collective Investment in Transferable Securities*，UCITS 计划）为主要监管指令。其二，《另类投资基金管理人指令》（*The Alternative Investment Fund Managers Directive*，AIFMD）监管 UCITS 计划之外的集合投资基金，对私募股权基金和对冲基金管理公司必须进行资质认证，且基金规模分别不低于 1 亿欧元（含杠杆）和 5 亿欧元（不含杠杆）。其三，《欧盟金融工具市场指令》（*Markets in Financial Instruments Directive*，MiFID）的监管对象，主要是面向非集合投资者的投资组合，以及场内商品衍生品和柜台产品。

（3）行为监管

行为监管主要针对财富管理机构和财富管理师的经营行为，包括对金融产品的设立和发行、金融产品的销售、金融市场交易等金融行为的监管。美国的财富管理机构必须按照相关的投资咨询监管规定，以信息披露为核心开展各项活动。资产管理公司、独立财富顾问、家族工作室等机构必须向监管机构注册取得提供证券投资咨询服务资格，并承担定期信息披露义务。在资金投向、资产托管、风险评估、衍生品投资及对冲策略等信息的披露方面，受到的监管更为严格。同时，美国 SEC 对财富管理机构的资金账户开展交易行为监管，包括资产管理机构基于与客户的投资管理协议开设的单设账户和直接通过客户账户提供的投资管理服务，严禁实施法律禁止性的交易行为和欺诈行为。

英国市场强调发行监管和投资者保护。监管机构对集合投资计划的周密性和可行性进行事前核准，审查通过后才予以批准。对于信托基金，必须经过核准后，由特定的许可机构进行销售（如银行和证券公司）。在销售过程中，必须满足客户适当性，即在对客户进行了风险评估，确认其符合销售规范流程的条件下，才可以向客户提供适合的销售建议，并必须以客户的利益最大化为基本原则。如果未按照规定的销售流程开展销售，FCA（英国金融行为监管局）可对财富管理机构的违法行为采取处罚，并责令赔偿客户损失。

2. 监管机构

根据设立主体和机构性质的不同，财富管理市场的监管机构主要分为政府监管机构和自律监管机构两类。

（1）政府监管机构

政府监管机构是根据相关法律规定或政府指令设立，由政府行政机构或部门负责对财富管理业务活动进行监管，具有行政管理性质。政府监管机构的监管依据来自有关法律、法规和监管政策，可以对违法违规的财富管理机构采取行政处罚措施或动用司法手段。

美国的政府监管机构是证券交易委员会（Securities and Exchange Commission，SEC）。SEC依照《1934年证券交易法》设立，是直属于美国联邦的独立准司法机构，负责美国的证券监督和管理工作，是美国证券行业的最高监督管理机构。1929年以前，美国股票市场发展迅速，但市场操纵和内幕交易情况严重，市场波动时常发生。1929年股市崩盘以及经济大萧条的发生，对美国经济造成严重的打击。1934年SEC设立以后便开始对证券操纵和欺诈履行监管职能，在证券诉讼中承担控方角色，规范证券交易行为，取得了显著成效。

（2）自律监管机构

自律监管机构通过相关制度、章程和准则，对财富管理市场活动进行自我监管。自律监管机构一般实行会员制，机构的运行以会员大会为核心，负责制定、解释和执行有关市场交易活动的各项规章制度和行为准则。

美国的自律监管机构是金融业监管局（FINRA）。FINRA是由美国证券交易商协会（NASD）和纽约证券交易所监管局（NYSE Regulation，Inc.）合并发起成立，是美国最大的独立非政府证券业自律监管机构，其监管范围涵盖了机构牌照发放、行业行为准则制定、从业人员管理、法律规范执行、投资者教育、自律处罚等。

（3）国际监管机构

国际监管机构是跨国家和地区监管机构组成的专业监管组织，也是金融监管的国际标准的制定机构。例如，具有代表性的国际证监会组织（International Organization of Securities Commissions，IOSCO）成立于1983年，总部位于西班牙马德里。

IOSCO旨在建立和推广国际公认的监管准则和执法标准，加强投资者保护，维护市场透明、公平和效率，有效应对和防范系统性风险。IOSCO与各国执法和监管机构有着广泛的信息交流和合作，能够为成员国在全球和地区监管组织提供经验交流平台。

3. 监管制度

全球财富管理市场的监管制度，可分为分业监管制度和综合监管制度两种。

（1）分业监管制度

所谓分业监管制度，是指对从事不同类型金融业务的机构分别实施监管。在分业监管制度下，监管机构依据行业类型分别设立，对特定主体或特定行为开展市场监管。各类监管机构在分工负责的同时也相互协调，共同组成一个完整的监管组织体系。

美国20世纪30年代实行的分业监管制度具有代表性。美国1933年通过的《格拉斯—斯蒂格尔法案》确立了分业经营制度，明确限制了银行业与证券业的跨业经营，并依据《证券交易法》成立了证券交易委员会（SEC），标志着美国金融业进入分业经营、分业监管的时代。在联邦一级监管层面，除了SEC外，还有商品期货交易委员会（CFTC）、联邦储备委员会（FED）、货币监理署（OCC）和消费者金融保护局（CFPB），分别在各自职能范围内开展对金融机构的监管。

（2）综合监管制度

综合监管制度也称混业监管制度，是指开展不同类型金融业务的机构，要接受统一的监管机构的全面监管。在综合监管制度下，监管机构是金融行业唯一法定的监管机构，具有极大的监管权力，对市场主体和行为开展全面的金融监管。

实施综合监管制度的典型国家是英国和日本。1997年英国建立了统一的金融监管机构——英国金融服务局（FSA），实施全面、统一的监管活动。

直至2013年，英国将原来的统一监管模式变更为“双峰监管”模式，同时开展审慎监管和市场行为监管。

20世纪末，日本采用了综合监管模式，成立了唯一的金融监管机构——金融厅，对银行、证券、保险等金融机构实施综合监管。金融厅在内部设立不同的监管部门，分别对应不同的金融机构和产品。综合监管能够集中监管资源，统筹安排监管任务，降低监管成本，在防控行业风险方面具有较强的统一性、协调性特点。

分业监管制度的本质是机构监管，而综合监管制度的本质是功能监管。由于分业监管制度存在监管成本高、各类监管机构之间协调困难、容易出现重复交叉监管或监管“真空”以及监管套利现象等缺陷，一些发达国家的监管制度由分业监管逐步向综合监管转变。1999年，美国通过了《金融服务现代化法案》，结束了银行、证券、保险各类金融子行业分业经营的状态，拉开了金融混业经营的大幕。与这种情况相适应，美国政府的监管理念，也由机构监管转为功能监管，建立了混业监管制度。在2008年国际金融危机之后，为了恢复公众对金融体系的信心，加强消费者权益保护，避免再次发生系统性金融危机，时任美国总统奥巴马在2010年7月签署了名为《多德—弗兰克华尔街改革与消费者保护法案》的金融监管改革法案，要求把美联储打造成“超级监管者”，强化集中监管，扩大监管内容和范围，特别是加强对大金融机构的监管。这一法案可以看作混业监管的加强版。

总体而言，发达国家大都高度重视财富管理市场的监管，针对财富管理业务涉及的产品、机构和行为等各个环节，制定了细致、全面的监管规则并付诸实施，形成了较为健全、完善的市场监管机制，有效地保护了客户的合法权益，促进了财富管理市场的健康发展。

第二章　资产配置

资产配置是财富管理中的金融投资管理的基础性工作，是取得金融投资成功的关键因素，而金融投资管理又是财富管理的核心内容。因此，资产配置在财富管理中的地位至关重要。

第一节　资产分类与资产配置的作用

一、资产的分类

资产的英文"asset"起源于"asez"这个词。"asez"是16世纪的一个法语词汇，意思是"足够"，后来延伸为具有交换价值、可以换成货币的东西。

从经济学的角度解释，"资产"的概念与前面所阐述的"财富"的概念相近，两者有广泛的共同之处，只不过人们对"资产"概念的理解，更偏重于交换价值角度即货币角度。也就是说，资产是各类经济主体拥有或控制的具有商业价值和交换价值的东西，是能够以货币形式计量的社会财富。

按照不同的分类方法，可以将资产划分为不同的种类。通常的分类主要有以下四种。

（一）按照资产存在的形态分类

资产按照有无物理存在形态分类，可以划分为有形资产和无形资产。有形资产是指那些有物理存在形态的，可以看得见摸得着的资产。千姿百态的各种实物资产，都是有形资产。无形资产是没有物理存在形态的资产，表现为某种法定权利、知识和技术，包括货币资金、应收账款、债权、股权、金融衍生品、著作权、专利权、商标权等。这是广义的无形资产的涵盖范围。狭义的无形资产，仅指著作权、商标权、专利权等知识产权。

资产的这种分类，与前面所阐述的"财富"的分类是相同的。

（二）按照是否可消费或可交易分类

资产按照是否可消费或可交易分类，分为可消费或可交易资产和非消费或非交易资产。可消费或可交易资产，如食品、金融产品、贵金属等，其资产价格确定除受资产的内在价值或其代表的价值制约外，还受到市场供求关系变化的影响。非消费或非交易资产，是指不能在市场上进行买卖和交易的资产，如商誉、思想文化等。

（三）按照价值是否可以储存分类

资产按照价值是否可以储存分类，可分为价值储存资产和非价值储存资产。前者包括古董、艺术品和其他价值可以储存的物品。这类资产的定价主要取决于财富管理机构客户的主观爱好，或是某个特定时点上客户愿意支付的价格水平。非价值储存资产，一般情况下其价值会随着时间的推移而下降，如纸币、电子产品等。

（四）按照流动性分类

资产按照流动性分类，一般可分为流动资产、固定资产、长期投资资产和其他资产。流动资产是指可以在一年内变现的资产，包括现金、短期银行存款、货币市场基金等。固定资产是指使用年限较长，资产价值相对较高的资产，包括房屋、机器设备、运输工具等。长期投资资产是指短时间内不可能或无须变现的投资，包括长期债券投资、股票投资和其他长期投资。其他资产是指不属于以上各项资产的长期资产，如累计折旧、工程物资、递延所得税资产等。

资产的分类如图 2－1 所示。

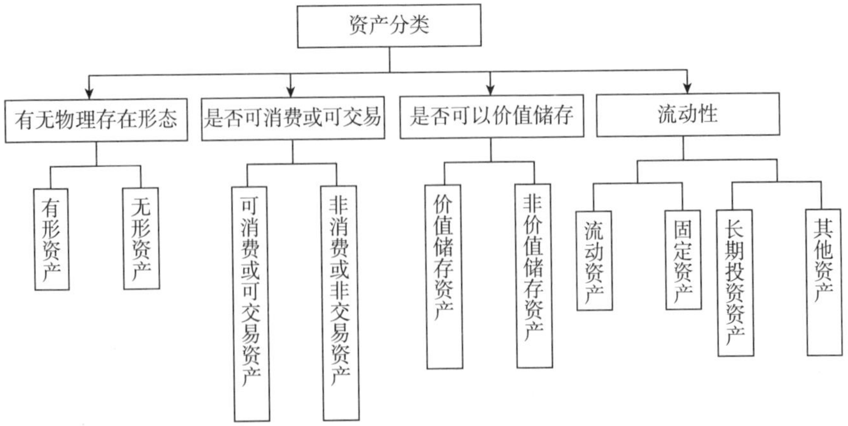

图 2－1　资产的分类

二、资产配置的概念与作用

（一）资产配置的概念

所谓资产配置，是指财富管理机构根据客户的投资收益目标，将资金合理地分配到不同的资产种类上，以达到有效控制投资风险与增加投资回报目的的过程。财富管理机构按照客户自身风险承受能力、投资期限、投资回报预期等确定资产配置计划。在资产配置过程中，既可以把投资资金配置于货币、债券、股票、基金、金融衍生品等金融资产，也可以把投资资金分配到房地产、古董、艺术品等非金融资产。

（二）资产配置的作用

财富管理机构的资产配置不仅可以通过多元化投资有效降低投资组合的非系统性风险，获取较为理想的投资收益，还可以满足客户财富传承和税收筹划方面的需求。

1. 资产配置是财富管理的重要环节

没有资产配置就谈不上投资管理，当然也就没有财富管理。资产配置是财富管理全链条上的重要一环，是降低投资风险、获取最佳投资业绩的重要因素。对于财富管理机构来说，资产配置能力是其开展财富管理业务的基本功，是其核心竞争力的重要方面。财富管理机构的资产配置能力强，投资业绩就突出，客户资产保值增值的保证程度和财富管理目标的实现程度就高，对客户的吸引力和市场影响力就大，在激烈的市场竞争中就处于有利地位。正因为资产配置如此重要，好多财富管理机构加大物力财力投入，广揽高素质专业人才，孜孜以求地在提高资产配置能力上下功夫，打造财富管理的核心竞争力。

2. 资产配置可以促进投资组合收益与风险的平衡

国际财富管理的实践经验表明，在成熟的财富管理市场中，投资组合收益的90%都由资产配置决定。特别是对机构投资者而言，资产配置的贡献远大于投资具体资产和投资时机的选择。其原因在于：投资资产的选择、不同投资资产投资比例的拿捏、投资规模与投资期限的确定等资产配置的基本因素，都会对投资组合风险和投资组合回报产生影响。财富管理机构资产配置的核心，是根据客户的收益预期和风险偏好，实现投资的多元化，在此基础上追求最优的收益和风险水平。分散化是应对非系统性风险的有效方法。不同投资资产之间的相关性呈现正相关、负相关和不相关三种关系，投资组合内资产之间的相关系数越低，投资组合的风险就越低。财富管理机构通过有效的资产配置，将相关程度低的资产纳入投资组合，把投资资金科学地分配于不同的投资资产，实现投资资产的分散化，可以促进投资组合收益与风险的平衡，有效降低投资组合的非系统性风险，提高投资组合收益。

3. 资产配置有助于财富传承

财富传承本身所具有的复杂性，使制订合理的资产配置方案成为实现财富安全传承的重要手段。投资资产的品种不同，财富传承的难度也明显不同。同时，由于不同类别投资资产的法律属性不同，这一点还会对财富传承的成本产生影响。比如，现金类资产的传承和房产类资产的传承在复杂程度上就有很大差异，因而传承成本也大相径庭。通过资产配置将财富合理布局于不同的资产类别中，有助于实现财富的安全、定向传承，降低家庭变故、债务、税收等风险因素对财富传承的影响，同时也有助于实现财富传承成本的合理化与均衡化。

4. 资产配置有利于税收筹划

财富管理中的税收筹划并不是偷逃税款或者隐报瞒报应税资产与收入，而是依靠合法合规的方法，通过转嫁税收、降低计税基础、递延缴税等途径，来降低财富管理客户的税负水平。由于不同资产税率不同，某种单一的资产配置可能会使财富管理机构持有的资产承担较高的税负，也即结构单调的资产配置，会使税收成本增加而相应降低投资收益。比如，财富管理机构客户的投资资金大量甚至全部配置于房地产，会带来税负较高的遗产税和赠与税。而建立在资产配置结构多元化、分散化基础上的资产配置方案，则有利于为客户办理税收筹划，达到降低税负水平的目的。

资产配置虽然具有降低投资组合风险的优势，但在单边上涨的行情中也具有一定的缺陷。当某类资产的市场行情很好而表现为持续单边上涨态势时，分散的资产配置会使财富管理机构无法分享这类资产的单边上涨行情。

第二节　资产配置的类型和原则

一、资产配置的基本要素

资产配置的基本要素主要与财富管理机构客户、财富管理市场和资产三方面相关。

（一）与财富管理机构客户相关的基本要素

财富管理机构的资产配置，必须以客户为中心，立足于客户的资源禀赋，着眼于客户的自身需求，体现客户的风险偏好。

1. 客户的可投资资产规模

财富管理机构需要根据客户资产状况，特别是可投资资产规模来进行资产配置。客户资产状况包括家庭现时收入水平、财富积累程度、未来家庭关系和人口可能发生的变化、可预见的货币流入与流出、投资活动的时间和跨度等。

2. 客户的投资收益目标

客户投资收益目标的构成因素主要包括代际收入要求的重要性与时机、衡量投资收益目标的标准、绝对收益和相对收益目标。

3. 客户的风险承受能力

客户风险承受能力的构成因素主要包括：客户的生活与工作经历、心态及心理特点；客户的收入水平、可以承受的资产价格波幅度及本金损失程度；客户在巨大的资产收益或损失面前，能够在多大程度上保持耐心和信念；等等。

在上述3个要素中，第二个要素和第三个要素对财富管理机构的“参照意义”或许更为重要，其影响着资产配置对客户本金的保护程度，从而影响着资产配置的风格，以及资产配置中核心资产和非核心资产种类的特性及其比例关系，构成财富管理机构资产配置的基础依据。

（二）与财富管理市场相关的基本要素

这种类型的基本要素蕴含于财富管理市场之中，主要包括以下两个方面。

1. 资产价格的历史均值和可能的变动趋势

通过对可能纳入资产配置的资产价格的历史均值和现时水平及其影响因素的考察分析，研判资产的未来价格走势及资产回报的长期走向，评估资产的现时价格处在周期性或长期性趋势的哪个位置，判断其与长期均值出现多大程度的背离。

2. 资产的风险程度

资产的风险程度主要是指可能纳入资产配置的资产未来市场风险的大小。这个问题同资产价格可能的变动趋势是紧密联系的。风险判断、风险评估和风险控制，是资产配置过程中管控投资风险的三部曲。在投资组合组建之前和实施之后，都要对投资资产的风险程度进行评估，这一活动贯穿资产配置的全过程。

（三）与资产相关的基本要素

1. 资产种类的选择

财富管理机构根据客户的投资收益目标、风险偏好程度、可供投资的资金规模、投资资金的可投资时间等投资约束条件，确定在资产配置中纳入和排除哪些大的资产种类，即进行大类资产的选择。例如，在可投资的各类资产中，要确定在投资组合中是否纳入权益类证券或金融衍生产品。确定某种大类资产纳入投资组合后，还要对该类资产的细分部分加以确定。比如，对确定纳入投资组合的固定收益资产中，要确定纳入征税证券还是免税证券，或者两者兼有，并要确定所选资产的品质（投资级别、收益类型或高低投资级别与高低收益的资产兼有）、期限（短期、中期、长期或三者的某种组合）以及资产的其他特征。在构建投资组合时，大类资产选择是财富管理机构必须首先考虑的问题。

2. 资产特征的评估

大类资产确定之后，财富管理机构需要考察纳入投资组合范围的每一种资产的收益、风险的历史表现，分析影响每一种资产价格变化的资产的基本面、资金面及技术面，运用资产评估模型和评估价值标准（如对权益类资产的市盈率、市净率、股息率等）进行分析，预测每一种资产未来的市场前景。

基于资产配置上述三方面的基本要素，财富管理机构在进行大类资产配置时，要处理好 3 个比例关系：一是权益证券与固定收益证券之间的比例关系；二是标准化资产与另类投资之间的比例关系；三是国内资产与国际资产之间的比例关系。

二、资产配置的类型

按照不同的分类方法，可将资产配置划分为不同的类型。

（一）按照资产配置的风格和风险偏好分类

按照资产配置的风格和风险偏好分类，可将资产配置分为保守型资产配置、稳健型资产配置和进取型资产配置三类。

1. 保守型资产配置

这种类型资产配置的风格特点是纳入投资组合的股票、股票型基金、混合型基金、私募股权投资等风险较高的权益类资产的比重相对较低，债券、货币市场基金等风险较低资产的比重相对较高。保守型资产配置的风格在于，其表现出较低的投资组合收益的标准差，即主要是通过利息收入而非主要通过资本增值的形式来产生投资收益。

2. 进取型资产配置

这类资产配置的风格特点，是纳入投资组合的股票、股票型基金、混合型基金、私募股权投资等风险较高的权益类资产比重相对较高，债券、货币市场基金等风险较低资产的比重相对较低。进取型资产配置的风格，在于其配置的资产通常会表现出较大幅度的价格波动，并主要以资本增值形式而非利息收入形式产生收益。

3. 稳健型资产配置

这类资产配置的风格特点是纳入投资组合的资产的风险程度，介于保守型资产配置与进取型资产配置两者之间。稳健型资产配置的风格在于其配置的资产的价格波动性低于进取型资产配置而高于保守型资产配置，资产配置的回报是利息收入和资本增值两者相结合形成的收益。

（二）按照资产配置的期限分类

按照资产配置的期限分类，可将资产配置分为战略性资产配置和战术性资产配置。

1. 战略性资产配置

这种配置是财富管理机构把客户的收益目标、风险承受度以及其他投资约束条件整合到长期的市场期望中去，建立最佳长期投资组合的过程。其本质上是长期资产配置，既反映了财富管理机构客户对财富管理市场和某些具体资产种类的中长期观点，也反映了财富管理机构的长期投资目标和政策。这种长期投资组合中的“长期”都在 1 年以上，以 5 年的时间段为多。

由于战略性资产配置是长期资产配置，因而一般情况下财富管理机构会选择维持原资产配置结构而不去变动调整，除非客户的风险偏好和收益目标发生显著变动，或金融市场的趋势性变化引致纳入资产配置的某些资产的价格发生剧烈波动。

2. 战术性资产配置

这种配置偏重短期投资策略，通常是财富管理机构因宏观经济运行状况和金融市场环境变化导致资产价格的大幅度变化而及时作出反应，对原资产配置进行动态调整，旨在抓住金融市场的中短期变化，有效应对突发性风险，起到优化投资组合收益风险比的目的。常见的战术性资产配置的时间范围可能是1年甚至更短。

战略性配置与战术性配置在期限范围上的界定是相对的，并非一成不变的。如果战略性配置的期限长达10年，则2~5年的配置期限就应属于战术性配置范畴；如果战略性配置的期限低于5年，则按月或按季度频率的资产权重调整即属于战术性配置。

3. 两者的区别

两者的区别主要表现在以下四个方面。

一是两者关注的重点不同。前者反映财富管理机构客户的长期投资目标和投资政策，主要着眼点在于确定大类资产的投资比例，以建立最佳长期投资组合结构。该结构一经确定，在较长时间内不做调整。而后者主要关注金融市场的短期波动，强调根据金融市场的变化，通过择时交易和资产选择，适时调整各大类资产的权重以及各大类资产内部的构成来管控投资风险，力求更好地实现客户的投资收益目标。

二是两者对客户风险偏好与风险承受力的态度不同。战术性资产配置在动态调整资产配置时，需要根据市场变化重新预测不同资产类别的收益，但无须考虑客户的风险偏好与风险承受力是否发生了变化，以及这种动态调整是否适应客户的风险偏好与风险承受力。而战略性资产配置则与此不同。

三是两者对财富管理机构投资能力的要求不同。由于战术性资产配置是对资产配置结构的短期和适时调整，要求财富管理机构能够准确把握金融市场的发展动态和预测资产收益的变化趋势并迅速采取有效行动，对财富管理机构投资能力的要求较战略性资产配置明显为高。

四是两者带来的投资收益不同。战术性资产配置是根据金融市场变化对原有资产配置结构作出的动态调整。如果这种调整所依据的市场走势预测与市场实际走势相一致，调整时机和调整策略得当，则其带来的投资收益与战略性资产配置相比也将明显为高。

战略性资产配置可以帮助财富管理机构避免成功投资的一对天敌——恐惧和贪婪。因为通过坚守既定资产配置方案和投资组合比例，财富管理机构能够抵御外在诱惑，不会追涨杀跌，避免在市场顶部买入，在市场底部卖出。但当金融市场出现资产价格持续上涨的牛市时，战略性资产配置就会失去有利的投资机会。因此，在财富管理实践中，许多财富管理机构将战略性资产配置和战术性资产配置结合起来运用。

（三）按照资产配置的地域分类

按照资产配置的地域分类，可将资产配置分为境内资产配置和全球资产配置。前者是指财富管理机构纳入投资组合的资产都是境内资产（包括金融资产和非金融资产），资产配置范围局限于境内。后者是指财富管理机构纳入投资组合的资产既有境内资产，也有境外资产，资产配置范围遍及全球。发达国家的货币都是可兑换货币，对外投资不受限制，加之其以金融机构为主体的财富管理机构的分支机构遍布全球，且积累了丰富的国际金融市场投资经验，因而拥有在全球范围内进行资产配置的有利条件。发达国家的财富管理机构，都是在全球范围内进行资产配置的。伴随着经济和金融的全球化进程，新兴市场国家经济、金融对外开放步伐加快，财富管理机构的资产配置也逐步由境内配置向全球配置转变。本章第五节将专门阐述财富管理机构的全球资产配置问题，这里不做展开。

三、资产配置的基本原则

财富管理机构在资产配置过程中，需要遵循和坚持三条基本原则。

（一）风险分散原则

财富管理机构在制定投资决策时，要把大部分时间和精力集中在投资品种选择和各类投资品种投资占比的决定上。投资本身实际上是一个概率事件。投资活动的本质就是不断提升取得正收益的概率而降低取得负收益的概率的过程。要提升取得正收益的概率，获取好的投资业绩，必须奉行风险分散原则，将投资资金分散配置于不同的资产上。风险分散是财富管理机构必须一以贯之恪守、不折不扣执行的一条投资铁律。当然，不考虑不同资产投资回报的概率大小，只是简单地把投资资金分配到各类投资品种中，希望通过某类投资品种取得正收益来抵销另一类投资品种的负收益，进而获取整个市场投资资产的平均回报率，也是不可取且无法实现分散投资初衷的做法。遵循风险分散原则进行资产配置，必须在认真研判不同资产投资回报的概率的基础上，再确定各类资产的投资占比。同时，要兼顾提高投资收益和降低投资风险两个方面，既不能只重视投资回报的高可能性而忽略降低风险，也不能单纯考虑降低风险而不重视投资回报。此外，在将投资资金配置到各类资产时，对每种资产也要做到在行业上分散和在地域上分散。比如，在投资股票时，不能只买一个行业或一个地区的公司的股票，必须实现股票在行业和地域上的分散。

（二）组合资产相关性低原则

美国经济学家马科维茨在 1952 年提出了著名的“资产组合选择理论”，

并因此获得了诺贝尔经济学奖。此后，该理论成为所有金融投资机构进行资产配置的指针。按照该理论，选择收益相关性低甚至是负相关的资产构建投资组合，能够降低组合的整体投资风险。因为两种高度正相关的资产是齐涨齐跌的。如果把它们纳入投资组合，一旦市场持续下行，则组合的投资收益必然为负。而选择相关性低甚至负相关的资产构建组合，当某种资产价格下跌时，另一种资产价格可能上涨，且上涨部分可能完全抵销掉下跌部分还有剩余，使投资组合的收益为正。具体来说，投资组合中资产之间的相关性低，能降低单个投资品种或某个行业所承受的宏观政策风险、市场利率风险、汇率风险、某个行业或地区不可预测的风险等。要降低投资组合的投资风险，获取较为理想的投资收益，财富管理机构的资产配置必须坚守组合资产相关性低原则。

（三）着眼长远原则

绝大多数的资产配置是一项长期的投资活动。一个成熟的资产配置方案可以使财富管理机构的客户对未来收益的期望与风险偏好达到较好平衡。财富管理机构在制订资产配置方案时，不能只看某种资产收益的历史和现实表现，而是必须以长远的眼光和发展的观点，认真分析影响该类资产收益的各种因素可能的发展变化，判断其未来收益的变动趋势，并在此基础上理性决策。对于现阶段收益表现好的资产，待其收益达到峰值即将回调时要适时予以剔除；对于现阶段表现虽不突出但未来有巨大升值潜力的资产，要坚持保留并长期持有。世上没有一劳永逸的资产配置方案，资产缩水的风险每时每刻都存在。只有遵循着眼长远原则，财富管理机构的资产配置才能做到合理、稳健、有效，才能高效率地实现客户的财富积累和财富传承。

第三节　大类资产配置

大类资产配置在财富管理机构的资产配置中起着主导作用，其效率和质量直接影响着财富管理投资收益的实现程度。

一、大类资产配置的概念

财富管理投资领域中的大类资产，包括现金、债券、股票、大宗商品、房地产等基础资产。所谓大类资产配置，是指财富管理机构对客户的可投资资金进行跨资产类别配置，并随着经济周期和金融市场的变化，相应调整资产类别和配置比例来达到收益—风险平衡的过程。大类资产配置的目的是通过分散化投资提升投资组合的综合风险收益水平，即在一定风险水平下，提高投资组合的整体收益；或在一定收益水平下，降低投资组合的整体风险。

大类资产配置的过程不仅仅是进行简单的多类别、多品种资产投资，更追求投资组合中不同类别资产之间较低的相关性。这种较低的相关性，可以保证投资资产对 GDP、通胀水平、利率、股价指数、市场流动性、信用利差等经济和金融变量指标的变化，表现出较好反应和敏感度，能够在不同的市场环境下有效降低投资组合波动率，使投资组合的收益与风险得到较好匹配，优化组合收益风险比。与集中投资相比，大类资产配置指导下的投资对投资组合风险进行了有效分散，有利于财富管理机构对投资资金的长期管理。

二、大类资产配置的基本理念

理念指导行动，是行动的指南。大类资产配置必须以科学、严谨的理念为指导。长期投资资金的大类资产配置一般遵循价值导向、实质分散、注重权益资产和逆向投资的基本理念。

（一）价值导向

大类资产配置决策一般是基于资产类别的预期收益率来确定的，即财富管理机构根据客户的投资收益和风险目标，围绕大类资产的价值中枢来进行动态配置。将哪种资产纳入投资组合，纳入后投资占比多少，都以资产的投资价值为基本依据。这是一个价值导向型的资产选择过程。

（二）实质分散

如前所述，风险分散是资产配置的核心原则，主要表现为分散化投资。但分散化投资不是简单的分散化，而是建立在注重资产之间相关性基础上的实质性分散化。资产之间相关性的衡量，不仅是基于历史数据的计算，更需要结合宏观经济背景对资产未来收益进行预判。过去较长一段时间内表现相对独立的两类资产，在进入特定经济周期时往往表现出同涨同跌的性质。例如，长期呈现互补关系的股票与债券，在滞胀时期分散化效果并不明显。因此，资产类别之间的相关性也不是一成不变的，需要财富管理机构进行具体分析和动态判断。

（三）注重权益资产

股票是资产配置的核心类别，是长期投资回报最高的资产。美国研究证券投资的著名投资专家杰里米（Jeremy J. Siegel）在其1994年出版的《股市长线法宝》一书中指出，在过去200年股票、债券、黄金、美元等主流投资资产中，股票的长期投资收益远远高于其他资产类别。股票既提供了与债券、商品等大类资产的低相关性，可以降低投资组合的非系统性风险，同时，作为价格波动性较大资产，又可为投资组合获取超额回报。因此，财富管理机构在投资组合中应注重配置股票资产。如果财富管理机构的客户风险承受能力较强且提供的是长期投资资金，那么，更应该使股票资产在投资组合中占有相当比重，即表现为权益资产偏好。

（四）逆向投资

逆向投资是避免市场跟随的一种逆市场趋势、逆市场风格进行投资的投资理念或投资策略。有“20世纪最伟大的基金经理”之称的全球逆向投资大师约翰·邓普顿，堪称逆向投资的典范。他创立的邓普顿基金在1954—1992年的38年间，平均年回报高达5.2倍。他的核心投资理念是“极度悲观点原理”，即市场情绪极度悲观近乎绝望之际，就是应该进场投资之时。在我国，信奉逆向投资理念的投资者也为数众多。有些投资者没有深厚的投资专业知识素养，也缺乏长期的投资实践历练，但其只是以投资者的情绪为依据逆市场趋势操作，却能取得不错的投资业绩。逆向投资的另一层含义是从被市场忽略甚至鄙视的或一些冷门的权益类证券及其他资产品种中寻找投资标的纳入投资组合，目的在于寻找不受市场关注价值被严重低估的资产，回避估值过高的资产。由于逆向投资往往会带来较高的投资回报，因而这种理念在投资界颇有拥趸和市场。大类资产配置当然也要接受这种理念。大类资产配置改善投资组合收益风险特征的功效，主要是通过分散化投资和资产配置再平衡实现的。而在分散化投资和资产配置再平衡的过程中都可以运用逆向投资。特别是资产配置再平衡，当再平衡的时间点正处于资本市场陷入严重低迷的低谷时期，可在投资组合中适当纳入价值被过度低估的权益类资产。

三、常用的大类资产配置模型

资产配置理论是现代投资组合理论中的重要组成部分。自20世纪30年代以来，学术界和业界不断对其进行探索和研究。加里·布林森（Gary Brinson）等学者在20世纪90年代给出的两份著名的研究报告《组合业绩表现的决定因素》（*Determinants of Portfolio Performance*，1960）和《组合业绩表现的决定因素更新》（*Determinants of Portfolio Performance* Ⅱ：*An Up-*

date，1991）中指出，投资组合收益方差的91.5%可以由资产配置来解释。该结论为资产配置理论在财富管理业务中的理论指导地位的确立提供了重要依据。而大类资产配置模型则是大类资产配置理论具体应用的产物。

（一）均值方差模型

均值方差模型最早于1952年由哈里·马科维茨（Harry M. Markowitz）在其发表的著作《投资组合选择》中提出。模型用收益率均值和方差度量了投资组合的预期收益和预期风险，并对其加以优化，取得了与最佳风险收益比对应的资产配置权重。现代投资组合理论由此诞生，使大类资产配置组合管理不断向系统化、科学化、数量化的方向发展，丰富了过去主要依赖基本面分析的传统投资理论。

1. 模型介绍

马科维茨资产组合理论解决的核心问题，是寻求在既定的风险水平下，投资组合实现期望收益率最大化的配置比例，或寻求在一定的预期收益率下，承受风险最小化的投资组合。实现方法就是通过投资于具有低相关性的资产组合，在保持投资组合的期望收益不变的情况下降低非系统风险，或者在一个投资组合中，保持各资产的标准差及资产之间的相关系数不变，提高组合投资回报。马科维茨指出，优化收益率的投资组合不一定具有最小的风险，而是风险收益均衡情况下的特定比例。

马科维茨模型是建立在一定假设条件下的。该模型假设市场上的投资者均为风险厌恶型，追求理性的效用最大化，在决定投资组合时主要考虑期望收益率和方差两个因素，所有投资者处于共同的单期投资区间，且对市场上风险资产收益率和方差的预期是一致的。

在判断组合是否有效时，模型提出了“有效边界”这一概念，用来描述投资风险与回报的关系。在既定的风险组合的期望收益率下，为使组合方差最小，可优化各种资产上的投资比例。根据马科维茨的有效边界理论，投资组合风险和预期收益呈非线性关系。以最小化投资组合风险的情况为例，运用二次规划模型刻画为

$$\min_{w}\sigma^2 = \sum_{i=1}^{n}\sum_{j=1}^{n} w_i w_j \sigma_{ij}$$

$$\text{s. t. } \sum_{i=1}^{n} w_i E(r_i) = E(r)$$

$$\sum_{i=1}^{n} w_i = 1 \tag{2.1}$$

式中：$E(r_i)$ 是第 i 项资产的预期收益率；w_i 是第 i 项资产在组合中的配置权重；$E(r)$ 是组合预期收益率。

投资者的效用函数与有效组合边界的切点就是最终的投资组合点。

2. 马科维茨模型的局限性

马科维茨理论奠定了现代投资组合理论的基础。它的创新在于区分了各种资产的风险和投资组合整体的风险，并指出仅仅降低组合方差对于优化投资组合是不够的，更要注意投资于相关系数较低的资产。由此，资产配置理论得到了充分发展，衍生出了最小方差模型（Min Variance）、目标风险模型（Target Variance）、最大化分散模型（Most Diversified）以及固定比例模型（60/40 股债比）等。著名的耶鲁基金组合作为大类资产投资和现代投资组合理论相结合最杰出的代表之一，正是基于马科维茨均值方差模型，通过分散配置于低相关性的资产，降低组合波动率，取得了理想的投资回报。

不过，该理论是建立在完美的市场假设条件上的。例如，模型要求资产收益率服从正态分布，保证用方差来衡量投资风险的合理性，然而这一条件与现实的资本市场是不相符的。此外，马科维茨模型在求解复杂投资组合的情形时计算量很大，为实际应用带来了一定阻碍。该模型的局限性主要表现在三个方面：一是过于依赖资产收益的历史表现，而资产预期收益的轻微改变，就将引起投资组合权重的较大调整，即模型的稳定性欠佳；二是参数估计的准确性很大程度上决定了配置结果；三是在没有上下界限制时，模型配置结果在某些资产上将产生强烈卖空，或较大权重分配在小市值资产上导致模型配置过于集中。

（二）多因素套利定价模型

因素模型由诺贝尔经济学奖获得者威廉·夏普（William F. Sharpe）在 1963 年提出，它是描述证券收益率生成过程的一种模型，包括单因素模型和多因素模型。史蒂芬·罗斯（Stephen A. Ross）在因素模型基础上，拓展出资本资产定价模型（CAPM 模型），提出了套利定价理论 APT（Arbitrage Pricing Theory），形成了一个均衡状态下的多因素套利定价模型。

1. 模型介绍

进行资产配置构建投资组合，除了马科维茨的均值方差模型之外，还可以通过计量的方法分析资产的基本面情况，预测资产的价格趋势，从而确定投资组合的配置方向。这是一种基于无套利原则的多因素套利定价模型。

套利定价模型是一种均衡状态下的模型，试图用多个市场因素来解释资产的风险收益特征，因此，该模型由一个多因素风险收益函数导出。它假设资产的投资收益是由行业、市场、宏观或其他方面的一系列因素决定的，且为线性关系，基本模型如下：

$$\overline{R}_A = R_F + \sum_{i=1}^{K} \beta_{Ai}(\overline{R}_{Mi} - R_F) \tag{2.2}$$

式中：K 代表系统风险因子的数量；β_{Ai} 代表特定资产或资产组合对第 i 项风险因了的敏感系数（贝塔系数）；$\overline{R}_{Mi}$ 代表这样一种组合的预期收益率，该组合对第 i 项风险因子的敏感系数等于 1，对其他风险因子的敏感系数等于 0。

套利定价模型的假设条件只要求投资者是偏好高收益的，不必是完全的风险厌恶者，风险仅作为组合收益的影响因素之一。因此，罗斯的套利定价模型更接近资本市场现实，更具有实用价值。

套利定价模型并没有对因素的具体选择和数量进行详细的说明，大量的学者和业界人士针对套利定价模型中的因素选择进行了研究分析，得到了不同类型的多因素模型。在采用套利定价模型研究宏观因素与资产收益关系的研究中，较为著名的包括所罗门兄弟的风险归因模型（Risk Attribution Model，RAM），摩根士丹利资本国际（MSCI）的 Barra 模型以及由 Burmeister 等人提出的偏重超预期因素的 BIRR 模型。

2. 多因素套利定价模型的局限性

多因素套利定价模型相比于均值方差模型计算较为简单，假设条件少，因而适用范围更广，在资产配置组合决策上得到广泛应用和发展。尽管套利定价模型具有以上优势，但也存在着一定局限性。比如，在模型中没有明确资产收益相关有效因子的数量和种类，导致多因素套利定价模型在实际应用中面临过多因子带来的计算复杂问题。另外，套利定价模型假设资产的收益与风险之间存在线性关系，即资产收益能用因素模型表示，这与真实、复杂的市场情况并不相符。

（三）布莱克—利特曼（Black－Litterman）模型

布莱克—利特曼（Black－Litterman）模型（B－L 模型）是 1992 年由高盛公司的两位研究员费希尔·布莱克（Fisher Black）和罗伯特·利特曼（Robert Litterman）基于对传统马科维茨均值方差模型进行修正的初衷而提出的，该模型此后被各大财富管理机构广泛应用于资产配置和财富管理业务中。

1. 模型介绍

在马科维茨的均值方差模型中，投资组合的配置结果对资产收益率和资产间协方差矩阵等输入参数高度敏感，并且假定投资者对收益、风险之间的相关性具有一致预期，与实际市场不符。为了优化均值方差模型，布莱克—利特曼模型应用贝叶斯方法，在市场均衡收益率（先验收益率）分布的基础上，加入财富管理机构对资产收益率的主观判断，加权平均估计了资产的期望收益率（后验收益率），再将该期望收益率应用到马科维茨均值方差优化方法中，得出组合配置权重。与马科维茨均值方差模型相比，使用后验收益率作为预期收益率，提高了模型的稳定性，使资产权重的变化与财富管理机构观点一致。

市场均衡收益率（先验收益率）是指在市场达到均衡状态时，所有资产隐含的预期收益率。根据资本资产定价模型，市场均衡状态资产配置权重就是市场上所有资产的市值比例，用 w_{mkt} 表示。假定资本市场投资者均为风险厌恶者，投资者的效用函数可以表示为

$$U = w_{mkt}^{T} \prod - \frac{\lambda}{2} w_{mkt}^{T} \sum w_{mkt} \tag{2.3}$$

式中：U 为效用函数；$\prod$ 为市场各类资产的均衡超额收益率；λ 为风险厌恶系数，数值越大，投资者风险偏好越低；$\sum$ 为资产收益率的协方差矩阵。

投资者希望效用最大化，对公式（2.3）中的效用函数 U 对权重 w_{mkt} 求一阶导数，令一阶导数等于0，得到效用最大化的条件：

$$\frac{dU}{dw} = \prod^{T} - \frac{\lambda}{2} w_{mkt}{}^{T} \left(\sum + \sum^{T} \right) = 0 \tag{2.4}$$

得到

$$\prod = \lambda \sum w_{mkt}$$

$\lambda \sum w_{mkt}$ 为市场均衡收益率（先验收益率），是市场对各资产超额收益率的预期。

布莱克—利特曼模型假设财富管理机构具有关于资产收益的主观看法，用公式具体化，可得公式（2.5）：

$$P \cdot E(R) = Q + \varepsilon \tag{2.5}$$

式中：P 是观点矩阵，观点的个数要少于资产的总数；Q 是观点收益率列向量；$E(R)$ 为资产预期收益率；ε 为误差项，服从（0，Ω）的正态分布，Ω 是观点误差对角矩阵，表示对观点的信心水平。

在分析了市场均衡先验超额收益率和主观观点的设定之后，运用贝叶斯公式推导出后验收益率：

$$\overline{E(R)} = [(\tau\sum)^{-1} + P^T\Omega^{-1}P]^{-1}[(\tau\sum)^{-1}\prod + P^T\Omega^{-1}Q] \quad (2.6)$$

式中：$E(R)$ 是加入主观观点的后验收益率；T 是一个介于 0 和 1 之间的标量。

资产的期望收益率可以看成两个正态分布的加权平均，第一个正态分布是市场均衡收益率Π，服从（$\prod$，$\tau\sum$）的正态分布，第二个正态分布是投资者主观预期收益率的线性组合 $PE(R)$，其均值为 Q，方差为 Ω。因此，后验收益率 $E(R)$ 也服从正态分布。将资产的后验收益率代入马科维茨均值方差模型中，替换原模型的期望收益率求解即可。

2. 布莱克—利特曼模型的局限性

由布莱克—利特曼模型求得的资产配置权重，解决了马科维茨模型对参数高度敏感的缺点，融合了财富管理机构对某项资产的主观预期，形成了一个新的市场收益预期，从而使投资组合权重更加稳定和准确，更接近财富管理机构的投资实践。

布莱克—利特曼模型同样也存在局限性，主要表现在：其一，模型通过历史长期数据计算出来的协方差矩阵，可能不能良好刻画出资产之间的短期相关性，需要动态调整；其二，不用历史时间段内的数据生成的协方差矩阵可能存在明显差异，进而影响最终的配置结果；其三，市场分析师主观预期信心水平的设定具有很大的主观随意性，在方法上还存在众多分歧。

（四）美林时钟模型

美林时钟模型（The Investment Clock）是由美林证券于 2004 年提出的资产配置领域的经典理论。该理论是将资产轮动、行业轮动与宏观经济周期紧密结合而得到的一种直观模型。

1. 模型介绍

美林时钟模型是一种基本面资产配置模型。所谓基本面资产配置模型，是基于对影响资产价格的基本面信息的分析，判断宏观经济及行业发展的周期与趋势，预测资产价格走势，从而决定投资组合中各类资产比例的方法。基本面资产配置模型有很多种，其中以美林时钟模型最为著名。

美林时钟采用通货膨胀和经济增长这两个指标的各种组合，将经济周期划分为四个部分，对应于一个完整经济周期中的四个阶段："经济下降、通胀下降"对应于衰退阶段（Reflation），"经济上升、通胀下降"对应于复苏阶段（Recovery），“经济上升、通胀上升”对应于过热阶段（Overheat），“经济下降、通胀上升”对应于滞胀阶段（Stagflation）。在经济周期的不同阶段配置不同类别的资产，均能取得较高的投资收益。具体的资产配置情况如图 2 –2 所示。

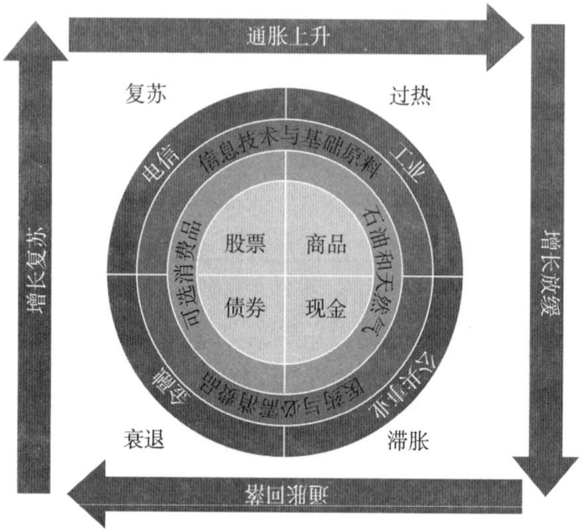

图 2 –2　美林时钟

当经济运行到复苏阶段，宽松的货币政策将配合积极的财政政策，刺激社会生产逐渐回升，经济增长加速。初期过剩产能仍然存在，通胀率继续下降，周期性生产能力逐步增强，企业开始恢复盈利。这一时期企业生产成本和社会物价水平较低，市场购买力逐步回升，推动企业盈利增加，利率下行，投资股票是最好的资产选择。

当经济运行到过热阶段，经济增速逐步放缓，产能接近上限，通货膨胀率上升，宏观经济政策开始收紧，大宗商品成为该阶段的主要配置资产。

当经济进入滞胀阶段，经济增速显著下降，通货膨胀率和失业率同时上升，社会需求下降，企业经营不景气，生产成本增加，利润下滑，宏观经济政策紧缩，现金成为最好的资产选择。

当经济处于衰退阶段，经济活力下降，失业率处于高位，消费者消费欲望降低，产能过剩和商品价格下跌使通货膨胀率进一步降低，宽松的宏观经济政策推出，刺激经济复苏，这一阶段债券的配置价值凸显。

考察美国 1970—2000 年的经济金融数据可以发现，随着 20 世纪 80 年代美国重回金融自由化，根据美国经济的不同表现和特征，这 30 年可以分别对应美林时钟经济周期的四个阶段，美林时钟模型在这一时期对财富管理机构大类资产配置的理论指导作用显露无遗。

但2008年爆发的次贷危机引发的国际金融危机导致美国的GDP、PMI、失业率等宏观数据悉数跌至历史低谷，股票、债券、大宗商品等市场出现罕见的集体跳水，美林时钟模型逐渐失效。其主要原因在于美林时钟模型是以经济周期和金融周期一一对应为基础的，而金融危机后各国的量化宽松货币政策打乱了原有的经济金融传导机制，美林时钟发挥作用的客观基础已经不复存在。

2. 美林时钟模型的局限性

美林时钟模型具有简单易行、操作性强的优点，资产配置周期相对较长，其间换手率非常低，组合比例较稳定，无须频繁调仓。但美林时钟也存在一些不足，主要表现在：其一，美林时钟具有滞后性。模型中使用的经济指标往往滞后于实际的经济运行情况，当根据模型配置某类资产时，相对应的资产价格已经上涨。其二，在周期判定的指标选择上，选择不同的指标会带来不同的周期划分结果，而准确选择一个具有预测性的、反映宏观经济运行实际情况的指标具有较大的难度。其三，由于美林时钟模型来自成熟市场，各类资产处在均衡发展状态，而当模型运用在具有结构性问题的经济体或政策调控对经济影响较大的国家中，往往会出现判断失误的情况。

（五）风险平价模型

2005年，磐安基金（PanAgora Asset Management）的首席投资官钱恩平（Edward Qian）博士在《论风险的金融解释》（*On the Financial Interpretation of Risk：Risk Budgets do add up*）一文中首次正式提出了风险平价理论和模型。

1. 模型介绍

风险平价（Risk parity）理论是广泛应用的一种现代资产配置理论。由于按照马科维茨理论配置在某些资产上的集中度过高且对于给定的模型参数过于敏感，旨在优化投资组合风险结构的风险平价理论应运而生。该理论于2005年由磐安基金的钱恩平博士提出，但早在1996年，桥水基金（Bridgewater Associates）就应用风险平价理念推出了大名鼎鼎的“全天候策略基金”（All Weather Strategy Fund）。

该基金自1996年设立以来，截至2010年取得了8.4%的年化收益率（见图2-3），并且在2008年国际金融危机中取得了不俗的业绩，使风险平价模型受到业界、学术界的广泛关注。除了桥水基金的“全天候策略基金”外，AQR 资本的市场风险溢价策略基金（Risk Premium）和贝莱德集团（Blackrock）的市场优势策略基金（Market Advantage）也是风险平价模型应用的典范。

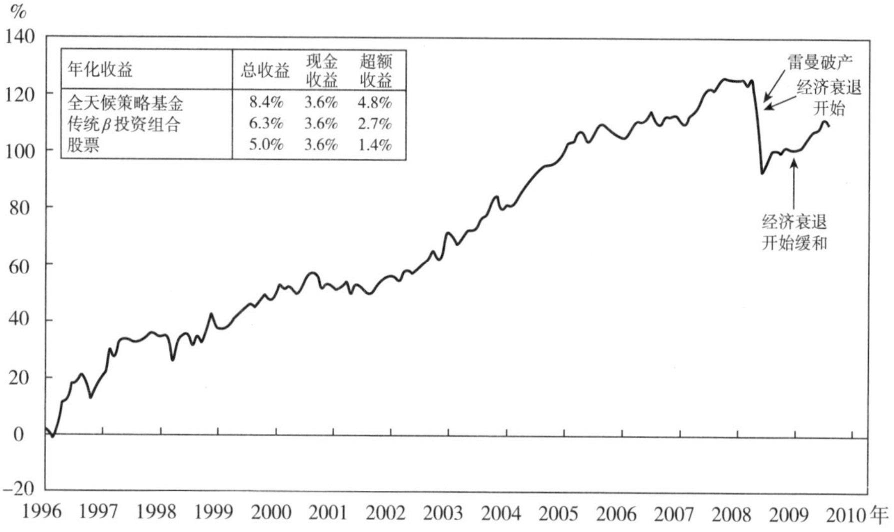

图 2－3　桥水全天候 10%波动率基金费前累计收益（1996—2010 年）

2. 风险平价模型的应用步骤

风险平价模型的主要特征是将风险平均分配到各类资产中，追求投资风险的均衡性，以此来达到优化组合风险的目的。

风险平价模型的应用步骤分为三步。

第一步：资产分类，是对主要资产大类如股票、债券和大宗商品等根据不同的风险因子进行子类别的划分。

第二步：计算各类资产间的相关度，建立协方差矩阵，用于衡量各类资产的相关性和对于组合的风险贡献程度，然后计算得到资产的边际贡献。

第三步：在保证各类资产对整体组合的边际风险贡献相等的前提下，优化资产配置权重，从而计算出每种资产应该配置的比例。

具体来说，组成部分 i 对投资组合的风险贡献取决于它的权重，它被计算为边际风险贡献分配的产物，即组合成分中无穷小的增加所引起的组合的总风险的变化。当资产 i 的风险贡献较高时，调低资产 i 权重，保证各类资产总风险贡献相同。

在投资组合中，风险平价模型要求各类资产风险贡献相等，第 i 项资产的边际风险贡献表示为 MRC_i，即组合风险对资产 i 权重 w_i 的偏导数：

$$MRC_i = \frac{\partial \sigma_p}{\partial w_i} = \frac{\partial \sqrt{w^T \sum w}}{\partial w_i} = \frac{(\sum w)_i}{\sqrt{w_T \sum w}} \tag{2.7}$$

式中：$(\sum w)_i$ 表示列向量中的第 i 个元素。

某种资产对组合的总风险贡献 RC_i 约等于边际风险贡献乘以权重，公式为

$$RC_i = w_i MRC_i = w_i \frac{(\sum w)_i}{\sqrt{w^T \sum w}} \tag{2.8}$$

若各资产的风险贡献相同，那么对于任意 i、j，有 $RC_i - RC_j = 0$ 成立。在实际操作中，可以通过非线性规划求得数值解：

$$\begin{gathered} \min_w \sum_i \sum_j (RC_i - RC_j)^2 \\ \text{s. t.} \sum w_i = 1 \\ w_i \geqslant 0 \end{gathered} \tag{2.9}$$

具体使用风险平价模型之前还需要引入两个假设。第一，要求风险资产的投资收益应取得无风险收益率之上的风险补偿，即所有风险资产存在风险溢价。第二，风险平价策略需通过杠杆对各类资产进行风险调整，因此，要求各类资产具有同等的夏普比率水平，以保证同等风险水平投资人可以不受杠杆调整影响，得到相同水平的投资收益。

3. 风险平价模型的局限性

风险平价模型的好处在于，使用资产价格的历史波动率情况作为风险的参考，并以此为依据计算当期资产的具体权重分配，不涉及资产收益、风险等指标的预测，避免了人为观点的影响。另外，风险平价模型基于资产的风险贡献水平进行均衡投资，实现了资产配置的实质分散。

风险平价模型虽然解决了马科维茨均值方差模型资产集中度和参数敏感度过高的问题，但仍然是不完美的，存在三方面的不足之处：其一，该模型将资产价格的波动率简单等同于资产风险，这是以资产价格波动服从正态分布为前提的。但是，从历史数据上看，这是不符合市场实际情况的，资产组合中的一些资产类别具有明显的负偏度特征。其二，风险平价模型本身在风险度量的方法上存在缺陷，促使财富管理机构在进行各类资产的等风险权重配置时，往往会过度投资于债券等固定收益类资产，从而暴露了较多的通胀和流动性的风险敞口。其三，风险平价模型没有考虑财富管

理机构客户风险承受能力的非对称性。财富管理机构客户对于亏损的负面感受远远强于获利的正面感受。而在风险平价模型中，并没有对资产价格的上行风险和下行风险进行细致区分，从而与实际的财富管理业务目标存在差距。

第四节 资产配置再平衡

资产配置再平衡（以下简称再平衡）也称“投资组合再平衡”，是指财富管理机构在卖出一部分资产的同时，用所得价款购买其他资产的过程。财富管理机构通常会根据明确界定的投资绩效、投资时间等因素，按照既定的资产配置原则和目标资产的配置比重对整体投资组合进行调整。

一、再平衡的意义

再平衡是大类资产配置动态管理过程中的重要一环。在制定并实施大类资产配置策略之后，投资组合的实际权重会随着组合内资产价格的变动，逐渐与原来确定的资产配置权重产生差异。如果不进行及时调整，各类资产在组合中的占比会逐渐偏离最初设定的目标权重，无法实现大类资产配置的预期投资目标。同时，在高风险资产价格上涨的市场情况下，投资组合的实际权重逐步偏向高风险高收益的资产类别，增加投资组合的风险暴露，甚至超过最初的风险承受度。再平衡根据市场变化对资产价格的影响程度，通过相应调整各类资产的投资规模，使投资组合中各类资产权重与原来资产配置方案设定的目标权重大体一致。再平衡对大类资产配置的意义主要表现在三个方面。

第一，再平衡使投资组合的风险保持在可承受的范围之内。

再平衡操作及时纠正了由于投资组合内资产价格变化所引起的资产权重偏离，降低了投资组合的波动风险，保持了投资组合相对于投资目标的稳定性。

第二，再平衡可以提高投资组合收益。

再平衡的理论基础源于均值回归，即任何资产的投资收益不会一直保持在一个高水平上或者低水平上。由于再平衡操作是卖出前期过热资产、买入前期低估资产，当资产价格均值回归时可为投资组合带来一定的投资回报，提高投资组合收益。Arnott 和 Lovell（1993）等人在相关研究中就明确指出，再平衡在提高投资组合收益以及风险调整收益方面具有显著效果。

第三，再平衡操作使投资纪律的权威性得以维护。

再平衡缺失的大类资产配置往往会被动采取跟随大市的择时策略，根据个人主观意志进行的投资组合也容易受到市场情绪的影响，而再平衡操作在很大程度上避免了被动跟随大市和主观判断投资带来的资产的追涨杀跌。定期的再平衡操作提高了财富管理机构投资活动的规范性和严守投资纪律的自觉性、主动性，也维护了投资纪律的权威性。

二、再平衡策略

再平衡策略可分为时间周期再平衡策略和波动区间再平衡策略。

（一）时间周期再平衡策略

时间周期再平衡策略是指财富管理机构按照一定时间周期对投资组合内资产的配置比例进行调整的策略。这里的时间周期可以是年、季、月等。时间周期的选择，可根据组合资产的相关性、资产价格的波动性及再平衡的成本等因素来决定。一般来说，组合内资产价格的波动越频繁、幅度越大，组合的投资风险越大，再平衡操作的频率就越高。时间周期再平衡是最简单、最常见的再平衡策略，具体实施时不需要对投资组合的权重进行实时监控，可操作性强，其主要缺点是不考虑具体的市场情况，一旦到了调整周期，无论资产组合的偏离度有多大，都要进行再平衡操作，因而比较机械，不够灵活。

（二）波动区间再平衡策略

波动区间再平衡策略是指当投资组合中各类资产的配置比例超出资产配置方案最初设定的合理区间时，财富管理机构便启动再平衡操作对投资组合进行调整的策略。合理配置区间可以基于组合内资产表现的历史数据，测算不同波动区间下执行再平衡策略后组合最终受益的表现，根据组合收益目标来决定。财富管理机构只在组合资产与目标配置的偏离度达到阈值时进行再平衡，有可能几周就要再平衡一次，也有可能几年也不再平衡一次。实施该策略需要对投资组合内各类资产的权重实时跟踪，并且需要一个有效的托管人及时对各类资产进行估值。当触发再平衡操作时，既可以选择将组合直接调整为目标组合，也可以调整为围绕目标权重一定合理范围内的任意值，如目标权重的 ±10% 之间的任意值。最为常见的是调整到合理区间的上限或下限，这样就降低了再平衡产生的交易成本。

在实际的再平衡操作过程中，财富管理机构往往将两种策略结合起来使用，即定期对投资组合进行监控（如每月、每周），仅当投资组合内各类资产权重偏离合理区间后再进行调整。这种方式结合了两种再平衡策略的优点，消除了频繁操作带来的交易费用。同时，针对定期调整，部分财富管理机构还进行了改进，增加了市场趋势因素并将其作为重要的“参照系”。当市场呈现单边向上走势时，减少调整频率；当市场向下资产价格波动幅度加大时，增加调整频率。这种灵活操作的再平衡策略，更加考验财富管理机构对市场走势的判断能力和主动操作能力。

三、再平衡成功的制约因素

再平衡的成败直接决定着大类资产配置的最终效果。从再平衡策略的实施过程看，制约再平衡成功的因素主要有 3 个。

一是财富管理机构的分析和判断能力。再平衡能否成功，很大程度上取决于再平衡决策的正确与否。是否需要、什么时候和采用什么方法再平衡，是再平衡决策的 3 个基本环节和重要内容。而要在这 3 个环节上做到决策得当不失误，财富管理机构不仅要实时监控并紧密跟踪投资组合中各类资产价格的变动情况，对市场运行现状有较为全面、深入的了解，还要对已投资资产进行细致的业绩归因，分析和把握市场及投资组合中各类资产价格未来的发展变化趋势。这就要求财富管理机构必须拥有很强的数据整理分析能力、研究能力和市场判断与预测能力。

二是再平衡计划的周密性和科学性。财富管理机构制订的再平衡计划，是再平衡的行动指南，涵盖了与再平衡相关的主要内容，包括客户收益目标、风险承受能力、时间周期、资产表现、市场情况等各个方面。制订的再平衡计划细致、全面、周密，对市场发展变化的反映具有前瞻性、准确性，再平衡的成功就具备了有利的基础条件。

三是财富管理机构经营高管层的个人特质。经营高管层的辨识力、执行力、决断力、对不同意见的包容和接受程度、遵守投资纪律的自觉性等个人特质，也对再平衡成功具有不容小觑的影响。

四、再平衡的局限性

尽管再平衡对大类资产配置十分必要，但其也存在局限性，主要表现在：其一，再平衡过于频繁或再平衡选择的时机不理想，会带来较高的交易成本、税收成本和时间成本，影响投资组合的收益。其二，当出现大类资产配置不合理，投资组合中某类资产集中度过高、资产分布不均衡等问题时，再平衡的作用不佳。其三，单边市场中再平衡失效。当投资组合中的某类资产处于长期牛市或部分资产种类持续低迷不可能在短期内恢复到市场认可的平均值时，运用再平衡策略反而会使投资组合的收益率下降。其四，主观因素影响再平衡的实施效果。在再平衡过程中，要求卖出前期上涨过高的资产并买入下跌过快的资产，但资产的实际走势往往与人的主观判断不一致，人为择时因素影响了再平衡效果。此外，在卖出价格正处于上升期的资产，或买入价格还在下跌的资产时，往往由于人们的心理障碍而使资产转换难以顺利实施。

第五节　全球资产配置

全球资产配置对财富管理机构至关重要，特别是发达国家的财富管理机构，其配置的境外资产在总资产中的占比很高。在经济、金融全球化快速发展的背景下，全球资产配置正受到越来越多财富管理机构的青睐而成为其自觉行动。

一、全球资产配置的定义和分类

所谓全球资产配置，是指财富管理机构基于大类资产配置理论模型，对客户拥有的资产进行跨资产类别、跨市场的国际化分散投资，并通过全球投资管理手段帮助客户实现财富增值的经济行为。

早在1968年，赫伯特（Herbert Grubel）就在《美国经济评论》上发表论文提出了“国际分散投资”这一概念，并基于马科维茨的现代投资组合理论，运用11个国家股市在1959—1966年的月收益率数据进行实证分析，发现国际分散化投资可以有效提升组合投资回报。利维和萨纳特（Levy和Sarnat，1970）、索尼克（Solnic，1974）等人先后从实证角度分析了全球资产配置对改善投资业绩的有效性，得出国际分散化投资组合具有比投资于单一国家市场更高的收益风险比的结论。随后部分学者开始关注汇率风险对国际投资组合收益的影响，发现可以利用货币远期和期货来对冲汇率风险。此外，部分学者突破了传统的以股票和债券为主的资产组合限制，将研究范围拓展到黄金、不动产和可转债等。还有一些学者开始关注国际投资组合理论在新兴市场的应用。全球资产配置理论由此逐步趋于完善并得到了广泛应用。

按照投资周期划分，全球资产配置可分为短期配置、中期配置和长期配置。按照投资主体划分，全球资产配置可分为官方主权配置和海外私人配置。按照投资方式划分，全球资产配置可分为海外直接投资和海外间接投资。前者是指财富管理机构的境外分支机构以并购、绿地投资等方式，在海外进行的直接股权投资；后者是指财富管理机构通过购买国外金融证券（包括股票、债券、衍生金融工具等）来间接投资海外资产的方式。

二、财富管理机构全球资产配置的必要性

在全球范围内进行资产配置，是财富管理机构业务发展到一定阶段的客观要求，也是财富管理机构满足客户多样化需求，实现投资收益最大化的必然选择。

财富管理机构全球资产配置的必要性，主要表现在以下三个方面。

（一）可以有效降低投资组合风险，提高投资收益

财富管理机构进行全球资产配置，最积极的意义在于通过全球范围内的分散投资，在投资组合中纳入与本国金融资产相关系数低的国际金融资产，可以降低整体投资组合的风险程度，从资产配置层面为提高投资组合收益奠定基础。

从全球各类金融资产之间的相互关系看，成熟金融市场中金融资产之间的相关性较高。特别是美、欧、日三大成熟股票市场的相关性更高，美国股票市场走势指引和牵动着欧、日两大股票市场的走势。这是因为美国是全球最大的经济体，美元是全球经济运行中主要的结算和支付货币。美国国内经济、金融运行状况与宏观经济政策的变化，以及由此引起的美元走势的变化，不仅会使作为经济运行“晴雨表”的美国股市走势发生变化，而且会对欧、日发达经济体的宏观经济运行产生重要影响。在经济、金融全球化深入发展的今天，一方面，美国股市走势的变化，会对欧、日两大成熟股票市场产生影响；另一方面，受美国经济和宏观经济政策变化影响的欧、日经济运行状况的变化，也会导致其股票市场走势的变化。也就是说，美国股票市场对欧、日两大成熟股票市场的牵动，是通过两条路径实现的。相比之下，一些新兴市场国家和发展中国家由于在经济和产业结构、经济周期、宏观经济政策、经济和金融开放程度等方面，与发达经济体存在差异，因而其国内金融资产与主要国际金融市场金融资产的相关性相对不高。这些国家的财富管理机构进行全球资产配置，可以收到分散投资带来的降低投资组合波动率、提高投资收益的明显实效。特别是当一国宏观经济出现系统性风险或资本市场处于较长时期的低迷状态时，全球资

产配置的优势更加凸显。因为在这种极端情况下，财富管理机构进行全球资产配置并在合适时适当加大境外资产的配置比重，可以在很大程度上规避本国金融资产价格大幅下跌的市场风险，获取相对稳定的投资回报。

（二）可以分享不同国家的经济增长机会和资本市场获利机会

在同一时间段内，不同国家不仅在经济周期所处阶段上存在明显差异，而且金融市场特别是资本市场的整体走势和活跃程度也会迥然不同。当一国经济进入衰退阶段持续下行时，另一国经济可能正处于繁荣周期加速上行。同样，当一国资本市场进入熊市持续低迷时，另一国资本市场可能正处于活跃的上升阶段即将进入牛市。财富管理机构把经济处于繁荣周期和资本市场进入上升阶段国家的金融资产纳入投资组合，可以分享这些国家的经济增长机会和资本市场的获利机会。此外，国际上成熟资本市场的上市公司结构良好，高科技类的优质上市公司数量多，市场稳定性强，波动率低，市场监管制度和投资者保护制度比较完善。财富管理机构选择成熟资本市场中的优质上市公司的股票进行投资，可以实现较高投资稳定性和较高投资收益率的有机统一。

（三）能够对冲汇率和利率风险

单一货币资产配置下的投资组合的收益，容易受到货币汇率贬值和利率变动两种因素的负面影响。而财富管理机构实施全球资产配置，在投资组合中适度增加以美元、欧元、英镑、日元等国际货币计价的投资资产，可以对冲汇率和利率风险。原因在于：不同国家本币对国际货币汇率的变动方向并不一致，同一时期内有的升值有的贬值，而利率变动的时间也主要基于各国宏观经济和金融运行的实际状况，同样存在很大差异。全球资产配置可以利用这种汇率和利率变动的不一致性，实现有效控制汇率和利率风险的目的。

全球资产配置优于单一国家市场配置，已经被鲜活、生动的跨国投资实践和无数具体的投资事例所证实。在经济、金融全球化的大背景下，世界各国的金融市场互相影响、互相促进，联系越来越紧密。财富管理机构只有勇敢投身于经济、金融国际化的大潮之中，在大类资产投资组合中逐步增加境外金融资产和另类资产的配置比重，尽量在多个国际金融市场进行多元化分散投资，并不断提高投资管理水平，才能有效避免单一境内市场的投资风险，取得较为理想的投资业绩。

三、我国财富管理机构亟待强化全球资产配置

伴随经济、金融全球化的发展，特别是随着“一带一路”倡议的全面实施，我国企业的跨境投资和跨境并购非常活跃，个人投资者的海外投资活动也越来越频繁，进行海外资产配置似乎成为一种潮流。与这种情况相适应，我国的财富管理机构作为一支非常重要的投资力量，进行全球资产配置的必要性也越发凸显。

第一，这是逐步推进的人民币国际化和金融对外开放的客观要求。

自 2009 年 9 月我国开启人民币国际化进程至今，人民币国际化取得了令人瞩目的进展。2016 年人民币加入 SDR，标志着人民币成为全球主要货币之一，人民币在国际范围内的认可度和接受度明显提高。而“一带一路”建设过程中对人民币投融资需求的日益扩大，也成为推动人民币国际化的重要动力。人民币在跨境贸易和跨境投资中的使用规模稳步上升，人民币离岸中心数量逐步增加，大宗商品的人民币计价功能取得突破，与我国中央银行签署货币互换协议的国家或地区越来越多，人民币在全球中央银行外汇储备资产中的占比也在上升。截至 2018 年底，人民币成为全球第三大贸易融资货币、第五大支付货币和第六大储备货币。

在人民币国际化稳步推进的同时，我国金融的对外开放也在逐步扩大。早在 2002 年我国就推出了 QFII 制度，允许经核准的合格外国机构投资者，遵守相应规定投资于我国的资本市场。2006 年 4 月，我国又推出 QDII 制度，允许国内专业投资机构在资本项下未完全开放情况下，对境外资本市场进行投资。2011 年 12 月，RQFII 制度开始在我国香港地区试点。为了构建我国内地资本市场与香港市场的“互联互通”机制，扩展跨境投资渠道，沪港通于 2014 年 11 月正式开通。2016 年 12 月，深港通开通。此后，包括资本市场对外开放在内的金融对外开放不断升级。2018 年 4 月，中国人民银行在博鳌亚洲论坛上宣布了 12 条金融业重大开放措施。2018 年 10 月 12 日，中国证监会发布了《关于上海证券交易所与伦敦证券交易所互联互通存托凭证业务的监管规定（试行）》，拟于 2018 年年内启动沪伦通交易。2019 年 6 月 17 日，沪伦通启动仪式在伦敦举行，上交所上市公司华泰证券发行的首只全球存托凭证（GDR）产品在伦敦证券交易所正式挂牌交易。2019 年 9 月 10 日，经国务院批准，国家外汇管理局决定取消合格境外机构投资者（QFII）和人民币合格境外机构投资者（RQFII）投资额度限制，对 RQFII 试点国家和地区的限制也一并取消。2019 年 10 月，中国证监会宣布，将于 2020 年取消外资券商、基

金、期货公司持股比例限制，比原定时间提前了一年。

随着一系列开放措施的提出和落地，中国资本市场的双向开放赢得了国际投资者的普遍认可。全球三大股价指数先后将A股纳入其成分股：从2018年6月1日起，中国A股正式纳入MSCI指数；随后，富时罗素指数宣布将A股纳入其全球股票指数体系；标普道琼斯指数也宣布将中国A股纳入全球基准指数。2019年4月1日，全球三大债券指数之一的彭博巴克莱全球综合债券指数（BGAI）宣布正式将中国国债、政策性银行债纳入其指数。世界主要股票、债券价格指数纷纷将我国的A股和债券纳入，不仅会吸引大量海外资金进入我国的证券市场，而且会提高我国证券市场与国际市场的融合度和国际化水平。

金融开放是双向开放，既包括“引进来”，即允许境外的金融机构和金融要素在合乎规定的条件下进入我国的金融市场，也包括“走出去”，即中资金融机构要走出国门，积极参与国际金融市场的投融资业务以及其他业务活动，寻求更多的业务发展机遇。在财富管理业务方面，则需要加大境外资产的配置比重，探索最优的境外资产配置的地域结构和品种结构，在更大范围内分散投资风险。

第二，这是提高财富管理机构投资收益的客观要求。

我国资本市场还存在上市公司行为和投资主体结构不合理、监管制度不完善、过分倚重融资功能等方面的缺陷，导致市场的稳定性较差，波动率较高，投资风险较大。有关数据表明，1991—2017年的26年间，我国股票市场的波动率高达55.67%，而同期美国标准普尔500指数的波动率仅为14.03%；此间上证综指的最大回撤率高达75.42%，而标准普尔500指数的最大回撤率仅为50.88%。从股价指数上涨幅度看，自美国次贷危机触底的2008年3月9日起至2018年底，标准普尔500指数上涨了267.4%，而同期上证综指涨幅仅为17.7%。显然，无论从投资风险还是投资收益的角度看，美国股市的表现都更好一些，其“牛长熊短”的走势特征较为明显。如果财富管理机构把一部分资金投资于美国股市的优质上市公司，无疑会降低整体投资风险，取得较好的投资回报。所以，财富管理机构在投资组合中纳入境外成熟资本市场的资产，实为优化资产配置结构，在更大范围内分散投资风险、提高投资收益所必需。

第三，这是满足高净值客户多样化需求的客观要求。

在我国家庭的资产结构中，房地产占比达到70%左右，北上广深4个一线城市更高。财富管理机构的一些高净值客户的财富中，也有相当大的部分来源于对房地产的投资。房地产价格的持续上涨，使高净值客户的财富迅速扩张。但随着国家对房地产“房住不炒”定位的落实，房地产的热度明显消减，一些一线、二线城市的房地产价格纷纷回落，有的炒房者已经被套牢。而国内股票市场又不温不火，没有多大上升空间。在这种情况下，高净值客户越来越追求资产配置的科学化、合理化和广泛化，有着强烈的境外成熟市场的资产配置需求。除基于对投资风险管理和投资收益考虑产生的投资需求多样性动机外，高净值客户还有子女留学、投资移民、规避税收等方面的需求。满足高净值客户的这些需求，也成为财富管理机构进行海外资产配置的重要动因。

人民币国际化的推进和境内外金融市场的双向开放，使我国财富管理机构进入了全球资产配置时代。但我国财富管理机构境外资产的配置比重还很低。到2018年底，全球高净值人士在本国之外配置的资产平均比例为24%，而我国包括财富管理机构配置的境外资产在内的比例仅为5%。境外资产配置还是我国财富管理机构明显的短板，亟待强化。我国财富管理机构应高度重视境外资产配置，并积极采取诸如在成熟市场所在国设立分支机构、强化对境外投资市场的研究、引进具有丰富的国际投资经验的专业投资人才、加强和知名国际投资机构合作等措施，不断提高境外资产的配置能力和主动管理能力，争取收获更多的境外资产配置红利。

四、全球资产配置的基本原则

财富管理机构在进行全球资产配置的具体操作时，要遵循四条基本原则。

（一）有效进行分散投资

虽然风险分散是每一个财富管理机构的必修课，但在全球财富管理市场走势被一致看好的时候，这却是最容易被忽视的原则。随着经济全球化，多头和空头市场的轮动将变得更为频繁，而应对市场波动的直接方法就是有效分散投资，寻找更为广泛的金融资产和适合的投资工具来规避不确定性和黑天鹅。全球资产配置虽然可以使配置组合有效前沿向外移动，但并不是所有的国际证券投资组合都比单一国家的证券投资组合更有效率。只有选择彼此之间相关系数较低甚至是负值的国家的资产并在此基础上有效分散，才能得到更好的配置组合。

（二）偏好主动管理行为

当今世界主要经济体的宏观经济政策，特别是货币政策出现了明显的分化倾向，不同发达国家市场的资产投资回报存在明显差异。在全球贸易形势发生深刻变化和国际资本市场内行业轮动频繁的背景下，各行业也呈现不同程度的风险和不确定性。在这样的市场环境下，被动型管理在多市场、多资产类别的配置应用效果往往不是很理想，而全球资产配置更适合主动型管理。这种管理方式使财富管理机构在地区和行业的资产选择方面更有广泛性和针对性，有利于严格把控多头敞口，同时也使财富管理机构能够根据国际经济金融形势的变化，在第一时间敏捷、快速地调整资产配置结构。

（三）重点关注政策风险

全球资产配置最需要关注的风险，是拟投资资产所在国家或地区的地缘政治和政策风险。这类风险不同于宏观经济风险和信用风险，其一大特点是金融市场和各类资产受到的影响，随着地缘政治和宏观政策的发展演变不断变化，财富管理机构需要对这类风险及其对资产的影响进行细致、深入分析，并在全球资产配置过程中采取相应措施规避或降低风险。

（四）适当配置另类资产

在条件允许的情况下，财富管理机构可以考虑在投资组合中配置海外另类资产。另类资产中的某些资产类别，从长期看能有效提高投资组合的收益率。不过，对海外另类资产的配置规模和在投资组合中的占比，财富管理机构必须立足于自身的资源条件和风险管控能力合理确定。

五、全球资产配置的主要方式

财富管理机构在全球资产配置过程中，要充分考虑国际经济运行状况、资产所在国的宏观经济政策、通胀预期、无风险收益率、风险溢价等影响国际资产定价的因素，并结合资产的现时估值水平和未来可能的走势作出资产配置决策。而要提高全球资产配置的效率和质量，掌握全球资产配置方式是必不可少的。

全球资产配置方式可以从资产相关性和投资风格两个维度进行划分。

（一）按资产相关性划分

可以分为定向型配置和相对价值型配置。前者是指不考虑资产间相关性情况，根据某种单一资产价格的波动情况，结合市场分析预判进行资产配置的方式，如做多美国股票、原油或做空日元等；后者是指同时持有一对具有显著相关性的资产类别的多头和空头，通过相对价格的异常偏离进行套利的配置方式，如在持有海外新兴市场股票多头的同时做空本国股票，或同时持有10年期美国高收益债券多头和30年期德国债券空头。

（二）按投资风格划分

可分为积极型配置和保守型配置。前者是在全球金融市场中寻找短线投资机会，通过灵活调整投资组合实现投资收益最大化的资产配置方式。通过该方式在全球配置资产，往往使用金融衍生工具进行风险对冲或进行杠杆交易，具有调仓频繁、风险偏好较高的特点，是大多数全球宏观策略对冲基金普遍使用的策略，其中最为著名的是索罗斯的量子基金。后者则注重在全球经济周期中把握资产类别的中长线投资机会，一般不会使用杠杆及金融衍生工具，组合调整不频繁且有规律（如按月、季调整）。国际上大多数的保险资管、养老基金、主权财富基金等都采用后者。

美林时钟模型在全球资产配置上的应用，就是一种以中周期为基础的保守型定向资产配置方式。但由于最初基于美国经济周期所总结出的美林时钟模型，欠缺对外汇、美元周期、地产周期、新兴市场等跨境因素的考量，而美元的强弱变化蕴含着国际经济强弱格局变化的逻辑，直接决定着国别之间股市与债市的牛熊背离以及大宗商品定价，因而在实际应用时往往需要对原始模型进行改造。

全球最大的对冲上市基金英仕曼集团旗下的多策略基金，以及对冲基金世界的显赫人物、著名对冲基金经理培根的摩尔全球基金等宏观策略对冲基金，则偏向积极型全球资产配置方式。其在对宏观经济和金融环境分析的基础上直接对股票、债券、外汇和大宗商品进行方向性的交易，一般只操作流动性最好的金融产品，应用杠杆，动态调仓，注重资产分散。

六、全球资产配置的局限性

全球资产配置在降低投资组合风险、提升投资组合收益方面具有明显优势，但在某些特定市场情况下也存在一定的局限性。

（一）大类资产之间的高相关性抑制全球资产配置功能发挥

全球资产配置有效的一个前提条件，是大类资产之间的低相关性。但特殊时期大类资产之间的相关性会提高，出现同涨同跌的情形。比如，2008年由次贷危机的爆发引发了国际金融危机，在全球化深入背景下全球资产之间的相关性显著上升，国际主要投资资产类别股票、债券（除国债外）、房地产、大宗商品等价格纷纷下跌，导致全球资产配置通过分散投资降低投资风险的功能无从发挥。

（二）单一资产长期牛市下全球资产配置效果不佳

当某类资产处于长期牛市时，大类资产配置的表现会落后于集中投资。如果某类资产在较长时间内市场表现一直优秀，基于分散投资理念的大类资产配置的表现将落后于集中投资于该类资产的表现。比如，1982—1999年间，美国股市迎来一轮长达18年的牛市。以标准普尔500股价指数计算，这18年的复合年化平均收益率高达15%，其中只有1990年（跌幅7%）和1994年（跌幅2%）这两年略微下跌。这18年对于在全球进行资产配置的美国财富管理机构而言，集中配置本国股票资产的投资业绩，会远远高于全球资产配置的组合投资业绩。

由于规制的减少、交易成本的降低以及信息科学技术的发展，全球金融市场高度融合，各国金融活动的国际化水平逐步提高。财富管理机构的投资视野和投资范围已不再局限于国内，而是不断在国际市场上寻求更好的投资机会。尽管全球资产配置存在一定的局限性，但仍然是颇为有效的长期投资方式。对于掌握巨量客户投资资金的财富管理机构而言，努力提升融入国际市场的广度和深度，不断提高全球资产配置效率和质量，仍是其矢志不渝追求的目标。

专栏2-1

Y教育基金全球资产配置案例

案例介绍

某海外教育基金Y，管理资金规模近百亿元，早期主要投资于债券市场，投资组合的回报率较低，后来逐步引入现代投资组合理论，注重投资资产的多元分散，并对投资组合不断进行改良，获得了丰厚的长期回报，年复合平均收益率达12%，远超过市场比较基准和同类基金收益的平均水平。

Y基金的投资目标致力于满足四个方面的需求。

1. 跑赢通胀。这是所有基金公司及其他财富管理机构追求的共同目标。Y基金所处的教育行业，一般来说抗通胀能力强，对经济周期不敏感。

2. 高支出预期。Y基金除了提供设立基金的教育机构每年近一半的运营经费外，还需要负担该教育机构的教学研究经费。

3. 流动性平衡。Y基金需保证每年较为稳定的运营支出，同时预留足够的流动性以应付临时性的项目资金需求。

4. 本金安全。这是所有机构投资者的共同需求。对于教育基金来说，

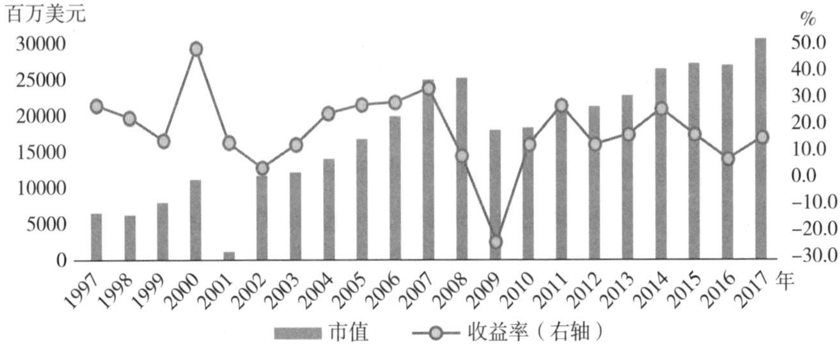

图 2－4　Y 基金 1997—2017 年市值及收益率变化情况

这一需求较之单纯以获利为目标的机构投资者更为重要和突出。

配置结构

基于以上需求，考虑到 Y 基金作为永久性基金，其对流动性风险的承受能力要高于大部分投资者，因而基金管理人采取了区别于一般高校基金广泛使用的稳健保守策略，加大了另类资产的投资比例，降低了传统资产如股票、债券等的投资权重，以求帮助基金获取非流动性资产长期持有的溢价。资产配置组合包含绝对收益类资产、境内股票、固定收益类资产、境外股票、油气林矿、杠杆收购、房地产、风险投资（PE 基金）和现金九个方面，其中，绝对收益类资产是有别于传统投资和 PE 基金的以追求绝对收益为目标的套利型对冲基金的组合，其业绩表现与其他资产类别相关性较低。

2011—2017 年该基金的资产配置结构及各类资产的收益和风险情况，分别见图 2－5 和表 2－1。

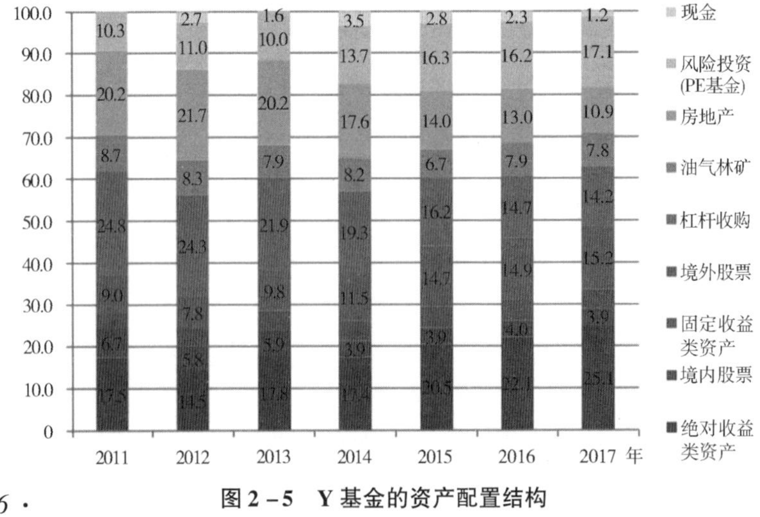

图 2－5　Y 基金的资产配置结构

表2－1　Y基金配置的各类资产的收益和风险情况　　单位：%

资产名称	预期收益	风险	过去20年平均收益	特点
绝对收益类资产	5.30	12.90	10.30	包括时间驱动和价值驱动；收益受主流市场影响较小
境内股票	6.00	20.00	14.10	风险较高，收益较高；包括主动管理和被动投资
固定收益类资产	2.00	8.00	5.20	提供稳定名义现金流收益；同其他资产类别相关性较弱
境外股票	6.90	22.50	12.00	发达国家市场配置6%，中国、印度、巴西等地区配置4.5%，其他发展中国家3%；积极管理策略
油气林矿	6.90	23.50	18.10	抵御全球性通货膨胀和提供较高的现金流；风险较高
风险投资（PE基金）	11.30	24.80	26.10	提供可观的长期收益；包括风险投资和杠杆收购
杠杆收购	10.20	22.40	25.50	LBO投资；通过企业价值增值获利
房地产	6.30	17.50	12.60	提供稳定的长期现金流，应对突发的全球通胀，实现保值增值

Y基金对每一大类资产都有着明确的配置目标，力求通过资产的合理配置，达到降低投资风险的目的，并严格实行资产配置再平衡。Y基金每年都会根据当年市场变化情况，提前进行资产配置的目标资产和目标权重的设置，见表2－2。

表2－2　Y基金配置的目标资产和目标权重　　单位：%

资产类别	Y基金实际资产配置	Y基金目标资产配置	同类基金资产配置
境内股票	3.9	6.0	19.3
绝对收益类资产	17.9	21.0	23.3
境外股票	11.0	13.5	22.0
风险投资（PE基金）	33.5	30.0	10.0
房地产	17.3	17.0	4.2
固定收益类资产	4.4	4.5	9.3
油气林矿	8.5	8.0	8.5
现金	3.5	0.0	3.5

业绩分析

Y基金投资组合的投资业绩主要来源：(1) 低流动性换取的超额收益。Y基金配置了大量非流动性资产，包括私募股权基金、房地产及油气林矿三类，并呈现比重逐步上升的趋势。相对于投资流动性高的资产，投资低流动性资产存在一定的流动性补偿，这种补偿体现在投资收益方面，即增加了获得超额收益的投资机会。(2) 注重分散投资。投资组合将对冲基金、垃圾债、事件套利等投资细分领域纳入，以主动投资为主，利用交易定价机制获利。同时，增加房地产和油气林矿等另类投资资产。(3) 严格实行资产配置再平衡策略。投资组合定期对每一大类资产设定明确的配置目标，并根据各类资产的市场表现及时调整资产配置结构，使各类资产在投资组合中的占比与原定目标的差异保持在可控范围内。

第三章　投资组合管理（上）

投资组合管理是财富管理的主要内容，在财富管理的整个流程中居于关键地位，对财富管理机构客户财富管理目标的实现，具有非常重要的意义。

第一节　投资组合管理概述

财富管理机构进行投资组合管理，必须明确投资组合管理的基本流程，掌握不同维度下投资组合管理的基本策略。

一、投资组合管理的基本流程

投资组合管理是指财富管理机构根据客户具体情况与大类资产市场预期来决定大类资产配置、构建并动态调整投资组合的管理过程。这是一个动态化的流程，具体包含以下六个步骤。

（一）确定投资目标与投资限制

投资组合管理的第一步，是确定投资组合的投资目标和投资限制。投资目标即客户投入资金所追求的目标，包括收益目标和风险目标。收益目标最常用的衡量指标，是投资组合的（年化）收益率；风险目标有多种表达形式，其中较常用的衡量指标包括组合净值的（年化）波动率和最大回撤率。投资限制是客户在确定投资目标的同时必须给出的一些投资约束条件，包括投资周期、流动性、税收因素、法律规范、特有情况五个方面。

（二）制定投资政策说明书

投资政策说明书（IPS）是由财富管理机构与客户共同制定的具有协议性质的说明文件，通过对投资目标与投资约束条件、大类资产配置、投资组合业绩评价、监督与反馈机制等进行详细说明，对财富管理机构的投资决策和具体投资行为提供行动指南和约束机制。

财富管理机构在制定投资政策说明书（IPS）时，应与客户根据具体情况确定说明书涵盖的内容，但投资目标和投资限制作为投资政策说明书（IPS）的核心内容，是必不可少的。一份最简单的投资政策说明书（IPS），甚至可能只包含投资目标和投资限制的内容。而一份详尽的投资政策说明书（IPS）的内容则要丰富很多，通常包括的内容要素有：客户基本情况介绍；投资目标与投资限制；大类资产配置的逻辑和方法；投资组合遵循的投资风格和投资策略；投资组合业绩评价（业绩度量、业绩归因、业绩评估）的具体内容；监督与反馈机制；投资政策说明书动态更新的逻辑和方法；投资经理的职责与行为规范；等等。

（三）形成大类资产市场预期

债券、股票、另类投资等各项大类资产是投资组合管理的基本工具。为了在满足投资限制的条件下实现投资目标，财富管理机构需要对各项大类资产的收益—风险特性进行深入分析，从而形成各项大类资产市场预期。

形成大类资产市场预期的方法分为定量方法与定性方法。常用的定量方法有统计方法、贴现模型与风险溢价模型。统计方法以大类资产的一些历史样本数据为基础，通过某种数据统计方法来计算各项大类资产的预期收益以及协方差矩阵；贴现模型以大类资产未来的预期现金流或盈利为基础，结合资产的要求收益率、预期增长率等数据，计算资产的当前价值；风险溢价模型在无风险利率的基础上加上各项大类资产相对应的各种风险溢价，从而得出各类资产的预期收益率。定性方法通常包括问卷调查法、专家意见法等。

（四）决定大类资产配置

在制定投资政策说明书并形成大类资产市场预期之后，财富管理机构可据此决定投资组合的大类资产配置，即投资组合计划投资的所有大类资产及各大类资产在投资组合中的权重。大类资产配置基于马科维茨现代投资组合理论的框架，追求投资组合特定风险水平上的收益最大化，或特定收益水平上的风险最小化。常用的大类资产配置模型包括均值方差模型、基于宏观因素的多因素模型、布莱克—利特曼（Black - Litterman）模型、美林时钟模型、风险平价模型等。

（五）构建和实施投资组合

在决定了投资组合的大类资产配置之后，财富管理机构就具备了构建投资组合的基础。财富管理机构将投资组合划分为若干子账户，每个子账户代表某个资产大类，还可根据需要在子账户中按照投资风格、投资策略等因素再划分明细账户。财富管理机构按照大类资产配置设定的权重，将投资资金分配至各子账户中，并为每个子账户选择适当的投资经理。投资经理负责制定子账户的投资决策，再由自己或交易员来具体执行，使投资组合得以实施。

（六）监督与反馈

在投资组合管理的整个过程中，投资组合的投资目标与投资限制以及各类资产的市场预期都可能不断发生变化，使原先的大类资产配置偏离当前理论上的最优配置，财富管理机构应按照一定的频率或规则，对大类资产配置和投资组合进行动态调整。此外，各子账户投资经理的投资风格、投资能力等也可能发生漂移乃至质变，财富管理机构需要通过业绩评价等方法了解相关信息，并据此作出保留或更换投资经理的决策。

二、投资组合管理策略

财富管理机构在投资组合管理的整个流程中，需要明确贯彻执行何种策略。按照以下两种维度划分，投资组合管理策略也可以分为两大类型。

（一）资产负债维度的投资组合管理策略

按照资产负债维度划分，投资组合管理策略可分为纯资产策略和资产负债管理策略。

1. 纯资产策略

纯资产策略是投资组合管理的传统策略，即财富管理机构完全从资产的角度进行投资组合管理，追求的是投资组合的资产在特定风险水平下的收益最大化。纯资产策略不考虑负债的具体金额、期限结构等因素，因而通常在投资期限、流动性等方面的限制较少，能够配置较高权重的权益类资产。

2. 资产负债管理策略

资产负债管理策略将对于负债的考量贯穿投资组合管理的整个流程之中，将组合的资产首先用于为各种负债提供资金，再对资产的市场价值减去负债的市场价值之后的剩余资产采用纯资产策略进行管理。这个剩余资产通常称为“盈余”。采用资产负债管理策略的投资组合，通常配置较高权重的固定收益类资产。

3. 纯资产策略与资产负债管理策略的区别

纯资产策略与资产负债管理策略在投资组合管理流程的各步骤上都存在明显区别，主要表现在以下五个方面。

第一，在确定投资目标时，纯资产策略通常对于组合的总资产设定具体的收益目标和风险目标，对于负债的考量仅间接地反映在投资目标当中；资产负债管理策略首要的投资目标是偿付当前和未来承担的各种负债，再对盈余设定投资目标。具体而言，资产负债管理策略下的投资目标包含两个方面：一是通过投资组合管理使资产产生的现金流入完全对冲负债的现金流出；二是对盈余设定投资目标，包括盈余的收益目标和风险目标，投资目标通常以盈余的（年化）收益率表示，风险目标则一般以盈余的（年化）波动率表示。

第二，在确定投资限制时，资产负债管理策略在投资周期、流动性等方面注重资产与负债的匹配，如将于10年后偿还的一笔负债可使用10年期的债券资产进行对冲；纯资产策略则通常很少考虑负债的期限结构，而仅关注资产本身的投资周期和流动性等，这使其资产的投资周期相对于负债的偿付周期往往过长或过短。前者将导致到期负债难以偿付，后者则会造成资金浪费，从而降低投资组合的期望收益率。

第三，在决定大类资产配置方面，纯资产策略通常对投资组合的总资产，采用马科维茨均值方差模型、布莱克—利特曼（Black - Litterman）模型、美林时钟模型等进行大类资产配置；资产负债管理策略则先选择适当的资产类型产生用于偿还负债的现金流，再对盈余进行大类资产配置。资产负债管理策略中绘制的有效前沿，称为“资产负债管理有效前沿”或“盈余有效前沿”。

第四，在投资组合业绩评价方面，在资产负债管理策略下，投资组合的业绩基准即为客户的各项负债，财富管理机构以投资组合的资产覆盖和超越负债的水平，来评价投资组合的业绩表现；而在纯资产策略下，投资组合的业绩基准通常为某种市场指数或风格指数。

第五，在构建和动态调整投资组合方面，在资产负债管理策略下，财富管理机构首先对负债情况进行分析建模和持续跟踪，并在此基础上选择和调整具体的投资资产标的和权重；在纯资产策略下，投资组合的构建和动态调整的根本目的，是在满足投资限制的基础上实现组合资产的收益目标和风险目标，而不关心负债的具体情况及其变动。

总体而言，对于当前和未来有明确显性负债的客户，如固定收益企业年金计划、保险公司等，财富管理机构应该遵循资产负债管理策略；即使对于没有显性负债的客户，如部分个人投资者，也可以将投资周期中不同时点的支出需求视为隐性负债，从而选择资产负债管理策略来对投资组合进行管理；对于完全没有任何显性或隐性负债的客户，如没有任何收益承诺的共同基金、资管计划等，则可以采用纯资产策略。

（二）动态平衡维度的投资组合管理策略

投资组合管理是一个动态平衡的过程，其核心内容是对投资组合中各项大类资产权重的动态平衡。

为了简化说明，假设投资组合中只有固定收益类资产和权益类资产两种类型的资产，且在一个较短时期内，与权益类资产净值的变化幅度相比，固定收益类资产净值的变动可忽略不计。随着权益类资产净值的变动，两类资产在投资组合中的权重也会发生变化。投资组合在这两类资产的配置上，主要有以下三种动态平衡的策略。

1. 买入持有策略

采用买入持有策略的投资组合，按照最初设定的权重将投资资金在固定收益类资产和权益类资产间进行分配，而后无论两种资产的市场价格发生何种变化，都不再对权重进行重新调整。从严格的意义上讲，买入持有策略并没有真正进行动态平衡，而仅仅是采取不作为的态度，固守投资组合原有的资产配置权重。在极端状况下，若权益类资产净值降为0，则投资组合的权益类资产的权重也会降为0；若权益类资产的净值剧烈增长，则投资组合的固定收益类资产的权重将趋近于0。这些都是买入持有策略允许的结果。

买入持有策略具有四个明显的特点：一是无论权益类资产的净值如何变动，投资组合都不会调整其头寸；二是投资组合的净值或收益率，是权益类资产的净值或收益率的线性函数；三是投资组合的净值下有保底，保底值为固定收益类资产的净值；四是该策略适合于风险承受能力与资产净值呈线性正相关的投资者。

2. 固定配比策略

所谓固定配比策略，是指对投资组合中权益类资产和固定收益类资产两者之间的比例设置固定的值，当权益类资产的净值变动导致该比例发生偏离时，投资组合对两种资产的头寸进行调整以将该比例恢复至设置的固定值的策略。若财富管理机构期望维持投资组合中两类资产的权重不变，该策略是一种理想的动态平衡策略。然而，从绝对金额的角度而言，固定配比策略是风险最高的一种策略，也是唯一一种在极端状况下可能使投资组合的净值降到0的策略。这是因为，当权益类资产的净值不断下跌时，投资组合为了保持两类资产的权重不变，会持续卖出固定收益类资产并且买入权益类资产，因此，理论上当权益类资产的净值跌至0时，投资组合的净值也将跌至0。

固定配比策略具有五个方面的特点：一是该策略下的投资行为表现为卖涨买跌，即当权益类资产的净值增长时，投资组合会卖出权益类资产，同时买入固定收益类资产；反之，则会卖出固定收益类资产，同时买入权益类资产。二是投资组合的净值或收益率，是权益类资产的净值或收益率的上凸函数。三是投资组合的净值无保底，理论上可能降至0。四是较买入持有策略，投资组合在单边市中的表现较差，在震荡市中的表现较优。五是该策略适合风险承受能力保持稳定的投资者。

3. 固定比例组合保险策略

所谓固定比例组合保险策略，是指通过对风险资产进行买涨卖跌操作，以严格保证投资组合的净值高于设定的最低净值的动态平衡策略。该策略是布莱克（Black）和琼斯（Jones）于1987年提出的，其核心思想是：投资者首先确定自己需要的保本额（安全垫），并依据自己的实际风险承受能力，选择相应的风险乘数，然后按照一定的计算公式，视投资组合价值水平的变化，动态调整风险资产和无风险资产的投资比例。

实施这一策略的前提条件是设定两个参数，即投资组合的最低净值和风险乘数。投资组合的最低净值，即投资组合的保本额，必须低于初始净值；风险乘数通常大于或等于1。

当风险资产的净值发生变化时，投资组合始终按照以下公式来调整风险资产的头寸：

风险资产目标净值 = 风险乘数 ×（投资组合当前净值 − 最低净值）

举例说明：假定某投资组合初始净值为100万元，风险资产和无风险资产各为50万元，最低净值设定为75万元，风险乘数为2。若风险资产的净值上涨20%至60万元，按照计算公式，风险资产的目标净值应为70万元，则投资组合应再买入风险资产10万元；若风险资产的净值下跌20%至40万元，按照计算公式，风险资产的目标净值应为30万元，则投资组合应再卖出风险资产10万元。

固定比例组合保险策略具有五个方面的特点：一是其投资行为表现为买涨卖跌，当风险资产的净值增长时，投资组合会买入风险资产；反之，则会卖出风险资产。二是投资组合的净值或收益率，是风险资产的净值或收益率的上凹函数。三是投资组合的净值有保底，保底值为设定的投资组合最低净值（保本额）。四是相比于买入持有策略，本策略在单边市中的表现较好，在震荡市中的表现较差。五是适合于风险承受能力与资产净值加速呈正相关的投资者。

三、投资组合管理理论

投资组合管理的实践必须以投资组合管理理论为指导。哈里·马科维茨（Harry M. Markowitz）在1952年提出了均值—方差模型，开创了现代投资组合理论的先河。在马科维茨模型的基础之上，学术界又发展出一系列的经典投资组合理论模型与资产定价理论模型，它们共同构成投资组合管理的理论基础。

（一）马科维茨投资组合理论

20世纪50年代以前，投资组合管理领域并没有系统性的基础理论。虽然投资者风险厌恶的特性在当时的理论界得到普遍认同，但由于缺少对风险的度量方法，对收益与风险的关系缺乏理论研究，分散化投资的理念并未获得广泛采纳。相反，当时很多著名的投资大师和经济学家都倾向于集中化投资，这其中就包括20世纪最伟大的经济学家梅纳德·凯恩斯。支持集中化投资的理由主要包括：首先，在收益层面，应该集中购买具有最高预期收益的股票，买入其他股票会降低投资组合的预期收益；其次，在信息层面，将资金分散于众多不了解的公司，不如将资金集中在具有充分信息的一家或几家公司上；最后，在主动管理层面，如果投资经理对自己的主动管理能力有信心，就应该进行集中化投资，因为分散化投资通常只能获取市场平均收益。

1952年，马科维茨发表了一篇名为《投资组合选择》的论文，提出了投资组合的均值—方差模型，为分散化投资提供了理论依据。马科维茨在投资组合领域的一系列研究成果被称为马科维茨投资组合理论，该理论被认为是现代投资组合理论的基石。

马科维茨投资组合理论建立在一系列假设条件之下，其中核心的几条假设包括：首先，投资者都是厌恶风险的，即追求特定收益下的最小风险，或特定风险下的最高收益；其次，衡量投资组合收益的指标是预期收益率，衡量投资组合风险的指标是预期收益率的方差或标准差；再次，构成投资组合的所有资产的收益率均近似于服从正态分布，且每项资产的预期收益率、方差和每两项资产间收益率的协方差都是已知的和公认的，并通常用历史平均收益率、方差和协方差来作为未来数据的预估值；最后，投资者完全依靠上述收益率、方差和协方差数据来构建投资组合。

在以上假设的基础上，根据统计学中随机变量之和的统计量计算方法，可以推导出投资组合的预期收益率 $\overline{R}_P$ 和预期收益率标准差 σ_P 的计算公式：

$$\overline{R}_P = \sum_{i=1}^{N} w_i \overline{R}_i$$

$$\sigma_P = \sqrt{\sum_{i=1}^{N} W_I^2 \sigma_i^2 + 2 \sum_{1 \leqslant i < j \leqslant N} w_i w_j \sigma_i \sigma_j \rho_{ij}} \tag{3.1}$$

式中：N 代表投资组合中资产的数量；w_i 代表第 i 项资产的权重；$\overline{R}_i$ 代表第 i 项资产的预期收益率；σ_i 代表第 i 项资产预期收益率的标准差；ρ_{ij} 代表第 i 项资产与第 j 项资产预期收益率的相关系数。

通过获取所有资产的历史收益率数据和历史收益率的方差、协方差数据（称为协方差矩阵），运用以上公式，再对每项资产赋予各种不同的权重组合，就能求出不同权重组合下投资组合的预期收益率和标准差。所有可能的结果可用二维直角坐标系表示出来，如图 3－1 所示。

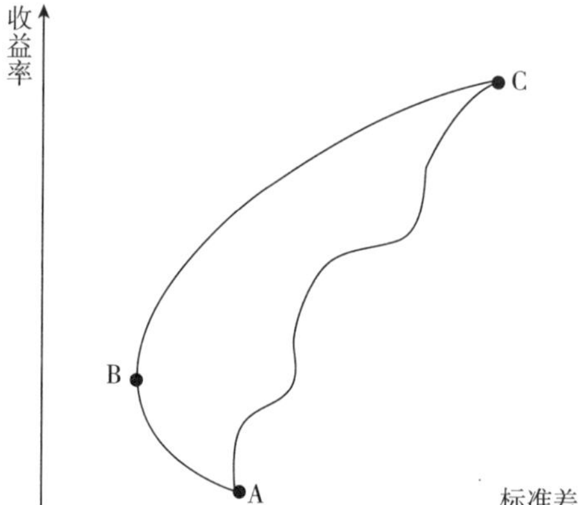

图 3－1　不存在无风险资产情况下的有效前沿

图 3－1 中，点 ABC 围起来的区域表示投资组合所有可能的预期收益率与标准差的情况。其中，弧线 ABC 称为最小方差前沿，该弧线上的点代表在特定收益率之下最小方差的组合，而不在该弧线上的所有组合都是无效的，因为这些组合都可以在最小方差前沿上找到收益率相同而方差更小的组合。但弧线 ABC 上并非所有组合都是有效的，因为弧线 AB 上的所有组合都可以在弧线 BC 上找到标准差相同而收益率更高的组合。因此，只有弧

线 BC 上的所有组合是有效的，弧线 BC 也被称为有效前沿，点 B 则被称为最小方差组合。按照马科维茨投资组合理论，投资经理应该根据风险偏好选择有效前沿上的投资组合进行构建。理想的投资组合应该是投资组合的无差异曲线与有效前沿的切点。

如果市场上存在无风险资产，则情况又会发生变化，如图 3－2 所示。

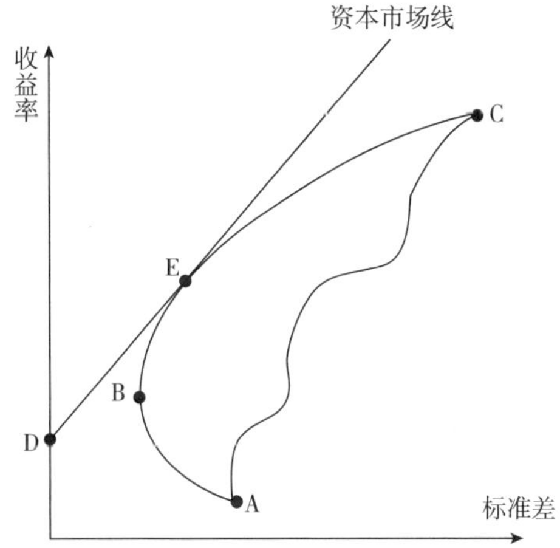

图 3－2　存在无风险资产情况下的有效前沿和资本市场线

图 3－2 中，点 D 代表无风险资产，过点 D 作射线与有效前沿（弧线 BC）相切于点 E。此时，有效前沿上的绝大部分组合都不再“有效”，因为这些组合都可以在射线上找到标准差相同而收益率更高的组合，唯一的例外是切点 E，该切点被称为市场组合。假设允许卖空，则这条射线代表了无风险资产 D 和市场组合 E 的所有可能组合，该射线被称为资本市场线。资本市场线代表了存在无风险资产情况下的新的有效前沿。按照马科维茨投资组合理论，在存在无风险资产且允许卖空的条件下，所有投资经理都会构建相同的风险资产投资组合（市场组合），并根据风险偏好确定无风险资产与市场组合各自的权重。理想的投资组合应该是投资组合的无差异曲线与资本市场线的切点。

马科维茨首次用投资组合理论证明了分散化投资对于投资组合管理的核心价值，并运用均值—方差模型给出了构建分散化投资组合的具体方法，被投资学术界公认为是现代投资组合理论的开山鼻祖。

（二）资本资产定价模型

在马科维茨投资组合理论的基础上，威廉·夏普（William Sharpe）和约翰·林特纳（John Lintner）等经济学家发展出了资本资产定价模型。资本资产定价模型本质上是一种资产定价模型，在投资组合管理领域具有重大的影响力，可以说是金融学术界最负盛名的理论之一。

资本资产定价模型建立在马科维茨投资组合理论的基础上，因此其假设与后者也基本相同。资本资产定价模型相对于马科维茨模型最大的突破，在于对风险的度量和对收益与风险关系的研究。夏普等人通过研究发现，特定资产或资产组合收益率的高方差并不必然带来高收益，资产或资产组合由于自身的特定风险产生的波动性并不会得到收益率的补偿。因此，如果按照"高风险要求高收益"的标准，收益率的方差就不是合理的风险衡量指标。

在此基础上，资本资产定价模型创造性地将资产或资产组合的总风险分解为系统性风险和非系统性风险，其计算公式为

$$总风险 = 系统性风险 + 非系统性风险$$

系统性风险是指与整体经济环境相关的、投资组合无法通过分散投资而消除的风险；非系统性风险是指资产特有的、投资组合可以通过分散投资而消除的风险，因此又被称为特定风险。资本资产定价模型认为：只有系统性风险会得到收益补偿并反映在资产的价格中，非系统性风险则无法得到收益补偿。收益率的方差衡量的是总风险，由于其中的非系统性风险并不带来额外收益，因此高方差也就并不必然带来高收益。

此外，由于特定资产或分散程度较低的资产组合具有较高的非系统性风险，而这部分风险又无法得到额外的收益补偿，相当于在同等收益水平之下承担了额外的风险，因此，投资组合应该进行充分的分散化投资，以尽可能降低甚至消除非系统性风险，从而获取更优的收益—风险比。因此，资本资产定价模型也为分散化投资提供了理论依据。

资本资产定价模型的最大贡献是提出了系统性风险的衡量指标——贝塔（β）系数。贝塔系数的计算公式为

$$\beta_A = \frac{\mathrm{Cov}(\bar{R}_M, \bar{R}_A)}{\sigma_M^2} = \frac{\sigma_A \rho_{MA}}{\sigma_M} \tag{3.2}$$

式中：β_A 代表特定资产或资产组合的贝塔系数；$\bar{R}_M$ 代表市场组合的预期收益率；$\bar{R}_A$ 代表特定资产或资产组合的预期收益率；$\mathrm{Cov}(\bar{R}_M, \bar{R}_A)$ 代表特定资产或资产组合与市场组合预期收益率的协方差；ρ_{MA} 代表特定资产或资产组合与市场组合预期收益率的相关系数；σ_M 代表市场组合预期收益率的标准差；σ_A 代表特定资产或资产组合预期收益率的标准差。

贝塔系数越高，特定资产或资产组合的系统性风险越高，其预期收益率也越高。资本资产定价模型将这样的关系用一个单因子的线性公式表示

出来：

$$\overline{R}_A = R_F + \beta_A(\overline{R}_M - R_F) \tag{3.3}$$

式中：R_F 代表无风险利率。

这个公式就是资本资产定价模型公式。公式中，$\overline{R}_M - R_F$ 表示市场组合的预期收益率与无风险利率之差，称为市场风险溢价。根据资本资产定价模型，特定资产或资产组合的预期收益率等于无风险利率与其风险溢价之和，而其风险溢价则等于贝塔系数乘以市场风险溢价。可见，在给定无风险利率和市场风险溢价的条件下，资产或资产组合的预期收益率是其贝塔系数的一元线性函数，如图 3－3 所示。

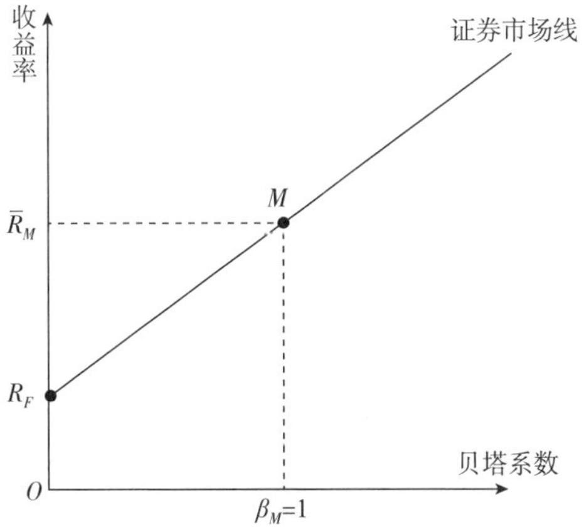

图 3－3　证券市场线

图 3－3 中，点 M 代表市场组合，其贝塔系数等于 1。从代表无风险资产的点 R_F 向代表市场组合的点 M 作射线，这条射线代表了所有资产或资产组合的预期收益率与贝塔系数的关系：位于点 M 左侧的点的贝塔系数都小于1，其系统性风险和预期收益率都低于市场组合；位于点 M 右侧的点的贝塔系数都大于 1，其系统性风险和预期收益率都高于市场组合。这条射线被称为证券市场线。证券市场线实际上就是用图表示的资本资产定价模型公式。

资本资产定价模型继承并发展了马科维茨投资组合理论，开创性地提出了以贝塔系数衡量系统性风险的方法以及资产预期收益率的线性公式模型，在资产定价、资本预算、投资组合管理等领域都有着广泛和深远的影响，在现代投资组合理论界具有里程碑式的意义。

（三）套利定价模型

资本资产定价模型认为资产的预期收益率受且仅受市场风险因素的影

响，是一种单因子模型。然而在现实中，除了市场风险因素以外，还有其他因素可能会对资产的收益率产生影响。1976 年，斯蒂芬·罗斯（Stephen Ross）发表了《资本资产定价的套利理论》，提出了资本资产定价模型的多因子版本——套利定价模型。

套利定价模型放开了马科维茨投资组合理论和资本资产定价模型的两个核心假设——投资者都是厌恶风险的，并依赖资产的收益率、方差和协方差数据来构建投资组合，也不需要市场组合的存在。套利定价模型通过构建无风险套利组合的方法来取代以上假设的必要性。所谓无风险套利组合，是指同时满足 3 个条件的组合：不需要投入资金、不承担市场风险、预期收益率大于零。如果某些资产的预期收益率不满足资本资产定价模型的计算结果，则通过同时买入价格低估的资产并卖空价格高估的资产，便可以构建初始资金为零、市场风险（贝塔系数）为零、预期收益率为正的投资组合。当这样的无风险套利机会出现时，市场上的投资者会迅速作出反应，买入低估资产并卖出高估资产，直到所有资产的价格回归到资本资产定价模型计算的价格上。

运用构建无风险套利组合的方法，套利定价模型进一步将资本资产定价模型从单因子形式拓展为多因子形式。套利定价模型证明了在存在多个系统性风险因子的情况下，资本资产定价模型公式依然成立，具体公式为

$$\overline{R}_A = R_F + \sum_{i=1}^{K} \beta_{Ai}(\overline{R}_{Mi} - R_F) \tag{3.4}$$

式中：K 代表系统性风险因子的数量；β_{Ai} 代表特定资产或资产组合对第 i 项风险因子的敏感系数（贝塔系数）；$\overline{R}_{Mi}$ 代表这样一种组合的预期收益率，该组合对第 i 项风险因子的敏感系数等于 1，对其他风险因子的敏感系数等于 0。

上述公式即套利定价模型公式。

套利定价模型通过构建无风险套利组合的方法推导出套利定价模型公式，放宽了资本资产定价模型的假设条件，因此是一种更灵活、更贴近现实的理论模型。此外，套利定价模型将系统性风险因子的数量从一个放宽到多个，使投资经理能根据期望在各项风险因子上获得的风险暴露来构建投资组合，从而更好地实现收益目标和风险目标。套利定价模型的主要缺点在于，并没有阐述现实中具体有哪些系统性风险因子。

（四）有效市场假说

尤金·法玛（Eugene F. Fama）在 1970 年提出的有效市场假说，是投资

组合管理的另一个重要的理论基础。

有效市场假说的主要假设条件包括：市场上的投资者都是“理性经济人”，会随时对市场上所有资产的价值进行理性分析；投资者会利用理性分析得出的资产合理价格与资产实际价格之间的偏差进行交易，因此资产价格充分反映了理性交易者之间的供求关系；投资者会对所有增量信息立刻作出准确的反应，因此，资产价格也充分反映了与该资产相关的所有可获得的信息。

在以上假设的基础上，有效市场假说对有效市场进行了定义：如果在一个市场上，资产的价格完全反映了所有可获得的信息，则这样的市场被称为有效市场。按照信息的类型，有效市场假说可以分为三种情况。

第一，弱式有效市场假说。如果市场上所有资产的价格都完全反映了全部历史信息，则这样的市场被称为弱式有效市场。在弱式有效市场中，对于历史信息的任何分析都无法让投资组合获得超额收益。因此，技术面分析在弱式有效市场中无效。市场弱式有效性的检验方法，主要有自相关分析法和交易规则检验法。自相关分析法通过对资产历史收益率的时间序列进行自相关分析，确定历史收益率对于未来收益率是否具有预测作用；交易规则检验法则通过对资产设定某种买卖规则，观察其投资收益是否显著高于简单的买入持有策略。

第二，半强式有效市场假说。如果市场上所有资产的价格都完全反映了全部公开信息，则这样的市场被称为半强式有效市场。在半强式有效市场中，对于公开信息和历史信息的任何分析都无法让投资组合获得超额收益。因此，基本面分析和技术分析在半强式有效市场中都无效。市场半强式有效性的检验方法，主要有事件检验法和业绩检验法。事件检验法考察当增量信息出现时，资产价格是否能作出迅速而准确的反应；业绩检验法则对市场上主动管理型投资组合的业绩进行统计分析，确定其是否显著优于业绩基准。

第三，强式有效市场假说。如果市场上所有资产的价格都完全反映了全部信息，包括全部已公开信息和未公开信息，则这样的市场被称为强式有效市场。在强式有效市场中，包括内幕交易在内的任何方法都无法让投资组合获得超额收益。因此，主动投资组合管理在强式有效市场中无效。市场强式有效性的检验方法，包括信息含量法和内幕业绩检验法。信息含量法对各种信息公开当日的信息含量进行检验，若信息含量很低，则表明信息在非公开阶段已经反映在资产价格中；内幕业绩检验法对市场上被认为具有内幕消息的投资经理管理的投资组合的业绩进行统计分析，确定其是否显著优于业绩基准。

有效市场假说对于投资组合管理中主动管理与被动管理的选择具有重要的指导意义。如果通过实证分析，一个市场是强式有效或半强式有效，则主动投资组合管理理论上无法获取超额收益，投资经理应该选择追踪市场指数的被动投资策略；而如果市场是无效市场或弱式有效市场，则投资经理可以通过技术面分析或基本面分析获取超额收益，选择主动投资组合管理打败市场指数自然成为可能。

第二节　固定收益证券投资组合管理

面对不断波动的财富管理市场，单一固定收益证券投资所带来的收益已无法满足财富管理机构的需求。因此，财富管理机构通常会在投资过程中，基于对整体市场走向的判断，采取多种固定收益证券组合的方式进行投资，以获取更多投资收益。

一、固定收益证券投资组合管理的目标

所谓固定收益证券投资组合，是指财富管理机构按照一定原则，将投资资金有策略性地分散投资于多种固定收益证券而形成的投资组合。固定收益证券投资组合管理，是财富管理机构对已构建的固定收益证券投资组合进行动态管理，力求降低投资风险、获取最佳投资收益的管理过程。

固定收益证券投资组合管理的目标主要有两个：一是规避利率波动风险，获得稳定的投资回报。二是财富管理机构通过判断证券的错误定价或预测利率水平变化获得固定收益投资组合的超额收益。该目标是建立在市场有效性不理想的状态下的，部分证券出现错误估值，从而为固定收益证券投资组合带来超出固定收益市场平均水平的收益。

二、固定收益证券投资组合管理的策略

固定收益证券投资组合管理策略，可以分为被动型固定收益证券投资组合管理策略和积极型固定收益证券投资组合管理策略两种类型。

（一）被动型固定收益证券投资组合管理策略

被动型固定收益证券投资组合管理策略，是一种依赖市场变化以保持平均投资收益的策略。采取这种策略的财富管理机构认为，固定收益证券

市场是有效的，固定收益证券的当前价格能够充分反映所有相关和可用信息。所以，这种策略不是为了战胜市场，而是要控制固定收益证券投资组合的风险并获得适合风险的投资回报率。

被动型固定收益证券投资组合管理策略的投资目标，大体上可分为三类：第一类是获得平均市场收益；第二类是为未来的债务提供足够资金；第三类是在一定风险范围内和固定流动性条件下，寻求更高的投资回报率。

实现这三类目标的被动型固定收益证券投资组合管理策略，主要有购买持有策略、指数化策略和利率免疫策略。

1. 购买持有策略

所谓购买持有策略，是指财富管理机构在对纳入投资组合的固定收益证券进行收益研判和风险评估后，决定购买并在有效期内一直持有，且在这一时期内不做任何交易的投资策略。这一策略具有三个方面的优点：一是长期持有优质且高收益的固定收益证券，对财富管理机构的投资业绩会有显著贡献；二是持续持有可忽略市场利率波动对固定收益证券价格的影响，并避免持有短期固定收益证券经常出现的价格波动；三是能够有效减少交易成本。

财富管理机构在采用这种策略时，需要注意两个方面：一是使持有的固定收益证券投资组合保持一个合理的期限结构。当固定收益证券的市场预期上升时，则应尽量持有长期固定收益证券；当市场预期下跌时，为规避价格下跌风险，应多持有短期固定收益证券。二是使所持有的固定收益证券投资组合保持合理的利率结构。当预期利率下降时，应尽可能多地持有固定利率的固定收益证券；反之，则应该更多持有浮动利率的固定收益证券。

购买持有策略是一种较为简单的投资策略，适用于经济处于繁荣周期、债权人违约风险较小且固定收益证券质量较好的宏观经济环境和金融市场环境。

2. 指数化策略

所谓指数化策略，是指财富管理机构通过复制某一固定收益证券指数而构建一个固定收益证券投资组合，并使该组合的风险与回报和相应固定收益证券指数的风险与回报水平高度匹配。

财富管理机构在实施指数化策略时，并不以其取得的超过指数的超额收益作为业绩衡量标准，而是看该组合能否紧紧地盯住指数。实施指数化策略，最重要的是要选择一个合适的指数并以此作为比较基准。指数基准的选择主要受制于 3 个因素。

一是信用风险。所选基准指数的平均信用风险水平，应与财富管理机构所管理的固定收益证券投资组合保持一致，且必须满足财富管理机构投资政策中对信用质量的所有限制条件。

二是市场风险。基准指数的市场风险应与固定收益证券投资组合的市场风险相匹配，使固定收益证券投资组合的到期收益率随着投资组合到期日的增加而增加。

三是再投资风险。所选指数基准应与固定收益证券投资组合在利息收入、到期时所得本息、出售时所得资本收益等方面的现金流相匹配。

确定基准指数后，构建固定收益证券指数化投资组合的方法主要有以下三种。

一是完全复制法。固定收益证券投资组合通过持有与基准指数权重完全相同的每一成分证券，从而完全复制基准指数的风险和收益，这是构建指数化投资组合最简单的一种方法。通过这一方法所取得的业绩与基准指数业绩非常接近，但不是完全一致的。其差异主要来源于调整投资组合所产生的交易成本。因为随着时间的推移，基准指数会不断调整作为其构成要素的固定收益证券的种类，采用完全复制法的投资组合也必须及时调整以匹配基准指数。而每次调整引发的交易成本增加，必然对投资组合的收益产生负面影响。因此，该方法更适用于成分证券数量偏少且流动性偏高的固定收益证券指数。

二是抽样复制法。在复制基准指数的过程中，只需要复制其中比较有代表性的一部分就可以了，从而构建出指数化的投资组合。较完全复制法，其优势在于可以实现交易成本的降低。

三是优化复制法。该方法对所选基准指数的成分证券的历史数据和相关性进行分析，通过数据拟合获得最优组合权重，使投资组合的收益率曲线与基准指数一致，并假设这一情况能在未来无限延续。这是一种完全数理化的组合构建方法，其不足之处主要体现在两个方面：其一，只对历史数据进行了统计和挖掘，而完全忽视了固定收益证券价格特征的变化性；其二，通过计算所得出的结果往往难以得到合理的经济原理支撑。

在固定收益证券市场与股票市场两个市场中，指数化策略的操作方法有些类似。但固定收益证券市场具有以下几个特征，又使固定收益证券投资组合的指数化策略操作具有特殊之处。

第一，在固定收益证券市场不同指数构成中，对成分证券的到期期限有不同的要求，比如必须大于一年。因此，在固定收益证券市场上，随着时间的推移，这些指数必须剔除到期期限不足一年的成分证券，并选取新的成分证券进行替代。此时，固定收益证券投资组合也必须及时作出相应的调整，使其所持有的证券与基准指数的成分证券构成保持最大限度的一致。这种调整工作将显著加大固定收益证券投资组合管理的复杂程度，并产生很高的交易成本。

第二，固定收益证券指数所包含的固定收益证券种类较多。比如，美国固定收益证券市场存在5000多种固定收益证券。因此，投资组合要想比照固定收益证券指数比重购买完所有的固定收益证券难度较大，实操性较低。

第三，固定收益证券指数构成中有相当大一部分证券的流动性较差。这意味着很难在市场上找到合适的交易方，即使找到交易方，也不容易达成一个合理的交易价格。

综上所述，在对固定收益证券投资组合实行指数化策略操作时，完全复制指数是不现实的。财富管理机构必须寻求一种尽量减少交易成本的指数化策略，以增强指数化策略的可操作性。

3. 利率免疫策略

所谓利率免疫策略，是指构建一个固定收益证券投资组合，使市场利率变化时固定收益证券的价格风险和再投资风险相互抵消，以实现投资组合对利率变化的免疫，进而避免利率风险带来的投资损失。

固定收益证券投资的主要风险，来自市场利率的变化，而与市场利率相关的两种主要风险，是固定收益证券的价格风险和再投资风险。如果市场利率预期上升，固定收益证券的市场价格将下跌，而固定收益证券的再投资收益将会增加；反之，如果市场利率预期下降，固定收益证券的市场价格将上升，固定收益证券的再投资收益将下降。显然，固定收益证券的价格风险与再投资风险之间存在着此消彼长的关系。正是顺应了这一特点，利率免疫策略将市场利率变化的风险消弭于无形，使无论市场利率如何变化，都能保证固定收益证券投资组合的收益率不低于目标收益率。

在利率免疫策略中，久期匹配策略是应用最为广泛的，其主要原理是只选择每年支付一次利息的中长期固定收益证券。随着债券到期日临近，该类债券的价格风险逐渐减小，但再投资风险会逐渐放大。而一旦持有到期，财富管理机构则面临再投资风险。由于价格风险和再投资风险间具有相互抵消的关系特性，财富管理机构应选择一个适当的持有期，使利率风险减小为零。这意味着，久期匹配策略的实质就是构造一个固定收益证券组合，使该组合的久期刚好等于固定收益证券的持有期。当市场利率出现变化的时候，即便出现了价格风险，也会和再投资风险之间产生相互抵消的效应。

在实际应用中，利率免疫策略的有效实施是建立在三个方面的假设之上的：一是所投资的固定收益证券没有违约的风险；二是出现的收益率曲线呈现水平的趋势，而且其移动方式也是水平的，这种移动也往往只是在购买的固定收益证券还没有进行支付之前才会出现；三是没有交易成本和税收。然而在实践中，这些假设很难完全成立，故利率免疫后的固定收益证券投资组合仍然无法完全规避利率风险。但可以肯定的是，使用这一策略的投资组合，对于利率风险的规避效果，必然会优于不采取任何措施的一般固定收益证券投资组合。

利率免疫策略，实际上是财富管理机构不积极寻求有利的固定收益证券交易机会而企图战胜市场的一种策略。无论是就对投资组合的主动管理态度来说，还是就主动管理能力来说，都应该说是一种消极管理策略。

（二）积极型固定收益证券投资组合管理策略

所谓积极型固定收益证券投资组合管理策略，是指财富管理机构努力寻找被市场低估的固定收益证券构建固定收益证券组合，并积极获取有利的市场交易机会进行交易，力求取得超过市场平均收益的超额投资收益的一种策略。财富管理机构采取这种策略，是其认为固定收益证券市场未达到完全有效状态，固定收益证券的价格尚不能完全反映公开信息，因而可以通过主动管理获得超额收益。

积极型固定收益证券投资组合管理策略，主要包括以下四种策略。

1. 久期偏离策略

所谓久期偏离策略，是指财富管理机构在认真分析、判断宏观经济形势及货币政策走向的基础上，形成对未来市场利率走向的预期，进而主动对固定收益证券投资组合的久期进行调控，以提升投资组合收益率的组合管理策略。财富管理机构在预期市场利率下降时，加大对长期固定收益证券的投资以增加投资组合的久期，从而获得固定收益证券价格上升带来的收益；在预期市场利率上升时，则加大对短期固定收益证券的投资，使投资组合久期减小，从而有效规避固定收益证券价格下跌的风险。

2. 收益率曲线策略

所谓收益率曲线策略，是指固定收益证券投资组合的期限结构配置，是财富管理机构根据债券收益率曲线的水平和形状的预期变化，合理配置投资资金于不同期限的债券的组合管理策略，可分为集中策略、两端策略和梯形策略。针对债券收益率曲线可能出现的非平行移动，财富管理机构相应地建立子弹形组合、哑铃形组合和梯形组合，并在长期、中期、短期固定收益证券间进行错期配置，以期从长期、中期、短期固定收益证券的相对价格变动中获取超额收益。

（1）子弹形组合

所谓子弹形组合，是指固定收益证券投资组合中所有的固定收益证券品种的到期时间，都集中在了某一固定的时间点的组合策略。这种组合模式需财富管理机构能够非常好地把控利率水平和收益率曲线的变动。通常采用这一策略的目的，是应对某一特定时间点的资金需求，或是预期在未来某个特定时间点利率将发生有利变化。

（2）哑铃形组合

所谓哑铃形组合，是指在构建固定收益证券投资组合时，将投资资金集中投资于剩余期限在长期和短期两端的固定收益证券，而不投资于中期固定收益证券的组合管理策略。哑铃形组合管理策略的优点在于投资效率高、流动性好、调整灵活。具体表现在：其一，长期端的固定收益证券投资不仅可以提供较高的利息收入，还能够获取利率降低后出现的资本利得；其二，短期端的固定收益证券投资变现速度很快，可以满足财富管理机构客户多样化的流动性需求；其三，财富管理机构可以根据需要，自由调整不同期限的固定收益证券的比例，从而有效调整投资组合的久期与风险结构。这一组合管理策略适用于长期利率预期将发生有利变动，而中短期利率存在不确定因素的情况。

（3）梯形组合

所谓梯形组合，又称等期投资法，是指选取不同剩余期限的固定收益证券构建组合，并使之在组合中拥有相同头寸的组合管理策略，如投资组合中含有等量的一年到期、二年到期、三年到期的固定收益证券。这种组合管理策略可以实现每隔一段时间就能够获得一笔相当稳定的本息收入，其优点是财富管理机构可以获得具有规律性的现金流并可灵活配置头寸，即使市场利率出现了波动，也拥有利用本息进行再投资的投资机会。

除上述三种收益率曲线策略外，财富管理机构还可以根据对固定收益证券市场短期动态变化的预测，采取其他收益率曲线策略获取超额投资收益。

一是骑乘收益率曲线策略。采用这种策略需要满足两个条件：其一，市场收益率曲线向上倾斜，即长期固定收益证券的利率高于短期固定收益证券的利率；其二，市场收益率水平和市场利率期限结构曲线保持稳定并呈现上升态势。在具备这两个条件的情况下，财富管理机构可以购买久期比预计持有期长的固定收益证券，然后在到期前将其卖出以获取资本利得。这种投资方式就是骑乘收益率曲线策略。实施该策略成败的关键，在于市场收益率曲线的陡峭程度。越是陡峭的收益率曲线，采取该策略成功的概率越大，所获超额收益也会越多。

二是收益率曲线陡峭/平坦化交易策略。这是基于市场收益率曲线期限利差变化的交易策略。市场收益率曲线出现了向上的趋势，表示长期固定收益证券的价值相对于短期固定收益证券的价值下降。面对这种情况，就应该做多短期和做空长期。市场收益率曲线逐渐变得平缓，则表示固定收益证券的短期价值相对于长期价值下降。这个时候就要做多长期和做空短期。

三是收益率曲线蝶式交易策略。这是基于收益率曲线中端相对于长短端变化的交易策略。如果收益率曲线出现凸起，即收益率曲线的中端相对于长短端有扩张趋势，那么应该做多长短期固定收益证券，并做空中期固定收益证券，以获取曲线变凸收益。如果曲线出现下凹，即曲线的中端相对于长短端有缩小趋势，那么应该做多中期固定收益证券，并做空长短期固定收益证券，以获取曲线变凹收益。

值得注意的是，上述三种策略的盈利性都存在不确定性。以骑乘收益率曲线策略为例，如果市场上的财富管理机构都在寻求这种套利机会，会导致短期固定收益证券需求下降，长期固定收益证券需求将上升，从而使前者价格趋向下降而收益率上升，后者价格趋向上升而收益率下降，结果可能会“拉平”收益率曲线，从而减少套利机会。

3. 类属配置策略

所谓类属配置策略，是指根据债券品种、交易场所等维度，将全部固定收益证券品种细分为不同类属，财富管理机构定期跟踪分析不同固定收益证券类属的风险收益特征，并结合不同固定收益证券类属的市场容量、流动性等，确定投资资金在固定收益证券投资组合中的最优配置比例的一种策略。

不同固定收益证券类属之间投资收益率差异的产生，除源于固定收益证券自身的一些特征（如票面利率、税收特性、信用等级、含权条款等）外，还与某些经济与金融因素有关。其中，经济周期和信用利差是两个最重要的影响因素。

一般情况下，经济周期从萧条阶段进入复苏阶段，经济温和增长，通胀率和市场利率缓慢向上，这一阶段的通胀指数化债券和浮动利率债券在防御性和配置价值方面具有良好表现；经济周期从复苏阶段进入繁荣阶段，经济增长加速，市场利率上行，通胀指数化债券和固定收益债券收益率都会达到高点，两者的配置价值在这一阶段集中显现；经济周期从繁荣阶段进入衰退阶段，经济增速下降甚至有可能负增长，市场利率下行，通胀指数化债券和固定利率债券的收益率下降，两者的配置价值趋降。

所谓信用利差，是指除信用等级外其他构成要素均相同的两种固定收益证券之间的收益率的差值，其代表用于补偿投资人承担信用风险所增加的收益率。信用利差的大小，导致了信用债与国债、高等级信用债与低等级信用债在固定收益证券投资组合中配置比例的变化。当信用利差出现了从低到高的变动，财富管理机构可以加大信用债的投资比重；反之，则降低信用债的配置比例。信用利差的变化，可通过宏观经济周期、公司财务状况、外部信用评级等诸多因素的变化来解释。例如，一般而言，未来经济预期向好，信用利差有收窄的趋势；未来经济预期向差，信用利差有上升的趋势。

财富管理机构在实施类属配置策略过程中，应认真分析各种经济和金融因素对不同固定收益证券类属投资收益率的影响，并对利率债与信用债、高等级信用债与低等级信用债、固定利率债和浮动利率债等不同类属固定收益证券的相对投资价值进行全面研判，在此基础上审慎确定投资资金在各类固定收益证券之间的配置比例；同时，及时根据市场变化增持价格相对低估将上升的固定收益证券类属，减持价格相对高估将下降的类属，从而获取最佳投资收益。

4. 利差套利交易策略

所谓利差套利交易策略，是指财富管理机构根据各类固定收益证券利差水平的动态变化，相应调整固定收益证券投资组合结构，以捕捉套利机会进而提高投资收益的组合管理策略。

利差套利交易策略主要有以下四种。

（1）跨市场固定收益证券之间的套利

所谓跨市场固定收益证券之间的套利，是指在不同市场交易的相同品种证券之间的套利行为。以我国的国债为例，部分国债品种可以在交易所市场和银行间市场两个市场同时进行交易。由于交易的标的物是一样的，从道理上说，国债的交易价格在两个市场也应该是一致的。但是，由于两个市场在价格敏感度、参与者结构等方面存在差异，同一品种国债的价格往往是不同的。当价格差异大于交易成本时，财富管理机构就可以在价格低的市场上买入、在价格高的市场上卖出以实现套利。不过，随着交易所市场交易规模的不断萎缩，国债交易的跨市场套利机会将不再显著。

（2）浮动利率与固定利率的固定收益证券之间的套利

当预期未来经济增长强劲且通胀率将上升时，财富管理机构既可以投资浮动利率的固定收益证券以规避利率风险，也可以利用浮动利率与固定利率的固定收益证券之间的利差进行套利。例如，当市场预计未来会出现通胀压力且市场利率将上升时，浮动利率固定收益证券的价格将会出现上涨，固定利率的长期固定收益证券的价格将下跌。这时就可以在市场上抛出固定利率的长期固定收益证券，再买入等额的浮动利率固定收益证券，待未来浮动利率固定收益证券的价格上涨时将其卖出，然后买入价格相对较低的固定利率的长期固定收益证券，完成前期的回购交割。此时，投资的获利等于浮动利率固定收益证券价格的上涨收益加上固定利率的长期固定收益证券价格的买卖价差。

（3）期限大致相同的不同品种固定收益证券之间的套利

一般来说，期限相同的不同品种固定收益证券之间的利率，会由于信用等级、税收特征、流动性等方面的因素存在差异，而且这一差异随着时间的变化而变化。如果某一时点期限大致相同的不同品种的固定收益证券之间的利差值大幅度偏离历史平均水平，而预计未来这种利差将缩小，那么财富管理机构就可以卖出利率偏低的固定收益证券，买入利率偏高的固定收益证券，待两者之间的利差收缩后再进行反向操作，获利了结；还可以使用回购方式，以低利率的固定收益证券作为逆回购的标的，进行做空，再做多高利率的固定收益证券，实现在无资金占用条件下的利差套利收益。在我国现实情况下，期限大致相同的国债与金融债、国债与企业债、央行票据和短期融资券之间都可以进行这种套利交易。

（4）回购与现券之间的套利

回购与现券之间的套利策略，主要涉及的是国债回购与国债现券之间的套利操作，在我国，还包括国债回购与央票之间的套利。在各国固定收益证券市场中，国债现券的收益率一般反映的是长期资金成本，而国债回购的收益率反映的是短期资金成本，两者之间存在一定的利率差异具有合理性。有些国家由于固定收益证券市场发育程度不高，国债二级市场的收益率往往偏高，而国债回购市场受资金供需短期波动的影响也经常出现不稳定的状况，回购利率起伏较大。这样就使国债现券与国债回购之间的利差有时会出现过度偏离，从而为“国债＋回购”的无风险套利操作提供了可能。财富管理机构利用国债现券与国债回购之间的利差进行无风险套利，既可以规避金融风险，又提高了资金的使用价值，故这种套利方法被财富管理机构广泛运用。

在我国，“国债＋回购”套利的具体操作方式为：当出现国债现券市场收益率比国债回购利率高的情况时，财富管理机构确认这种利差大于交易成本，就可以及时购买国债现券，将购买到的国债现券作为质押品在交易所市场或银行间市场进行回购融资，再去购买国债现券，并再次进行回购操作，这样反复多次循环操作，投资组合将持有数倍于原始资金规模的国债资产，继而获得较为可观的国债现券收益率与回购利率之间的利差，提高固定收益投资组合的投资回报。

财富管理机构要有效运用这种套利模式，应该把握好三个方面：一是深入了解国债现券市场和回购市场，尽可能准确判断两种市场的利率走势；二是在回购到期将质押券卖出还款或进行回购续作还款时需注意交易时间的衔接，两者必须做到相当紧密；三是在比较利差时要考虑交易成本、市场流动性等因素对实际收益率的影响。考虑到一次套利交易的收益率可能比较小，应采取多次循环交易方式提升收益率。

第四章 投资组合管理（下）

股票投资组合管理和另类投资组合管理在财富管理机构的投资组合管理中占有重要地位。股票类资产的长期平均收益率高于固定收益类资产，是财富管理机构投资组合追求较高长期回报的核心资产类别；另类投资具有丰富而灵活的风险—收益特性，在财富管理机构的投资组合管理中也发挥着不容忽视的作用。

第一节 股票投资组合管理

股票类资产是财富管理机构投资组合中权重最高的资产类型之一。股票投资组合管理对于财富管理机构实现投资组合管理的目标，具有至关重要的作用。

一、股票投资组合管理概述

（一）股票投资组合管理的目标

股票投资组合是财富管理机构总体投资组合的重要组成部分。股票投资组合管理的目标，要服从于和服务于财富管理机构总体投资组合管理的目标。具体来说，其主要包括以下两个方面。

1. 提升总体投资组合的投资业绩

股票类资产对财富管理机构的总体投资组合有着不可替代的作用。一方面，财富管理机构总体投资组合的目标年化收益率，通常高于固定收益类资产可实现的年化收益率，仅靠固定收益类资产难以实现总体投资组合的收益目标；另一方面，一些另类投资品种可能具备较高的潜在收益率，但这些品种往往也存在风险高、波动大、透明度低、流动性差等问题。而股票类资产的长期平均年化收益率通常高于固定收益类资产，其在安全性、透明度和流动性等方面又高于很多另类投资品种。因此，很多财富管理机构都将大量投资资金配置于股票类资产。财富管理机构进行股票投资组合管理，就是依此提供总体投资组合所需要的长期投资收益，进而实现其总体投资组合的投资收益目标。

2. 对冲通货膨胀

实现自身资产的长期保值增值，是财富管理机构客户共同追求的投资目标。而要实现客户的这一目标，使客户资产的投资收益战胜通货膨胀，财富管理机构必须在投资组合中纳入能够抵御通货膨胀的资产，并通过有效的运作管理，使投资组合资产的名义价值增长率高于通货膨胀率。而股票类资产就具备明显的抗通胀的特性，对于总体投资组合是不可或缺的。

投资股票类资产的所得收益（公司分配的红利）来源于公司的经营利润，而公司的经营利润等于公司经营收入与经营成本之差。当物价上涨时，公司产品与原材料的价格通常也会上涨。假定二者的涨幅均等同于通货膨胀率，且公司的产品销售量和采购量保持不变，则公司的收入、成本以及利润都将与通货膨胀率同比例增长。因此，从经济学理论的角度看，股票类资产具有对冲通货膨胀的内在机能。实证数据也表明，股票类资产的长期平均收益率通常高于通货膨胀率。由于通货膨胀是导致投资收益减少的负面因素，财富管理机构在投资组合中配置股票类资产以对冲通货膨胀，实际上是提高投资组合收益的有效措施。

（二）股票投资组合管理的基本原则

1. 分散投资原则

所谓分散投资原则，是指财富管理机构的资金投入不能过于集中于某一类股票资产。实行这一原则应当从两个方面着手：一是投资资金不能只投资于单一类型的股票，而应投资多个行业、多个地区公司的股票，建立容纳多种类型股票的投资组合，即“不要把所有鸡蛋都装在一个篮子里”。二是投资资金不能集中在一个时点投入。这是因为股票的价格具有波动性，资金分期投入有利于财富管理机构根据股票价格的实时变动灵活进行交易，从而减少高位买进的风险。分散投资通过股票组合和时点分散，可以有效降低股票投资组合的风险。

2. 收益最大化原则

所谓收益最大化原则，是指财富管理机构要在可接受的风险水平内，通过构建多样化的股票投资组合力求获得最大收益。实现收益最大化，既是客户对财富管理机构的殷切期望，也是财富管理机构自身的主观追求。因为财富管理机构投资收益的实现程度，决定着客户和市场对其认可的程度，是其市场竞争力的重要衡量指标和参照系。

3. 易于变现原则

所谓易于变现原则，是指财富管理机构股票组合中的股票需具备充分的流动性，能够迅速交易。股票变现的难易程度主要受制于股票的市场价格、市场规模等因素。一般情况下，低价股比高价股的流动性更好，大公司比小公司的流动性更好。这是因为大公司的流通股多，可保证市场交易的连续性，而且大公司经营的相对稳定性及较好的市场形象，也对增强其股票的流动性有利。

4. 均衡原则

所谓均衡原则，是指在财富管理机构的股票组合中，既要配置防御型股票，也要配置进攻型股票，即价值股和成长股各自要占据一定比例且两者的比例要合适。一个股票投资组合不能全部是价值股，也不能全部是成长股。

（三）股票投资组合管理的主要类型

股票投资组合管理，主要包括以下三种类型。

1. 消极型股票投资组合管理

所谓消极型股票投资组合管理，是指期望获取某个股票市场的平均收益水平，追求跟踪市场而非打败市场的投资组合管理类型。消极型股票投资组合管理的一般方式，是将投资资金被动投资于某个股票价格指数，以复制该指数的业绩表现。根据市场有效假说，如果某个股票市场为强式有效或半强式有效，则投资经理在长期内无法通过内幕交易之外的任何方法打败市场指数，此时应该选择消极型股票投资组合管理这种类型。

2. 积极型股票投资组合管理

所谓积极型股票投资组合管理，是指将投资资金投资于多种股票，以求获取超越市场平均收益的投资组合管理类型。与消极型股票投资组合管理相反，积极型股票投资组合管理追求打败而非跟踪市场指数。根据市场有效假说，如果某个股票市场处于弱式有效或无效状态，则投资经理在长期内通过技术分析、基本面分析等方法来打败市场指数是可能的，此时可以选择积极型投资组合管理。

3. 半积极型股票投资组合管理

半积极型股票投资组合管理介于消极型股票投资组合管理与积极型股票投资组合管理之间，追求在基本跟踪某个股票市场指数的同时打败该市场指数，因此也被称为指数增强型股票投资组合管理。半积极型股票投资组合管理不满足于简单跟踪市场指数，而是追求一定幅度的超额收益，这一点类似于积极型股票投资组合管理；但半积极型股票投资组合管理又只允许投资业绩表现小幅偏离市场指数，这一点又类似于消极型股票投资组合管理。

（四）股票投资组合管理的基本步骤

股票投资组合管理作为一个完整的流程，可以细分为以下四个步骤。

1. 股票投资组合目标的确定

确定股票投资组合目标是股票投资组合管理的第一步。股票投资组合目标，不仅是构建和调整股票投资组合的依据，同时也是评价股票投资组合管理业绩的标准。股票投资组合目标包括两个方面：一是收益目标，包括在保障本金安全基础上获取一定的投资回报，以及实现一定速度的收益增长等；二是风险控制目标，包括对股票流动性的要求以及最大亏损限度的确定等。

财富管理机构确定股票投资组合目标，应当以客户的投资收益要求、风险偏好程度、可投资资金规模、投资期限等因素作为主要依据，同时还要考虑自身专业投资能力、股票市场运行和发展态势、监管部门相关的监管政策和监管规定等。

2. 股票投资组合的构建

股票投资组合构建是股票投资组合管理的核心步骤，其在很大程度上直接决定了股票投资组合的投资收益和投资风险。

股票投资组合的构建过程一般包括三个环节：一是确定股票投资组合涵盖的股票范围，即要明确投资组合应该选择哪些行业、哪种投资风格的股票，什么类型的股票不能进入投资组合，投资组合中要不要配置境外成熟资本市场的股票等。二是分析各类股票的预期收益和风险，即在计算、分析纳入投资组合范围内的各类股票的收益和风险的基础上，确定将哪些股票加入投资组合。加入投资组合的股票，要有较为理想的风险—收益比，能够很好地承担起实现股票投资组合目标的使命。三是确定纳入投资组合的各种股票在组合中的权重。

财富管理机构在构建股票投资组合时，要严格遵循“分散投资”原则，切实做到三点：一是选择两个或两个以上不同行业的股票，切忌只选择同一行业或同一板块中的不同股票。这样做可以使财富管理机构避免在遇到某一行业不景气，或有重大利空消息时该行业股票大跌可能产生的风险。二是避免投资于同一地区的股票。同一地区股票因受到相同政策制约、相同经济发展条件等因素的影响，有出现同涨同跌情况的可能性。如果投资组合中选择的都是同一地区的股票，就无法规避可能出现的投资风险。三是投资于具有不同题材的股票。这样可以使财富管理机构避免在某一类题材股遭遇市场利空消息时可能产生的风险。

3. 股票投资组合调整

股票市场是复杂多变的，市场的多种内部和外部因素都会影响股票的预期收益和风险。财富管理机构为了实现股票投资组合的目标，应当根据投资组合中的股票的市场价格的变化，适时对股票品种作出调整，包括增加有利于提高股票投资组合收益或降低投资组合风险的股票品种；剔除对提高股票投资组合收益或降低股票投资组合风险不利的股票品种。

（1）股票投资组合的调整时机

当出现以下两种情况时，需要对股票投资组合进行调整。

第一，当股票投资组合中各种股票的配置权重偏离既定配置权重时。随着时间及股票市场的变化，当初纳入投资组合中的股票的市场价格也会发生变化，这样就会导致各种股票的配置权重偏离既定的配置权重，而既定的配置权重是根据股票投资组合的目标确定的。这种情况下就必须对原有的股票投资组合进行调整。财富管理机构应先检查投资组合中股票的市场价格的变化引起的股票配置权重和既定权重是否发生偏离、如发生偏离二者之间的差距多大、未来发展方向如何，然后依此判断是否需要调整及如何调整。

第二，当股票投资组合中某些股票对投资收益的贡献表现很差时。财富管理机构应该每季度（或每半年）对投资组合中各种股票对投资收益的贡献进行分析评估，分别找出对组合投资收益贡献最大和拖累最大的品种，在此基础上及时对股票投资组合进行调整。进行这种调整不能只看某种股票的短期市场表现，更要看其内在价值以及内在价值与市场价格的相对位置。如果某种股票的现时市场价格严重低于其内在价值，尽管市场表现不佳也可不予调整，因其未来肯定有不错的上升空间。要把这类股票与基本面不好、不具备任何成长性、业绩严重亏损而导致的市场表现不佳的公司的股票严格区别开来。

（2）股票投资组合的调整原则

股票投资组合的调整，应恪守三条原则：一是分步调整原则。当财富管理机构需要调整股票投资组合时，应当在预定时间内分步调整，而非一次调整到位，这样既可以均衡股票的买入成本，也可以有较为充足的时间观察各种股票的市场表现，更精准地选择将质地好的股票纳入投资组合。

但财富管理机构如果发现股票投资组合中有的股票风险过高，则越早调整越好。二是低成本原则。当财富管理机构需要对股票投资组合进行调整时，应在保证交易执行的基础上尽可能降低交易成本。例如，当需要同时买入一些股票并且卖出另一些股票时，财富管理机构应该尽量使用闲余资金进行买入，而非等待卖出股票释放的资金。因为财富管理机构如果急于执行交易先卖后买，既不能等到合适的卖点，又会增加股票交易成本。三是优胜劣汰原则。即当财富管理机构需要调整股票投资组合时，首先要调出的应该是那些长期市场表现不佳的股票品种，以及基本面发生了巨大不利变化的股票。

4. 股票投资组合业绩评估

股票投资组合业绩评估是股票投资组合管理的最终环节。其是对整个股票投资组合的投资收益与投资风险进行评估，评估对象是股票投资组合整体，而不是组合中的某只或某几只股票。

股票投资组合管理的四个步骤是依次衔接、紧密相连的。上一步骤为下一步骤奠定基础，下一步骤则是上一步骤的延续。股票投资组合管理，实际上就是由这四个步骤构成的一个循环往复的过程。本次股票投资组合的绩效评估，反过来又是确定下次股票投资组合目标的依据。

二、股票投资组合管理策略

根据财富管理机构对股票市场有效性的判断，一般将股票投资组合管理策略分为两种类型：一种是以战胜市场为目标的积极股票投资组合管理策略；另一种是以获得市场组合平均收益为目标的消极股票投资组合管理策略。

介于这两种股票投资组合管理类型之间的混合管理类型也是存在的，这种类型实际上是积极管理策略的一种特殊形式，被称为半积极股票投资组合管理策略。

（一）消极股票投资组合管理策略

所谓消极股票投资组合管理策略，是指财富管理机构通过复制某一特定股价指数中所含成分股的方式，来构建股票投资组合的策略。该策略通常紧跟某一特定股价指数的绩效，其所追踪的股价指数应能满足客户需求和投资组合的投资目标。如果试图超过所选定股价指数的绩效，则该财富管理机构就违背了对股票投资组合进行消极管理的需求。

由于这种投资组合管理策略是跟踪某一股价指数，这种策略也被称作

“指数化投资”。按照这种策略构建的股票投资组合，有时会因为股息再投资、股票合并、某些股票被股价指数剔除及某些新股票加入股价指数，而需要进行再平衡。对财富管理机构来说，采取消极股票投资组合管理策略，能否实现投资组合的投资业绩与追踪的股价指数的绩效相匹配，关键要看其追踪目标指数的能力，即能否使股票投资组合收益率与目标指数收益率之间的差距最小化。

如果财富管理机构认为股票市场的效率较高，则倾向于采取消极股票投资组合管理策略。按照这种策略构建和管理股票投资组合，主要有以下三种方法。

1. 完全复制法

所谓完全复制法，是指股票投资组合中的所有股票，都是按照同一股票在追踪的股价指数构成中的权数购买的。这种方法的优点是能确保股票投资组合紧密追踪指数，跟踪风险低，投资组合只需要在指数中的股票变动或派息时进行再平衡。但它可能不是最优的方法，原因有两个方面：其一，该方法需要购买很多种股票，这将增加交易费用从而降低投资绩效；其二，当股价指数中的很多股票的发行公司在一年的不同时期支付小额股利时，股息的多次再投资也将使财富管理机构支付很多的佣金费用。

完全复制的指数化股票投资组合的收益率，应该从被复制的股价指数的收益率中，去除管理费用、现金拖累和跟踪指数的交易成本对收益率的影响。其中，现金拖累是指财富管理机构为应对客户赎回预留现金导致组合收益率的下降。交易成本是由股息再投资和股价指数构成的变化引起的费用。在采用完全复制法的情况下，当各种因素导致的累积交易成本较高时，完全复制的指数化投资组合的业绩表现将在很大程度上逊色于股价指数，这是因为股价指数不承担复制投资组合的交易成本。

2. 分层抽样法

所谓分层抽样法，是指财富管理机构只需要购买所跟踪的股价指数中具有代表性的部分样本股票，以使构建的股票投资组合的整体特征接近于基准指数的方法。分层抽样法首先通过特征分类（将成分股票按行业、规模或市盈率等不同特征分类）将基准指数的所有成分股票划分到不同的特征单元中，然后在每个特征单元中选择一只或多只具有代表性的股票来构建股票投资组合，在此基础上分别计算出各个特征单元股票的总市值占基准指数成分股票总市值的权重，并使股票投资组合中每个特征单元的权重与其在基准指数中的权重相同。分层抽样法对基准指数的跟踪误差，随着投资组合中股票数量的增加而降低。

由于分层抽样法仅针对有限数量的特征单元进行模拟，而不必像完全复制法那样购买基准指数的全部成分股，因而具有降低交易成本的优点。同时，分层抽样法能够较为有效地避免个股受到流动性影响无法交易的问题，可以更准确地进行基准指数的拟合。此外，因为只购买种类较少的股票来构建股票投资组合，股息现金流的再投资问题也比较容易解决。不过，由于财富管理机构构建股票投资组合时，要对指数的成分股进行抽样、特征分类以及持续评估跟踪误差等操作，分层抽样法的管理过程较之完全复制法要复杂一些，且抽样和特征单元分类的方法、标准等并未明确统一，因而对基准指数的跟踪效果，在一定程度上会受到财富管理机构自身经验和主观判断的影响。

3. 最优化法

所谓最优化法，是指采用数学中的最优化方法来构建股票投资组合的消极型股票投资组合管理方法。运用这种方法，要使用多因子模型来度量投资组合与拟跟踪指数的风险敞口，进而构建目标方程，并通过最优化方法推导出使得投资组合在一定约束条件下相对于拟跟踪指数的跟踪误差最小化的股票投资组合。最优化法使用的多因子模型，其因子通常包括贝塔值、市值、基准利率等。这种方法考虑了各因子间的协方差，这是其相对于分层抽样法的一个优势，因为后者隐含的假设是各因子间的相关系数为零，而这种假设与现实状况不符。

当然，最优化法也存在一些缺点。首先，最优化法的多因子模型是运用历史数据来构建的，而模型中各因子的敏感系数以及因子间的相关系数都会随时间的推移而发生变化，基于历史数据的模型可能在未来失效。其次，最优化法可能存在过拟合的问题，即计算出的数据仅反映所选取的样本的特性，而错误地将其运用于总体。最后，为了使最优化法尽可能贴合当前的市场环境，财富管理机构就需要不断地运用最新数据来对多因子模型的参数进行更新和优化，进而对股票投资组合进行频繁的动态调仓，这会导致较高的交易成本。

财富管理机构无论采用分层抽样法还是最优化法，都可以先对投资组合中权重较高的部分股票进行完全复制，以尽可能降低投资组合对于基准指数的跟踪误差，再对剩余的股票运用分层抽样法或最优化法。

（二）积极股票投资组合管理策略

当股票市场不是有效市场时，股票的价格并不能完全反映对其有影响的信息。此时，市场中存在着定价不符合其真实价值的股票，财富管理机构可以通过对股票的基本面和技术面的分析，找出定价偏离真实价值的股票，通过买进价值低估的股票、卖出价值高估的股票，获取比市场平均水平更高的收益率。

积极股票投资组合管理策略，就是财富管理机构通过自身的主动管理，着力寻求价值低估的股票，以获取超越市场平均水平收益率的策略。如果财富管理机构认为股票市场效率低，一般倾向于采取积极股票投资组合管理策略。

积极股票投资组合管理策略，主要包括以下三种策略。

1. 股票投资组合风格管理策略

股票投资组合风格主要有三种类型，即价值型、成长型和市场导向型。价值型股票投资组合管理，关注的是市盈率较低的股票；成长型股票投资组合管理，青睐未来潜在收益增长较高的股票；市场导向型股票投资组合管理，根据股票市场的发展变化灵活采用价值型与成长型两种投资风格，既可能买入价值被低估的股票，也可能买入未来收益增长率高的股票。

（1）价值型股票投资组合管理策略

价值型股票投资组合管理策略，希望投资的公司的股价相对于其收益或资产账面价值相对较低。价值投资有两个主要理由：一是虽然符合价值型投资要求的公司的股价现在很低，但将来股价会随着回归均值而上升；二是符合价值型投资要求的公司股票的市盈率很低，价格下跌空间较小，因而投资风险很低。

财富管理机构实施价值型股票投资组合管理策略，主要的实施路径是寻找高股息收益率、低市盈率股票和进行反向投资。股息是股票投资收益的重要组成部分。财富管理机构之所以看好高股息收益率的股票，是因为投资这类股票不仅可以获得较好的投资收益，而且能够持续保持较高股息分配率的公司，一定是经营稳健、业绩优良的公司，这种公司的股票也必然会有较好的市场表现。财富管理机构投资于低市盈率的股票，是因为这类股票不仅投资风险很小，而且其中的很多股票价值被严重低估，未来价格上升潜力不可小觑。当然，财富管理机构对低市盈率股票也不是不加区别统统纳入投资组合，而是要在综合考察公司所在行业、公司发展预期和未来业绩增长能力等因素后再作出决策。财富管理机构进行反向投资，是其认为有些股票过去市场表现不好是因为被过度低估，未来这些股票一定会有反转向上的修正机会。

（2）成长型股票投资组合管理策略

所谓成长型股票投资组合管理策略，是指财富管理机构致力于寻找成长性好的公司构建投资组合，希望通过公司预期收益的高增长推动股价进一步上涨以获取投资收益的策略。实施这类策略面临的风险是，如果选定的目标公司的收益增长没有达到预期甚至差距很大，则公司股价可能大幅下跌。这种策略在经济衰退时期的表现可能比在经济繁荣时期要好。因为在经济衰退过程中，鲜有公司具有增长前景，这使成长型股票投资组合中的股票的估值可能会上升；而在经济繁荣时期，大多数公司业绩表现良好，成长型股票投资组合中的股票的估值溢价自然会下降。

（3）市场导向型股票投资组合管理策略

所谓市场导向型股票投资组合管理策略，是指非完全的价值型也非完全的成长型的股票投资组合管理策略，而是一种建立在股票市场走势基础上的、二者兼备的“混合投资”。以市场为导向的股票投资组合的风险收益水平，随着时间的推移与股票大盘平均水平相似。这类策略面临的风险是，其必须跑赢大盘指数，否则财富管理机构将转向运作成本较低的消极指数股票投资组合管理策略。

2. 股票板块轮动投资组合管理策略

所谓股票板块轮动投资组合管理策略，是指财富管理机构根据自身对于不同市场板块或行业未来走势的预判，按照超配高预期收益板块、低配低预期收益板块的原则，持续对股票投资组合的板块权重进行动态调整的投资组合管理策略。“板块”除了指与经济周期密切相关的板块外，也指某些特性相同的股票板块，如大盘股、小盘股，绩优股、绩差股，价值型股票、成长型股票等。由于在某一期间内，股票市场似乎更看好某些属性的板块，而不看好另一些属性的板块，所以财富管理机构在应用股票板块轮动投资组合管理策略时，就需要根据市场的变化情况增加或减少具有某些属性板块的股票的权重。

3. 量化股票投资组合管理策略

所谓量化股票投资组合管理策略，是指利用数学、统计学、信息技术等量化的投资方法来对股票投资组合进行管理。量化股票投资组合构建的重点，是对宏观经济、交易主体市场行为、公司财务数据、交易数据等进行分析，通过数据挖掘、统计等方法对数据进行处理，以获得最优的股票投资组合。

计算机数据库的存在，为使用计算机筛选法及其他运用数据评估股票的方法，实施量化股票投资组合管理策略，提供了有利条件。这些筛选法寻找具有某些特征的股票组合而不是考察个别股票，以确定它们的价格是否被低估。

最简单的计算机筛选法是利用计算机设定条件，依据一系列属性鉴别出一组股票。财富管理机构可以利用筛选法从数千种股票中选出易于管理的少量股票，以便利用传统的分析方法进行评估，这可以根据很多公司和股票价格的特征来筛选。例如，财富管理机构可以筛选出净资产收益率至少为20%、10年来股利保持稳定或不断增长且市盈率低于市场平均水平的一系列价值型股票。

为验证量化股票投资组合管理策略的有效性，财富管理机构通常会进行历史数据回测。所谓历史数据回测，是指财富管理机构选择某些时期的历史数据，将备选的量化投资策略在这些历史数据上运行，以检验策略在这些历史数据上能否获得理想的投资业绩。财富管理机构通过历史数据回测筛选出在回测中表现优秀的量化策略，再将其运用于实际的股票投资组合管理中。历史数据回测假定股票市场的未来情况与历史情况相似，而该假定也正是其不足之处所在——如果未来的股票市场情况与历史情况相悖，通过历史数据回测筛选出的量化策略在未来就可能会失效。

具有前瞻性的财富管理机构，把所有与实施量化投资组合管理策略相关的工作交给计算机来处理。神经网络是试图模仿人类大脑思维方式的一种计算机程序。这种计算机程序使用大量的数据库和人工智能以发现股票收益率中的因果逻辑。计算机程序试图通过鉴别风险调整后的异常收益率模式，来弄清股票的哪些属性在影响市场，并发现价值被低估的股票。

（三）半积极股票投资组合管理策略

所谓半积极股票投资组合管理策略，是指在将股票投资组合与股价指数的追踪误差控制在一定范围内的基础上，尽可能追求超越股价指数收益水平的策略。其主要包括指数增强型股票投资组合管理策略和完整性股票投资组合管理策略。

1. 指数增强型股票投资组合管理策略

所谓指数增强型股票投资组合管理策略，是指财富管理机构根据对股票市场前景的预测，使用股票或股票期货等衍生合约执行增强的指数策略，进而对指数股票进行减持或增持。在这一过程中的风险，是通过监控因子风险和行业风险来控制的。要理解指数增强型股票投资组合管理策略，可以将其与积极股票投资组合管理策略进行比较。财富管理机构在实施积极股票投资组合管理策略时，如果对某只股票没有作出主观判断，那么，其就不会持有该股票。财富管理机构在实施指数增强型策略时，如果对某只股票没有作出主观判断，则其不会在这只股票上追求超额收益，而只会试图获取与基准股价指数一样的收益，故其持有该股票的权重会与基准股价指数中的权重相同。

在基于衍生产品的指数增强型股票投资组合管理策略中，财富管理机构通过衍生产品获得股票风险敞口，其在股票期货合约中持有现金头寸和多头头寸，然后通过改变现金头寸的持续时间来尝试产生超额回报。如果市场收益率曲线是向上倾斜的，且财富管理机构认为高收益是值得的，其就会进行长期投资。如果市场收益率曲线是平坦的，财富管理机构就会进行短期投资，因为长期投资没有超额回报。在这些基于衍生产品的策略中，增加值 α 来自投资组合中的非权益部分，权益敞口来自衍生产品。

一般来说，指数增强型股票投资组合管理策略的实施会导致两种情况的发生：一是具有超额收益的增强型策略会被其他机构复制，大量的复制者将使应用这种策略带来的超额收益逐渐减少乃至消失；二是随着经济环境的发展变化，在历史上具有超额收益的这种策略在未来可能会失效。这两种情况都会影响指数增强型股票投资组合管理策略应用的持续性和应用效果。

2. 完整性股票投资组合管理策略

所谓完整性股票投资组合管理策略，是指由积极型股票投资组合与补充投资组合共同构成整体股票投资组合，并使整体股票投资组合具有与基准股价指数相近的风险敞口的股票投资组合管理策略。采用完整性股票投资组合管理策略的财富管理机构，首先需构建一个积极型股票投资组合，以求获取主动投资收益，然后在此基础上再构建一个补充投资组合，使该组合与积极型投资组合共同构成的整体投资组合具有与基准股价指数相近的风险敞口，以尽可能地降低股票整体投资组合相对于基准股价指数的跟踪误差。

为使构建的股票投资组合与基准股价指数之间的风险敞口差异最小化，财富管理机构可以使用完整性股票投资组合管理策略。该策略的优点是在最小化跟踪误差的同时，可以保持财富管理机构的积极管理收益。实施完整性股票投资组合管理策略，必须定期对股票投资组合进行再平衡，因为管理积极股票投资组合的财富管理机构的风险敞口会发生变化。该策略的缺点，在于其可能降低股票投资组合的主动投资收益。所谓主动投资收益，是指投资组合相对于基准股价指数的超额收益。财富管理机构的股票投资组合要追求主动投资收益，就必须承担主动投资风险。所谓主动投资风险，是指财富管理机构的股票投资组合由于其风险敞口与基准股价指数的不同，而使其投资收益偏离基准股价指数的风险。主动投资收益通常与主动投资风险呈正相关关系。由于完整性股票投资组合管理策略，追求尽可能缩小股票投资组合与基准股价指数间的风险敞口差异，势必降低其主动投资风险，从而降低其主动投资收益。

（四）金融衍生产品在股票投资组合管理中的作用

金融衍生产品是帮助财富管理机构进行股票投资组合管理的理想工具。财富管理机构常用的金融衍生产品，包括期货合约、期权合约、远期合同及互换合同等。

金融衍生产品在股票投资组合管理中的作用，主要表现在以下五个方面。

1. 规避股票投资组合风险

当股票市场条件发生变化时，财富管理机构必须迅速调整资产配置，以便从市场变化的预期中获利，而这样做是有成本的。因为首先必须选择股票，然后才能买卖这些股票重新进行资产配置，巨大的交易量需缴纳大量佣金并会对市场造成一定的冲击，从而降低股票投资组合的潜在收益率。

当财富管理机构不看好股票投资组合中的部分股票时，可以利用股指期货的套期保值功能在期货上做空，或买入看跌期权锁定股票的账面盈利，从而不必将所持股票组合中的股票抛出，造成股票价格恐慌性下跌。恰当地使用期货期权合约，可以既快捷又简便地降低股票投资组合的风险，其交易成本也比大额股票交易要低得多。

2. 实施期现套利

从理论上讲，股票现货与期货之间的价差（基差）会随着时间的推移逐渐收敛，在期货交割日将归零。期现套利就是按照这个原理，利用股票期货与现货间的定价偏差进行的套利交易。

期现套利的基本逻辑就是做空基差，即预估股票期货与现货的价差迟早会收窄，而在此前进行相应交易，到基差实际收窄时赚取收益。在股票投资组合中，期现套利的具体做法是：当股指期货的升水超过一定幅度时，财富管理机构买入股指现货对应的成分股组合或 ETF，同时做空股指期货，并在股指期货升水回落到可获利范围后实施反向操作，从而赚取套利收益；反之，当股指期货的贴水超过一定幅度时，财富管理机构融券卖空股指现货对应的成分股组合或 ETF，同时做多股指期货，并在股指期货贴水回升到可获利范围后实施反向操作，从而赚取套利收益。

在投资实践中，股指期货的基差有时会出现随着时间推移并不收敛反而持续扩大的情况。在这种情况下，做空基差的财富管理机构将遭受损失。因此，期现套利并非真正意义上的无风险套利。

3. 增加实现投资目标的投资工具

财富管理机构可以投资金融衍生产品，通过投资传统股票资产之外的这类投资工具，促进股票投资组合投资目标的实现。

采用消极型股票投资组合管理策略的财富管理机构，可以使用期货或期权来复制基准股价指数的投资业绩，降低相对于基准股价指数的跟踪误差，同时减少投资组合的资金占用。例如，如果市场上存在以基准股价指数为标的的股指期货，财富管理机构可以使用少量保证金来买入相应数量的股指期货，并将闲余资金投资于固定收益类资产，以获取相对于基准股价指数的超额收益。再如，当股票投资组合中某只个股的比重相对于其追踪的股价指数的比重过高时，就可以卖出该个股的看涨期权，以降低该个股在股票投资组合中的权重。

采用积极型股票投资组合管理策略的财富管理机构，当对纳入股票投资组合中的某只个股未来的股价走势存在某种判断时，可以使用个股期权来实现其投资目标。若财富管理机构预测该个股股价将大幅上涨，除了直接买入该个股之外，还可以选择买入该个股的看涨期权，这样不但能够博取潜在的高额收益，同时又将最大损失限定于购买期权的期权费。若财富管理机构认为该个股未来上涨空间有限，除了直接减少该个股的仓位之外，还可以选择卖出该个股的看涨期权，这样既可以有机会以比现价更高的价格卖出该个股，又可以获得一笔额外的期权费收入，增加投资收益。

4. 丰富股票投资组合交易策略

财富管理机构灵活运用金融衍生产品，能够大大丰富股票投资组合的交易策略，满足其在不同市场行情下的交易需求，优化股票投资组合的投资业绩。

传统股票投资组合管理策略的一大限制是只能做多，遇到熊市行情，财富管理机构只能通过减少股票购买或出售部分股票来减少损失。而衍生交易产品的一个基本功能，就是能够进行多空双向交易。当股票市场整体下行时，财富管理机构既可以做空股指期货，也可以买入看跌期权、卖出看涨期权，从而在市场下跌的行情中获取正收益。

5. 提高股票投资组合流动性

当财富管理机构面临新的资金流入或流出时，需要决定股票投资组合中现金和股票持仓比例两者之间的变化以满足流动性需求，而金融衍生产品可以帮助财富管理机构管理现金流，迅速地以较低成本实现资金和股票两者的转换。

例如，当财富管理机构面临净资金流入时，可以选择持有合理数量的股指期货合约多头，这样就可以使新流入的资金迅速获得市场收益，避免因为建仓的滞后而对新资金的收益产生影响；当财富管理机构面临非预期的净资金流出时，则可以动用现金留存，并且持有合理数量的股指期货合约空头。这样尚未卖出的股票就与空头股指期货合约构成了一个低风险的投资组合，使财富管理机构的部分资产可以迅速地转换为现金以应对流动性需求。

财富管理机构在构建股票投资组合，尤其是跟踪某个基准股价指数的股票投资组合时，往往需要买入一篮子股票，其中的部分股票可能流动性很低，导致对其无论买入还是卖出，都需要付出较高的交易摩擦成本，进而对股票投资组合的收益产生负面影响。在这种情况下，财富管理机构可不直接交易个股，而是交易以个股为标的资产的金融衍生产品投资组合。例如，通过期权的合成多头策略，即买入一份看涨期权，同时卖出一份相同标的资产、相同行权价、相同到期日的看跌期权，即可完全复制持有标的资产的投资业绩。因此，利用金融衍生产品，财富管理机构能够提高其股票投资组合的流动性。

专栏4－1

指数增强型基金

指数增强型基金是一种典型的半积极型股票投资组合。这类基金兼具消极型基金与积极型基金的特点：一是基金净值需要较为紧密地跟踪业绩基准，即基金相对于业绩基准的跟踪误差不能超过某个范围；二是基金在总体上跟踪业绩基准的条件下，追求尽可能地获取相对于业绩基准的超额收益。指数增强型基金的管理策略，通常是将大部分资金配置于业绩基准的成分股，用于复制业绩基准的走势，然后再对剩余的小部分资金进行积极型管理，超配投资经理看多的个股，低配投资经理看空的个股，以求打败业绩基准。

指数增强型基金在我国发展迅速。我国股票市场的有效性较低，使依靠基本面分析、技术面分析等分析工具打败市场指数成为可能。指数增强型基金就是这方面的典型实例。数据显示，2015—2019 年，我国指数增强型基金的平均年化回报率跑赢了市场基准指数，“指数增强”可谓名副其实。

下面以景顺长城沪深 300 增强基金为例，对我国指数增强型基金的投资策略进行简要介绍。

景顺长城沪深 300 增强基金（以下简称景顺增强）成立于 2013 年 10 月 29 日。截至 2019 年 10 月 31 日，基金管理资产规模超过 88 亿元人民币，是我国管理资产规模最高的指数增强型基金之一。景顺增强的投资业绩也是指数增强型基金中的佼佼者。截至 2019 年 10 月 31 日，基金成立以来的累计收益率达到 147.54%，年化收益率超过 16.5%，而同期沪深 300 指数的年化收益率约为 9%。更为难得的是，该基金自成立以来的所有完整年度内（2014—2018 年），每年的收益率都优于沪深 300 指数，其中 2015—2017 年连续三年跑赢指数 10 个百分点以上。

景顺增强的具体业绩表现如图 4－1 所示。

图 4－1　景顺长城沪深 300 增强基金的业绩表现

从图 4－1 可以看出，指数增强型基金的平均业绩的确超越了沪深 300 指数，而景顺增强的业绩又大幅高于同类基金的平均水平。

景顺增强对其投资目标的表述为：“本基金为增强型指数基金，在力求有效跟踪标的指数，控制本基金的净值增长率与业绩比较基准之间的日均跟踪偏离度的绝对值不超过 0.5%，年跟踪误差不超过 7.75% 的基础上，结合量化方法追求超越标的指数的业绩水平。”针对该投资目标，基金对投资范围和投资比例做了明确的规定：第一，为了“有效跟踪标的指数”，基金规定股票投资比例范围为基金资产的90%~95%，投资于标的指数成分股及其备选成分股的比例不低于非现金基金资产的80%。第二，为了“追求超越标的指数的业绩水平”，基金可少量投资于部分非成分股、一级市场新股或增发的股票、衍生工具和债券、资产支持证券、债券回购、银行存款等固定收益类资产，以及证监会允许的其他金融工具。

下面看一下景顺增强资产配置的情况。

第一，行业配置方面。与同类基金的整体情况类似，景顺增强配置权重最高的两个行业是制造业和金融业。自成立以来，景顺增强在这两个行业配置的权重基本都在30%~50%之间。与同类基金相比，持续低配制造业、高配金融业，是景顺增强行业配置的一个鲜明特点。

第二，个股配置方面。景顺增强的持股集中度很高。所谓持股集中度，是指投资组合中权重最高的前十只个股的总权重。景顺增强的持股集中度大部分时间都维持在30%以上，远高于同类基金的平均水平。景顺增强的高权重个股较多集中于金融行业，其中头号重仓个股绝大部分时间内由中国平安和招商银行轮流占据。

第三，风格偏好方面。景顺增强的投资风格偏好在其投资期间内发生了一定的变化，存在比较明显的风格漂移。例如，景顺增强在2017年全年的持仓都集中于价值型股票，大盘价值股与小盘价值股的占比之和大部分时间都在八成以上。但从2018年开始，基金中大盘成长股的权重明显提升。到2019年9月末，大盘成长股的占比已经达到近43%，而成长股的总占比也超过了价值股的总占比。

景顺增强的风格漂移情况如图4-2所示。

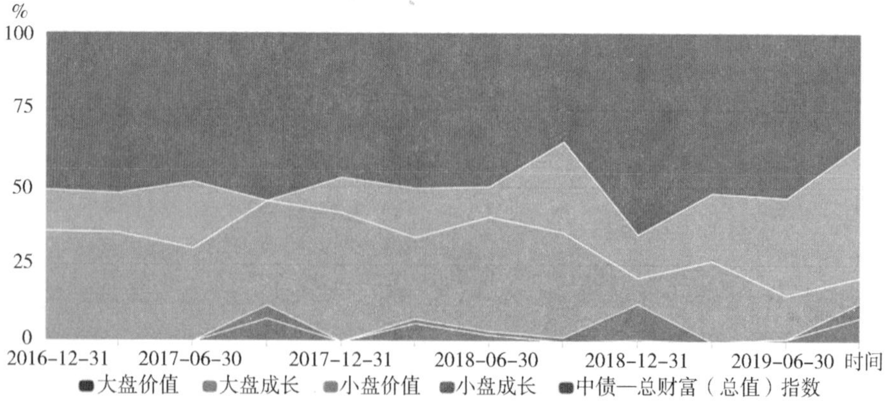

图4-2　景顺长城沪深300增强基金的投资风格漂移

第二节　另类投资组合管理

另类投资品类繁杂，具有比传统股债资产更丰富的投资机会与收益—风险特性，能分散财富管理机构投资组合的风险，优化投资组合的有效前沿。

一、另类投资概述

（一）另类投资的定义与特性

另类投资是指传统的固定收益资产、股票资产和货币类资产之外的投资品种。

另类投资的不同类型在收益和风险特性上存在很大差异，之所以将其一起归并于另类投资，是因为这些类型呈现一些显著区别于传统股债类和货币类资产的共性。

首先，另类投资通常都有较高的投资门槛，如对房地产和大宗商品的投资。中小投资者没有资金实力直接购买，但可以通过间接方式参与另类投资，如购买 REITs、大宗商品 ETF 等。

其次，另类投资通常具有很低的信息透明度，同时其交易结构、投资策略等又往往非常复杂，使投资经理需要耗费大量的精力和时间成本来对另类投资项目进行调研、筛选和监控。同时，由于信息透明度低、估值难度高、基准选择难等原因，另类投资的业绩评价也比较困难，对冲基金等策略型另类投资表现得尤为明显。

再次，与公开交易市场交易的资产相比，另类投资通常流动性很低，变现难度大、成本高、周期长，部分另类投资还有很长的资金锁定期或最短投资年限要求。因此，另类投资的要求收益率通常较高，其中包含流动性溢价。

最后，另类投资品类繁多，具有多样化的收益—风险特性，很多子类型与传统股债资产的相关性都很低。财富管理机构遵循“分散投资”原则，根据客户需求和对另类投资市场走势的分析预测，可以将其适量纳入投资组合。

（二）另类投资的主要类型

另类投资不是一个单一的投资类型，而是众多子类型的集合。这些子类型可分为两类：第一类是传统意义上的基础资产及这些资产的衍生品，如大宗商品、房地产、私募股权等及其衍生品。这一类另类投资可以统称为“资产型另类投资”。第二类本质上不是一种基础资产类型及其衍生品，而是更接近于一种投资策略，其表现依赖特定投资经理的投资风格、投资策略、投资能力等方面，可以将这一类另类投资统称为“策略型另类投资”，其代表是对冲基金。

这两种类型的另类投资所涉及的四种另类投资品种，也是另类投资的主要类型。

1. 大宗商品

大宗商品是指用于工农业生产与消费的、可大批量交易的同质化商品，如农产品、有色金属、铁矿石、钢铁、煤炭、原油等。大宗商品投资是指对大宗商品的直接或间接投资，其中直接投资是指购买大宗商品实物的现货和期货，间接投资主要是指投资大宗商品公司的股票。

直接购买大宗商品实物现货能够完全跟踪大宗商品的价格变动，且在商品短缺时期是收益最高的大宗商品投资方式，但在交易、交割、存储等方面费用较高，流动性较差。大宗商品公司股票交易便捷，流动性较好，但对大宗商品价格的追踪度可能较差。大宗商品期货兼具高追踪度与高流动性两方面的优势，是大宗商品投资的最主要形式，但期货市场采用保证金与逐日盯市等特殊制度，单一期货合约的特定投资风险很高，对财富管理机构投资经理的专业能力具有较高的要求。

大宗商品期货投资的收益来源于三个方面：一是现货收益，表现为投资期间内标的现货价格的上涨幅度与交易费用之差。二是保证金收益，期货投资相对于现货投资通常只需要投入较低的保证金，而节省下来的投资资金可以在投资期间内获取无风险收益，这就是保证金收益。三是滚动收益，即投资期间内期货合约价格的涨跌幅与标的现货价格的涨跌幅之差。随着期货合约逐渐临近到期，期货价格将趋近于现货价格，但在期货合约的买入时点，期货与现货价格往往存在差异，滚动收益由此产生。在反向市场中，期货价格低于现货价格，期货多头随着时间流逝将获得正的滚动收益；在正向市场中，期货价格高于现货价格，期货多头的滚动收益则为负。

历史数据显示，大宗商品本身的投资表现并不理想，平均收益率低于股票和债券，而波动率、最大回撤率等风险指标反而更高，从而导致大宗商品的夏普比率在各类资产中相对偏低。大宗商品投资的一大优势，是其较之其他类型的另类投资品种具有较好的流动性，其中商品期货和商品公司股票的流动性更高。

2. 房地产

所谓房地产投资，是指对土地以及土地之上的建筑物进行的投资，包括投资土地、住宅、商品房、农业用地等。房地产投资也可分为直接投资与间接投资两种类型。直接投资通常需要投资者对房地产进行直接管理，而间接投资的投资者则不直接购买和管理房地产，而是投资一个明确定义的实体，再由该实体来进行实际的房地产投资。间接房地产投资的主要媒介包括四类：一是上市交易的房地产公司的股票，其对于房地产市场的追踪度相对较差；二是房地产信托投资基金（REITs），这类基金凭借较大的资金量来管理相对分散的房地产投资组合，投资者可以在公开交易市场买入基金份额；三是混合房地产基金（CREFs），即专业机构管理的分散化房地产投资组合，其与 REITs 的不同之处在于不能在公开市场交易，一般只面向高净值投资者，且比 REITs 拥有更高的灵活度，既可以是开放型的也可以是封闭型的；四是基础设施投资基金，这类基金专注于投资机场、公路等公共基础设施，相对于一般的房地产投资，其更能获得偏长期的稳定回报，产生更加确定的现金流，能够用于匹配长期负债，但是收益率相对偏低。

房地产投资的业绩评价较为困难。不过，全球仍然有若干用于衡量房地产市场整体表现的基准指数。从夏普比率等指标看，部分房地产基准指数的投资表现优于股票和债券。但需要注意的是，由于获取房地产市场的真实价格信息较为困难且获取频率较低，同时还需要较多的估值，因此，房地产基准指数通常被认为平滑了房地产市场的波动性，在一定程度上高估了房地产的投资业绩。

3. 私募股权

私募股权是指非公开募集的股权，包括非上市企业的股权和上市企业非公开交易的股权，私募股权投资即对非公开募集股权的投资。

私募股权投资分为直接投资和间接投资。直接投资由投资方直接对融资方进行投资，间接投资则通过私募股权基金来进行。私募股权基金是专门投资于私募股权的基金，这类基金对投资者的投资资金量要求较高，其投资者通常为机构或高净值个人。投资者将资金投入私募股权基金中，再由基金管理团队进行私募股权投资。

私募股权投资又包含若干子类，其中最重要的两个子类是风险投资和并购基金。

风险投资主要投资于初创企业。由于初创企业的风险通常很高，因此，风险投资项目失败的比例相当大，风险投资者依靠从少部分盈利项目中赚取极高的利润率来获利。对于初创企业而言，有些风险投资者不仅能带来资金，还能带来管理企业所需要的经验和专业知识，这些都是初创企业所缺乏的。

并购基金主要投资于已经上市的成熟企业，通常以获得其控制权为并购目标。并购基金可以通过三种方式来实现投资者的价值增值：一是对被并购企业的运营管理进行重组；二是以低于企业内在价值的价格进行购买；三是增加企业杠杆或进行债务重组。与风险投资相比，并购基金的特点主要表现为：杠杆水平更高；投资能够更快收回；亏损概率更低；收益计算的误差更小，因为更多的收益体现为现金流。

私募股权投资通常具有很高的风险和很低的流动性，需要提供较高的风险溢价和流动性溢价，其要求的回报率远高于一般股债资产。

4. 对冲基金

在另类投资的发展历程中，对冲基金的出现是一个里程碑，它使另类投资的内涵得到了极大的丰富，标志着传统的资产型另类投资之外又出现了新型的策略型另类投资。

最早的对冲基金可以追溯到20世纪40年代末期，发源地是美国。当时的基金经理同时使用做多和做空两种手段来进行投资，以规避市场风险、赚取市场中性的绝对收益，“对冲”一词也由此而来。这可以算作对冲基金的一种狭义定义。到了21世纪，仍然有不少对冲基金属于这种类型，如股票市场中性基金。这类对冲基金通常会同时持有某种资产多空两边的头寸，并大量地采用杠杆，以挖掘这些资产所在市场的投资机会。

随着金融市场的不断发展，对冲基金的概念已经远远超出上述的狭义范畴。广义的对冲基金是一种难以定义的另类投资类型，它本质上更接近一种投资策略，其表现依赖基金选择的投资市场、投资工具、基金经理的投资风格、投资策略、投资能力等很多方面，不同对冲基金拥有完全不同的收益—风险特性。

对冲基金与共同基金存在一些显著区别，认识这些区别有助于更深刻理解对冲基金的内在含义。共同基金一般投资于货币、股票、债券等基础资产，而对冲基金在这些基础资产外还大量使用金融衍生工具。共同基金通常持有相关资产的多头头寸，仓位在0~100%之间变动，而对冲基金则可以在相关资产上持有净多头、净空头或者保持中性，且由于大量使用杠杆，仓位可以从极高倍数的负头寸到极高倍数的正头寸。对冲基金在投资上具有极高的灵活性，投资风险远高于共同基金，面临的监管和信息披露等方面的约束则远弱于共同基金。

二、另类投资对总体投资组合的作用

（一）大宗商品对总体投资组合的作用

国际上很多机构投资者将大宗商品纳入投资组合资产配置的核心范畴。数据显示，大宗商品在机构投资者投资组合中的配置权重通常在5%以内，但该比重自2008年国际金融危机以来有增长的趋势。

大宗商品本身的投资表现较差，但由于大宗商品与股债资产的相关性很低，因此能为投资组合提供较好的风险分散。在传统股债投资组合中加入大宗商品资产，可以提高投资组合的整体投资业绩。

大宗商品通常具有一定的抗通胀能力，这是其对于投资组合的另一个重要作用。研究表明，股票和债券与非预期通胀呈现负相关关系，并不是好的抗通胀资产；而一些大宗商品则与非预期通胀呈现正相关关系，具有较强的抵御通胀的能力。不过，并非所有大宗商品都有抗通胀的作用，影响大宗商品的抗通胀能力的因素，主要包括可存储性和需求受经济环境的影响程度。可存储性高的大宗商品通常具有较好的抗通胀效果，如贵金属、原油、工业金属等。当物价随着通胀而上升时，这些商品的价格通常也会上升，从而达到对冲通胀的效果。相反，可存储性低的大宗商品，如农产品，不但难以抵抗通胀，而且其价格甚至可能受到通胀的负面影响。需求受经济环境影响较大的大宗商品，如贵金属、原油等，其抗通胀的能力通常较高。反之，在经济环境变动中，需求相对稳定的大宗商品，如农产品，其抗通胀的能力则通常较低。无论从对投资组合的风险分散效果还是抵御通胀的能力来看，不同大宗商品之间都存在很大的差异，因此在投资组合管理中，更好的方法是区分不同类型的大宗商品，选择有助于抵御通胀、提升投资组合业绩的商品进行配置。

与股价指数一样，大宗商品也是衍生品合约常用的标的资产。除了期货之外，远期、期权、互换等衍生工具都可以作为大宗商品投资的载体。大宗商品的衍生品通常具有很高的杠杆，这一点在投资组合管理中需要特别注意。大宗商品的衍生品的真实投资额，应该是名义本金而非实际投入的资金（如期货保证金、期权权利金等），前者可能是后者的数倍甚至数十倍。大宗商品衍生工具的杠杆率，可能造成大宗商品在投资组合中的配置权重远远高于大类资产配置的目标权重，大幅增加投资组合对大宗商品的风险暴露。2004 年中航油事件、2018 年中石化“黑天鹅”事件，都是由于对原油衍生品的不当投资最终酿成巨额亏损。

（二）房地产对总体投资组合的作用

房地产与股债资产的相关性较低，能为投资组合提高较好的风险分散，在投资组合中配置一定比重的房地产，有助于提升组合的整体业绩。不过，由于房地产基准指数存在如前所述的波动平滑问题，房地产与股票资产的相关性存在一定程度的低估。

房地产投资通过租金等收入形式，能够提供相对稳定的现金流，这对于需要持续支出现金的财富管理机构的投资组合具有重要作用。房地产投资还可提供税收方面的优惠，如按揭贷款利息在部分国家可用于抵扣应纳税所得额（我国从 2019 年起实施这一政策），这样可提高投资组合的税后业绩表现。房地产投资也可以通过按揭贷款等形式获得杠杆，从而减少房地产投资所需资金。此外，房地产市场走势通常与 GDP 等经济增长指标密切相关，投资房地产能够分享全球或本国经济增长的红利。

房地产投资也存在一些缺点。与经济增长的高度相关性，使房地产投资通常被认为具有抗通胀的作用，但研究表明，房地产投资对通胀的对冲效果并不十分显著，要弱于大宗商品，部分数据显示甚至不及股票。对房地产进行直接投资的成本较高，包括信息成本、交易成本、运营成本、管理成本等。房地产通常难以分割，同时又要求较高的投资资金量，如房地产在财富管理机构的投资组合中占据过高权重，反而会导致投资组合承担很高的特定风险，无法做到有效的风险分散。尽管如此，具有较大投资资金量的投资组合，仍需适量投资房地产，但应尽可能在房地产的类型、地域、国别等方面进行分散，而小资金量的投资组合，则可以通过 REITs 等间接投资来实现风险分散。

（三）私募股权对总体投资组合的作用

与其他另类投资品种不同，私募股权投资与股票资产具有较高的相关性。美国的相关数据显示，经测算的私募股权风险投资的内部收益率与纳斯达克指数历史收益率的相关系数超过 0.6。显然，私募股权投资对传统股债投资组合的风险分散效果并不明显，其对于投资组合的作用主要是增强收益。由于高风险、低流动性等特征，私募股权投资具有很高的风险溢价，年化要求收益率远高于股票和债券等资产，是增强投资组合期望收益率的重要工具。但由于同样的原因，私募股权投资在财富管理机构投资组合中的配置比重不宜过高，通常不应超过5%，且这部分资产需要做好5～10年长期投资的准备。

（四）对冲基金对总体投资组合的作用

有数据显示，从夏普比率等收益风险比率指标的角度看，对冲基金比传统股债资产具有更好的业绩表现。优秀对冲基金依靠丰富的投资市场和投资工具，可创造出一般股债类共同基金难以企及的卓越投资业绩。很多对冲基金类型与股债类资产相关性较低甚至为负，能分散传统股债投资组合的风险，甚至在股票和债券的熊市中也能通过做空等方式获取正收益。对冲基金还能够提供极为丰富的收益—风险特性，可以满足财富管理机构在投资组合多样化收益结构和风险管理方面的需求。追求绝对收益的对冲基金还能在不影响投资组合总体贝塔值的情况下，增加投资组合的阿尔法收益。这些因素都使对冲基金成为财富管理机构传统股债投资组合的重要补充。

对冲基金是最典型的策略型另类投资，其业绩表现依赖基金经理的投资策略和投资能力，因此对冲基金具有极高的特定投资风险，需要特别注意风险分散。资金量大的投资组合可以筛选若干对冲基金进行投资，资金量小的投资组合则可以考虑投资基金中基金。对冲基金的分散投资，要仔细分析不同对冲基金之间以及各种对冲基金与股票和债券市场的相关性，在此基础上实现有效的风险分散。例如，当投资组合中股票的占比已经很高时，不应该再过多配置持有股票市场净多头的对冲基金。

三、大宗商品和对冲基金的投资组合管理

直接房地产投资与直接私募股权投资对于财富管理机构的投资资金量和专业投资能力有很高的要求，并且这两类另类投资的投资期限长、流动性差，因此，财富管理机构在把这两类另类投资品种纳入投资组合时，通常选择房地产信托投资基金、私募股权基金等间接投资方式。而大宗商品和对冲基金的投资组合管理，则又有自己的特点。

下面具体介绍这两类另类投资的投资组合管理。

（一）大宗商品投资组合管理

大宗商品投资组合管理可以采用被动管理与主动管理两种形式。被动管理期望获得大宗商品市场的平均收益率；主动管理的目标则是通过投资

经理的特定投资风格、投资策略、投资技巧等，获取超越市场平均水平的收益率。

1. 大宗商品投资组合的被动管理

被动管理是大宗商品投资组合管理最广泛采用的形式，具体方式是投资于国际主要商品价格指数，这些指数跟踪一揽子商品期货的价格。这些指数的投资工具大部分都在交易所挂牌上市，财富管理机构的投资经理通过投资于这类商品价格指数投资工具，可以方便地将资金在各类大宗商品间进行配置，流动性好，交易便捷，不需要自己进行期货合约的移仓换月，商品指数本身还会根据一定规则调整各商品类别的权重。因此，大宗商品指数化投资同时具备高分散性、高流动性、高连续性、高动态性等多种优势。

国际上通用的四个商品价格指数，分别是路透商品研究局指数、标普—高盛商品指数、道琼斯—瑞银商品指数和罗杰斯国际商品指数。路透商品研究局指数是创立时间最早的商品指数，在国际上的影响力最大，能够准确反映各类大宗商品价格的综合走势。标普—高盛商品指数的前身是高盛商品指数，是国际市场上资金跟踪量最大的商品指数，该指数只选择交易量大的大宗商品，因而能很好地反映经济需求和抵御通货膨胀，其另一显著特点是能源类商品的权重很高，而能源类商品的价格变化幅度较大，使指数的波动率较高。道琼斯—瑞银商品指数的前身是道琼斯—AIG 商品指数，在全球资金跟踪量上仅次于标普—高盛商品指数，其高分散性和高流动性使其广受机构投资者的热捧。罗杰斯国际商品指数的前身是罗杰斯原材料指数，其最大的特点是突破了其他指数以美国商品市场为中心的框架，涵盖的商品种类在所有商品指数中最多，具有国际性、高透明度、高流动性、高协调性等特点。

2. 大宗商品投资组合的主动管理

除了指数化被动投资外，财富管理机构的投资经理还可以对大宗商品投资组合进行主动管理，以获取超额收益。大宗商品投资组合主动管理的两大核心内容是大宗商品的资产配置策略与交易策略。类似于投资组合的大类资产配置，大宗商品资产配置策略同样基于马科维茨均值—方差模型的基本框架，通过计算各类大宗商品的预期收益率和协方差矩阵，推导出大宗商品投资组合的有效前沿，最终得到投资经理设定风险水平上的最优资产配置。当然，大宗商品资产配置策略同样可以选择基于重构样本的均值—方差模型、布莱克—利特曼模型等，作为传统马科维茨模型的优化替代方案。

大宗商品投资组合主动管理的交易策略，主要包括趋势跟踪策略、套利策略和宏观对冲策略。趋势跟踪策略是大宗商品投资组合最常用的交易策略，约60%的大宗商品投资组合都采用这种策略。该策略以技术分析为基本理论依据，以趋势理论和动量理论为行动指南，超配处于上升趋势或出现上涨信号的大宗商品，低配、不配甚至卖空处于下降趋势或出现下跌信号的大宗商品，并在相应的趋势或信号结束时对商品头寸进行反向调整，从而获取超额收益。

套利策略利用关联合约、关联商品、关联市场间的不合理价差进行交易，常用的套利策略包括期现套利、跨期套利、跨品种套利、跨市场套利等。套利交易分为无风险套利和风险套利，实务中大部分套利属于风险套利，套利者预期不合理价差将向合理的方向回归，以此为依据进行交易。如果价差与预期的方向反向变动，则将产生亏损。

宏观对冲策略同样挖掘定价偏差的交易机会，即以基本面分析为理论基础，通过基本的经济原理来发现大宗商品价格的失衡错配现象，并以此为依据进行交易。若某种大宗商品供不应求而价格却低于合理水平或上涨反映滞后，投资经理可超配该商品类型；反之，若某种大宗商品供应过剩而价格却高于合理水平或下跌反应滞后，投资经理可低配、不配甚至卖空该商品类型。

（二）对冲基金的投资组合管理

对冲基金的投资组合管理较为复杂。财富管理机构的投资经理必须对所有备选对冲基金进行深入分析，理解备选对冲基金的投资逻辑和投资策略，观察这些基金在各种市场环境下的投资业绩，量化分析各种对冲基金之间的相关关系。

对冲基金投资组合管理的流程，通常包括以下四个步骤。

1. 了解对冲基金的类型

财富管理机构在进行对冲基金投资组合管理前，需要先了解可供选择的对冲基金的类型。由于对冲基金属于策略型另类投资，因此对冲基金可以按照其使用的投资策略来进行分类。

对冲基金所使用的投资策略总体上可分为五类：一是相对价值策略。这类策略试图挖掘对冲基金错误定价中的套利机会。二是事件驱动策略。这类策略寻找影响对冲基金重大突发事件中的投资机会。三是股权对冲策略。这类策略使用多空投资工具来实现股权的目标头寸。四是全球资产配置策略。这类策略持有全球各类金融与非金融资产的多头或空头。五是纯卖空策略。这类策略专门挖掘预期贬值资产的卖空机会。

2. 评价、筛选对冲基金并构建备选基金池

评价对冲基金包括业绩评价和尽职调查两个方面。业绩评价首先应对单一对冲基金的投资业绩进行评价。这种评价使用公开数据，以夏普比率为核心，辅以收益率、波动率、最大回撤率等指标，再结合基金的投资周期、流动性、投资风格、分散程度、卖空约束、仓位限制、杠杆使用等具体结构，按照投资经理设定的量化标准进行对冲基金的筛选和排序。对冲基金业绩评价还需要分析单一对冲基金对对冲基金投资组合的贡献度，通常采用的方法是基于均值—方差模型，通过对比投资组合纳入单一对冲基金前后的有效前沿的变动，确定单一对冲基金是否能够提升投资组合的整体业绩以及对业绩提升的贡献。

由于对冲基金的不透明性，除了依据公开数据的业绩评价外，财富管理机构的投资经理还需要对各种对冲基金进行尽职调查。投资经理通过实地调研与访谈等形式，了解对冲基金的详细情况与背景，如现时股权结构、以往股权结构变动情况、基金管理的资产规模、基金公司的经营管理制度与薪酬考核机制、基金公司的员工数量、高管人员背景、投资经理经历、客户画像信息、产品佣金结构等。通过尽职调查，财富管理机构的投资经理可以了解对冲基金的公开数据是否真实可靠、对冲基金的投资经理和其他员工是否诚实可信、对冲基金的市场机会和投资风格是否可以持续等。通过业绩评价和尽职调查的双重考核，财富管理机构的投资经理即可筛选出所有满足条件的对冲基金，建立对冲基金池。

3. 进行对冲基金投资组合的资产配置

和其他另类投资组合管理类似，对冲基金投资组合管理也是以马科维茨现代投资组合理论为指导理论，以布莱克—利特曼模型、美林时钟模型等为常用模型，财富管理机构的投资经理以备选对冲基金池的预期收益率和协方差矩阵为输入参数，推导出对冲基金投资组合的有效前沿。对冲基金投资组合管理在运用上述模型的过程中有两点需要特别注意。

第一，各类均值方差模型一般都假设资产收益率服从正态分布，但对冲基金的收益率却通常不满足这一条件，这是应用均值—方差模型进行对冲基金投资组合管理的一个现实问题。实际操作中投资经理需要密切关注偏态和峰度等高阶统计数据，从而对对冲基金的收益率分布进行更精确、更详细的描述。

第二，均值—方差模型的一个缺点，是低估了极端行情下各类资产间的相关性，这一点在对冲基金上有时会表现得尤为明显。两个投资不同标的资产的对冲基金，可能在大部分市场环境中呈现较低的相关性，却在国际金融危机爆发时同时急剧下挫，相关系数接近于1。这种对于崩盘行情下对冲基金之间相关性的低估，会进一步造成对投资组合整体风险水平的低估，最终导致投资组合超预期的大幅亏损。因此，财富管理机构的投资经理需要特别关注极端行情下各种备选对冲基金之间的相关关系。

4. 实施持续监控和动态调整

对冲基金投资组合构建后，投资经理应持续监控整个投资组合中对冲基金净值的变动情况。对冲基金的净值变动较快，可能在短时期内造成投资组合的资产配置大幅偏离最优配置的情况。投资经理需要采用定期调整策略或区间调整策略进行资产配置的再平衡。同时，投资经理还应对相关市场的预期变化进行动态评估，因为相关市场预期的变化，也会导致投资组合中各种对冲基金配置权重的变化，从而触发资产配置再平衡的需求。此外，投资经理还应对持仓和备选的各种对冲基金进行持续的业绩评价和尽职调查，分析对冲基金的投资市场、投资风险以及基金管理人的投资能力、投资风格、投资策略等是否发生了显著变化。要重点关注对冲基金是否发生了风格漂移和策略失效，剔除不再满足入池条件或触发赎回条件的对冲基金，调入基金池中评价最优的备选对冲基金。

第三节 投资组合业绩评价

投资组合业绩评价是投资组合管理的重要步骤，旨在对投资组合管理的有效性提供持续监督与反馈。

一、投资组合业绩评价的意义

所谓投资组合业绩评价，是指对投资组合业绩表现的度量、分析与评估。财富管理机构通过投资组合业绩评价，可以较为全面地了解投资组合价值变动的途径和原因，及时发现投资组合管理中存在的问题并采取有针对性的改进措施，对提升投资组合业绩、实现客户的财富管理目标具有重要意义。

对于投资经理而言，业绩评价同样是重要的反馈和控制机制，有助于其深入了解自身投资流程中各环节的有效性及对投资业绩的贡献度，从而为其进行投资组合的动态优化提供决策依据。

二、投资组合业绩评价的基本要素

财富管理机构对投资组合的业绩进行评价，主要是回答三个问题：一是“是什么”，即投资组合的业绩是什么，用什么指标来度量；二是“为什么”，即投资组合的业绩是如何产生的，来源于哪些因素；三是“怎么样”，即投资组合的业绩是什么水平，投资经理的能力如何。

这三个问题分别对应了投资组合业绩评价的三大基本要素，即业绩度量、业绩归因和业绩评估。

（一）投资组合业绩度量

所谓投资组合业绩度量，是指用量化指标来度量投资组合的业绩。这里的“业绩”，指的是投资组合的净值在一段时期内的百分比变动，也就是投资组合的收益率。这段时间通常被称为业绩评价周期。

投资组合的收益率，代表的是投入投资组合中的资金的变动比例。投入投资组合中的资金包括两部分：一部分是初始投入的资金；另一部分是除初始投入资金之外的资金投入或赎回，称为外部现金流。外部现金流区别于内部现金流，后者是指投资组合获取的利息和股利等现金收入。外部现金流对于投资组合收益率的计算具有较大影响。

如果投资组合不存在外部现金流，则组合收益率的计算相对简单。假设投资组合的初始资金投入即组合资产的初值为 PV_0，组合资产的终值为 PV_T，则投资组合在业绩评价周期内的收益率 R 的计算公式为

$$R = \frac{PV_T - PV_0}{PV_0} \tag{4.1}$$

如果投资组合在业绩评价周期内存在一笔或多笔外部现金流，则组合收益率的计算方式会复杂很多。常用的方法有时间加权收益率和金额加权收益率。

1. 时间加权收益率

时间加权收益率剔除了所有外部现金流的影响，反映的是投资组合初始投入资金在整个业绩评价周期内的实际收益率。具体计算方式是将整个业绩评价周期拆分为若干个子周期，使外部现金流只存在于子周期的终止时点上，而不存在于子周期内，然后计算出所有子周期的收益率，最后将各子周期的收益率按照复利的方式累计起来，得出投资组合在整个业绩评价周期内的实际收益率。该收益率即为时间加权收益率。

2. 金额加权收益率

金额加权收益率，计算的是投资组合在业绩评价周期内所有投入资金（包含初始投入资金和外部现金流）的复合增长率，是一种内含收益率（*IRR*）。具体计算方式是将投资组合资产的初值、终值以及所有的外部现金流和其对应的投资期限结合起来，列出内含收益率的计算方程，再通过试错法等方法计算出内含收益率。该收益率即为金额加权收益率。

假设投资组合资产的初值为 PV_0，终值为 PV_T，业绩评价周期的时长为 T，周期内共发生 N 笔外部现金流，金额分别为 CF_1，CF_2，…，CF_N，对应的投资周期时长分别为 T_1，T_2，…，T_N，则金额加权收益率的计算方程为

$$PV_T = PV_0(1 + R)^T + \sum_{i=1}^{N} CF_i(1 + R)^{T_i} \tag{4.2}$$

通过试错法计算出的上式中的 R 即为金额加权收益率。

3. 两者的比较

时间加权收益率与金额加权收益率各有特点，主要表现在：

第一，金额加权收益率实际上是投资组合的各笔投入资金（包括初始投入资金和外部现金流）的时间加权平均增长率，因此金额加权收益率对于外部现金流的时点非常敏感。相比之下，时间加权收益率则不受外部现金流的影响。

第二，由于时间加权收益率反映的是投资组合初始投入资金的实际收益，且不受外部现金流的影响，因此在业绩评价实务中通常优先选择其作为投资业绩度量指标。时间加权益收益率也被首推为全球投资行业通行的投资业绩计量标准的全球投资业绩标准（GIPS）。

第三，如果投资经理能够准确控制外部现金流的时点，则金额加权收益率是比时间加权收益率更适当的收益率指标。

第四，时间加权收益率对数据的要求较高，需要清晰界定投资组合在所有外部现金流发生日的市值。相比之下，金额加权收益率对数据的要求则较低，只需要确定投资组合在业绩评价周期的起始日和终止日的市值。

金额加权收益率通常被用来作为时间加权收益率的近似估计。只有在业绩评价周期内存在大额的外部现金流，或者投资组合净值波动过大的情况下，金额加权收益率与时间加权收益率的结果才会存在较大差异。在投资组合业绩评估的实务中，如难以获取时间加权收益率所需的所有外部现金流发生日的投资组合市值数据，一般可以用金额加权收益率替代时间加权收益率。

（二）投资组合业绩归因

在投资组合业绩评价的三大基本要素中，业绩度量是对数据的获取和计算，得出的组合收益率是客观的数据；业绩归因和业绩评估则是对数据的处理和分析，更多的是从相对的角度来分解收益的来源，评价收益的水平。因此，无论业绩归因还是业绩评估，都需要有一个可供比较的标尺，这个标尺就是投资组合的业绩基准。

1. 投资组合业绩基准的特性

有效的投资组合业绩基准，应该具备七个特性：一是前瞻性，即业绩基准应该在业绩评价周期开始前就制定；二是适当性，即业绩基准应该与投资经理的投资风格、投资策略等保持一致；三是可测性，即作为业绩基准的组合净值和收益率数据能够计算出来，且数据提供的频率较高；四是明确性，即业绩基准应该定义明确，包括其成分证券及成分证券相应权重；五是映射性，即业绩基准应该客观反映出投资经理的投资观念和投资能力；六是可解释性，即投资经理必须认同业绩基准对于投资组合业绩的解释力；七是可投资性，即业绩基准应该是可以被复制的，被动投资业绩基准是可行的。

需要注意的是，上述判断业绩基准有效性的特性主要用于参考而非严格标准，许多常用的业绩基准都不能同时满足这些特性。

2. 常用的投资组合业绩基准类型

在投资组合业绩评价实务中，常用的投资组合业绩基准有以下七类。

第一类是绝对收益。绝对收益业绩基准通常设定一个最低的绝对收益率目标。这种基准的优点是简单明了，便于运用；缺点是不具备可投资性，且静态的绝对收益率难以反映动态的市场环境。

第二类是同类组合业绩。同类组合业绩通常以同类投资组合的业绩中位数或平均数作为投资组合的业绩基准。其优点是具备可测性（前提是同类组合的业绩数据可获得）；缺点是不具备有效基准的其他性质，特别是前瞻性和可投资性。此外，同类组合业绩还存在幸存者偏差，即在剔除业绩较差和清盘的组合后，同类组合业绩会被高估。

第三类是市场指数。这里的市场指数是指整体市场指数。常见的市场指数包括道琼斯指数、标准普尔 500 指数、MSCI 市场指数等。这些市场指数简明易懂，数据容易获取且更新速度很快，同时还具备前瞻性、可测性、明确性和可投资性，是最常用的投资组合业绩基准，在国际上被广泛接受和采纳。市场指数的缺点是不具有适当性和映射性，无法反映投资经理的投资风格。比如，对于一个专注于投资成长型的中型上市企业的投资经理而言，标准普尔500指数并不是最合适的业绩基准。

第四类是风格指数。风格指数代表着整体市场上的某种特定资产类型的特定投资风格。以美国股市为例。四种常用的风格指数包括大市值成长型风格指数、大市值价值型风格指数、小市值成长型风格指数、小市值价值型风格指数。与市场指数类似，风格指数具有被广泛接受采纳、简明易懂、数据容易获取等优点，且更为细分的风格指数可能比市场整体指数更能反映出投资经理的投资风格；其缺点在于运用风格指数作为基准必须对投资组合的投资风格给出准确的定义，而准确定义投资组合的投资风格并不是一件容易的事。此外，某些风格指数对个别行业或证券赋予的权重过高。

第五类是因子模型。因子模型将投资组合的期望收益率解释为若干因子共同作用的结果。通过将组合收益拆解为不同的因子暴露，因子模型能够深刻地反映出投资组合的投资风格。不过，因子模型也存在较多缺陷：因子模型比较复杂，使用者不一定能准确理解和把握；因子模型所需数据不一定能够获得，即使能获得，获取成本也很高；因子模型可能不是唯一的，不同因子模型将产生不同的期望收益率。此外，因子模型还不具备可投资性。

第六类是收益模型。以多种投资风格指数的收益率作为因子的因子模型，称为收益模型。显然，收益模型是因子模型的一种特殊形式，其克服了一般因子模型的一些缺陷：收益模型通常容易理解和使用；由于所有因子都是某种风格指数，因子具备可投资性。此外，在可用的信息只有投资组合和风格指数的收益数据时，收益模型特别有用。当然，收益模型的使用同样存在局限性：建模需要充足的各项收益率数据；当投资经理转换投资风格时模型将不再适用；等等。

第七类是定制化业绩基准。为了更精确地反映投资经理的投资风格和投资流程，有时会构建定制化的投资组合业绩基准。构建定制化投资组合业绩基准通常包含四个步骤：一是识别投资经理投资流程中的重要元素；二是选择与投资流程相对应的证券组合；三是按照投资流程对证券组合以及现金头寸进行加权，初步构建定制化业绩基准；四是根据投资流程的变化，对定制化业绩基准进行再平衡。定制化投资组合业绩基准能够满足有效业绩基准的所有特性，并提供对投资流程持续监控的机制，使财富管理机构可以在不同投资经理中有效地分配风险。不过，构建和维护定制化投资组合业绩基准的成本可能很高，而且有些投资组合可能缺乏足够的信息透明度，使定制化投资组合业绩基准无法构建。

3. 宏观业绩归因

在决定了适当的业绩基准之后，就可以对通过业绩度量计算出的投资组合的收益率进行归因分析。投资组合业绩归因是将投资组合的收益率进行分解，详细分析投资组合收益的各项来源及各来源对收益的贡献度。业绩归因分为宏观业绩归因和微观业绩归因。

财富管理机构管理的投资组合总账户的业绩归因，称为宏观业绩归因。财富管理机构决定投资组合资金投入与赎回的金额和时点，制定投资组合的大类资产配置，决定各种大类资产乃至投资风格的子账户间的资金配比，并为各子账户指定投资经理。由此可见，投资组合收益（或亏损）产生的来源十分复杂，宏观业绩归因就是对这些来源的量化分析。

宏观业绩归因需要三项参数。第一项参数是投资组合的大类资产配置。财富管理机构负责决定投资组合中大类资产的类别和权重，并将投资资金在各大类资产之间进行分配。财富管理机构应该按照投资政策说明书实施大类资产配置，以满足客户的投资目标和投资限制。第二项参数是业绩基准收益。财富管理机构通常会使用市场整体指数作为各资产大类的业绩基准，而使用特定类型的风格指数作为不同风格投资经理的业绩基准。第三项参数是各子账户的收益率、估值和外部现金流。宏观业绩归因可以采用百分比的形式或者绝对金额的形式。如果采用百分比的形式，则只需计算出各子账户的收益率；如果采用绝对金额的形式，则还需子账户的估值和外部现金流数据。

宏观业绩归因的具体方法：获取投资组合市值的初值和终值，将投资组合市值的增减变动归因于以下六个层面的增量收益。

第一，净资金投入层面。净资金投入即业绩评价周期内外部现金流的净额。净资金投入层面的增量收益，源于净资金投入带来的投资组合整体市值的增加或减少，但与投资本身产生的价值无关。

第二，无风险投资层面。无风险投资层面的增量收益，是指假定投资组合所有的初始资金投入和外部现金流都以无风险收益率进行投资，模拟得出的终止时点的组合增量市值。

第三，资产大类层面。资产大类的增量收益，是指假定投资组合所有的初始资金投入和外部现金流都以大类资产配置中的资产大类相应的指数和权重进行投资，模拟得出的终止时点的组合增量市值。资产大类层面相对于无风险投资层面的增量收益，即为大类资产配置中各项资产大类的超额收益的加权平均数。

第四，业绩基准层面。业绩基准层面的增量收益，是指假定投资组合所有的初始资金投入和外部现金流都以组合投资经理的业绩基准进行投资，模拟得出的业绩评价周期终止时点的组合增量市值。上述前三个层面产生的增量收益，都是被动执行大类资产配置的结果，而业绩基准层面尽管仍然可以通过被动投资指数实现，但反映了区别于大类资产配置的主观决策。

第五，投资经理层面（主动管理层面）。投资经理层面的增量收益是指假定投资组合所有的初始资金投入和外部现金流都以投资经理的实际收益进行投资，模拟得出的终止时点的组合增量市值。

第六，配置效应层面。配置效应是一个残差项，使所有层面增量收益的加总结果与终止时点投资组合的实际市值相等。如果投资政策被完美执行，则配置效应层面的增量收益应该为0。

4. 微观业绩归因

投资经理管理的投资组合子账户的业绩归因称为微观业绩归因。微观业绩归因分析的对象，是投资经理管理的子账户的收益与其业绩基准收益之间的差异，即超额收益率。

通常情况下，投资经理在与业绩基准对应的投资市场中选择证券来构建投资组合，因此，组合收益率与基准收益率的差异，即等于持仓证券的平均收益率与基准收益率之差。不过，取得相同超额收益率的投资经理，其超额收益的来源可能有很大差别：有的投资经理因为配置了具有较高收益的行业的股票而打败了“基准”，有的投资经理则凭借在某些行业中独到的选股能力而获得超额收益。

为了更具体地分析投资经理的投资能力，微观业绩归因在证券与市场之间再加入行业的因素，并将子账户相对于业绩基准的增量收益分解为三个因素。

一是纯行业配置因素。纯行业配置因素假定投资经理投资的行业与业绩基准相同，且各行业内选择的证券和相应的权重也与业绩基准完全一致。该因素反映的增量收益，来源于子账户在各行业的权重配置上与业绩基准的区别。投资经理对表现优异的行业赋予比基准更高的权重，或者对表现糟糕的行业赋予比基准更低的权重，都能为子账户创造相对于基准的超额正收益；反之，则会导致超额负收益。

二是行业内选择因素。行业内选择因素假定投资经理投资的行业与业绩基准相同，且各行业的权重也与业绩基准完全一致。该因素反映的子账户收益与业绩基准收益的差异，来源于子账户在各行业内的证券选择上与基准的区别。在与基准相同的各行业内，投资经理对表现优异的证券赋予比基准更高的权重，或者对表现糟糕的证券赋予比基准更低的权重，都能为子账户创造相对于基准的超额正收益；反之，则会导致超额负收益。

三是配置/选择协同因素。配置/选择协同因素反映了行业和证券配置的协同效果。对每个行业，将子账户与业绩基准的配置权重之差乘以收益率之差，再将所有行业的该数值加总，即为配置/选择协同因素的结果。纯行业配置因素和行业内选择因素分别假定在行业和个券其中之一的权重变动时固定另一项的权重，而实际上在增加一只证券的权重的同时也会增加该证券所属行业的权重，反之则相反。配置/选择协同因素就是对这部分增量收益的反映。

微观业绩归因的基本公式为

$$R_V = \sum_{i=1}^{N}(w_{p,i} - w_{B,i})(R_{B,i} - R_B) + \sum_{i=1}^{N}(w_{p,i} - w_{B,i})(R_{p,i} - R_{B,i}) + \sum_{i=1}^{N} w_{B,i}(R_{P,i} - R_{B,i}) \tag{4.3}$$

式中：R_V 代表子账户相对于业绩基准的增量收益；N 代表行业数量；$w_{P,i}$代表行业 i 在子账户中的权重；$w_{B,i}$代表行业 i 在业绩基准中的权重；R_B 代表业绩基准的收益；$R_{P,i}$代表行业 i 在子账户中的收益；$R_{B,i}$代表行业 i 在业绩基准中的收益。

以上公式中的三个求和式，分别是纯行业配置因素、配置/选择协同因素、行业内选择因素的增量收益。通过计算这三项因素的增量收益，就可以对投资经理的整体投资能力、行业配置能力和证券选择能力等进行分析。

以上归因分析的前提假设，是投资经理在投资周期内采用简单的买入持有策略，在初始时点构建投资组合之后就不再对组合进行任何的调整。而这种情况在实际投资业务中是比较少见的，大部分投资经理会在投资周期内或多或少地对持有的证券和相应的权重进行动态调整。因此，投资组合相对于业绩基准的实际增量收益，可能与通过上述公式计算出的 R_V 存在差异，而这个差异的数值则反映了投资经理的实际投资能力。

（三）投资组合业绩评估

投资组合业绩评价的最后一个要素是业绩评估。投资组合业绩评估的目标，是对投资组合的业绩水平和投资经理的投资能力进行量化分析和评估。如前所述，业绩评估是从相对的角度进行分析，其相对性主要表现在两个方面：

第一，组合业绩相对于投资业绩基准。组合收益的绝对值没有太大的意义，需要与适当的业绩基准进行比较，才能反映出组合收益的实际水平。投资于A股市场的投资组合在2007年取得80%的绝对收益并不惊艳，因为当年沪深300指数的涨幅超过160%；专注于美股市场的投资组合在2008年即使亏损10%也是非常优秀的业绩，因为标准普尔500指数当年下跌近40%。

第二，组合收益相对于组合风险。抛开风险讨论收益缺乏说服力。例如，不能说一个年化收益率为15%的股票型投资组合的业绩优于一个年化收益率为10%的债券型投资组合，因为后者的波动性远远小于前者。合理的业绩评估方法，应该是对投资组合的收益与风险进行综合考量。

基于以上两方面，在对财富管理机构的投资组合进行业绩评估时，通常用组合风险和业绩基准对投资组合收益进行一定的调整，使调整后的结果能够适当地反映投资组合的业绩水平，并使不同投资组合的业绩具有可比性。上述调整后的结果通常被称为风险调整指标。风险调整指标使用特定的统计数据来表示投资组合和业绩基准的收益和风险，再用组合风险对组合收益进行调整，并用一定的方法将组合业绩与业绩基准进行比较，从而得出最终的业绩评估指标。需要注意的是，风险调整指标通常用于采用多头策略的投资组合，而并不适用于某些类型的另类投资组合，如采用风险中性策略的对冲基金。这些另类投资组合可能具有极低甚至接近于零的总风险或系统风险，也难以找到合适的业绩基准，因此不具备风险调整指标计算的基础。

用来衡量组合收益水平的指标，通常是组合的实际绝对收益率 R_P 以及实际超额收益率 $R_P - R_F$（R_F 表示无风险收益率）。用来衡量组合风险水平的指标根据风险的类型分为两类：一类表示组合的总风险，常用指标是组合收益率的标准差 σ_P；另一类表示组合的系统风险，常用指标是组合的贝塔系数。

投资组合业绩评估实务中，广泛使用的风险调整指标主要有以下五个。

1. 后验阿尔法（*Alpha*）

后验阿尔法等于投资组合的实际收益率与期望收益率之差。其计算公式为

$$Alpha = R_P - \overline{R}_P = R_P - [R_F + \beta_P (\overline{R}_M - R_F)] \tag{4.4}$$

式中：R_P 代表投资组合的实际收益率；$\overline{R}_P$ 代表投资组合的期望收益率；$\overline{R}_M$ 代表市场指数的期望收益率；β_P 代表贝塔系数；R_F 代表无风险收益率。

投资组合的期望收益率是根据资本资产定价模型计算得出的，是投资

组合承担系统性风险所要求的收益率。正的阿尔法表示组合的实际收益率超过了要求收益率，数值越高表明投资经理主动管理投资的能力越强。

阿尔法的波动率也需要考虑。投资组合在不同投资周期内往往具有不同的阿尔法。如果各投资周期内的阿尔法相对稳定，则说明投资经理具备持续创造超额收益的能力；相反，如果各投资周期内的阿尔法差异很大，即便平均阿尔法为正，也说明投资组合的业绩可能更多来自运气而非投资经理的投资能力。

2. 特雷诺比率（*TR*）

该比率又称为特雷诺指数，是由美国经济学家杰克·特雷诺（Jack Treynor）提出的测算投资回报的指标，用于在系统风险基础之上对投资的收益与风险进行调整。特雷诺比率（*TR*）表示投资组合单位系统风险资产所获得的超额收益。其计算公式为

$$TR = \frac{R_P - R_F}{\beta_P} \tag{4.5}$$

与后验阿尔法一样，特雷诺比率也是依据资本资产定价模型计算出的一项后验指标，如图4－3所示。

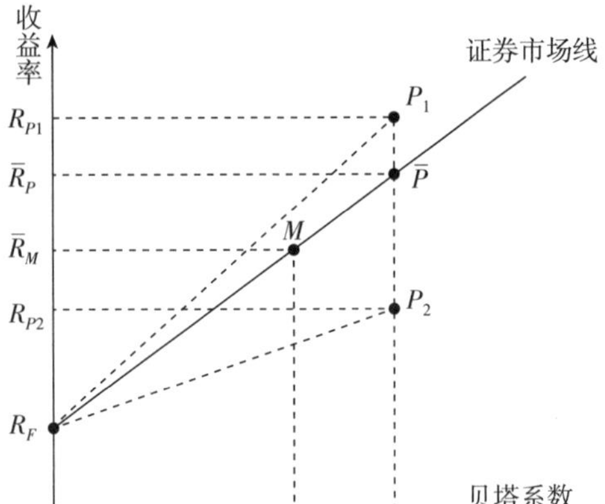

图4－3　特雷诺比率与后验阿尔法的关系

在图4－3中，点P表示投资组合理论上所在的位置，它落在证券市场线上，组合的贝塔系数β_P按照资本资产定价模型计算出的要求收益率为$\bar{R}_P$。如果投资组合实际的位置在证券市场线上方的点P_1，则其实际收益率为R_{P1}，高于要求收益率$\bar{R}_P$，投资组合将具有正的阿尔法，阿尔法的值等于$R_{P1}-\bar{R}_P$，也就是线段$\bar{P}P_1$的长度；同时，投资组合的特雷诺比率就是线段

R_FP_1 的斜率，它高于市场组合的特雷诺比率，也就是证券市场线的斜率。反之，如果投资组合的实际位置在证券市场线下方的点 P_2，则其将具有负的阿尔法和低于证券市场线斜率的特雷诺比率。

由此可见，特雷诺比率与阿尔法对于投资组合业绩评估的作用是等价的：如果组合的阿尔法为正，则其特雷诺比率将高于市场指数的特雷诺比率，即证券市场线的斜率；反之则相反。因此，与阿尔法一样，特雷诺比率的数值通常也是越高越好。此外，特雷诺比率是一个典型的收益—风险比率指标，分子表示投资组合相对于无风险收益率的超额收益，分母表示投资组合的系统风险。

3. 夏普比率（*SR*）

与特雷诺比率一样，夏普比率也是收益—风险比率指标，且二者的分子相同，都是投资组合相对于无风险收益率的超额收益率。夏普比率与特雷诺比率的唯一区别是分母：夏普比率的分母是投资组合收益率的标准差，反映投资组合的总体风险而非系统风险。夏普比率（*SR*）的计算公式为

$$SR = \frac{R_P - R_F}{\sigma_P} \tag{4.6}$$

与后验阿尔法和特雷诺比率相比，夏普比率的计算不需要先指定业绩基准，可以避免业绩基准选择的主观性。即便缺乏适当的业绩基准或者具有不同的业绩基准，不同投资组合之间也可以用各自的夏普比率进行比较。因为具有计算简单、易于理解、可比性强等优点，夏普比率成为投资行业最常用的业绩评价指标之一。当然，夏普比率也可以在有业绩基准的情况下使用：将投资组合的夏普比率与业绩基准进行比较，高于基准的夏普比率代表高于市场平均水平的投资能力，且夏普比率越高，表明投资能力越强；反之则相反。需要注意的是，夏普比率的可比性也存在一定的限制：与其他风险调整指标一样，部分另类投资组合的业绩并不适合用夏普比率来衡量。

4. M^2 测度

M^2 测度是在夏普比率的基础上引申出的一项投资组合的评估指标。其含义是：在当前投资组合 P 中引入无风险资产 F，通过配置 P 与 F 的权重，使配置后的组合 P' 具有与市场组合 M 相同的总风险水平（收益率的标准差相等），M^2 测度的值就等于组合 P' 的实际收益率。

M^2 测度的计算公式为

$$M^2 = R_F + \sigma_M \times SP = R_F + \sigma_M \frac{R_P - R_F}{\sigma_P} \tag{4.7}$$

式中：σ_M 代表市场组合收益率的标准差。

后验阿尔法和特雷诺比率都是基于资本资产定价模型，并可以表示在证券市场线中；而夏普比率和 M^2 测度则是采用马科维茨投资组合理论的框架，并可以表示在资本市场线中（见图4－4）。

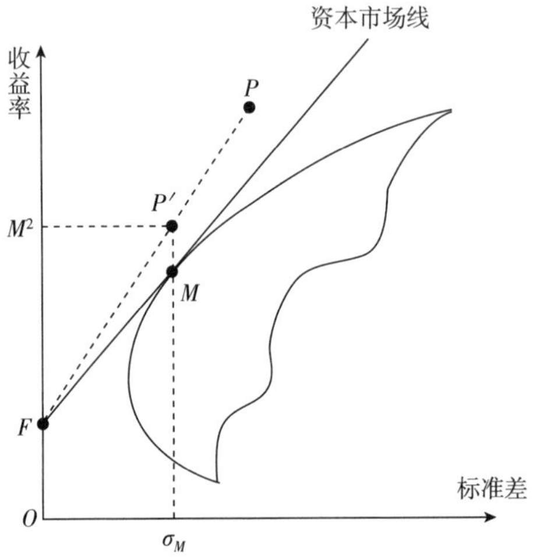

图4－4　夏普比率与 M^2 测度的关系

在图4－4中，将投资组合 P 与无风险资产 F 进行配置得到新的组合 P'，使得 P' 与市场组合 M 具有相同的标准差，P' 的实际收益率就是投资组合 P 的 M^2 测度，而射线 FP 的斜率则是投资组合 P 的夏普比率。如果投资组合落在资本市场线的上方，则其夏普比率高于资本市场线的斜率，其 M^2 测度高于市场组合的期望收益率；如果投资组合落在资本市场线的下方，则其夏普比率低于资本市场线的斜率，其 M^2 测度低于市场组合的期望收益率。

由此可见，用 M^2 测度和用夏普比率对投资组合业绩进行评估是等效的，M^2 测度越高，夏普比率越高；反之则相反。因此，与夏普比率一样，M^2 测度的数值也与投资经理的投资能力正相关。不过，由于 M^2 测度的计算需要先引入市场组合，并且指标的含义理解起来比较困难，因此，其在实务中被使用的频率低于夏普比率。

5. 信息比率（*IR*）

信息比率也是一项收益—风险比率指标，分子是投资组合的收益 R_P 与业绩基准的收益 R_B 之差，通常被称为主动收益；分母则是主动收益的标准差，通常被称为主动风险，记为 σ_{P-B}。信息比率（IR）的计算公式为

$$IR = \frac{\text{主动收益}}{\text{主动风险}} = \frac{R_P - R_B}{\sigma_{P-B}} \tag{4.8}$$

信息比率的含义：与被动投资于业绩基准相比，投资组合因为偏离基准而引起的每单位风险所带来的增量收益。可见，信息比率侧重于反映投资经理的主动管理能力。信息比率的整个计算过程都体现出组合业绩与基准业绩的比较，因此，业绩基准的选择对于信息比率非常重要，用信息比率进行业绩评估的结果的可靠性，在很大程度上受到业绩基准质量的影响。另外，与上述其他风险调整指标不同，信息比率的计算不需要无风险收益率 R_F，因此，不需要对无风险资产的存在和数值进行假定。

第五章 风险管理

财富管理过程中的风险无时不在、无处不在。财富管理机构是财富管理过程中的风险承担主体，其对风险的识别、量化、防控等方面的能力，是衡量其市场竞争力和业务服务水平的重要因素。

第一节 风险管理的作用和流程

一、财富管理过程中的主要风险

风险的概念被广泛应用于经济学、保险学、管理学等多个领域。就一般意义而言，风险是指不确定性。这种不确定性的含义可以从多个维度去理解，如损失发生的不确定性、发生时间的不确定性、影响程度的不确定性等。财富管理过程中的风险，通常被理解为达不到预期投资收益的可能性。

财富管理过程中的风险，主要包括信用风险、市场风险、操作风险、流动性风险、合规风险以及其他可能对财富管理机构的投资收益产生重大不利影响的风险。

（一）信用风险

财富管理过程中面临的信用风险，主要产生于固定收益类产品，表现为资金融入方、债券发行人、衍生品交易对手等主体不愿或无力履行合同约定的支付义务而形成违约，致使财富管理机构蒙受损失的可能性。财富管理市场中的融资主体的需求是多种多样的，个性化的融资需求导致信用风险的表现形式也较为复杂。

（二）市场风险

所谓市场风险，是指在财富管理活动中，因利率、汇率、金融产品价格等的波动，导致财富管理机构蒙受投资损失的可能性，是财富管理机构投资过程中无法回避的基础性风险。利率、汇率、各种金融产品的价格等交叉影响、相互传染，常常直接或间接催发、驱动其他并生风险的发生，是最为复杂的风险类别之一，会直接对财富管理机构的投资收益产生重大影响。

（三）操作风险

所谓操作风险，是指财富管理机构由于信息系统的漏洞、内部控制的缺陷、电脑运行的故障或人为操作的错误等原因导致财富管理机构投资遭受损失的可能性。操作风险发生的原因有很多种，如欺诈、监督与管理的缺位、重大事项报告的不及时、操作规范的背离、交易结算的错误、信息系统的漏洞、突发的自然灾害等。因此，操作风险的主要特征表现为风险因素零散、细碎、繁多、难以辨析。

（四）流动性风险

所谓流动性风险，是指财富管理机构不具备充足的流动性，或无法以较为公允的价格及时变现资产及融资来获得充足资金，以偿付财富管理产品到期债务、按照合同约定履行支付义务、满足财富管理产品正常运作的资金需求等而产生的风险。

（五）合规风险

所谓合规风险，是指财富管理机构没有遵守法律法规、相关监管制度、行业准则等而受到法律制裁、监管处罚、财务损失或导致声誉损害的风险。财富管理机构面临多种类型的合规风险，如在投资组合管理中将资金投资于法律法规禁止的国家、行业或证券；没有按照监管部门的要求提取相应比例的风险准备金；等等。

（六）其他风险

除了上述几种主要的风险类型外，财富管理机构在业务活动过程中还面临政策风险、税收风险、道德风险、国家风险（政治风险）、法律风险等其他类型的风险。

二、风险管理在财富管理中的作用

风险管理是财富管理的重要内容，贯穿财富管理机构投资活动的每个环节。财富管理机构只有有效管理风险，平衡好投资活动的风险性与收益性，才有可能取得最佳投资收益。

(一) 有效的风险管理有利于提高投资收益

财富管理机构有效的风险管理，能够减少或避免投资风险，提升整体投资收益。财富管理机构风险管理的核心，是构建一套能够有效预测、评估和防控投资活动中各类风险的机制。基于这样的机制，财富管理机构能够有效应对投资活动中可能出现的各种风险，明显减少和合理规避各种风险对投资收益的负面影响，可以实现稳定的、可观的投资收益。比如，财富管理机构在投资活动中，时时面临着利率、汇率和股票市场价格变动的风险，通过对这些金融变量进行科学预测并利用衍生交易工具转移市场风险，可实现所投资资产的保值增值。

(二) 有效的风险管理有利于客户财富管理目标的实现

财富管理机构在为客户提供业务服务的过程中，面临着各式各样的风险。这些风险如不能得到有效管控，会严重影响投资收益和财富管理业务的服务质量，从而阻碍客户财富管理目标的实现。例如，在固定收益投资组合管理中，占组合权重较高的债券发行人的违约，可能使整个固定收益投资组合的净值出现预期之外的大幅下挫；又如，财富管理机构违反相关法律法规带来的合规风险，可能使其遭受巨额的行政处罚或民事赔偿。这些风险的发生，将给财富管理机构带来不可逆转的重大损失，导致客户的财富管理的目标无法实现。而财富管理机构通过有效的风险管理，可以减少这些风险事件发生的概率，降低风险事件所造成的损失，从而有利于实现客户的财富管理目标。

(三) 有效的风险管理有利于财富管理机构实现经营行为的合理化

有效的风险管理，要求财富管理机构牢固树立风险管理理念，在业务经营活动中必须一以贯之地坚持在收益和风险之间作出理智权衡，避免把客户的投资资金投入预期收益较高但存在重大潜在风险的项目或产品之中，避免盲目追求资产规模的扩张。从这个意义上说，有效的风险管理是对财富管理机构经营行为的一种自然的约束机制，为财富管理机构划定了经营行为边界，有利于约束其不合理的扩张冲动和短期行为，促使其作出合理的经营决策，实现经营行为的合理化。

(四) 有效的风险管理有利于财富管理机构实现稳健经营和可持续发展

一个拥有健全、有效的风险管理机制的财富管理机构，一定是业绩持续优良、富有管理效率和行业竞争力、受市场和广大客户广泛信任的机构。由于其业务经营规模的增长，是建立在严格、有效的风险管理基础之上的，因而是扎实的、有质量的增长。只有这样的机构才能做到稳健经营，实现可持续发展。

（五）有效的风险管理有利于防控金融风险，维护国家金融安全

财富管理机构是一国金融组织体系的主体，其业务活动也是金融风险的主要来源。财富管理机构的风险管理理念、能力和实际的风险管理状况，对一国金融风险的生成和扩大，特别是对系统性金融风险的形成，有着至关重要甚至决定性的影响。财富管理机构采取积极、有力的措施，严格、有效管控业务经营活动中的各种风险，依法合规经营，就可以大大降低金融市场和金融体系的整体风险水平，促进金融市场和金融体系的平稳运行，维护国家金融安全，进而促进宏观经济的稳定运行和健康发展。

三、风险管理的组织体系

建立完备的风险管理组织体系，是财富管理机构进行风险管理的组织保证。财富管理机构风险管理的组织体系，主要由以下机构组成。

（一）董事会及其专门委员会

董事会是财富管理机构的最高经营决策机构，也是财富管理机构风险管理的最高决策机构，并就风险管理的成效直接向股东大会负责。董事会的主要职责包括但不限于：确定财富管理机构风险管理的总体目标、风险偏好与风险容忍度；明确财富管理机构面临的风险类型，审批风险管理的政策和程序，以及重大风险的应对方案；审批财富管理机构风险管理组织体系的设置及各部门职责的确定。董事会可下设专门的风险管理委员会，来全部或部分履行上述职责，并定期向董事会汇报职责的履行情况。

（二）监事会

财富管理机构的监事会，负责对董事会和高级管理人员在风险管理中的职责的履行情况进行监督，并直接向股东大会负责。监事会的主要职责包括但不限于：对财富管理机构风险管理的总体目标、风险偏好与风险容忍度的制定方法和流程进行监督；对财富管理机构风险管理的决策过程和决策执行情况进行监督；对财富管理机构风险管理的政策和程序、重大风险的应对方案的有效性等进行监控与评估；对董事会和高级管理人员在财富管理过程中是否存在违反风险管理政策的行为进行监督。

（三）高级管理人员

高级管理人员具体负责财富管理机构风险管理的日常管理工作，并就

风险管理的效果向董事会负责。高级管理人员的主要职责包括但不限于：制定财富管理机构风险管理的政策和程序，以及重大风险的应对方案，并报董事会审批；设置财富管理机构风险管理的组织体系及各部门的具体职责，并报董事会审批；及时识别并应对财富管理过程中面临的各类风险，必要时报董事会审议。

（四）风险管理部门

风险管理部门是财富管理机构风险管理工作的职能部门和具体执行机构。风险管理部门的主要职责包括但不限于：协助高级管理人员制定财富管理机构风险管理的政策和程序、重大风险的应对方案；具体执行风险管理的政策和程序；对财富管理机构所有部门和员工的风险管理职责的履行进行指导、监督与评估；研究开发多种风险度量模型和风险预警系统，识别、评估、计量、监测和应对财富管理过程中面临的各类风险。

四、风险管理的基本流程

财富管理机构风险管理的基本流程，包括以下五个步骤。

第一步：综合考虑财富管理的投资目标及投资限制，在此基础上确定风险管理的总体目标、风险偏好与风险容忍度，制定风险管理的政策与程序。风险偏好是指财富管理机构对风险所持的基本态度，即为实现投资目标愿意承担何种风险和承担风险的大小，通常是一个定性描述的概念；风险容忍度，是指财富管理机构对风险的忍耐程度，或者说对风险的可接受水平，表明了财富管理机构承担风险的意愿和能力，是对风险偏好的具体量化。

第二步：风险识别，即财富管理机构在掌握大量相关信息资料的基础上，运用各种方法对投资过程中的现实风险和潜在风险进行全面识别。风险识别是风险管理的基础。财富管理机构只有准确、完整地识别出投资活动所面临的各种风险，才能够在此基础上采取有针对性的措施进行管控。

第三步：风险度量，即财富管理机构在风险识别的基础上，从两个维度入手进行风险度量，即评估、量化投资过程中风险发生的概率及风险发生后可能造成损失的严重程度。

第四步：风险控制，即财富管理机构选择适当的风险管理控制措施，降低超出限额的风险敞口水平，以求获取投资的预期收益或超额收益。在各类风险指标超出合理承受范围时，财富管理机构应当及时采取与财富管理目标相一致的管控策略，来规避、分散、对冲或转移风险。

第五步：风险管理效果评估，即财富管理机构定期或不定期地对风险管理的成效进行评价，以便发现问题、总结经验教训，并在必要时对原来的风险管理政策与程序进行调整，对已有的风险管控策略实施动态优化。

风险与投资活动是相伴相随的。财富管理机构风险管理的目标并非彻底消灭风险，而是将其控制在合理水平内，使其面临的风险可承受、可识别、可评估、可控制。财富管理机构投资活动的核心和本质，就是在时时、处处与风险打交道的过程中，有效地管控风险，进而获取最佳投资收益。这也是财富管理机构的职责所在和天然使命。

第二节　信用风险管理

信用风险是财富管理业务活动面临的主要风险之一。有效的信用风险管理，对于获取理想的投资收益、实现客户的财富管理的目标至关重要。

一、信用风险的来源

财富管理过程中的投资业务，会涉及委托贷款等业务的借贷方或债券的发行人。由于经济周期变化、行业差异、融资主体自身经营不善等因素，存在融资到期债务人无法偿还的信用风险，导致财富管理机构投资收益不达预期甚至严重偏离预期收益目标。

财富管理机构投资产品的信用风险，主要来源于以下几方面。

（一）经济周期变动

经济的周期性变化，是导致债务人违约的重要因素。当经济进入衰退阶段持续下行时，社会需求不振，投资规模萎缩，企业大面积亏损，导致债务人偿债能力下降，相应增加了债券违约风险。也就是说，经济周期变化与债务人的总体违约概率及投资人的总体违约损失率，具有明显的正相关性。

（二）行业差异

债务人所处行业也是影响信用风险的一个因素。从宏观经济政策特别是产业政策的角度看，国家对不同行业实施不同的管理政策。对符合产业发展方向、能够推动产业结构升级的行业，在政策上积极鼓励、支持，而对那些处于产业结构低端的产能过剩的行业、污染严重的行业以及不符合经济规模要求、经济效益差的行业，则严格限制其发展。国家对不同行业的产业政策的差异，自然会带来不同行业的企业在经营条件和发展环境方面的差异，从而影响其经营收入并进而影响其偿债能力。另外，不同行业的不同经营模式还会影响其违约损失率程度。国际信用风险研究领域的著名学者爱德华·阿特曼（Edward Altman）和肖基尔（Kishore）在研究违约企业损失率时发现，公共设施、化工、机械等有形资产占比较高的行业的违约损失率相对较低，而金融业、服务业等有形资产占比较低的行业的违约损失率则相对较高。

（三）债务人的经营状况

债务人的经营状况也是影响信用风险的重要因素之一。若债务人经营不善而没有足够的现金流偿还到期债务，就会引发信用风险。这也是信用风险生成的主要原因。一般来说，在违约风险爆发之前，债务人通常都会出现资产负债率高企、营业收入和盈利显著下降、净经营现金流恶化等情况。

（四）产品设计因素

不同债券产品由于在期限、回售权、增信措施等发行条件方面的不同，信用风险也不相同。比如，具有抵押、质押、第三方信用担保以及其他信用风险缓释工具等增信措施的债券，就比没有提供增信措施的债券的信用风险小得多。此外，同一债务人发行的不同产品，由于产品约定的债权人的权利不同、提供的抵押品或质押品不同、债务清偿的先后顺序不同等，也会导致信用风险的大小有别。这种信用风险的差别，主要与债券产品对发行条件的设计有关。

此外，还有其他一些导致财富管理机构信用风险的因素。比如，债务人资产与负债的期限结构不匹配，或债务人虽有偿债能力但在债务到期前没有准备好充足的流动性等。对于进行全球资产配置的财富管理机构，由于不同国家的监管政策不同、不同交易场所的违约成本不同、不同市场交易主体的特征不同等原因，其面临的信用风险也不同。

二、信用风险度量方法

财富管理机构采用的信用风险度量方法，主要包括以下四种。

（一）信用评分卡模型

穆迪、标准普尔、惠誉等评级公司对信用风险的计量通常采用“信用评分卡模型”。该模型选取直接反映融资人履行信用能力的若干财务指标和其他信用能力相关指标来构建信用模型，从而对债券等资产进行信用评级。财富管理机构为控制信用风险，投资时通常选择达到某信用级别以上的债券资产作为投资对象。

1. 模型基本原理

前文提及的爱德华·阿特曼（Edward Altman）最早提出将被投资对象的发行企业作为评估对象，以该被评估对象的重要财务指标比率作为预测其违约概率的风险因子，并将其纳入信用风险的评分卡模型中。这一思想集中体现在其1968年开发出的Z评分（Z-score）模型中。

Z评分模型以多变量的统计方法为基础，以66家制造业的破产企业和非破产企业为标的，最终筛选出5个财务比率指标构建模型，以衡量、预测企业的财务健康状况。

Z评分模型由式（5.1）给出：

$$Z = 1.2x_1 + 1.4x_2 + 3.3x_3 + 0.6x_4 + 0.999x_5 \tag{5.1}$$

式中：x_1为营运资本/总资产；x_2为留存收益/总资产；x_3为息税前利润/总资产；x_4为股票市值/负债账面价值；x_5为销售总收入/总资产。

结论：$Z \geqslant 3.0$，发行主体基本不可能破产；

$2.7 \leqslant Z < 3.0$，发行主体的信用状况处于警戒状态；

$1.8 \leqslant Z < 2.7$，发行主体存在一定程度的违约可能，需高度关注；

$Z < 1.8$，发行主体破产可能性较高，谨慎投资。

2. 模型的局限性

首先，Z评分模型的计算公式基于企业的财务数据，而财务数据只有当企业公布财报时才能获取，更新频率较低。因此，Z评分模型具有一定的时滞性，对企业信用状况变动反应的灵敏度较低。当企业的信用状况在短时间内迅速恶化时，Z评分模型将低估企业的违约概率。

其次，Z评分模型是个经验模型，可以通过统计上的显著性检验。但从经济逻辑上看，该模型缺乏严密的理论论证与基础。另外，公司的违约风险高低与财务指标显示出的风险特征关系，实际上可能是非线性的。例如，一般来说，企业销售收入升高将提高企业的偿债能力，但在某些行业，如果企业销售收入增长率小于销售费用增长率，销售收入提高反而会降低企业偿债能力，这样的企业的信用状况与销售收入并非线性关系。

最后，Z评分模型主要用于对单个发行主体的信用风险分析与评估，而无法评估整体投资组合的信用风险。

（二）信用评级迁移矩阵

1. 模型基本原理

信用评级迁移矩阵也称信用矩阵模型，是 J. P. 摩根等 7 家金融机构在 1997 年推出的。信用等级迁移行为包括迁移后上升（调升）、迁移后下降（调降）和维持三种情况。在一定时期内，信用评级机构对债券发行人的信用等级迁移结果，可以形成债券发行人的信用迁移路径，反映了债券发行人信用质量的变化，可作为财富管理机构进行信用风险分析的工具。信用等级迁移矩阵作为度量信用等级迁移的工具，一般形式见表 5－1。

表 5－1　信用等级迁移矩阵的一般形式

		1	2	3	…	…	$n-1$	n
		AAA	AA +	AA	…	…	CC	D
1	AAA	$m_{1,1}$	$m_{1,2}$	$m_{1,3}$	…	…	$m_{1,n-1}$	$m_{1,n}$
2	AA +	$m_{2,1}$	$m_{2,2}$	$m_{2,3}$	…	…	$m_{2,n-1}$	$m_{2,n}$
3	AA	$m_{3,1}$	$m_{3,2}$	$m_{3,3}$	…	…	$m_{3,n-1}$	$m_{3,n}$
…	…	…	…	…	…	…	…	…
…	…	…	…	…	…	…	…	…
$n-1$	CC	$m_{n-1,1}$	$m_{n-1,2}$	$m_{n-1,3}$	…	…	$m_{n-1,n-1}$	$m_{n-1,n}$
N	D	$m_{n,1}$	$m_{n,2}$	$m_{n,3}$	…	…	$m_{n,n-1}$	$m_{n,n}$

信用级别 n 为违约级别，$i=1，2，\cdots，n-1$ 为非违约级别；$m_{i、j}$ 为考察期初信用级别为 i 的发行人迁移到考察期末信用级别为 j 的概率。一般而言，发行人在非违约级别和违约级别之间的变动是单项不可逆的，即发行人可以从非违约级别迁移到违约级别；但如果因违约而被列入违约等级，则不可再迁移到非违约级别。

实践中，上述信用等级迁移矩阵的主要计算步骤如下。

第一步：选择一定量的发行主体作为考察样本，统计以上主体在考察期间内的初始信用评级、信用评级发生变化的时间以及调整后的级别。

第二步：计算生成矩阵 Λ。

其计算公式为

$$\Lambda_{ij}=\begin{cases}\dfrac{N_{ij}}{\int_0^T Y_i(s)\,\mathrm{d}s},\text{if } i\neq j\\ -\sum\limits_{j\neq i}\lambda_{ij},\ \text{if } i=j\end{cases}\tag{5.2}$$

式中：$Y_i(s)$ 为时刻 s，信用等级为 i 的发行主体数量；N_{ij} 为时间段 $[0, T]$ 内，发生信用评级调整且调整水平从 i 迁移到 j 的发行主体数量。

第三步：计算信用等级迁移矩阵。用泰勒展开式计算信用等级迁移矩阵 P。其计算公式为

$$P(T) = e^{\Lambda T} = \sum_{k=0}^{\infty} \frac{\Lambda^k T^k}{k!} \tag{5.3}$$

通过将公司的期初信用等级状况与期末信用等级状况进行比较，可以度量每个特定的评级类别内的公司在特定时间内从目前的信用等级迁移到其他信用等级的概率。评估企业信用质量变化的路径或者信用发展的历史，以此向财富管理机构提供企业信用等级预期变化的分析资料和风险管理的量化资料，不仅可以实现对企业信用质量变化的微观度量，而且可以实现对企业整体信用风险变迁的有效监控。

国外对信用等级迁移矩阵的研究较为深入。标准普尔、穆迪公司及一些跨国银行和咨询机构纷纷开发了基于信用迁移矩阵的信用风险管理工具和系统，包括信用计量模型（Credit Metrics）、信用风险加成法模型（Credit Risk Plus）、信用组合观点模型（Credit Portfolio View）等信用产品，帮助财富管理机构做好信用风险管理工作。

2. 模型的局限性

信用矩阵模型的使用基于历史数据，通过该模型计算出的违约率反映的是历史平均水平的违约率，因此，其仅适合在正常的市场条件下使用。当贷款市场或债券市场的运行缺乏稳定性时，历史平均水平的违约率无法反映企业真实的信用风险水平，这种情况下该模型的使用将受到限制。

（三）KMV 模型

1. 模型原理

1993 年，美国的 KMV 公司在罗伯特·默顿（Robert Merton）的基于期权定价理论的信用风险度量模型的基础上，开发出了 KMV 模型。模型的主要原理，是将公司发行的股票作为其公司资产的期权，利用股价信息的波动情况预计违约概率。计算过程简要说明如下。

假设上市主体仅发行一种零息债券，债券到期时间为 T，则 T 时刻公司股价为

$$E_T = \text{MAX}(V_T - D, 0) \tag{5.4}$$

式中：E_T 为公司股票 T 时刻价值；V_T 为公司资产 T 时刻价值；D 为公司发行债券在 T 时刻的本金。

上述公式为看涨期权的到期结算收益，可理解为将股票价值作为公司资产的看涨期权，执行价格即为债券到期应偿还本息。根据布莱克—斯科尔斯模型，这一期权的现在的价格为

$$E_0 = V_0 N(d_1) - De^{-rt} N(d_2) \tag{5.5}$$

式中：$d_1 = \dfrac{LN\left(\dfrac{V_0}{D}\right) + (r + \sigma_V^2/2)T}{\sigma_V \sqrt{T}}$；$d_2 = d_1 - \sigma_V \sqrt{T}$；$V_0$ 为公司资产的当前价值；E_0 为公司股票的当前价值；σ_V 为公司资产的波动率。

若债券发行主体是一家上市公司，我们可以观测到 E_0，由随机过程中的伊藤引理，可以得到

$$\sigma_E E_0 = \frac{\partial E}{\partial V} \sigma_V V_0 = N(d_1) \sigma_V V_0 \tag{5.6}$$

即

$$\sigma_E = \frac{V_0 N(d_1)}{E_0} \sigma_V \tag{5.7}$$

式中：$\dfrac{\partial E}{\partial V}$ 为股票的 Delta，且 Delta = $N(d_1)$。

通过式（5.6）和式（5.7）可以求出 V_0 和 σ_V。

基于计算出的 V_0 和 σ_V，再计算违约距离（Distance to Default）。

$$\mathrm{DD} = [E(V_0) - \mathrm{DPT}] / E(V_0) \sigma_V \tag{5.8}$$

式中：DPT 为违约点的估值，是指上市公司的资产价值刚好能够抵偿所欠债务的违约触发点处的价值。

根据大量的实证分析可知，企业违约发生最频繁的临界点等于风险期内需要偿还的短期债务加上长期债务的一半。

在上述计算基础上，估计预期违约率 EDF。通过积累大量违约历史数据，建立起违约距离与预期违约率的关系，从而衡量任一违约距离下的违约概率。

2. 模型的优点和局限性

KMV 模型与传统的信用风险计量方法有所区别，是结合期权定价理论搭建的违约预测模型。在股票市场上市的企业，由于股票数据的完整性、全面性和可获得性，均可以作为信用风险研究对象利用该模型进行量化分析，使用范围较为广泛。另外，所需数据主要为被分析主体的股票市场数据（如股票价格、波动率、股利分配率）等，具有较高的时效性，可以充分反映企业时下的经营情况和信用质量，具有前瞻性，其预测能力更强、更及时，也更准确。

但是，KMV 模型也有一定缺陷，主要表现在三个方面：其一，市场上有较多发行主体并未有公开的市场融资记录。由于缺少足够的用于分析的数据，使用该模型时通常需要结合发行主体自身的会计信息或其他能够反映信用特征的指标作为模型变量的替代，同时还要通过综合对比分析发行主体的期望违约概率，这种模糊处理降低了计算的准确性。其二，模型搭建的假设之一，是发行主体资产服从正态分布，而这种假设与实际状况存在偏差。其三，该模型无法对不同发行主体的到期债务情况予以区别分析，这也在一定程度上削弱了模型的适用性。

（四）CVA 和 DVA

CVA（Credit Valuation Adjustmen）即信用价值调节，DVA（Debt Valuation Adjustment）即债务价值调节，都是财富管理机构用来度量衍生品违约风险的方法。与贷款违约等传统信用风险只由融资方单方面承担的情况不同，CVA 和 DVA 是交易双方共同面临风险。一家财富管理机构对其交易对手方的 CVA 调节值，等于因对手违约所产生的预期费用的贴现值，而 DVA 调节值等于财富管理机构违约而给交易对手方造成的预期费用的贴现值。

财富管理机构利用 CVA、DVA 对面临的风险进行度量时，可以借助无信用风险资产价值进行计量。所谓无信用风险资产价值，是假设交易双方都不违约情况下的交易价值。如果用 f_{nd} 表示财富管理机构持有的关于某个交易对手的无信用风险资产价值，那么，在综合考虑可能的违约情形后，持有的资产价值 V 为

$$V = f_{nd} - CVA + DVA \tag{5.9}$$

假设财富管理机构与交易对手之间的所有持仓合约或产品的最长期限为 T 年，则可以将 0 和 T 之间分成 N 个区间，CVA 和 DVA 的估计值为

$$CVA = \sum_{i=1}^{N} q_i v_i , DVA = \sum_{i=1}^{N} q_i^* v_i^* \tag{5.10}$$

式中：q_i 为对手在第 i 个区间里违约的风险中性概率；v_i 为当对手在第 i 个区间的中间时间点上发生违约情形时，给财富管理机构造成损失的预期值的贴现值；q_i^* 为财富管理机构在第 i 个区间里违约的风险中性概率；v_i^* 当财富管理机构在第 i 个区间的中间时间点上违约时，给交易对手方造成一定损失的预期值的贴现值。

首先，考虑如何计算 q_i。因为我们是在利用风险中性的方法对未来现金流定价，所以 q_i 应当是风险中性违约概率。假设 t_i 是第 i 个区间的终点，那么 q_i 是交易对手在时间 t_{i-1} 和 t_i 之间的风险中性违约概率。

其次，采用一些不同期限来估计对手的信用利差，然后利用插值公式，可以得到对期限 t_i 内交易对手的信用利差估计值 $s(t_i)$ 。对手在0到 t_i 之间的平均违约估计值是 $s(t_i)/(1-R)$ ，其中 R 是对手违约的回收率期望值。对手在直到 t_i 时仍未违约的概率为

$$\exp\left(-\frac{s(t_i)t_i}{1-R}\right) \tag{5.11}$$

这说明：

$$q_i = \exp\left(-\frac{s(t_{i-1})t_{i-1}}{1-R}\right) - \exp\left(-\frac{s(t_i)t_i}{1-R}\right) \tag{5.12}$$

这是对手在第 i 个区间内违约的概率，可以利用类似的方法通过信用利差来估计概率 q_i^* 。

三、信用风险防控策略

财富管理机构的信用风险防控策略，包括传统信用风险防控策略和利用衍生工具的信用风险防控策略。

（一）传统信用风险防控策略

1. 投资准入管理

所谓投资准入管理，即财富管理机构在对存在信用风险的资产投资时，设定投资准入门槛。比如，对债券投资，财富管理机构可以根据自身的风险偏好和风险容忍度设置准入级别，即只有达到某个级别以上的债券才可以投资。准入级别的判定标准，可以参考外部评级结果。已经建立内部评级体系的财富管理机构，也可使用内部评级结果作为投资准入条件。

2. 投资“黑名单”管理

所谓投资“黑名单”管理，即财富管理机构建立“黑名单”制度，将违约风险较高的融资主体，或资产价格异常波动的融资主体，纳入“黑名单”，对纳入“黑名单”的融资主体的资产严禁投资，以有效控制信用风险。

财富管理机构需要对“黑名单”进行日常维护，根据市场情况和融资主体情况的变化及时调整。对原来符合投资要求的不在“黑名单”之内的融资主体，在其出现了影响持续经营能力或偿债能力的情况后，应及时纳入“黑名单”；当“黑名单”中的融资主体信用情况好转并达到准入要求时，应及时将其移出“黑名单”。

3. 信用利差分析

所谓信用利差，即信用债券收益率与市场无风险收益率之差。信用利差分析是以违约强度模型（KMV 模型）为理论基础的信用风险分析工具，其利用市场中的相关价格信息，在风险中性概率计量中直接评估债券违约强度。流动性较好的债券所包含的信用利差信息量可靠，信用利差的趋势变化起到了盯市效应，是对传统信用风险进行风险警示的主要信号。信用利差分析有助于财富管理机构更好地应对融资主体多元化的信用债券市场，有效地规避信用债券的信用风险。

4. 投后跟踪管理

财富管理机构应该建立风险跟踪机制，对投资的主要信用资产的风险情况进行持续跟踪分析。当融资主体发生违约情形时，要采取有效措施及时应对，可以通过质押资产保全、要求追加担保品甚至破产清偿等方式，对信用风险进行处置，将违约损失降到最低，保障自身的合法权益。

（二）利用衍生工具的信用风险防控策略

随着衍生工具市场的不断发展和创新，出现了多种类型的信用衍生工具，财富管理机构可以利用这些工具制定相应的信用风险防控策略。利用衍生工具的信用风险防控策略的基本原理是：财富管理机构作为买方参与信用衍生工具的交易，向卖方支付费用，并获取卖方在信用风险事件发生时的赔付承诺，从而将信用风险转移给卖方。

财富管理机构可用于防控信用风险的衍生工具主要包括以下几种。

1. 信用违约互换（Credit Default Swap，CDS）

信用违约互换是国外债券市场中最常见的信用衍生产品，是买卖双方在一定期限内，就指定的信用事件进行信用风险转换的一个合约。类似于购买保险，合约的买方在合约期限内定期向卖方支付一定的费用，以换取卖方在信用事件发生后的赔付。具体来说，当信用风险发生造成了实际的信用违约，互换合约的买方所投资的债券亏损，其可以选择终止支付定期费用，并有权将债券按面值卖给合约的卖方。如投资的资产没有发生信用风险，合约的买方需在合约规定的时点支付固定费用，互换到期终止，买方无经济收益。

为了获得信用保护，合约的买方每年需支付投资名义本金一定比例的价款，该价款被称为“信用违约互换的互换溢价”（CDS Spread）。具体交易过程如图 5 - 1 所示。

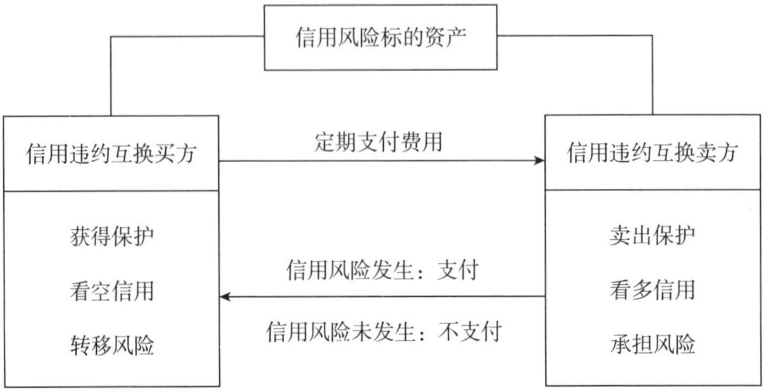

图 5－1　信用违约互换交易过程

债券作为固定收益类资产，是财富管理机构投资组合的重要组成部分。财富管理机构通过对信用违约互换合约的购买，可以保障投资组合不会因投资债券出现的信用风险而导致投资损失。

除信用违约互换外，防控信用风险的衍生工具还有 CDS 远期合约与期权、一揽子 CDS 等。财富管理机构也可以根据投资对象具体的信用风险特征，有针对性地量身定做信用衍生产品。

专栏 5－1

运用 CDS 的合成型担保债权凭证结构

合成型担保债权凭证（Synthetic Collateralized Debt Obligation，Synthetic CDO）是建立在信用违约互换（CDS）基础上的一种结构性担保债权凭证形式。在合成型担保债权凭证结构下，信贷资产的所有权并不发生转移，财富管理机构通过购买 CDS 将信贷资产的信用风险转移给特殊目的公司(SPV)，并由 SPV 最终转移给市场上的证券投资者。合成型担保债权凭证结构如图 5－2 所示。

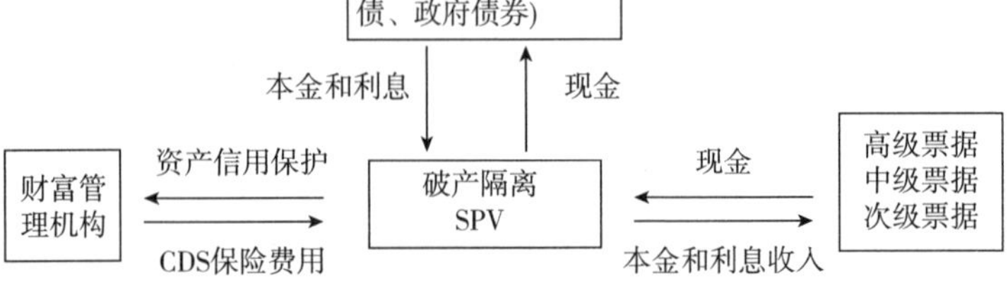

图 5－2　合成型担保债权凭证结构

案例介绍

P公司为L银行的附属公司，向市场投资者发行票据，用于购买基础资产。在票据存续期间，P公司向投资者支付利息并偿还本金，本金偿还金额按照约定挂钩标的公司信用情况。同时，P公司与L银行特设的特殊金融公司签署了信用违约互换（CDS）合约，由L银行控股公司作为担保人为特殊金融公司提供担保，信用违约互换（CDS）合约以5家知名公司的信用作为挂钩主体，约定由P公司提供信用违约保险，特殊金融公司支付保费。若该CDS的标的公司发生违约事件，P公司需提前赎回票据，把基础资产交给特殊金融公司进行拍卖，并根据违约公司债项的跌幅确定票据赎回价格，减去提前终止票据的有关成本与费用后，再将剩余部分返还给投资者。因此，一旦发生信贷违约事件，赎回款额预计将会低于甚至远低于票据的本金额。另外，P公司与特殊金融公司还签署了利率互换和货币互换协议。在基础资产各付息日，P公司会将基础证券上收到的按浮动利率计算的利息和到期偿还的本金支付给特殊金融公司；在票据的各付息日，特殊金融公司会向P公司支付相等于票据利息的款项。这样的安排是因为基础资产包含债券资产和担保债务凭证（CDOs），付息周期和投资者投资票据的付息周期并不一致，因此采用了利率互换协议，使投资者最终能获得定期的固定的收益。另外，L银行还可以再把这些CDS打包卖给市场上有需要的机构，以对冲自己的风险。具体的交易结构如图5－3所示。

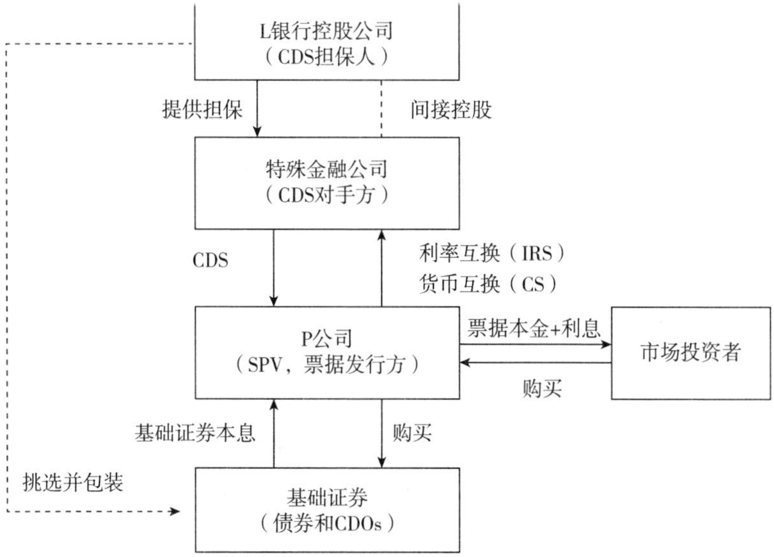

图5－3　合成型担保债权凭证应用案例

值得注意的是，P公司购买的基础资产为L银行挑选并包装的债券和另一合成CDO产品，该合成CDO产品挂钩了世界上100家公司的信用风险。

1. 基础证券的价格取决于一个组合的信用表现，该组合由100家公司构成。每家公司在组合中所占比重相等，100家公司的加权评级为A－/BBB＋，且其中单个公司的评级不低于BB－。

2. 当100家公司中发生信用违约的数量大于或等于8且小于10时，将损失基础证券的部分本金，当100家公司中发生信用违约的数额大于或等于10时，将损失基础证券的全部本金。

而构成这种合成CDO结构的方法往往需要嵌入另外的CDS，如图5－4所示。

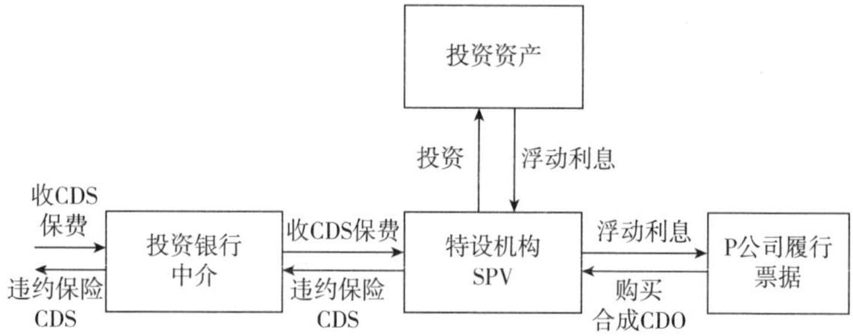

图5－4 基础资产合成CDOs结构

通常由一家投资银行等专业金融机构专门设立特殊目的公司（SPV）作为合成CDO的发行人，设立SPV的投资银行根据P公司票据的条款需求，构建与100家公司的信用风险挂钩的CDS组合，一方面向市场需要信用保护的投资者出售这些CDS协议，收取保费；另一方面向SPV支付CDS保费，获取100家公司的信用违约保险。该投资银行既不是这些CDS的买方，也不是卖方，而仅仅是以中介机构形式传递组合中对应的信用违约风险。SPV再通过发行合成CDO把组合中的信用违约风险，传递给P公司发行的票据的投资者。

风险分析

这种复杂的交易结构包括三个方面的风险，即信用风险、市场流动性风险以及利率风险。其中，信用风险又包括信用违约互换（CDS）中5个挂钩标的公司和基础资产中合成CDO中100个挂钩标的公司的信用风险、P公司投资资产信用风险，以及互换交易对手的信用风险。

L银行可以通过这样一个结构把基础资产的信用风险转移出去，同时P公司通过IRS向投资者支付固定利息。在整个过程中，L控股公司为CDS

和IRS作了担保。由于有L控股公司的担保，整个产品则可以得到一定的信用增级，降低了P公司支付的利息成本。对于市场投资者而言，这些信贷挂钩标的都是信誉良好的知名公司，更重要的是，P公司发行的票据所支付的利息远远高于其能在市场上买到的政府债券的利息。

当市场情绪稳定、流动性充足时，P票据产品和基础资产都能够正常交易变现，而一旦发生挂钩标的违约、市场恐慌时，就容易出现低价抛售、基础资产缩水、本金损失的情况。除此之外，对于国际市场的投资者而言，还存在汇率风险。因此，信用衍生品在帮助财富管理机构进行风险对冲的同时，内嵌信用衍生品的金融产品可能给普通投资者带来较大的信用风险敞口，故投资须谨慎。

2. 总收益互换

所谓总收益互换，是指信用保护买卖双方签订互换协议，买方在协议期间将包括基础资产收益加上价值增值的总收益转移给卖方，卖方承诺向买方交付一个事先约定的利率回报，通常是无风险利率加一个差额。具体交易过程如图5－5所示。

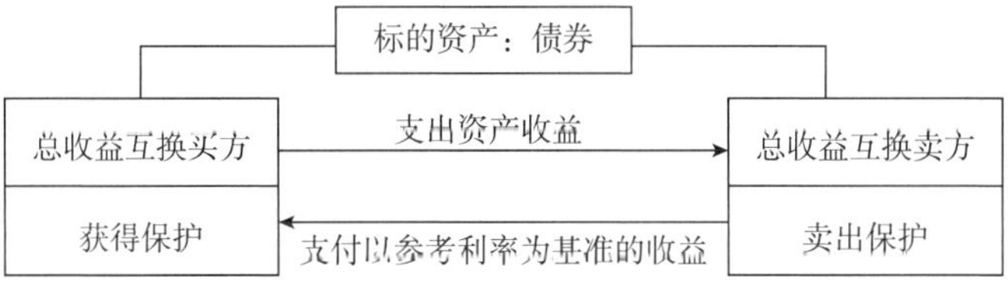

图5－5　总收益互换交易

例如，一个3年期、名义本金为1亿美元的公司债券的总收益互换，买方（A）将公司债券的总收益与卖方（B）按照无风险利率加计25个基点进行互换。假设在合约结束的时点双方同时履约，则买方（A）需向卖方（B）支付1亿元公司债券投资所收入的利息和价值增值部分，同时收到卖方（B）按面值1亿元、无风险利率再加25个基点的利率水准计算的现金收入和价值贬损部分。

在互换合约结束时，将会有最后一次付款来反映债券价值的变化，即债券的价值增值或价值贬损。例如，如果在互换期限内债券价格增长了20%，在1年后，买方（A）需要向卖方（B）支付2000万美元；如果债券价格下跌了20%，卖方（B）需向买方（A）支付2000万美元。在此期间内，如果债券违约，总收益互换合约将触发终止，但卖方（B）必须向买方（A）支付1亿美元与违约的债券的市场价格的差额。

总收益互换转移的并不仅仅是信用风险，债券本身的市场风险、利率风险、汇率风险等，均可通过互换一并实现转移。

3. 信用风险缓释工具

信用风险缓释合约（CRMA）是指交易双方达成的，约定在未来一定期限内，信用保护买方按约定标准和方式向信用保护卖方支付信用保护费用，由信用保护卖方就约定的标的债务向信用保护买方提供信用风险保护的金融合约。

信用风险缓释合约（CRMA）是我国首创的信用风险衍生工具，类似于信用违约互换（CDS），也是标准化的信用衍生产品，其创设目的是为凭证持有人提供信用风险保护，且可以在二级市场上交易流通。

第三节　市场风险管理

市场风险是财富管理机构投资活动面临的主要风险，对财富管理机构投资收益的影响具有深刻性和持续性。

一、市场风险的来源

财富管理机构投资资产的市场风险，主要来源于以下几个方面。

（一）经济周期变动风险

财富管理机构投资的各类资产，特别是权益类资产的市场风险，与经济周期的变动密切相关。当经济处于繁荣阶段，社会总需求显著扩大，市场投资规模稳步增长，企业利润水平明显上升，金融资产价格也呈现持续上涨的态势。而当市场进入衰退阶段，情况就会完全相反。

（二）利率风险

利率是影响财富管理机构投资的资产价格的一个经常性的金融变量。一般情况下，市场利率与金融资产价格是反向变动的。而固定收益类资产受市场利率的影响更为突出。市场利率的上升，将直接导致固定收益类资产市场价格的下跌。就股票类资产看，市场利率上升将增加公司的融资成本，降低公司的盈利水平和股利分配率，导致公司股票价格下降。此外，利率提高一方面会导致社会货币供应量减少，另一方面会使银行储蓄和固定收益类资产的收益率相应提高。这两种因素都会影响进入股票市场的资金规模，进而影响对股票的需求，成为导致股价下行的力量。

（三）汇率风险

汇率风险是财富管理机构构建全球化投资组合面临的主要风险。财富管理机构如果持有以外币计量的金融资产，除了要承受资产本身的价值变动风险外，外币汇率的波动还将影响投资组合收益。因此，如果财富管理机构是全球资产投资者，则其既需要考虑投资的外币资产本身的价格变动风险和外币汇率风险，也需要考虑外币资产波动与汇率波动的相关关系。当两者呈正相关关系时，汇率风险的存在将放大投资的外币资产的风险。

二、市场风险度量方法

与财富管理机构投资过程中面临的信用风险、操作风险等其他类型的金融风险相比，与市场风险相关的信息、数据较易获得，这为市场风险度量提供了有利条件。市场风险的度量方法很多，广泛使用的方法有久期、凸度、波动性、*VaR* 值等模型。

（一）久期（Duration）

久期，即债券每次支付现金所用时间的加权平均值，权重为每次支付现金流的现值占现金流现值总和的比率。它综合反映债券到期时间、债券现金流以及市场利率等因素变动对债券价格的影响，是衡量债券利率风险的指标，也是固定收益类资产投资中最为核心的概念。久期的种类较多，包括麦考利久期、修正久期等。

1. 麦考利久期（*MacD*）

麦考利久期由美国经济学家弗雷德里克·麦考利（Frederick Macaulay）于 1938 年提出，用于计量债券持有人收回所有现金流所需的加权平均时间。其具体计算公式为

$$MacD = \frac{\sum_{i=1}^{n} t_i PV_i}{\sum_{i=1}^{n} PV_i} = \frac{\sum_{i=1}^{n} t_i PV_i}{V} = \sum_{i=1}^{n} \frac{PV_i}{V} \tag{5.13}$$

式中：*MacD* 为麦考利久期；i 为第 i 笔现金流；PV_i 为第 i 笔现金流的现值；t_i 为第 i 笔现金流发生的时间；V 为资产现值。

针对一组固定现金流的债券，麦考利久期介于第一次现金流的时间和最终现金流的时间之间。当且仅当到期时只有一笔付款时（如零息债券），麦考利久期等于债券的到期期限。将上式中 PV_i 具体表示出来，麦考利久期的计算公式为

$$MacD = \sum_{i=1}^{n} t_i \frac{CF_i \times e^{-yt_i}}{V}$$

$$V = \sum_{i=1}^{n} PV_i = \sum_{i=1}^{n} CF_i \times e^{-yt_i} \tag{5.14}$$

式中：$MacD$ 为麦考利久期；i 为第 i 笔现金流；PV_i 为第 i 笔现金流的现值；y 为债券资产的到期收益率；CF_i 为第 i 笔现金流；t_i 为第 i 笔现金流发生的时间；V 为债券资产的现值。

2. 修正久期（*ModD*）

修正久期是对债券价格敏感度的计量，是债券价格相对于债券收益率的导数。当债券或其他资产被视为收益率的函数时，适用修正久期。修正久期的计算公式为

$$ModD = -\frac{1}{V} \cdot \frac{\partial V}{\partial y} \tag{5.15}$$

采用连续复利时，修正久期与麦考利久期相等：

$$\frac{\partial V}{\partial y} = -\sum_{i=1}^{n} t_i \cdot CF_i \cdot e^{-yt_i} = -MacD \cdot V$$

即 (5.16)

$$ModD = MacD$$

债券收益率一般为不连续复利（比如每年或每半年复利一次），这种情况下修正久期和麦考利久期的关系如下：

$$\frac{MacD}{(1 + y_k/k)} = ModD \tag{5.17}$$

值得注意的是，尽管麦考利久期和修正久期有一定的相关性，但它们在概念上却大不相同。麦考利久期是所有现金流的加权平均时间，以年为单位。而修正久期则是价格—收益函数的价格敏感性度量，即收益率每变化一个单位时价格变化的百分比。

此外，修正久期和麦考利久期的适用范围也不同。前者可以用于现金流量不固定的债券，而后者仅适用于现金流量固定的债券。

（二）凸度（Convexity）

债券凸度是衡量债券价格与利率变化的非线性关系的指标，是债券价格与利率相关的二阶导数。通常情况下，凸度越大，债券久期对利率变化越敏感。随着利率的变化，债券价格通常呈非线性变化。债券的价格曲线弯曲程度越大，久期的利率敏感度的度量结果越不准确。

凸度是债券价格随利率变化的曲率或二阶导数，即债券的久期对利率的导数。具体而言，假设利率在债券的整个存续期内保持不变，利率的变化均匀发生。当使用这些假设时，久期可以表示为债券价格函数相对于有关利率的一阶导数，凸度是债券价格函数相对于有关利率的二阶导数。

在财富管理机构的投资过程中，债券定价通常需要更复杂的模型。通过简化假设，可以快速地计算出债券价格对利率变化敏感性的情况。

如果单位浮动利率为 r 且债券价格为 B，则凸度 C 定义为

$$C = \frac{1}{B} \cdot \frac{\mathrm{d}^2 B(r)}{\mathrm{d}r^2} \tag{5.18}$$

凸度 C 的另一种数学定义是由修正久期 D 得出：

$$CB = \frac{\mathrm{d}DB}{\mathrm{d}r} = -D \cdot -DB + \left(-\frac{\mathrm{d}D}{\mathrm{d}r}\right) \cdot B$$

即

$$C = D^2 - \frac{\mathrm{d}D}{\mathrm{d}r} \tag{5.19}$$

凸度用于管理债券投资组合所面临的市场风险。投资组合的凸度和久期较高，表示投资组合的利率风险较高。反之，如果组合的凸度和久期较低，即使发生较大利率变动，投资组合资产的价值损失也会相对较小。

（三）波动性

波动性是指金融资产价格在一定时间段内的变化情况，通常采用以下几项指标进行衡量。

1. 极差

极差是衡量资产价格波动性的一个简单指标，用来反映一组统计数据中最大值和最小值之间的差距。运用极差公式是衡量金融资产价格波动性最直接也是最简单的方法。极差的计算公式为

极差 = 金融资产价格最大值 − 金融资产价格最小值

该指标反映了观察区间内金融资产价格的最大波动振幅或跨度，金融资产价格的极差越大，表明金融资产价格的波动幅度越大。它是一种离散的分析金融资产价格波动性的方法，其大小只与观察区间内金融资产价格的两个极端值有关，而与中间的价格数据无关，因而忽视了大量数据信息和特征，故应用上存在局限性，而且在对不同品种的资产之间或同类品种资产的不同时期之间的波动性进行分析比较时，该指标存在量纲上的缺陷。

2. 平均绝对偏差

平均绝对偏差（Mean Absolute Deviation，MAD）是所有单个观测值与算数平均值偏差绝对值的平均数。其计算公式为

$$MAD = \frac{\sum_{t=1}^{n} |X_t - \bar{X}|}{n} \tag{5.20}$$

式中：n 为观测数值；X_t 为第 t 个观测值；X 为所有观测值的算数平均值。

平均绝对偏差（*MAD*）以数据的算数平均值为中心，体现了每个观测值与算术平均值的平均差异程度，且全面、准确地反映了一组金融资产价格数据的离散状况。该指标越大，说明价格数据的离散程度越大，波动性越大，算数平均值的代表性越差；反之，说明数据的离散程度越小，波动性越小，算数平均值的代表性越好。但该指标引入了绝对值的计算，在风险优化时，使求导过程变得复杂，因此，在实际应用时更多使用标准差这一波动性的度量指标。

3. 标准差

标准差一般用 σ 表示，是衡量金融资产价格波动性最为常用的指标。

σ 越大，说明该资产收益率的波动性越大，从而该资产面临的市场风险就越大；反之，说明该资产面临的市场风险越小。

当不能准确知道资产收益率的概率分布时，也常常利用随机变量 r 的若干个历史样本观测值，来估计 r 的数学期望和标准差。假设 r 有 m 个样本观测值，分别为 $r_1, r_2, \cdots, r_m$，则 r 的数学期望 μ 的估计值为

$$\mu = \frac{1}{n}\sum_{i=1}^{n} r_i \tag{5.21}$$

而标准差 σ 的无偏估计公式为

$$\hat{\sigma} = \sqrt{\frac{1}{n-1}\sum_{i=1}^{n}(r_i - \hat{\mu})^2} \tag{5.22}$$

以上为年化波动率的计算。如果需要转化为日波动率（假设一年 252 个交易日），则

$$\sigma_d = \frac{\hat{\sigma}}{\sqrt{252}} \tag{5.23}$$

我们也可使用投资组合收益率的方差（或标准差）来度量投资组合的风险。具体的测算方法如下。

假设投资组合 Ω，ω_i 为第 i 项资产在投资组合中所占的比重，r_i 为第 i 项资产的收益率。所以，投资组合的收益率为 $r_p = \sum_{i=1}^{n}\omega_i r_i$，投资组合收益率的期望和方差分别为

$$\begin{aligned} \mu_p &= \sum_{i=1}^{n}\omega_i\mu_i \\ \sigma_P^2 &= \sum_{i=1}^{n}\sum_{j=1}^{n}\omega_i\omega_j \mathrm{Cov}(r_i, r_j) = \sum_{i=1}^{n}\sum_{j=1}^{n}\omega_i\omega_j\rho_{ij}\sigma_i\sigma_j \end{aligned} \tag{5.24}$$

式中：μ_i 和 σ_i 分别是 r_i 的期望和标准差；$\mathrm{Cov}(r_i, r_j)$ 和 ρ_{ij} 分别是协方差和相关系数。

在实际应用中，如果我们不确定组合收益率的概率分布，就很难确定 μ_i 和 σ_i。此时，可利用 r_i 的历史数据来进行参数估计。对于相关系数的估计，需要利用公式（5.25）：

$$\hat{\rho}_j^i = \frac{\frac{1}{n-1}\sum_{k=1}^{n}(r_{i,k} - \hat{\mu}_i)(r_{j,k} - \hat{\mu}_j)}{\hat{\sigma}_i \hat{\sigma}_j} \tag{5.25}$$

（四）*VaR* 值

VaR 值是指市场处于正常情况下，在给定的置信水平内，财富管理投资组合在未来特定的一段时间内，面临最大可能的损失。若某投资组合在未来持有期内的损益 ΔP 符合 *PDF* 为 $f(r)$ 的连续分布，则 *VaR* 可表示为

$$Prob(\Delta P < -VaR) = 1 - c = \int_{-\infty}^{-VaR} f(r)\,\mathrm{d}r \tag{5.26}$$

式中：*Prob* 表示某种概率测度；$\Delta P = P(t + \Delta t) - P(t)$ 表示投资组合在未来持有期 Δt 内的损失；$P(t)$ 表示投资组合在当前时刻 t 的价值；c 为置信水平；*VaR* 表示置信水平 c 下组合的在险价值。

关于 *VaR* 值公式有两点须说明：

其一，*VaR* 值既可以用价值量表示，也可以用收益率表示，用什么表示取决于 ΔP 的含义；

其二，为最大限度地确保随机序列的平稳性及其一阶矩、二阶矩的存在性，ΔP 的概率分布一般用组合收益率的概率分布来获得。

1. *VaR* 值分析的基本特点

VaR 值作为分析投资资产市场风险的工具，具有以下几个基本特点。

第一，*VaR* 是在某个综合框架下考虑了所有可能的市场风险来源后得到的一个概括性的风险度量值，而且在置信水平和持有期给定的条件下，*VaR* 值越大说明投资组合面临的风险就越大；反之，则说明投资组合面临的风险越小。

第二，由于 *VaR* 可以用来比较分析由不同的市场风险因子引起的、不同投资组合之间的风险大小，因此 *VaR* 值是一种具有可比性的风险度量指标。

第三，在市场处于正常波动的状态下，时间跨度越短，收益率就越接近于正态分布。此时，假定收益率服从正态分布计算的 *VaR* 比较准确有效。

第四，置信水平和持有期是影响 *VaR* 值的两个基本参数。

2. *VaR* 值分析的局限性

尽管 *VaR* 值分析有其自身的优点，但也存在一定的局限性，主要表现在以下几点。

第一，*VaR* 值不适用于极端市场情况。计算 *VaR* 值的基本公式仅在市场处于正常波动的状态下才有效，而无法准确度量市场处于极端情况下的风险。如果市场出现极端情况，历史数据变得稀少，资产价格的关联性被切断，或是因为金融市场不够规范，金融市场的风险来自人为因素、市场外因素的情况下，便无法测量市场风险。

第二，当用来分析的数据的数量和质量达不到要求时，不能使用该分析方法。

运用 *VaR* 值方法进行计量分析和预测时，要有足够的历史数据。如果数据库整体上不能满足风险计量的数据要求，则很难得到正确的结论。另外，数据的有效性也是一个重要问题。有些数据不具有代表性，且由于市场炒作等原因，有些数据非正常性变化较大，缺乏可信性。

第三，*VaR* 值在其原理和统计估计方法上存在一定缺陷。

VaR 值对金融资产或投资组合的风险计量方法，是依据被计量资产过去的收益特征进行统计分析来预测其价格的波动性和相关性，从而估计可能的最大损失。这相当于假定决定资产价格变化的风险因子在未来的发展变化及其相关关系与历史行为完全一致，而这并不符合实际情况。

第四，*VaR* 值方法无法预测尾部极端损失情况，从而对风险的刻画并不完整。例如，置信水平 99% 的 *VaR* 值衡量的是，在一定时间段内，金融资产或投资组合有 99% 的概率可能发生的最大损失金额。而当 1% 的可能性发生时，金融资产或投资组合的损失金额将超过 *VaR* 值，但超过程度到底有多大，并无具体诠释和说明。

三、市场风险防控策略

财富管理机构的市场风险防控策略，可以分为传统市场风险防控策略和利用衍生工具的市场风险防控策略。

（一）传统市场风险防控策略

1. 多元分散化投资

从理论上讲，足够分散的投资能够消除一切非系统性风险，使投资组合在既定收益水平下实现风险最小化，或在既定风险水平下实现收益最大化。财富管理机构实行分散式投资，虽然不可能完全消除非系统性风险，但确实能够优化收益与风险比例，降低投资资产的市场风险。

2. 证券池管理

财富管理机构应建立证券池，明确证券池的入池和出池标准，规范管理投资标的。财富管理机构可以根据自身需求，将证券池分为几类，分别挑选具有一定特征的投资标的建立不同的证券池。只有进入证券池的证券，才可以被纳入投资组合。财富管理机构挑选入池证券，要在遵循既定标准的前提下，认真、全面分析备选的入池证券所在公司的基本面，只能把基本面良好且无负面消息的证券纳入证券池。此外，对纳入证券池的证券也要适时进行动态调整。对原来已经纳入但基本面发生重大不利变化（如被ST、业绩大幅下滑甚至亏损等）或出现负面消息（如重组失败、重要股东减持等）的证券，要及时调出证券池，而对一些基本面发生显著好转且具备良好成长性的公司的证券，要及时调入证券池。

3. 止盈止损管理

如果财富管理机构持有的某项资产出现单边下跌甚至极端暴跌的行情，则必须及时将该项资产的头寸降低甚至清空，否则可能对投资组合的净值产生重大的不利影响。此外，任何资产的价格都不可能无限期地上涨，如果财富管理机构持有的某项资产在一定时期内的涨幅远远超越了正常水平，比较合理的做法是适时地止盈了结。止盈止损管理对于防控市场风险非常重要，在实际应用中没有一套公认的普适性的标准，但财富管理机构通常会以优化投资组合的收益与风险比例为导向，以投资组合中各类资产的波动性为依据，确定适合自身的止盈止损标准。

4. 限额管理

财富管理机构在投资过程中，可根据投资政策说明书中确定的风险偏好，采用先进的动态风险计量方法，设定各种维度的风险限额。风险限额可以分配到不同的国别地区的分支机构、各个业务领域，甚至财富管理机构从事具体交易的业务人员，同时也可以按资产组合类别、投资工具类型、投资期限等进行分解。

财富管理机构对各类风险限额指标的管理，首先应明确衡量不同资产市场风险的方法。最主要的风险衡量方法是 *VaR* 值分析。投资组合的风险资本配置权重，则主要由财富管理机构的决策层决定。财富管理机构的风险管理人员使用的量化模型和方法应尽量简单，以便于高层决策。仅以 *VaR* 值限额为例。为及时跟踪、监督投资组合的损失程度，可以按照“*VaR* 值加上实际损失额小于或等于年损失限额”的原则，对投资组合的亏损上限进行限额管理。

5. 盯市

财富管理机构所投资的有价证券、衍生品金融工具等的价值在不断地、经常性地发生变化。这就需要财富管理机构在投资管理过程中，对投资的资产实施持续盯市，以实时监控风险敞口，及时发现风险隐患并采取有针对性的应对措施。

盯市是指财富管理机构通过持续、动态地跟踪投资资产的交易价格，或监控上市公司、债券发行人可能存在或已经发生的风险并评估风险事件对投资组合价值的影响，以识别、评估和应对市场风险的过程。财富管理机构在实际盯市的过程中，对于交易活跃、交易价格能够反映资产价值的投资资产，盯市的对象以该资产的交易价格为主，而该交易价格通常能通过公开市场渠道获取；而对于交易不活跃、缺乏公开市场价格信息的投资资产，则可以用合适的估价模型来确定该资产的合理价格。

（二）利用衍生工具的市场风险防控策略

衍生工具可分为场内衍生工具和场外衍生工具。因此，利用衍生工具的市场风险防控策略，也可以分为利用场内衍生工具的市场风险防控策略和利用场外衍生工具的市场风险防控策略。

1. 利用场内衍生工具的市场风险防控策略

财富管理机构可以灵活运用期货、期权等场内衍生工具来防控投资资产的市场风险，在保障投资组合安全的基础上，尽可能增加投资组合的收益。

（1）期货策略

① 运用股指期货的对冲策略

股指期货，通常可以用来对冲分散化程度很高的权益类投资组合的风险。

假设某一股票投资组合是为了被动跟踪某一股价指数，V_A 为股票投资组合的当前价值，V_F 为一份股指期货的合约价值，如投资目标为对冲率100%，需要持有的空头合约数量 N^* 为

$$N^* = \frac{V_A}{V_F} \tag{5.27}$$

如果股票投资组合不跟踪股价指数，则可以使用贝塔系数来评估需要持有的空头合约的数量。贝塔系数是一种可以有效评估证券市场投资的系

统性风险的工具，用来评估一种证券或一组证券投资组合相对证券市场的整体波动性。当 $\beta=1.0$ 时，股票投资组合的收益与市场收益一致；当 $\beta=2.0$ 时，股票组合的收益为市场收益的两倍；当 $\beta=0.5$ 时，股票组合的收益为市场收益的一半。

假设当前股票投资组合的贝塔系数为 β^*，且选择的期货合约到期日与对冲期限很近，则

$$N^* = \frac{V_A}{V_F} \times \beta^* \tag{5.28}$$

② 运用利率期货的对冲策略

对于一个主要包括利率敏感性资产的投资组合（如债券组合），可以使用利率期货工具进行市场风险的对冲。若市场利率发生变动，则现货资产价格发生变动，利率期货合约的价格也将发生改变。财富管理机构可以根据现货资产的情况结合对冲需要，做空（或做多）一定数量的利率期货，用一个头寸实现的利润抵销另一个头寸产生的损失，从而锁定风险敞口。

假设 V_F 为一份利率期货合约的合约价值，D_F 为利率期货合约标的资产在利率期货合约到期日的久期，V_B 为被套期保值的债券组合价值，D_B 为被套期保值债券在合约到期日的久期。假设对冲的目的是将投资组合的久期变为0，那么，基于久期计算的套期保值所需要利率期货合约的数量为

$$N^* = \frac{V_B \times D_B}{V_F \times D_F} \tag{5.29}$$

此时，完全套期保值的结果为：现货市场上利率波动带来的亏损（或盈利），完全被利率期货头寸价格变化带来的利润（或亏损）抵销。

举例说明：某财富管理机构的投资组合投资了10000000美元的政府债券，其判断未来3个月国债利率可能发生剧烈变动，故计划运用12个月的长期国债期货合约对投资组合进行套期保值。建仓时，现货价格为93.062美元，一份国债期货合约价值为93062.50美元。

假设债券组合在未来3个月后的平均久期为6.80年。市场上，最便宜、可交割的国债为20年期、票面利率为12%的债券。在国债期货合约到期的时点，该债券久期为9.20年。

我们可以计算出应卖空的国债期货合约数：

$$N = \frac{10000000 \times 6.8}{93062.50 \times 9.2} = 79.42$$

近似到整数位，财富管理机构应卖空的国债期货合约为79份。

（2）期权策略

① 抛补看涨期权策略

抛补看涨期权策略，是股票多头与看涨期权空头的组合，是指财富管理机构在购买一定份额股票现货的同时，出售相同份额的该股票的看涨期权的策略。财富管理机构作为期权的出售方，当期权合约到期时股价下跌，期权合约的买方就不会行权，其就会获得期权费收入；如期权买方在期权合约到期时决定行权，其就要按照执行价格出售期权而无法获得期权费收入。

财富管理机构使用抛补看涨期权策略，是基于对股票未来走势的判断，通过卖出期权来将现货市场与期权市场的风险对冲，从而降低投资资产的市场风险。相对于财富管理机构只持有股票多头而言，在预测未来股票价格可能下降的情况下，使用该策略可获取一部分期权费从而减少因标的证券价格下降带来的损失，相当于为财富管理机构提供了一个高于市场基准收益率的机会。

抛补看涨期权策略可以为财富管理机构锁定最高净收入，最高净收入为期权合约的执行价格。该策略是机构投资者经常使用的降低投资资产的市场风险的策略。

② 保护性看跌期权策略

保护性看跌期权策略，是股票多头与看跌期权多头的组合，是指财富管理机构在购买一定份额股票的同时，购买相同份额的以该股票为标的的看跌期权的策略。财富管理机构持有这种组合，可以实现在一定期限内保障投资股票的市场价格不低于某一限定值（买入的看跌期权的行权价格），且随着股票市场价格的不断上升，投资组合的价值也随之上升。

保护性看跌期权可以为财富管理机构锁定最低净收入，最低净收入为看跌期权的执行价格。

财富管理机构为自身持有的股票资产进行“保险”需要付出成本，即购买看跌期权的期权费。期权的执行价格越高，对投资组合的保障程度越高，期权的价格也就越贵。因此，使用保护性看跌期权在锁定最低净收入的同时，也降低了净损益的预期水平。

③ 牛市价差策略

牛市价差策略和熊市价差策略都是价差策略的一种类型。所谓价差，是指衍生产品合约建仓时，价格高的衍生合约与价格低的衍生合约的价格之差。价差策略，是财富管理机构将两个或多个同一类期权合约组合在一起以求获取差价收益的交易策略。牛市价差策略，即财富管理机构通过买入一个执行价格较低的看涨期权（买低），同时又卖出一个资产标的相同、到期日相同但具有更高执行价格的看涨期权（卖高）来获取差价收益的策略。

牛市价差策略通常是在财富管理机构预期未来股市温和上涨的情况下采用。财富管理机构获取卖出和买入看涨期权的执行价格之差，再扣除买入期权和卖出期权的期权费之间的差额，即为其最大获利数额。如果财富管理机构预期未来股市或某种股票大涨，则只要买入看涨期权即可，而无须实施牛市价差策略。

除看涨期权外，也可通过买入和卖出看跌期权合约来实施牛市价差策略。

④ 熊市价差策略

财富管理机构预期未来股票价格下跌，则可考虑采用熊市价差策略。熊市价差策略，即财富管理机构通过买入一个执行价格较高的看跌期权（买高），同时卖出一个资产标的相同、到期日相同但具有更低执行价格的看跌期权（卖低）来获取差价收益的策略。

熊市价差策略通常在财富管理机构预期未来股市温和下跌时采用。由于卖出看跌期权的执行价格低于买入看跌期权的执行价格，两个行权价格之间的差额，再减去买入看跌期权和卖出看跌期权的期权费之间的差额，就是财富管理机构的最大获利数额。如果财富管理机构预期未来股市或某种股票大跌，则只要买入看跌期权即可，而不必实施熊市价差策略。

在价差策略中，还有盒式价差（Box Spread）、蝶式价差（Butterfly Spread）、日历价差（Calendar Spread）、对角价差（Diagonal Spread）等多种类型，这里不再一一赘述。

⑤ 对敲策略

对敲策略可分为多头对敲策略和空头对敲策略。多头对敲是指财富管理机构买入具有同样执行价格与到期日的一个看涨期权和一个看跌期权，空头对敲是指财富管理机构卖出具有同样执行价格与到期日的一个看涨期权和一个看跌期权。

对于多头对敲来说，在期权到期时，如果股票的市场价格接近于期权的执行价格，财富管理机构将产生损失。因为买入的两种期权都无法通过行权获得盈利，财富管理机构只能选择不行权，而在这样的情况下就会损失买入两种期权所支付的期权费。与此相反，当股票市场价格在任何方向有较大波动时，行权都会带来显著的盈利。此时投资组合的净损益，为到期日的行权股价减去期权执行价格再减去买入两种期权的期权费之差。因此，当财富管理机构预测未来股票市场价格会发生剧烈变动时（不管变动方向为正向还是负向），可选择多头对敲策略。

空头对敲与多头对敲正好相反。如果股价大涨，那么期权买方手中的看涨期权就要行权，此时财富管理机构就要按照市场价买入标的资产，然后按照执行价格卖给期权买方，两者的差额再减去其卖出两个期权得到的期权费，净损益可能为负；如果股票市场价格大跌，看跌期权的买方行权，财富管理机构的净损益也可能为负。在到期日股票市场价格与期权执行价格严重偏离时，无论股价是上行还是下行，财富管理机构都将面临较大的损失。只有当股票市场价格没有产生剧烈波动，期权到期日股价与期权执行价格比较接近时，期权买方的看涨期权和看跌期权都不会行权，财富管理机构才可以通过赢取看涨期权和看跌期权的期权费获利。

2. 利用场外衍生工具的市场风险防控策略

在市场风险防控策略中，财富管理机构可利用的场外衍生工具主要包括以下几种。

（1）远期利率协议

远期利率协议是一种关于利率的远期合约，属于场外交易工具，其基本功能是预先锁定将来的利率。财富管理机构通过和交易的另一方签署远期利率协议，可以达到在未来一定时间内按协议规定的利率借入或借出约定数量资金的目的。协议约定的利率由交易双方商定。

远期利率协议主要用于财富管理机构对利率风险的管理。利率风险是财富管理机构开展业务服务过程中面临的主要风险，而远期利率协议具有转移利率风险的明显优势，因此，其成为财富管理机构经常采用的管理利率风险的重要工具。此外，财富管理机构还可以通过对未来利率变动趋势的判断，运用远期利率协议进行利率风险的套期保值、套利和投机等多种用途。

（2）利率互换

利率互换，是交易双方约定在未来一定期限内，对约定数量的同种货币的名义本金，按照不同的计息方法交换利息的一种金融合约。在具体实施过程中，利率互换并不需要进行本金的实际互换，只需对交易双方按照约定的不同利率计算方法所计算的收益进行交换即可。交换的利率方式通常为一方支付浮动利率，另一方支付固定利率。

持有固定利率债券的财富管理机构，面临着未来利率上行、资产价格下降的市场风险。基于对未来利率上升的判断，财富管理机构可使用利率互换这一工具，将固定利率债券转换为浮动利率债券，从而将利率上行的风险转嫁给对手方。同样的道理，如果财富管理机构持有浮动利率债券，在预期未来利率上升的情况下，也可通过利率互换方式将浮动利率债券转换为固定利率债券，以减少利率风险。

第四节　操作风险管理

操作风险是指财富管理机构由于内部控制缺陷、人员操作失误、系统运行故障、外部事件突发等原因而遭受损失的可能性。操作风险来源较广，预测与防控的难度较大，因此，财富管理机构需要特别注重对操作风险的管理。

一、操作风险的来源

操作风险主要受财富管理机构的执业能力、财富管理操作流程的规范程度，以及服务于财富管理业务活动的交易、结算、信息系统等诸多因素的影响。其来源可以分为内部来源和外部来源两方面。

（一）内部来源

1. 财富管理机构内部控制机制不健全

财富管理机构内部控制机制不健全，是财富管理机构操作风险主要的内部来源。其重点表现在两个方面。

（1）财富管理机构基础管理设施不健全

防控操作风险对财富管理机构来说，与防控市场风险、信用风险、流动性风险同样重要。如果财富管理机构未能充分认识到防控操作风险的重要性，未能投入足够的人力、物力、财力构建完善的防控操作风险的基础管理设施，未能制定健全的内部控制制度和管理流程并有效实行，就有可能导致操作风险。

（2）从业人员违规操作

财富管理机构从业人员在业务开展过程中，可能发生一些未执行既定规章制度的行为，如忽略关键控制活动、越权交易、系统编程错误、对融资担保品管理不善、必要法律文件未恰当签署、未经审核批准擅自操作财富管理有关账户等，都可能引发操作风险。

2. 内部欺诈和员工道德风险

内部欺诈和员工道德风险，也是财富管理机构操作风险的一个内部来源。比如，财富管理机构内部业务人员与外部交易对手联手伪造协议、公章以获取非法利益，或互相勾结诈骗财富管理机构客户资产；再如，财富管理机构业务人员在利用客户资金开展投资活动的过程中，进行内幕交易或向不当第三人进行利益输送，由此导致操作风险。还有的财富管理机构业务人员为换取与交易对手方在一些业务方面的合作，违背既定投资政策购买交易对手方的某些高投资风险产品，或者财富管理机构自营持有的资产出现重大风险后，利用客户资产进行接盘，将风险转移给客户，损害客户的经济利益。

此外，财富管理机构的信息系统由于设计或维护不完善、出现故障，或新的信息技术系统上线后从业人员技能水平不足，也可能给财富管理机构带来操作风险。

（二）外部来源

1. 不可抗力

不可抗力是指无法预见、无法避免、无法克服的外部客观情况，包括自然灾害、社会动乱、恐怖袭击等。由于不可抗力的特性，财富管理机构难以对其发生的概率和影响程度进行度量，也难以对其采取有效的防控措施，通常只能采用购买保险等方式将其风险转移给保险公司等金融机构。

2. 业务外包

有的财富管理机构由于自身资源和专业技术能力不足，为集中资源发展核心业务，降低业务经营成本，会将部分非核心业务承包给外部专门机构，即业务外包。在业务外包的情况下，外部专门机构本身可能面临着各种操作风险，而这些操作风险也成为财富管理机构外部操作风险的来源。

3. 其他外部来源

除不可抗力和业务外包外，财富管理机构还存在其他来源于外部的操作风险，如交易对手方的欺诈、来源于外部的抢劫或盗窃、客户资金来源违法违规或涉及洗钱等。

二、操作风险度量方法

财富管理机构对操作风险的度量通常采用损失分布法。损失分布法，是指财富管理机构通过统计学方法量化出操作风险导致的整体损失的概率分布，进而对操作风险进行度量的方法。常用的损失分布法包括泊松分布法、韦布尔分布法、蒙特卡洛模拟法等。

要计算操作风险导致的整体损失的概率分布，需要先分别计算操作风险的发生概率分布和影响程度分布。发生概率，是指在某个时间段内操作风险发生的可能性；影响程度，是指操作风险事件发生后损失的金额或对其他经营环节的影响程度。在实际进行操作风险度量时，通常假设发生概率分布与影响程度分布相互独立。

下面以泊松分布法为例，介绍如何运用损失分布法度量操作风险。

泊松分布是一种离散概率分布，在统计学与概率学里被广泛应用。这一分布假定损失风险在各个时间段内是均匀随机的，并且在任意一个 Δt 的时间段内，损失出现的概率为 $\lambda\Delta t$。在时间 T 有 n 个损失出现的概率为

$$P = e^{-\lambda T}\frac{(\lambda T)^n}{n!} \tag{5.30}$$

参数 λ 为在单位时间内损失发生的平均次数。假如在 10 年内损失出现了 12 次，对应的 λ 为每年 1.2 次，或每个月 0.1 次。

泊松分布具有一个特性，即损失时间发生次数的期望值等于方差。因此，如果操作风险损失时间发生次数的期望值与方差较为接近时，泊松分布较为适合。

通过泊松分布估计出损失频率分布，还需结合损失影响程度，共同计算出整体损失分布。在这个计算应用过程中可使用蒙特卡洛模拟法。

如上所述，在使用该模型时，通常会假定发生概率与影响程度相互独立，对于每一次模拟抽样，我们进行以下计算：

首先，在概率分布中进行抽样，以决定损失事件的数量（$=n$）；

其次，在影响程度分布中进行 n 次抽样，以决定每次损失事件所对应的损失数量（$L_1, L_2, \cdots, L_n$）；

最后，计算整体损失（$= L_1 + L_2 + \cdots + L_n$）。

进行多次抽样后，可以得出所考虑的损失类型的整体损失分布。

三、操作风险防控策略

（一）建立完善的内控机制

操作风险是由财富管理机构的人员、系统、流程或外部事件引发的。财富管理机构的各个业务和管理条线，都有发生操作风险的可能性。因此，财富管理机构要想尽可能减少操作风险，或是在操作风险发生后尽量减少损失，必须建立完善的内部控制机制。

1. 制定完备的政策与程序

制定完备的政策与程序，是建立完善的内控机制的基础。所谓政策和程序，既包括财富管理机构的组织架构、业务管理、技术管理、人员管理等方面，还包括对不同的工作事项，如审批、授权、职责分离、监督、跟踪评价等的执行要求和工作标准的明确规范。如果某项政策与程序，是一项长期持续且需要相关人员充分理解的惯例，则应通过规章制度等方式将其规范化、制度化。政策和程序一旦确定，财富管理机构的从业人员必须不折不扣地严格执行，只有这样才能取得防控操作风险的预期效果。

2. 开展常态化控制活动

财富管理机构要对操作风险开展常态化控制活动。所谓控制活动，是指财富管理机构确定的、用于预防和控制操作风险的具体的工作内容。

控制活动包括两种类型：一是事前预防性的控制活动。财富管理机构可以制定规范的操作制度，明确重要环节的控制措施。比如，实行前中后台职责分离，即把不同岗位人员的职责分开或隔离，以便降低操作错误或故意欺诈的风险；再如，有效区分投资交易人员在交易过程中的交易权限与复核权限，设置双重、互斥的职责安排，以降低证券交易中“乌龙指”（证券交易人员在执行交易时，不小心敲错了价格、数量、买卖方向等事件的统称）类操作差错发生的概率。二是事后侦查性的控制活动，如开展定期检查或审计、定期复核交易反馈记录检查投资人员是否存在超权限操作等。进行此类活动的目的，是发现业务人员操作执行中可能发生的错误并及时予以改正，针对的是已经采取了预防性控制措施但仍有可能存在的风险。

3. 持续监控、评估与改进

为确保内部控制机制的有效运行，财富管理机构应该持续对操作风险的管理情况进行监控，对操作风险管理的成效进行评估，并根据监控和评估中发现的问题，及时采取具有针对性的改进措施，不断提升操作风险的管理水平。

4. 加强基础设施建设

加强操作风险管理的基础设施建设，是财富管理机构有效管控操作风险的必备条件。例如，建立先进的业务信息系统，通过精细、高效的系统化操作，降低操作出错概率；再如，推进操作风险的监控和预警平台建设，实现对操作风险的实时监测，从而对操作风险做到早发现、早化解、早处置。

（二）风险转移

操作风险具有内生性强、涉及业务面广、覆盖范围大等特点，管理难度较大。而风险转移则是财富管理机构管理操作风险的一个有效方式。财富管理机构可以根据管理操作风险的实际需要，通过购买第三方保险的方式来转移操作风险。国际市场上常见的操作风险保险，主要包括人员责任保险、错误遗漏保险等。

第五节 流动性风险管理

流动性风险管理也是财富管理机构风险管理的重要内容。加强流动性风险管理，对满足财富管理机构的流动性需求、保证财富管理机构的正常运营、提升财富管理机构的市场竞争力和社会声誉，都具有重要意义。

一、流动性风险的来源

财富管理机构的流动性风险，从资产和负债角度考察，主要来源于以下两个方面。

（一）资产流动性不足

资产流动性不足，是指财富管理机构在一定时间内不能以合理的市场价格快速变现所持有的投资资产。主要表现：一是在市场流动性不活跃的情况下，持有的投资资产无法以体现其实际价值的市场价格交易变现；二是在市场运行正常的情况下，财富管理机构为不引起市场价格波动，在一定时间内交易的某类资产不能超过一定数量，否则可能面临无法变现或亏损变现的风险；三是大量变现某种投资资产可能造成该种资产市场价格的较大波动，并导致投资损失。

（二）融资能力受限

融资能力受限，是指财富管理机构在应付流动性需要时，由于融资能力的限制，无法以合理的融资成本及时筹措到所需资金的情况。财富管理机构的融资能力，受制于自身资产规模、经营状况、资信程度以及金融市场环境等诸多因素。当财富管理机构由于某种因素融资受阻时，就会因流动性需求无法满足而产生流动性风险。

融资能力受限和资产流动性不足可能会相互触发。例如，财富管理机构参与股指期货投资，在股票市场下行时会引发保证金追加义务，如果投资组合中未能持有足够的现金头寸且融资能力受限，可能会被迫变现部分资产以满足保证金追加要求。如果这部分资产流动性不足，或者在变现时资产的体量很大，极有可能引发资产价格的不利变动。

二、流动性风险度量方法

流动性风险度量，可分为总体流动性风险度量和资产流动性风险度量。前者是指对财富管理机构整体投资组合的流动性风险的度量，后者是对投资组合中单个资产的流动性风险的度量。

（一）总体流动性风险度量

1. 指标体系分析法

指标体系分析法，主要是采用类似于财务比率的指标方法来测量总体流动性风险。财富管理机构使用该方法，可以测算出清晰反映总体流动性的各项指标。

（1）现金资产占比

现金资产占比是现金资产占总资产的比例。具体计算公式为

$$现金资产占比 = 现金资产/总资产 \times 100\%$$

现金资产占比这一指标越大，表明流动性风险越小；该指标越小，表明流动性风险越大。但过高的现金资产占比虽然有利于应对流动性风险，也会减少进入投资领域的资金，从而降低投资收益，财富管理机构应根据风险管理的实际需要，使这一指标保持在合理水平。

（2）流动资产占比

流动资金占比是流动资产与总资产的比率。具体计算公式为

$$流动资产占比 = 流动资产/总资产 \times 100\%$$

流动资产通常包括现金、国债、应收款项等资产。与现金资产占比相同，流动资金占比也与流动性风险呈反向关系。

（3）流动性证券占比

流动性证券占比是指财富管理机构持有的 1 年以内的政府债券（包括政府机构债券）与总资产的比率，即

$$流动性证券占比 = 政府债券总额/总资产 \times 100\%$$

1 年以内的政府债券，通常信誉高、期限短、流动性强，可以在任何时候以最小的交易成本出售。流动性证券占比越高，表明资产整体的流动性越强。当财富管理机构流动性出现缺口时，可随时通过出售政府债券予以弥补。不过，政府债券的收益率水平相对较低，故这一指标也应保持在合

理水平。

（4）抵押证券比率

抵押证券比率是财富管理机构持有的抵押证券与证券总额的比率，即

$$抵押证券比率 = 抵押证券/证券总额 \times 100\%$$

抵押证券是财富管理机构用作抵押品的证券，在融资到期之前是不能变现补充流动性的。如财富管理机构在通过回购方式融资时，需要以债券作为抵押物，而被抵押的债券在融资偿还之前不能出售用于满足流动性需求。因此，这一比率与财富管理机构的流动性风险呈反向变动关系。

2. 流动性缺口分析法

流动性缺口分析法，是指财富管理机构通过分析其投资组合的资产负债之间的差额，来度量总体流动性风险的方法。

所谓流动性缺口，是指在未来一段时期内预计的资金需求量与预计的资金供给量之间的差额。若流动性缺口是正值，表明财富管理机构的投资组合未来可能存在流动性不足，需要增加资金来源，而且差额部分越大，表明流动性不足越严重。

通常情况下，出现流动性缺口的情形主要有两种：一是资金需求量与资金供给量之间不匹配；二是资金需求量与资金供给量随着业务的变化呈现不同的变化。

为更加有效地反映资金需求量、供应量的变化对流动性的影响，财富管理机构可以使用边际流动性缺口指标。该指标等于未来一段时期内预计的资金需求量与资金供给量的变化值之间的差额。边际流动性缺口为正，表明财富管理机构在未来一段时间内资金需求量变动大于资金供给量变动，反之则相反。

（二）资产流动性风险度量

财富管理机构对资产流动性风险的度量，可以从以下两个维度入手。

1. 价差法

价差法是从价格角度衡量资产的流动性，即某项资产在进行大额交易时，该笔交易的实际成交价格相对于市场正常交易价格的偏离程度。在一定时间内，如果某项资产在交易过程中买方的溢价幅度或卖方的折价幅度极小，可以说明该资产具有较强的流动性。

常用的价差指标包括买卖价差、有效价差和相对有效价差。其中，买卖价差的计算方法包括绝对买卖价差和相对买卖价差。绝对买卖价差，是指资产交易双方对资产报价的绝对差异；相对买卖价差，是指资产交易双

方对资产报价的相对差异。具体计算公式为

绝对买卖价差：$s = (p_s - p_b)$

相对买卖价差：$s = (p_s - p_b)/p_{mid}$

式中：p_s 为卖出价；p_b 为买入价；p_{mid} 为市场中间价，即买入价与卖出价的平均值。

有效价差是金融资产的成交价格与卖出报价与买入报价的平均值之间的差。其又可细分为绝对有效价差和相对有效价差。计算公式分别为

绝对有效价差：$s = |p_s - p_{mid}|$

相对有效价差：$s = |p_s - p_{mid}|/p_{mid}$

2. 平仓费用

资产的流动性，也可以通过测算资产的平仓费用进行评估。

平仓费用，是测算财富管理机构在一定时间内和正常市场条件下，对某项资产进行平仓所产生的费用。某项资产的平仓费用增大，表明该项资产的买卖差价增大、变现难度加大、流动性变差。反之，某项资产的平仓费用减小，表明该项资产的流动性有所改善。其计算公式为

$$\text{平仓费用(正常市场条件下)} = \sum_{i=1}^{n} \frac{1}{2} S_i A_i \tag{5.31}$$

式中：S_i 为某财富管理机构持有的第 i 个产品的买入卖出价差比率；A_i 为相应头寸的货币价值；n 为头寸总数量。

财富管理机构利用平仓费用检验某项资产流动性的另一种方法，是测算在一定的时间内和承压的市场条件下，其对某项资产进行平仓所产生的费用。其具体公式为

$$\text{平仓费用(承压市场条件下)} = \sum_{i=1}^{n} \frac{1}{2} (\mu_i + \lambda\sigma_i)\alpha_i \tag{5.32}$$

式中：μ_i 为买入卖出价差比率的均值；σ_i 为买入卖出价差比率的标准差；λ 为差价的置信区间。

三、流动性风险防控策略

流动性风险是财富管理机构信用风险、市场风险、操作风险等多种风险的产物。财富管理机构无法使用风险规避手段完全消除流动性风险，实操中更多的是采取各类风险控制手段和方法，降低流动性风险的发生概率及其产生的负面影响。

（一）强化资产流动性风险的日常管理

财富管理机构的流动性风险，与其能否及时满足流动性需求密切相关。

流动性需求可能产生于客户临时的资金提取，或是自身的融资即将到期等。财富管理机构要有效防控流动性风险，需要对各种交易账户的流动性进行量化管理，同时还应通过日常流动性管理中的诸多方式和手段，密切监测交易账户现金流的情况，并针对潜在的流动性缺口，及时采取措施筹集、补充流动性。

1. 主动管理资产的流动性头寸和流动性缺口

财富管理机构应当建立完善的识别、度量和监控流动性风险的机制。要对自身资产和负债的期限错配情况、流动性需求等进行经常性的综合分析，准确评估现有资产在一定时间内可能产生的现金流，以及或有资产可能带来的潜在现金流，并科学估算同一时间段的流动性需求，评估是否存在流动性缺口。如果存在流动性缺口，则需要提前制订应对预案，明确具体的流动性补充措施，确保流动性缺口能够及时得到补充。

财富管理机构在评估资产的未来现金流时，除了要确定资金流入情况外，还应考虑支付、结算周期等对现金流入时点的影响。同时，对于或有现金流的预测，如清算代理机构定期进行的最低结算备付金的计算与调整，应按照市场交易规则及时测算、评估，确保现金流入、流出数据的准确性，并预留足量资金以满足付款及交割义务。

2. 提前制订融资预案，提高快速融资能力

财富管理机构在日常流动性管理中，应制订周密、可行的融资预案，强化与市场上诸多交易对手的协作与配合，以确保资金来源渠道及债务期限结构的多样化。在融资市场上，财富管理机构应和商业银行等主要资金供给方建立紧密联系，增强从不同渠道快速获取资金的能力，确保在发生流动性风险时，可以通过逆回购、质押融资等多种方式找到交易对手方，及时满足流动性需求。

为提高快速融资能力，财富管理机构可采取的措施包括：一是增强业务经营的稳定性，不断改善业绩水平，并努力完善财务政策，提高财务透明度，以增强资金提供方对财富管理机构还款能力的信心；二是着力加强与各类金融机构的业务联系，尽力满足金融机构对借款人的资质要求，提升与金融机构在融资业务中的谈判能力；三是持续拓展融资渠道，灵活使用各种融资工具，在条件成熟时可以把融资范围向境外扩展。

（二）加强流动性资产的有效配置

流动性资产配置，是指财富管理机构将管理的投资资金按一定比例配置于不同流动性资产的过程。仅以我国为例，在各类资产中，现金资产、银行存款、票据、货币市场基金等资产流动性相对较强；国债、企业债、股票等公开市场交易的资产次之；各类资产管理计划、投资标的为非标准化债权的资产流动性相对较差。而从资产的收益性看，流动性越高的资产收益性越低，流动性越低的资产收益性越高。财富管理机构应该根据自身流动性需要，在资产的流动性与收益性之间有效权衡，构建合理的流动性资产配置结构。

流动性资产配置的管理是一个动态调整的过程。财富管理机构除了在投资组合构建之初要对资产配置进行总体筹划外，还应在持续的投资管理过程中，对所投资的资产结构进行动态调整以实现资产再平衡，以便在满足流动性需求的前提下尽可能提高投资收益。

（三）提升应急处置能力

财富管理机构应根据自身管理的资产规模、投资资产的风险程度等，在投资运作过程中持续监测流动性预警指标的变化情况，及时发现可能出现的流动性风险。应预先制订应对突发流动性风险的应急计划，提升应急处置能力，以便在出现流动性风险时能够及时、有效应对。

流动性风险应急计划的内容主要包括三个方面：一是合理设计应急计划触发场景，如产品管理层面由于交易系统运行故障、电子支付系统失灵等信息系统问题导致结算失败，或由于正回购方违约导致资金紧缺、流动性枯竭，或由于整体金融市场出现流动性危机传递至金融资产导致的流动性困难等。二是明确应急处理工作程序，包括各参与机构、参与部门及人员的权限、职责，以及不同情况下的报告要求和报告路径。三是列明应急资金来源。紧急融资渠道主要包括同业拆借、转贴现融资、债券融资、回购融资等。在具体实施融资过程中，应合理测算可能的筹资规模和所需时间，确保应急资金来源的可靠性、稳定性。

第六章　退休规划

退休规划是财富管理不可或缺的重要内容。进入21世纪以来，世界人口老龄化趋势加剧，好多国家陷入基础养老金不足的窘境。在这种情况下，退休老人要享有自尊、自立且达到与退休前差距不大的生活水平，是很困难的事情。财富管理师利用自身专业技能帮助客户制定退休规划，可以找到应对养老供需资金缺口的解决方法，有效管控养老风险，促进客户财富管理目标的实现。

第一节　退休规划的特征

一、退休规划的概念

“退休”一般是指劳动者因年龄条件和身体条件不适合继续工作而退出劳动岗位。各个国家的退休年龄存在差异，最高为67岁，最低为50岁。美国的退休年龄分布于62～67岁，日本的退休年龄为62岁，英国的退休年龄为65岁，中国男职工退休年龄为60周岁，女干部退休年龄为55岁，女工人为50岁。

所谓退休规划，也称退休计划，是指居民个人结合自身资源和退休后的需求，在财务、健康、居住、人际交往、休闲等方面作出的，以实现自尊、自立和较高水准退休生活为目标的长期资产规划。居民个人的退休规划，如涉及财富管理活动，可以由财富管理师帮助制定，也可以自行制定。退休规划不是一成不变的，应根据国家宏观经济运行状况、个人收支情况变化等因素适时调整。

二、退休规划的特征

退休规划的特征主要表现在以下四个方面。

（一）以客户养老资产管理为着力点

养老资产是可为财富管理客户退休后生活提供收入的各种资产及其所获收益的总和。如果财富管理客户退休后的生活模式是既定的，则客户在日常生活、医疗护理、住房及其他特殊需求等方面形成的养老负债也是基本固定的。因此，财富管理机构对客户养老金及养老服务缺口的管理，主要是面向客户的养老资产管理。客户的养老资产大致分为四个部分，即由国家制度保障的基本养老资产、个人补给性的金融类养老资产、以养老房产为主的物质类养老资产和人力资本类资产。针对客户的养老资产缺口，财富管理机构通过充分利用国家的税收优惠政策，有针对性地引入符合客户风险偏好的产品，并科学安排各类投资对象在养老资产之间的配置比例，可以有效保障养老资产的安全性和收益性。

（二）以客户长期收支平衡为目标

退休规划的目标，是保证财富管理机构的客户在生命周期每个时间段的现期收入与未来收入的现值之和，大致等同于现期消费与未来消费的现值之和，即追求客户的“长期收支平衡”。“长期”意味着设计和执行的时间跨度较大，既包含客户退休前的职业规划、消费、储蓄与投资的计划与实施，也包含客户退休后的资产及负债管理的计划与实施。“收支平衡”侧重于定量分析客户初始资产和各期净收入之和与退休后各期支出的现值的关系。在通常情况下，客户的消费行为在长期内保持稳定，财富管理机构主要负责扩展客户的收入来源。

退休规划的长期性，使财富管理机构考虑的风险因素也具有多样化的特征。客户自身的健康水平恶化、消费行为极端化等偶发性因素，或通货膨胀、税收政策变化等系统性风险因素，均可能打破客户的长期收支平衡。因此，适时调整客户的养老资产配置结构和收入结构就显得十分必要。例如，财富管理机构通常在客户的养老资产配置中加入抵御通胀能力较强、利率敏感性较低的保险类产品以应对高通胀风险。若选择的是疾病险产品，则可以在很大程度上削减突发性疾病对退休规划的影响。

（三）拓展社会养老保障体系

退休规划与社会养老保障体系是相互依存、紧密联系的。一方面，退休规划倚仗社会养老保障体系而存在。财富管理机构协助客户设计的退休规划，需依托于各个国家的社会保障制度。各国养老资产的形成和分配，大多以基本养老保险、企业年金和个人养老保险三者组合而成的“三支柱”

框架作为依托，财富管理机构依靠国家在税收政策和市场监管方面的支持，对客户的养老资产进行安排。

另一方面，退休规划反作用于社会养老保障体系。随着各国对社会养老保障体系进行的改革，该体系的市场化运营趋势明显，具备一定替代率的第二支柱和第三支柱的私人养老保障计划（雇主职业年金计划和私人养老金储蓄计划）被赋予更大比重，而财富管理机构的作用也越发突出。专注服务于客户需求的财富管理机构，促进了养老金融市场的产品细分，有效弥补了公共养老保障计划“一刀切”的不足之处，助推了社会养老保障体系的完善。此外，财富管理机构携养老资产入市的实操性、长期性，不仅可以增加养老资产收益，提高社会养老保障体系的造血能力，而且有利于促进养老金融市场的良性循环和稳定发展。

（四）资产增值方式多元化

从财富管理机构客户的需求角度看，伴随退休时点的临近，其养老资产增值的投资组合选择会更趋保守，因此，财富管理机构会随客户年龄变化而相应调整风险资产的比重。客户年龄结构的多样性，使客户养老资产配置结构和养老资产增值方式也呈现多样性的特征。此外，即使处于同一年龄段的客户，在现时收入水平、资产存量规模、投资风险偏好等方面也存在明显差异，这也是导致养老资产配置结构与养老资产增值方式多样性的重要因素。从资产角度看，养老资产配置结构和养老资产增值方式的多元化，有利于分散投资风险，更稳定地实现养老资产的保值增值。

在成熟的财富管理市场中，客户可选择的养老资产配置对象和养老资产增值方式较为广泛，既包括银行存款、债券、股票等传统金融工具，也包括期货、房地产、私募基金、对冲基金等非传统金融工具。从各国的实际情况看，对于起底线担保作用的养老金资产，一般偏好投资于固定收益类金融产品，而对于私人养老金资产的投资，则依据个人的风险偏好、投资期限、收益目标等，由财富管理机构匹配差异化的投资组合。

第二节　退休规划的类型和作用

一、退休规划的类型

按照不同的划分标准，可以将退休规划划分为不同的类型。

（一）按照强制性程度分类

按照强制性程度分类，可以将退休规划划分为自愿型、准强制型和强制型三种类型。

1. 自愿型退休规划

所谓自愿型退休规划，是指不受法律或工会组织等外部机构的强制性约束，雇员或雇主可以自主选择是否建立和如何建立的退休规划。其典型代表为美国的401（k）计划，即由符合准入条件的雇员自动加入，并将月薪的一定比例投入规定的个人账户，交由指定机构投资运营，并接受美国劳工部、财政部等政府机构的监管。

401（k）计划的自愿性，主要表现在雇主的自主性和雇员的自主性两个方面。

一方面是雇主的自主性。雇主在员工准入标准和为员工缴纳金额的确定上具备自主性。依据1974年美国《雇员退休收入保障法案》，雇主有权决定其建立的401（k）计划覆盖的雇员需要符合的条件，并且雇主通常会自主匹配不超过员工缴纳金额的一定量资金存入员工的401（k）账户。员工的缴纳金额上限伴随生活成本指数的上升而不断增加。2018年，50岁以下员工缴纳的金额上限为每年18500美元，50岁及以上员工缴纳金额上限为24500美元。雇员若资金较为充裕，可以选择继续缴纳，其超过上限的部分不享受税收减免。在这种情况下，50岁以下和50岁及以上雇员缴纳的金额上限可以提高到55000美元和60000美元。

另一方面是雇员的自主性。这主要表现在雇员对投资组合的自主选择、税收优惠的享受时点和养老金的提取时间三个方面。雇主一般借助财富管理机构为员工提供三种以上证券投资组合方案，这些方案在投资期限、投资收益和投资风险等方面存在差异，员工依据自身需求自主选择其中一种，并服从风险自担的原则。401（k）计划包括传统401（k）、安全港401（k）、简单401（k）和罗斯401（k）四种。其中，前三种的主要区别在于适用的企业规模、是否接受非歧视性测试（是否对员工一视同仁）和年检（雇主实际缴费比例与雇员实际延迟纳税比例是否合乎规定）。传统401（k）最为灵活，雇主拥有是否为雇员匹配缴费的自主权；安全港401（k）计划与传统401（k）相比，强制雇主为雇员缴费，但是免除了年检；简单401（k）计划与前两者相比，适用于小企业，免除了非歧视性测试和年检。在税收优惠时点和最低提取年龄限制方面，前三类计划与罗斯401（k）计划有所区别。在前三类计划中，雇员向个人账户缴存的资金可以免税，而支取时需缴纳个人所得税，且其养老金支取必须在59.5岁以后；参与罗斯401（k）计划的雇员向个人账户的缴纳资金不作为免税额，而支取账户中的本金和收益免税，且养老金提取只需满足账户开立后缴存满5年的条件，而无须在59.5岁之后。

2. 准强制型退休规划

准强制型退休规划没有统一的准则可资遵循，通常由行业自律性组织或企业发起，与强制型退休规划相比较，国家强制力明显为弱。在部分西欧和北欧国家，行业协会或工会的地位较高，退休规划的制定由其与雇主、雇员协商决定。荷兰的私人退休规划是准强制性退休规划的代表，其准强制性集中体现在政府在私人养老金计划中并非居于主导地位，而是更倾向于引导。政府并不直接干预和控制该计划，而主要是通过税收优惠，间接引导和推进该计划的发展。职业退休金计划的具体实施，也在雇员、雇主和工会等平等协商下进行。此外，荷兰政府对养老基金的监管，并非以法律限制其进行市场化运作的具体形式，而仅仅是对其清偿能力作出了严格的规定。荷兰发达的金融市场赋予了养老基金多元化的投资渠道，其收益在经济合作与发展组织（OECD）国家中名列前茅。

3. 强制型退休规划

强制型退休规划是依靠国家强制力实施的，由雇主建立的职业退休规划。典型代表是具有100多年历史的澳大利亚的职业年金计划。由于澳大利亚的第一支柱国家养老计划的覆盖水平较低，政府非常重视位于第二支柱的保障型职业年金计划的发展。1980—1990年，澳大利亚工会联盟强力推进职业年金计划的发展。1992年《超级年金保障（管理）法案》的实施，意味着澳大利亚职业年金计划从自愿性计划转为强制性计划。其强制性主要表现在两方面：一方面，由于原有的默认投资组合的费率偏高，澳大利亚政府为保障公民利益，引入了资产配置组合更加简化、费率极低的“Mysuper”账户。在职工未选择投资组合的情况下，职工的缴费及投资必须在经澳大利亚证监会核准的“Mysuper”账户进行，该账户被确定为职业年金计划的默认投资选项。另一方面，无论是雇员还是自由职业者，向职业年金计划缴费必须由雇主强制进行（自由职业者的雇主为其自身），且供款必须达到最低缴费标准。雇主缴费若未能达到此标准，还会受到一定的税收惩罚。

（二）按照养老目标分类

按照养老目标分类，可以将退休规划划分为单项规划和一揽子规划。

所谓单项规划，是指针对某一项特殊养老目标所制定的退休规划。针对客户退休后在医疗、旅游、移民、子女抚育和购房等方面的单项特殊需求，财富管理机构需要在满足客户日常消费、医疗、养老服务的基础上制订额外的资金补给方案。

所谓一揽子规划，是指针对两个以上的养老目标制定的退休规划。通常情况下，客户的养老目标不会只有一个。制定一揽子规划的难度，在于确立各单项养老目标的重要程度。财富管理机构依据单项养老目标重要程度的排序，科学安排各单项目标在退休规划中的资金比例，以期实现客户个人效用最大化。

（三）按照服务对象分类

按照服务对象分类，可以将退休规划分为雇员的退休规划和自由职业者的退休规划。

雇员的退休规划是指企业为在职员工提供的退休规划。这种类别的退休规划，更多考虑雇主提供的福利计划、雇主的稳定性等因素。雇主提供的福利计划直接关系到员工退休后的收入水平，而雇主的稳定性则决定着员工职位升迁和向员工退休规划提供资金的可持续性，从而直接关系到员工退休规划的整体收入水平和实现的风险程度。

自由职业者的退休规划是指未受雇于任何企业的个人的退休规划。自由职业者由于未受雇于任何企业，其退休规划与雇主对员工养老金计划的统一管理和统一提供资金不同，需自行办理登记和自行提供资金。自由职业者退休规划的这一特点，决定了其在规划收入的可持续性、风险程度等方面，与雇员的退休规划存在差别。

如果是在不同时间段内兼备雇员和自由职业者两种身份的财富管理客户，还需要分别进行两部分的登记，并明确其适用的多项退休规划。

二、退休规划的作用

财富管理师帮助客户设计和实施的退休规划，作用主要表现在以下六个方面。

（一）缓释退休压力

从宏观角度看，好多国家进入老龄化社会后，老年人口数量持续增加。与此同时，随着居民生活水平和医疗水平的提高，人均寿命延长。这些因素导致养老金需求明显放大。而有的国家受基本养老保险缴费水平较低、企业年金覆盖率不高、国家财政补充社保基金能力较弱等因素的制约，社会养老金增长速度与老年人口的增长速度不相匹配甚至差距很大，导致老年人口的养老保障水平下降。社会养老金增长速度的不确定性，成为老年人口退休后经济压力的主要来源。

从微观层面看，老年人在离开工作岗位退休后，收入水平明显下降，但体弱多病的情况却使医疗、保健支出和护理费用显著增加，于是其往往不得不以降低自身生活水准来应对。一方面，老年人要时常面对入不敷出的经济压力；另一方面，被动调整引致的生活水平走低和对余生生命质量的担忧，又会使其产生心理落差和心理焦虑，给其带来很大的精神压力。此外，父母退休后使在职一代赡养老人的支出有所增加，这直接影响到他们的储蓄存量，从而增加他们退休后的经济压力。

而退休规划能够使客户提早认知养老目标，知晓自身养老资产与负债之间的缺口和具体的缺口弥补方案。一个完整的退休规划，既可以帮助在岗客户实现在职与退休的平稳过渡，也可以帮助老年客户缓释退休后的经济压力和精神压力，使他们较为坦然地面对已经出现和可能出现的不确定性，消除心理焦虑，增强退休适应性和生活自信心。

（二）细化养老目标

如果说财富管理目标是实现客户资产的保值增值，进而满足客户不同阶段的财务需求的话，那么，退休规划则是针对客户从退休至去世这一阶段所做的财务规划，是客户整个生命周期财务规划的重要组成部分。客户退休后既有日常生活消费需求，还有明显增加的医疗消费需求、休闲需求和旅游需求。此外，还有到养老院居住、上门护理服务、购买老年生活和健康需要的设备等方面的需求。实际上，在退休后基本生活需求得以满足后，身体健康、休闲、旅游活动等是影响客户生活满意度和主观幸福感的更为重要的因素。对客户退休后的各种需求，财富管理师都会在退休规划方案中安排相应的收入作为支撑。一旦退休规划实际执行过程中某种需求的现实规模与计划出现偏差，财富管理师也会帮助客户采取具体的补救措施。在每种需求计算方法的采用上，财富管理师也力求做到合理。例如，计算客户维持退休生活所需资金，就是依据年金市场信息，将客户退休后每年预期支出折现。而在计算折现率时，财富管理师需参考大量相同期限年金产品的折现率，并考虑长寿风险、通货膨胀风险及其他影响因素来加以确定。退休规划通过细化养老目标，为满足客户退休后的各种需求，使客户享受自立、有尊严、品质较高的退休生活，提供了基本的保证条件。

（三）优化资产结构

退休规划可以实现客户养老资产结构的优化。财富管理机构根据客户的养老目标和风险偏好，合理设计投资组合，有效把控投资风险，可以实现养老资产结构的多元化和资产增值的可持续性。在退休规划指导下，客户将原来较为单调的投资资产组合结构，优化调整为包括银行储蓄、固定收益类证券、权益类证券以及信托业、保险业等金融行业设计的养老金融产品在内的多元化资产结构，既能够提升养老资产的收益，又可以分散养老资产的风险。

在401（k）计划下，超过一半的养老资产投资于共同基金，其投资年平均收益率远高于同期银行储蓄收益率。这得益于美国成熟的资本市场和较低的共同基金管理费用。财富管理机构依据客户年龄、风险容忍度以及其他投资约束条件，设定保守型、稳健型和积极型三类投资策略，并据此构建由不同投资资产组合形成的资产配置构建计划。而客户一旦选定某一投资策略，一般情况下就要选择投资该策略下各类资产的某一只或某几只基金。对于财富管理机构而言，其持有的基金种类越多，帮助客户进行资产优化的选择空间就越广，客户黏性也就越大。

（四）减少税务支出

退休规划可以减少财富管理机构客户的税务支出。财富管理师在制定退休规划时，可以通过投资的税收筹划，将客户的部分投资分配到税收优惠和免税的资产上去，以实现税务成本最小化，扩大投资收益。

为缓解个人养老金不足，国际上好多国家推出各种税收优惠政策措施，鼓励居民主动进行私人养老金规划。这样既能缓解政府的财政压力，又能减轻企业的税收负担，还可以引导国民形成正确的投资观念和养老自立意识。作为美国的养老保障体系中第三支柱的税优工具之一，个人退休账户大大提高了美国私人养老金计划的参与度。员工除了通过参与401（k）计划递延税收外，还能将超出401（k）计划限额以外的部分应税收入存入个人退休账户。员工可以不受雇主和任何金融机构的控制，通过个人退休账户投资于一种或多种金融资产。在规定年龄段内，员工从个人退休账户中提取投资收益，可以享有递延缴税和低税率的双重优惠。

（五）避免风险传递

这里的避免风险传递，是指避免将这一代的财富短缺风险传递给下一代。从时间角度上看，居民越早进行退休规划，越能够合理安排养老储蓄和养老支出，越会降低下一代财富短缺和财富管理的不确定性，进而避免子女在解决上一代存留的财富短缺问题上耗费过多的时间精力和物质成本。

从养老资产的角度看，养老财富和服务的供给都会有子女的参与。子女可以为父母提供一定的经济支持作为父母的养老收入来源，同时子女对父母的照料还可作为养老服务供给的一部分；从养老负债的角度看，财富管理师会为客户退休后或退休前预留一部分收入，专门用于子女成长过程中的教育支出，以及子女成年后购买房产、结婚等方面的支出。显然，及时且完备的退休规划在有助于实现个人养老目标的同时，也有助于减轻下一代的经济负担。

（六）促进市场发展

养老金是资本市场中重要的机构投资者。退休规划所容纳的客户的投资资金，有相当一部分是养老金或其他形式的长期资金。这些资金进入资本市场，对优化投资者结构，壮大机构投资者力量，强化资本市场的投融资功能，稳定和发展资本市场，具有重要作用。我国资本市场的投资者结构带有以散户为主的鲜明特征。正因为如此，退休规划对促进我国资本市场健康发展的积极作用不容低估。

第三节　退休规划的制定

退休规划的制定，是财富管理师为客户提供财富管理服务或专门的退休规划服务过程中的一项很重要的工作，也是一项专业性、技术性很强的工作。

一、退休规划的制定原则

退休规划的制定，需要秉持及早规划、弹性化、收益性和谨慎性四项原则。

（一）及早规划原则

所谓及早规划原则，即客户制定退休规划的时点要尽可能早于退休时点。在退休年龄既定的情况下，若退休前策划周期过短，客户往往被迫增加退休后的收入渠道或缩减退休后的生活支出，而这些与实现较高水准的退休生活目标背道而驰。同时，退休规划制定的时间越晚，客户退休前的养老资产配置压力越大。在这种情况下，财富管理师必须配置更高收益的产品，用于填补养老资金供需缺口，而这又会降低养老资产的安全性。若条件允许被迫延长退休年龄，则意味着客户实现舒适的退休生活的时间也会推迟。因此，退休规划需要及早制定，越早越能赢得主动，越早制定退休规划选择空间越大。

（二）弹性化原则

所谓弹性化原则，是指退休规划制定应该充分反映并及时应对客户自身条件和外部环境的变化。退休规划不应是固化的、一成不变的，而应具有一定的弹性。由于影响退休规划的各种主客观因素在经常性地发生变化，财富管理师制定的退休规划不可能是绝对完美、在任何时间段内都能完全经得起检验的。客户在实际执行退休规划时，会面临很多与预期相悖的不确定性。比如，客户健康水平的变化、工作职位或工作单位的变化、家庭成员的变动等，这些都会影响到原来制定的退休规划的适用性。再如，宏观经济持续下行、行业周期变化、国家税收政策调整等，都可能导致客户收入减少，资产投资收益率下滑，退休规划中原来拟定的一些目标将难以实现。在这样的情况下，就必须对原来的退休规划进行调整修订。也就是说，财富管理师帮助客户制定的退休规划要有一定的“容错”能力，能够根据不确定性的出现及时调整。

（三）收益性原则

所谓收益性原则，是指财富管理师制定退休规划，应根据客户的风险偏好和风险承受能力，讲求投资收益，着眼于实现养老资产收益最大化。“追涨杀跌”“跟风投资”“羊群效应”等追逐短期利益的非理性行为，并不符合养老资产投资的长期稳健原则。但从长期来看，如果采用过于保守的养老资产投资策略，其收益则难以应对突发性情况造成的养老资产损失。为保障养老资产的收益性，财富管理师应从两方面入手：一方面，针对客户退休后的基本生活需求，确定低风险低收益的养老保险和企业年金投资金额；另一方面，针对客户退休后的生活品质需求，在养老资产投资组合中，匹配一定比例的高风险高收益的权益类证券和其他投资工具，提升整体投资组合的收益性。如果客户制定退休规划很早，可投资资金时间较长，可以选择期限长一些的预期年化收益和风险相对较高的投资产品；反之，则应选择本金安全性较高、收益较低的短期投资产品。

（四）谨慎性原则

制定退休规划的基本依据，是客户自身对未来健康状况、收入水平、家庭消费等作出的主观判断，而要制定客观性、可行性较强的退休规划，又不能完全依赖客户的主观判断。财富管理师在仔细审读客户提供的相关资料的基础上，更要认真做好尽职调查。比如，客户通常认为当前良好的身体健康水平可以代表未来健康走势，而财富管理师不仅要考察客户现时的身体状况，还要对客户家庭遗传病史、工作环境以及生活习惯等进行深入、细致的调查。如果客户祖辈几代人中都有罹患同一种恶性疾病的情况，那么，财富管理师在评估客户的健康需求时就要考虑这一因素，适当增加其退休后的健康支出。总之，财富管理师在制定退休规划时必须具备极高的谨慎性，全面、细致、综合考虑影响退休规划中每一个项目的现实因素和潜在因素。

二、退休规划的制定流程

退休规划的制定需要遵循一定的流程。一个完整的退休规划制定流程，可以分为以下三个步骤。

（一）评估客户退休目标

评估客户退休目标是制定退休规划的第一步。所谓退休目标，是指客户期望退休后达到的生活水平。这一目标既不能定得过低，与客户退休前的生活水平相距甚远，也不能好高骛远定得过高，完全脱离客户自身实际情况。一个具备可行性的、实现程度较高的退休目标，必须建立在对客户退休后预期收入和支出进行合理评估的基础之上。一般来说，客户的退休目标，是以其退休前的生活支出作为“参照系”，使退休后的生活支出虽然低于退休前但仍能维持在一个相对不低的比例水平上。

客户的退休时间（退休年龄），是评估客户退休目标的一个必需的前置条件，因为其决定了退休规划和退休目标的时间起点。同时，退休时间还是退休目标的一个影响因素。对于较早退休的大多数非高收入行业的客户而言，由于其工作时间相对较短，积累的货币收入不多，而漫长的退休后时间却需要较多的货币收入来支撑。在这种情况下，其要么大幅削减当前消费以增加用于退休后的货币收入，要么保持当前消费水平使退休后可支配收入减少，降低对退休后生活水平的预期。反过来，如果客户延迟退休，把积累退休收入的时间拉长，则有助于在退休后享受较高质量的生活，更好地实现退休目标。自 20 世纪 80 年代以来，延长退休年龄在世界范围内已经成为一种趋势。某些国家一些行业的员工甚至要工作到 70 岁左右。随着我国已经步入老龄化社会，延长退休年龄也是大势所趋。当然，对退休时间的选择，不同社会群体之间差异很大。个体经营业者有选择何时退休的自主权，其退休时间不受国家退休年龄规定的限制。还有一些高收入行业，如证券业、IT 业的从业人员，由于较早就实现了财务自由，有充足的货币收入存量支持退休后期望达到的生活水平，因而其中的某些人决定提前退休享受生活。此外，经济景气状况、家庭变化、自身身体和精神状况等因素，也会影响客户对退休时间的选择。

客户的退休目标，是质的规定性和量的规定性的统一体。对于一般客户而言，退休目标的质的规定性，是退休后仍然能够拥有自尊、自立和有质量的生活。退休目标的量的规定性，是客户从退休到去世这段时间所期望达到的生活水平所需货币收入的现值。

财富管理师完成对客户退休目标的评估后，还要根据客户资产状况和风险偏好变化、职业变更等情况适时调整。

（二）测算养老供求缺口

1. 测算养老需求

所谓养老需求，是指财富管理机构客户退休后在物质和精神生活、健康、医疗等方面对商品和服务的有支付能力的需求。养老需求的测算，主要是对客户日常生活需求、医疗护理需求和养老服务需求三方面需求的测算。客户退休后消费结构往往会发生改变，一般会向老年人特有的产品和服务倾斜。同时，伴随年龄增长，客户患重大疾病的概率上升，医疗和护理费用随之攀升。财富管理师在测算时，必须考虑这些情况的变化。

财富管理师对客户日常生活需求的测算，需要预测客户退休后居住地的物价水平、税收政策可能的变动，并衡量客户退休前后的日常生活消费支出差距，在此基础上对客户的日常生活需求进行评估。

财富管理师对客户医疗和护理需求的测算，既包括对客户随着年龄增长而增加的医疗费用和医院护理费用这类直接性需求的评估，同时，也包括对与客户医疗和护理需求相关的往返医疗保健机构的交通费用、家庭护理费用、子女照顾老人的机会成本等间接性需求的测算。

财富管理师对客户养老服务需求的测算，主要是对客户的旅游、文化娱乐、保健、社交、精神慰藉等精神类产品和服务类产品需求的评估。

财富管理师在完成客户养老需求的测算工作后，应评估客户退休后每年实现各项养老需求所需要的现金流，并将其折现到退休时点，形成与各项养老需求相对应的养老负债。

2. 测算养老供给

所谓养老供给，是指客户在退休时点实际拥有的养老资产总和，主要包括养老金供给、医疗保障供给和养老服务供给三部分。为便于计算养老供求缺口，养老供给和需求的测算都应归于同一时间节点，通常以退休时点为基准，将每年的养老资产收益进行复利计算，最终得到在退休时点的养老供给。

养老金供给，包括客户退休后的基本养老保险金、企业年金以及自愿型投资计划（金融资产和非金融资产投资）带来的收入。基本养老保险金即客户的退休金，是在客户退休后，基于客户对社会所做贡献、所具备的享受养老保险资格和退休条件、退休前的缴费水平等因素综合确定后，按月或一次性以货币形式支付的养老保险待遇，目标定位于保障客户退休后的基本日常生活；企业年金是在国家基本养老保险的基础上由企业发起建立的补充养老保险计划，是客户退休后生活保障的重要补充形式，可以进一步提高客户退休后的生活水平；客户通过各种资产投资获得的利息收入或资本利得收入，也对基本养老保险金有不可忽视的补充作用。客户的这类收入越高，则补充能力越强，享受高质量的退休生活就越有保障。

医疗保障供给是指在客户退休后，国家、雇主和保险机构可为其分担的医疗费用，由公共医疗保障供给和个人商业医疗保险两部分组成。前者是指有国家法律保障的、强制客户参与的医疗保险能够为客户提供的医疗待遇。在我国，公共医疗保障供给按受众群体划分，可分为城镇职工基本医疗保险和城乡居民基本医疗保险。前者是对劳动者的基本医疗权利给予保障的一项社会保障制度；后者是客户在购买商业医疗保险后，可以从商业保险机构获得医疗费用报销的医疗保险制度。财富管理师通过调查客户已经参与的医疗保险类别，参照相关医疗保险待遇标准，可以大致计算出客户退休后每年可获得的医疗费用补偿。

养老服务供给，主要包括客户通过国家或地区的福利计划获得的养老服务和自己购买的养老机构的付费型养老服务两方面。子女日常对客户的照料，也属于养老服务供给的一部分。从供给结构角度看，养老服务既包括对老年疾病患者的护理康复照料，也包括文体娱乐和精神慰藉等服务。财富管理师可以通过调查客户居住地的养老服务总体发展现状、政府福利计划、社区服务人员数量、养老机构服务付费金额和子女照料老人情况等，评估客户退休后的养老服务供给。

3. 测算养老供需缺口

养老供需缺口即养老需求与养老供给之间的差额。对养老供需缺口的测算，需要将分布于各个时期的养老供需统一到一个时间点，这就需要运用跨期财务规划的思想。最早运用这一思想的是博迪的生命周期储蓄模型。

$$\sum_{t=1}^{T}\frac{C_t}{(1+r)^t}+\frac{B}{(1+r)^T}=W_0+\sum_{t=1}^{R}\frac{Y_t}{(1+r)^t} \tag{6.1}$$

式中：C_t 是第 t 年的消费水平；Y_t 是第 t 年的劳动收入；r 为利息率；R 为距离退休的年数；T 为生存年数；W_0 为初始财产价值；B 为遗产。等式左边是客户整个生命周期的消费开支和遗产的现值，等式右边是初始财产存量和所有劳动收入的现值。这是决定居民一生消费计划的跨期预算约束。

由于在计算养老供需缺口时，除去消费和劳动收入外，养老供需测算还考虑了发生在客户退休后的收入，因此该模型仍不够全面。鉴于此，国际理财规划师协会对上述模型进行了变形，建立了一种更能贴合养老供需缺口实际运算，且以退休时点为计算时点的终身财务模型。

$$W_x(1+k)^{n-x}+\sum_{t=x}^{n}(E_t-C_t)(1+k)^{n-t}=\sum_{t=n}^{D-1}\left(\frac{C_t^*}{(1+k)^{t-n}}\right) \tag{6.2}$$

式中：W_x 代表客户在规划时点拥有的资产；k 是贴现率；n 是客户预期退休年龄；x 是客户当前年龄；t 是未来客户的某个年龄；E_t 是客户第 t 岁时的当期收入；C_t 是客户年龄为 t 的当期支出；D 是预期客户死亡年龄；C_t^* 是客户年龄为 t 时的净支出，即第 t 年养老金需求减第 t 年的养老金供给。等号左边为客户的养老供给，右边为客户的养老需求。

通常，利用终身财务模型计算出来的养老供给和养老需求数值是不相等的，而财富管理师的职责，是要分别计算出每项的缺口并提供解决方案，进而实现养老供需平衡。由于养老供需缺口可以细分为日常生活供求缺口、医疗保障供求缺口和养老服务供求缺口，因此，财富管理师通常是从日常生活供求开始，依次计算各项目的差值，通过差值的正负判断是否存在缺口。

（三）制订养老供求缺口解决方案

财富管理师制订养老供求缺口的解决方案，需要注意以下三点。

第一，财富管理师要明确客户需求类型的重要性顺序，即日常生活、医疗保障、养老服务三种需求的重要性依次递减。

第二，确定好重要性的顺序后，要根据各个项目的收支特点分别制订解决方案。针对日常生活供求缺口，常见的解决策略包括：客户削减当期消费，努力增加个人储蓄；在客户风险程度容忍范围内，采取更主动积极的资产投资策略；客户提高自身人力资本价值，力求获得更高收入，但前期要付出时间成本和教育费用；客户选择退休后继续工作；政府加大社会保障投入，提高退休人员养老金水平；等等。针对医疗保障供求缺口，可以采取加大政府社会医疗保险投入、客户个人额外投保商业健康保险等措施。针对养老服务供求缺口，客户可以采取设立个人专项养老服务储蓄、投保长期护理保险等措施。

第三，在选择好各缺口解决方案后，要评估重要性弱的项目是否对重要性强的项目造成了影响。比如，为弥补养老服务供求缺口，有可能占用一定的个人储蓄或其他收入，而占用这部分储蓄或其他收入是否影响了客户日常生活支出或医疗支出？如果对两项支出确实造成了明显影响，财富管理师则应适当调整缺口解决方案使其进一步完善，进而在统筹兼顾基础上使各项目缺口都能较好地得到协调解决。

专栏 6－1

L 先生的养老金供求缺口解决方案

背景介绍

L 先生现年 40 岁，计划 60 岁退休，预期寿命 75 岁。当前其日常每月支出 8000 元，通货膨胀率为 3%，退休后第一年计划日常支出为退休时的 80%。L 先生身体不是特别好，假定退休后每年生病两次，每次平均花费 5000 元，每月护理费平均 1500 元。L 先生退休后计划每年旅游一次，每次平均花费 10000 元。

某基金 A 投资收益率为 9%，收益率方差为 12%，无风险利率（折现率）为 3%。社会保障账户和企业年金账户投资收益率均为 4%。

缺口分析

日常支出：L 先生为维持目前生活水平，经计算，退休时每月大约需要支出 11560 元 $[8000\times(1+3\%)^{20}\times 80\%]$。按照年金现值计算，L 先生退休时点需储备的日常支出养老金为 2080800 元。

医疗及养老服务支出：L 先生退休时医疗和养老服务支出需求大约是 420000 元（$5000\times2\times15+1500\times12\times15$）。

旅游支出：L 先生退休时旅游支出需求大概是 150000 元。

退休时点可积累的养老金：假设 L 先生每月社会保障收入 4200 元，每月企业年金收入 1000 元，每月个人养老储蓄 1300 元（按无风险利率计算收益的定期存款)，按照年金终值计算退休时L先生可积累的养老金金额为2415598元。

养老金供需缺口大约为235202元 = (2080800 + 420000 + 150000 − 2415598)。

解决方案

L先生在退休时需要准备235202元来覆盖养老供需缺口。假设L先生现在开始通过定投基金A来弥补缺口，根据年金公式：

$$PV = \frac{FV \times i}{(1+i)^n - 1}$$

通过计算得知，每年需定投4597.37元。因此，L先生只需每年增加4597.37元的基金定投即可弥补该养老供需缺口。值得注意的是，L先生可以通过削减日常开支来参与定投，也可以通过调整个人养老储蓄结构来实现。如果是后者，养老储蓄结构发生变化进而会影响前文所述缺口的计算，因此，在新结构下缺口不一定会被完全覆盖，但缺口的大幅减少是必然的。因为L先生用更高预期收益的基金代替了原有较低预期收益的储蓄形式(如定期存款)，更为合理的计算方式是假设新的个人养老储蓄结构为ω，个人养老储蓄（月度）为$F(\omega)$，令这种情况下的缺口为0，由此计算出的ω即为完全覆盖养老供需缺口所需的新的个人储蓄结构。

上述方法具有一定的普适性。L先生可以有多种金融工具选择来改变他的个人养老储蓄结构ω。他可以选择基金定投、保险产品、不动产投资、私募股权投资等。但是，无论选择何种投资方式，都必须遵从“要获得更高的预期收益往往需要承担更大的投资风险”这一金融投资学的基本规律，都必须扎扎实实地做好投资的风险控制。

养老金融的本质是延迟满足。如果L先生不愿为了满足未来的支出需求而削减当前的消费，那么，他只能承担更大的风险以期获得更大的投资收益。

上述方案仍存在的一个问题：忽略了基金收益率的波动率。9%的预期收益率不一定能够实现，因为不确定性必然存在。通过设定一定的置信水平，财富管理师可以借助风险管理中的VaR技术并使用蒙特卡洛模拟来完善上述解决方案。在新的方案下，可以设定ω，给定ω实际上给定了一种投资组合$P(\omega)$。模拟$P(\omega)$的价值变化路径从而得到$P(\omega)_N^T$，上标T表示退休时点，即每次模拟路径的终点，下标N表示第N次模拟，从而整个方案转化为下述问题：

在客户一定的约束条件（如风险偏好）下，找到合适的ω，使$Quantile_\alpha(P(\omega)_N^T) \geqslant PV(Gap)$。$Quantile$表示分位数，$\alpha$为置信水平，

$PV(Gap)$ 为养老供需缺口在退休时点的现值总和，在本例中为235202元。

三、蒙特卡洛模拟在退休规划中的应用

蒙特卡洛模拟被广泛应用于发达国家养老基金长期收支情况的预测，在退休规划中主要用于模拟特定投资组合价值的随机变化路径，其为财富管理机构相对准确的预判养老资产收益提供了重要的支持性工具。

（一）蒙特卡洛模拟的概念

蒙特卡洛模拟是一种使用随机数来模拟给定的随机过程从而解决各种复杂计算问题的计算方法。这类问题同一定的概率模型相联系，其分析解往往很难获得，而蒙特卡洛模拟为其提供了一种获得数值解的简单易行的方法。在实际应用中，首先，计算机产生满足特定概率分布的随机变量（如期权定价中股票行权日的价格就是一随机变量），然后，再估计具体模型的数字特征（如计算大量的特定期权行权日收益的现值平均值作为期权的公允价值），从而得到问题的数值解。

（二）蒙特卡洛模拟的应用

在退休规划中，财富管理机构可以使用蒙特卡洛方法模拟各种投资组合的价值路径，从而判断当前的投资组合能否产生足够的现金流以覆盖客户未来退休后的支出。下文以一个案例来解释该方法的基本思想。

假设期初某财富管理机构客户有养老金储蓄100000元，可供投资股票或债券。假设某种股票年化收益率为6.67%，收益率方差为0.0341，而某种国债年化收益率为3.98%，收益率方差为0.0006（某种国债指数2008—2018年的数据），二者协方差为－0.0042。构建的三个资产配置组合分别为

组合A：80%股票加20%国债；

组合B：50%股票加50%国债；

组合C：20%股票加80%国债。

以下分析以组合A为例。在组合A的配置下，预期收益率 μ 为6.16%，预期方差 σ^2 为0.0205。假设组合价值 V 满足随机游走模型：

$$dV = \mu V dt + \sigma V dz \quad dZ \sim N(0, 1) \tag{6.3}$$

已知 $V_0 = 10000$，取 $dt = 1$，模拟投资组合在2018—2028年的价值变化路径，并且重复这样的模拟多次（十万次或百万次），从而得到大量的组合价值未来可能的变化路径（当模拟次数足够大时，时间间隔可取较大值，上述模型中时间间隔 $dt = 1$ 年）。通过合适的分布来拟合并估计参数，进而

对投资组合的风险进行定量分析。

图6－1和图6－2为组合A两个典型的投资组合价值变化路径图。

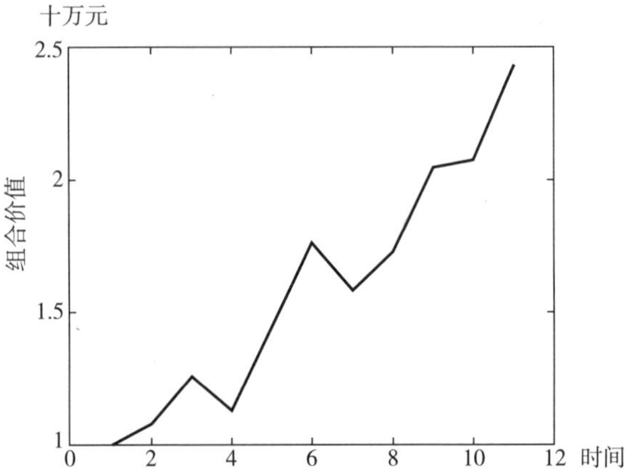

图6－1　A组合价值变化路径一

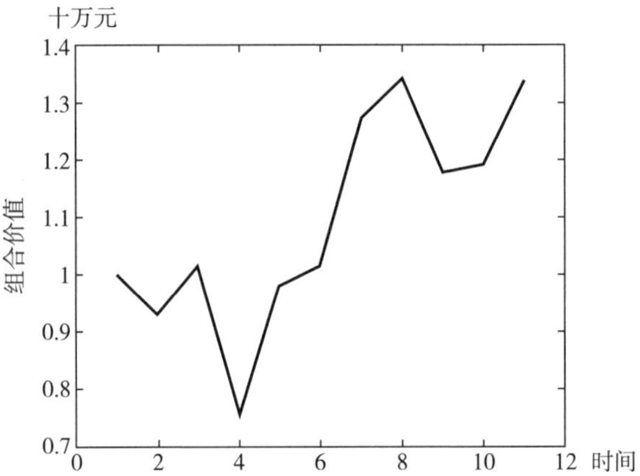

图6－2　A组合价值变化路径二

上述随机游走过程运行十万次，得到2028年组合A的价值分布（见图6－3）。计算该分布的数字特征可知，在10%置信度水平下 *VaR* 为9.35553e＋04，即在10%的置信水平下，投资组合最差的情况会跌至初值的93.56%。平均值为1.8132e＋05，对应年化收益率为6.13%，最大值为9.1654e＋05，对应年化收益率为24.80%。

可以预见的是，随着投资组合中债券比重的提高，组合将表现得越发稳健，预期收益率降低的同时风险也会有所降低。2028年组合B和组合C的价值分布见图6－4和图6－5。

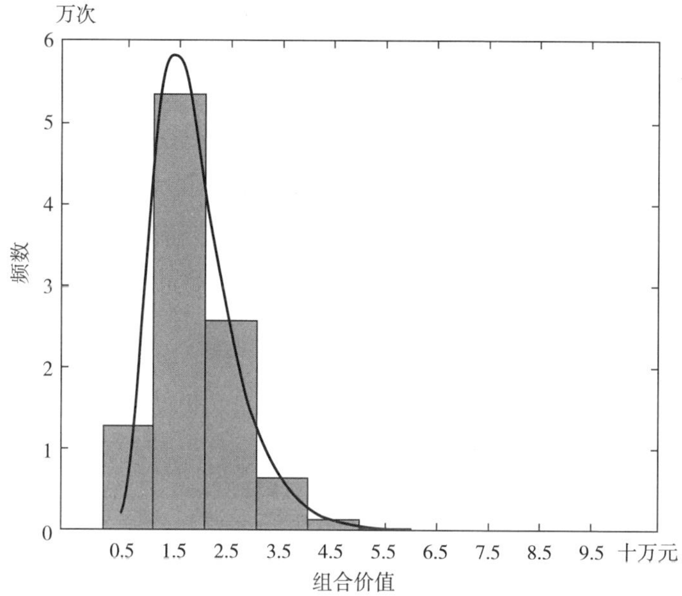

图 6-3 A 组合 2028 年价值频数分布

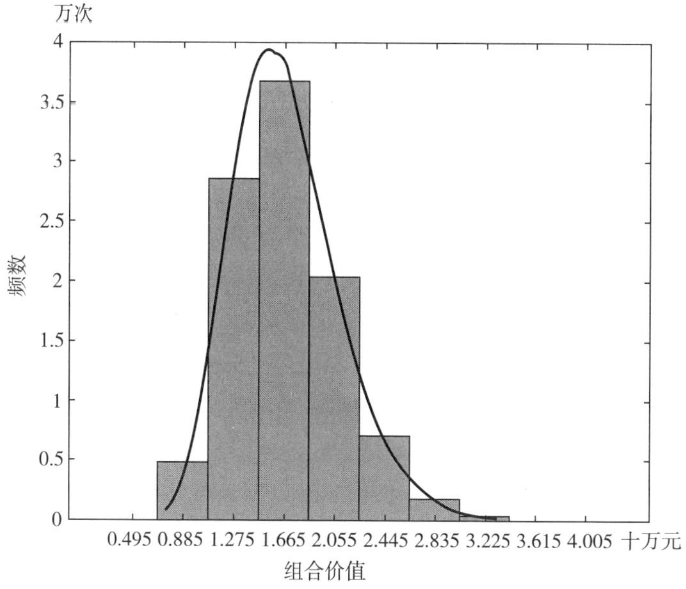

图 6-4 B 组合 2028 年价值频数分布

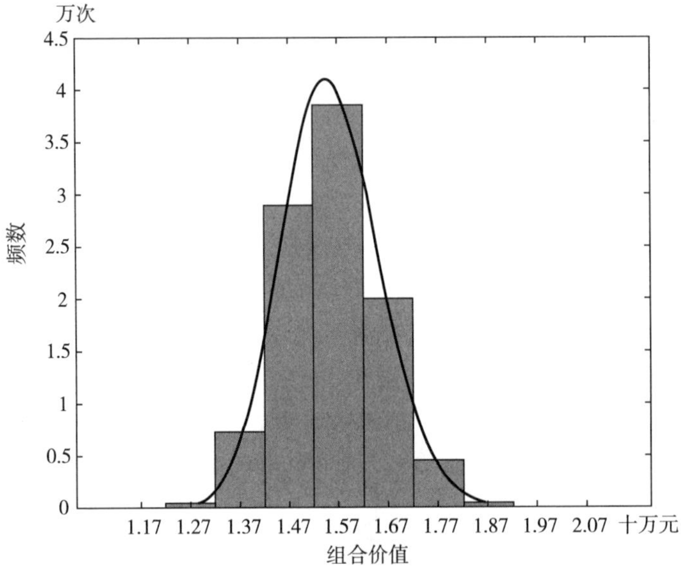

图 6－5　C 组合 2028 年价值频数分布

较之组合 A，组合 C 在 10% 的置信水平下 *VaR* 为 1.4331e＋05，即在最差的情况下有 3.66% 的年化收益率，平均年化收益率为 4.52%，最大年化收益率为 7.39%。

除了用来模拟给定投资组合未来可能的变化路径，蒙特卡洛模拟也可用来估算客户需要多少养老金才能满足其未来的支出需求，这种情况和上文的案例正好相反。如果客户未来的支出需求复杂（如涉及跨期和不确定性），相应的技术处理也会更加复杂，但基本思想大致相同。

第四节　养老风险的管理

有效管理养老风险，是保证财富管理机构客户退休后的生活质量、实现客户退休目标的核心问题。因此，无论是政府公共部门还是财富管理机构，都把养老风险管理置于重要地位。

一、养老风险的种类

所谓养老风险，是指老年人由于经济、政治、社会和自身等因素，在基本生活保障、健康等方面出现的不确定性。养老风险是客观存在的，是每个老年人都会面临的一种风险，是影响老年人养老的各种社会客观条件的不确定性和老年人对未来养老行为的决策偏差带来的。

常见的养老风险有以下四种。

（一）长寿风险

所谓长寿风险，是指客户的实际余寿大于预期余寿而产生财富短缺的可能性。客户长寿风险的成因，在于其实际存活寿命大于预期而导致财富因寿命过长而出现缺口。

长寿本身是社会进步的象征，但寿命过长可能会使居民养老收入无法覆盖养老支出，使退休规划的实际效果大打折扣。此外，长寿风险的存在，也会产生其他方面的深远影响。比如，国家基本养老金受制于有限的运营能力，可能无法应对居民长寿引起的尾部支出过多，进而危及自身信用；又如，企业作为员工个人养老收入供给方之一，员工长寿现象会在某种程度上影响企业的持续发展；再如，由于养老保险公司的生命表的调整存在滞后性，长寿风险出现以后的逆向选择问题可能会给保险公司带来损失。

（二）健康风险

所谓健康风险，是指老年人因自然、社会和自身的诸多因素，导致出现疾病、伤残以及健康损失的可能性。站在资产配置的角度理解健康风险，则是指老年客户因健康状况恶化而导致资产配置决策受到影响的可能性。客户健康状况的恶化，既降低了个人潜在工作收入，又增加了养老支出。在资产配置框架下，健康风险会通过以下途径施加影响：一方面，健康风险会影响客户在资产配置时面临的约束条件。因为客户潜在的重大疾病，既会减少个人可投资资产的数量，同时也会影响个人预期寿命进而影响资产投资期限方面的决策。另一方面，健康风险会影响客户的投资风险偏好和资产选择方向，进而影响投资组合的资产结构。一般来说，客户在健康风险的冲击下，会更偏好安全性高的资产组合，购买更少的权益类资产。

长寿风险和健康风险均属于退休规划过程中的背景风险，是较难通过市场交易规避的风险。而包括通货膨胀风险和利率风险在内的其他风险，则可以通过投资抗通胀债券、套期保值等方式进行对冲。

（三）通货膨胀风险

所谓通货膨胀风险，是指由于发生通货膨胀导致客户养老资产购买力下降的可能性。通货膨胀既影响着一国社会保障基金的投资收益，又关系到财富管理机构客户个人账户下基本养老金的保障力度。为应对通货膨胀风险，财富管理师通常在客户的投资组合中适当配置抗通胀金融产品，如股票一类的权益类资产和变额年金等产品。

(四) 利率风险

所谓利率风险，是指利率变动导致客户养老资产投资的资产的价格和所获投资收益变动的可能性。利率风险是金融风险中的基本风险。只要是涉及金融资产的投资，就必然要承受利率风险。养老资产有较大比例配置于银行储蓄存款、国债、金融债等固定收益产品，而固定收益产品的市场价格和利率呈反向变动关系，利率变动会给客户带来产品价格风险和再投资风险。

二、养老风险管理的制度建设

养老风险管理制度，即养老保险制度，是国家为了防范和应对养老风险，按照大数法则和风险分散原理筹集资金，为公民在年老之后提供一定经济补偿的制度。其保障的是公民的延期权益，以使他们在辛苦工作大半生退休后能够安享晚年生活。人口老龄化使世界各国纷纷强化养老风险管理的制度建设，以缓解养老金供给不足的矛盾。

(一) 现代养老风险管理制度的发展历程

现代养老风险管理制度，即现代养老保险制度，从诞生至今已有130多年的时间，其间经历了初创阶段、快速发展阶段，现在则处于调整和改革阶段，而其发展和演变的主要推动力，是一国社会经济环境和人口年龄结构的变化。

1. 工业化发展是建立现代养老保险制度的重要动力

西方发达国家普遍存在代际间联系松散的现象，其社会传统文化观念更强调长辈对子女的抚养责任，而非子女成年后对长辈的赡养义务。在进入工业化之前的经济发展阶段，老年人通常以向年轻人转移财产或传承遗产来换取子女的养老责任，而这样的养老方式极具不稳定性。该阶段教会和社会自助团体组织对老年人的养老承担起一定社会责任，基尔特、“友爱社”等团体组织遵循的“自愿互助”和“分担风险”原则，为近代保险发展奠定了重要的制度基础。到19世纪下半叶，欧美已存在大量经营人寿保险业务的私人保险公司。

工业化发展将人们从土地束缚中解放出来，传统的大家庭分解为小家庭，使养老保障更加脆弱。工业化发展也带动了经济的快速发展和人们生活水平的提高，促进了人们寿命的延长，而工业社会存在的周期性经济波动，又给人们的就业和收入带来了很大的不确定性。在这样的大背景下，建立养老保险制度扶助社会贫困阶层和老年群体，已经成为经济社会发展的必然要求。

2. 多样化制度创建是现代养老保险制度初创阶段的突出特点

1889年德国颁布《老年和残疾保险法》，成为世界上第一个实施社会养老保险制度的国家。该制度具有强制缴费特点，明确了个人、雇主和国家三方缴费的原则。1891年丹麦颁布《老年援助法》，开非缴费型养老保险制度之先河，同样实施非缴费型制度的还有新西兰和英国等。1913年，瑞典对以上两种方案兼收并蓄，不仅采取了德国强制缴费原则，也借鉴了英国养老保险覆盖所有无劳动能力贫困人口的做法，将保险范围扩大。美国在1935年也通过了《社会保障法案》，其中关于养老保障的内容，是对有工资收入的工人采用缴费型保险和对无工资收入的老年人实施政府救助。在学习和借鉴他国经验的基础上，奥地利、法国、加拿大、挪威、芬兰等国也纷纷建立起本国的养老保险制度，多样化养老保险制度在各国得到创建和发展，这也构成了处于初创阶段的现代养老保险制度的突出特点。

3. 福利性制度成为现代养老保险制度快速发展阶段的亮点

第二次世界大战后，绝大多数国家在相对稳定的政治环境下把发展经济作为首要目标，实现了经济的快速发展。伴随经济的快速发展，人口数量和居民收入也有了不同程度的增长。面对通货膨胀压力的加大，人们对养老保险的覆盖面和给付水平提出了更高的要求。与此同时，凯恩斯主义的盛行，为国家进一步干预养老保险制度提供了理论基础，大多数欧洲国家开始实施具有浓厚福利色彩的养老保险制度。

20世纪40年代初，英国经济学家贝弗里奇向英国政府提交了一份题为《社会保险和相关服务》的报告，即《贝弗里奇报告》，提出政府要统一管理社会保障工作，倡导建立现代社会养老保障体系。以贝弗里奇提出的社会保障计划为基础，英国在1946年建立了统一费率的老年保险计划。瑞典紧随其后建立普遍年金制度，加拿大、丹麦等国随之效仿。随着经济的进一步发展，瑞典、加拿大、挪威等国在普遍年金基础上又增设了补充年金。法国、比利时、瑞士和意大利等国还提供津贴补助给年金极低的工人。这些措施使养老保险的覆盖面逐步扩大，养老金的给付水平持续提高，福利型养老保险制度在第二次世界大战后得到普遍实施，成为现代养老保险制度快速发展阶段的一大亮点。

4. 建立多支柱制度成为养老保险制度改革的国际共识

20世纪70年代以后，多数西方国家出现人口老龄化趋势，以养老为代表的社会福利刚性支出给国家财政带来沉重压力。20 世纪 70 年代爆发的资本主义经济危机，更是让养老需求的刚性增长和国家财政收入非刚性增长的矛盾进一步激化，好多西方国家的财政不堪重负，不得不对养老保险制度进行改革。改革的制度模式，是由国家主导的单一层次的福利型养老保险制度，向多层次、多支柱养老保险制度转变。改革的主要措施，是通过提高劳动者退休年龄和下调公共养老金给付水平实现开源节流，鼓励、推动基金积累型职业养老保险和个人养老保险的发展。

1994 年，世界银行在《防止老龄危机：保护老年人及促进增长的政策》一书中首次提出“三支柱”养老保险方案，主张建立责任主体多元、筹资渠道多样、保障水平合理的养老保险体系。国际劳工组织对该方案中建立多层次的养老保险体系无异议，但对“三支柱”中第二层次缴费确定型计划，在资本市场不成熟以及监管体系不完善的国家的适用性提出了质疑，建议纠正现有方案的设计缺陷来保障该制度的公平。2005 年末，世界银行发表了一份关于全球养老金制度改革的展望报告，将 1994 年提出的养老金“三支柱”模式进一步细化为非缴费养老金、缴费养老金、个人储蓄账户、自愿性储蓄和家庭养老“五支柱”养老金制度，鼓励个人和家庭承担起管理个人养老风险的责任，意在减轻政府和雇主的负担。2001 年，德国的养老保险制度经历了一次重要的结构性变革——李斯特改革，即改变原来现收现付型单一层次的养老保险制度，在原有法定养老保险基础上引入基金积累式企业年金，外加商业型养老保险，形成多层次的养老保险体系。此后，加拿大、法国、澳大利亚等发达国家也均实现了养老保障体系的多层次化。尽管各国的养老保险制度改革在具体内容和措施上还不完全一致，但在建立多支柱制度这一改革方向上无疑取得了广泛共识，各国在养老保险制度建设上都重视微观市场主体和社会力量的作用，在养老保障上都力求兼顾公平和效率，以实现更合理的多主体责任分担。

（二）主要发达国家的养老风险管理制度

依照世界银行“三支柱”养老保险制度的整体框架，主要发达国家纷纷建立起各自的养老风险管理制度。

1. 美国

美国的养老风险管理制度由政府养老保险制度、雇主发起的养老保险制度和个人养老保险制度三部分组成，是一种典型的“三支柱”制度框架结构。

第一支柱养老保险制度分为老年和遗属、伤残保险，旨在为社会成员提供最基本的养老保险金。依据缴费和支取的确定方式，第二支柱可划分为收益确定型计划和缴费确定型计划。收益确定型，即“以支定收”，员工领取金额确定，缴费金额依据领取金额而定；缴费确定型，即“以收定支”，员工的缴费金额确定，领取金额依据缴费金额而定。第三支柱为个人储蓄与投资计划，适用于有意愿提升个人退休收入，或没有参加任何雇主发起的退休计划的个人。

由于第一支柱的运行机制为“现收现付制”，即以在职员工缴纳的养老金支付给退休员工，而人口老龄化直接造成有养老金需求的人口越来越多，基础养老保障体系越发吃紧。第二支柱则存在覆盖率低的问题。尤其对于小企业而言，建立401（k）计划的启动成本较高。税收减免退还程序还须更加简便，才能吸引更多小企业参与。

2. 英国

英国的养老风险管理制度由国家养老金制度、职业养老金制度和个人养老金制度三部分组成。

针对普通雇员和特殊人群（如家庭妇女和自由职业者），作为第一支柱的国家养老金制度设置了两档缴费基数和缴费比例。作为第二支柱的职业养老金制度为强制性制度安排，由雇主和雇员共同缴费，缴费可享受税收优惠。与美国类似，该支柱可划分为收益确定型和缴费确定型两种。第三支柱为个人养老金制度，通常是由个人与养老金机构直接签订合约，无须雇主参与。

英国养老风险管理制度的建设始于第二次世界大战时期。根据《贝弗里奇报告》而建立的高福利养老保障体系对政府财政形成了巨大的负担。伴随着人口老龄化的进程，英国的养老保险制度也在不断地进行改革。英国相关部门实施诸如“自动加入”、参与养老保险的个人自由选择投资组合、延长法定退休年龄、提高养老金投资收益等一系列措施，来弥补养老金缺口。然而，私人养老金计划参与度不高的问题仍然存在，其最根本原因是私人养老金的投资未能达到员工的期望收益率。

3. 日本

日本作为全球老年人口占比最高的国家之一，养老风险管理制度的建设起步较早，具体也由“三支柱”制度构成。

依据覆盖群体的范围划分，第一支柱可以分为国家养老金制度、厚生年金制度和共济年金制度。国家养老金制度覆盖范围最广，甚至包含外籍居民；厚生年金制度主要覆盖私营企业或机构；共济年金制度主要覆盖公务员和私立学校员工。

第二支柱由三部分构成，即收益确定型养老金制度、缴费确定型养老金制度和 Cash - Balance 养老金制度。第三种制度是对前两种制度的创新，其运作机制为雇主将一定比例的员工工资纳入员工个人退休账户，并以一个盯住市场指数的利息记账，该利息与实际投资收益率无关，由雇主自担风险。员工的退休待遇取决于该制度下个人退休账户的余额。

第三支柱由日本个人免税储蓄账户制度和个人缴费确定型养老金制度构成。个人免税储蓄账户，是一种专为投资相关金融工具所设立的免税账户。个人缴费确定型养老金制度是为了适应高流动性的劳动力市场而设计，允许职员转变职位或回归家庭时，养老金在不同账户之间划转。

日本的养老保险制度具有三个主要特点：一是日本的养老金和监管采用审慎人原则，由厚生劳动省负责审查合格金融机构，明确养老金资产管理人和投资人之间权利界限和各自义务；二是日本养老金制度高度重视投资风险管理和投资绩效的提升；三是对不同的养老保险计划，政府设立不同的监管机构进行监管，并实行监管隔离，最大限度地避免利益冲突。

总体而言，主要发达国家的养老风险管理制度建设具有三个共同点：一是国家养老保险制度具备强制个人参与和普惠性的特点；二是职业养老保险计划通常由雇主发起，缴费确定型计划由于更适应市场变化，成为职业养老保险制度的主要模式；三是为鼓励居民个人进行养老储蓄和投资，国家通常以税收优惠和账户间转换自由为激励，并放宽所投资产的种类限制。

（三）我国养老保险制度体系的构建

改革开放以来，我国养老保险制度历经多次改革，“三支柱”模式的养老保险制度体系框架基本建立。

1. 我国养老保险制度体系构成

我国的养老风险管理制度，同样称作养老保险制度，旨在为达到国家法定退休年龄或因年老丧失劳动能力、退出社会劳动领域的个人提供物质帮助，以保障其基本生活需求。第一支柱为国家发起的强制性基本养老金制度，第二支柱为单位和员工共同缴费的企（职）业年金制度，第三支柱为个人商业养老保险制度。

2. 我国养老保险制度的发展

第一支柱国家基本养老保险制度的建设，始于 20 世纪 80 年代地方的自主探索。1991 年 6 月，国务院发布了《国务院关于企业职工养老保险制度改革的决定》(国发〔1991〕33号),推动了养老保险制度的全国统筹,并明确了国家、企业和个人三方共担的养老保险制度的改革方向。1993年11月,中共中央发布的《中共中央关于建立社会主义市场经济体制若干问题的决定》,明确将“统账结合”作为第一支柱养老保险制度的改革方向。所谓“统账结合”,即“社会统筹+个人账户”,企业与员工共同缴纳,企业按职工工资总额的一定比例缴纳,一部分纳入统筹基金,作为所有参保人的共同基金,支付基础和过渡性养老金;单位缴费的一部分与员工个人缴费计入个人账户,支付个人账户养老金。在对社会统筹和个人账户多次改革后,2013年11月十八届三中全会通过的《中共中央关于全面深化改革若干重大问题的决定》,提出完善个人账户。

我国第一支柱的现实情况,是其由城镇职工基本养老保险制度和城乡居民基本养老保险制度构成。前者的保障对象是单位职工和部分自愿加入的个体工商户。城乡居民基本养老保险制度覆盖无收入与低收入的城镇居民和农村居民,实行社会统筹与个人账户相结合,个人缴费、集体补助、政府缴费补贴进入个人账户,用于支付个人账户养老金,基础养老金由财政支付,列入预算。

第二支柱企业年金制度的建设,始于1991年推出的企业补充养老保险制度,机关事业单位的职业年金制度归属于该支柱。2004年,确定企业年金为缴费确定型的信托形式。我国职业年金发展时间不长。2015年4月,国务院办公厅发布了《关于印发机关事业单位职业年金办法的通知》(国办发〔2015〕18号),正式确立了职业年金制度。我国企业年金实行市场化运营,由委托人、托管人、投资管理人和账户管理人参与,并保持各自独立性。一旦建立年金,年金计划下的每位员工都会有自己的个人账户,账户内的资产归属于个人。

第三支柱个人商业养老保险制度诞生较晚。2017年6月,国务院办公厅发布了《关于加快发展商业养老保险的若干意见》(国办发〔2017〕59号),第三支柱个人商业养老保险从此正式启动。2018年4月财政部等五部委联合发布《关于开展个人税收递延型商业养老保险试点的通知》(财税〔2018〕22号),填补了第三支柱个人税收优惠的空白。2018年3月证监会发布了《养老目标证券投资基金指引(试行)》(证监会公告〔2018〕2号),针对养老目标基金的设立和运作作出相应的规范,公募基金开始对接商业养老保险,正式成为养老金投资的重要金融工具。

3. 对我国现行养老保险制度的评价

我国现行养老保险制度的三个支柱均存在一些问题。

首先，我国基本养老金面临可持续性的问题。人口老龄化带来的直接影响是基本养老金的领取人数相对参保职工人数不断增加，基本养老金收入跟不上基本养老金支出的持续刚性增长，基本养老金存在收支缺口。

其次，我国第二支柱企业年金的企业参与度远远落后于基本养老保险，更落后于西方发达国家。同时，企业年金计划主要建立在一些经济效益较好的行业所属企业，大部分行业所属企业和中小企业受制于自身盈利能力差、企业负担重等因素，对企业年金计划的参与意愿严重不足。

最后，在第三支柱引入税收递延型商业养老保险后，由于产品缴费期较长，产品存续期的收益波动较大，对于潜在参保人和经营该产品的商业保险机构的政策激励不足。同时，现有税收制度与养老保险产品的税延特征也存在冲突。商业养老保险的税收递延，对于未能达到个税起征点的低收入人群没有多余的优待，而达到个税起征点的群体则可以通过购买个税递延型商业养老保险享受到税收优惠待遇，进而抵销超额累进制下的部分个人所得税，这实际上削弱了税收制度对贫富差距的调节作用。而对于急需养老保障需求的中老年群体而言，其参与该类保险的时间短，享受的税收优惠幅度小，购买此类产品的积极性自然不高。

鉴于上述问题，政府相关部门应从完善基本养老保险制度、扩大企业年金计划的覆盖范围、保证第三支柱税收优惠政策的公平有效三个方面入手，促进形成更加健康、更为有效的多层次养老风险管理制度。

三、养老风险管理的金融产品

养老风险管理的金融产品，是指财富管理机构客户用于分散养老风险，实现养老资产保值增值的各种养老资产的金融投资工具。风险程度不同、投资方向有别的多样化养老风险管理的金融产品，可以较好地满足财富管理机构客户多样化的养老资产的投资需求。

（一）养老风险管理的传统型金融产品

这类传统型金融产品属于大类金融资产。财富管理机构客户的养老资产配置于大类金融资产，可以有效分散养老资产风险，保证养老资产的安全性和收益性。这种大类金融资产主要分为以下五类。

1. 储蓄类产品

运用储蓄类产品进行养老资产投资，是指客户定期或不定期地向个人储蓄账户存款，在退休后按照存款时的约定条件提取本金和利息。

按照客户存款的方式划分，储蓄类产品可以分为定比、定额、无限制、一次性存款四种。定比是客户以个人工资的固定比例向个人储蓄账户存款；定额是客户以固定金额向个人储蓄账户存款；无限制指的是客户的存款金额、存款日期均不受限制的存款形式；一次性存款是指客户一次缴纳存款的储蓄方式。

银行存款市场上还存在以付息类型划分的储蓄类产品，主要有分期付息和灵活付息两种。前者采取一次存本、按月付息而非传统的按年付息方式。这种付息方式可以为退休人员月供一定收入，符合其实际生活需要。然而，如果遇到突发事件，该类产品将有可能不足以覆盖退休人员的需求。而灵活付息方式恰好可以弥补这一缺陷。这种付息方式的储蓄产品，具备灵活计息、可供客户多频预支、存款仍可锁定到定期收益等特点。

由于世界上绝大多数国家都实行了存款保险制度，对限额内的个人存款予以法律保护，因此，储蓄类产品的安全性很高。但较其他大类金融资产，收益率也较低。不过，银行存款市场上还有收益率稍高一些的大额存单和结构化存款两类产品。前者固定金额起存，门槛相对较高；后者是在普通存款中嵌入金融衍生工具，是介于储蓄存款和资产管理产品之间的金融产品，属于“低风险＋低收益”产品与“高风险＋高收益”产品的组合，也在存款保险制度保障的范围之内。客户的养老资产能否参与这两类产品的投资，取决于其自身的实际情况。

2. 债券类产品

相对于储蓄类产品，债券的收益性和流动性更好一些。种类繁多的债券大家族中，国债风险最低，且利息一般享有免税优惠，但收益率较低。金融债券和公司债券收益率相对较高，但流动性不如国债。除这些债券品种外，养老资产还可投资债券型基金或固定收益类理财产品。债券类产品的投资期限长短不一，财富管理机构可帮助客户根据自身预期余寿、收益要求、抗通胀要求等自由选择。总体来说，债券类产品的整体投资风险较低，收益稳定，可以帮助客户实现养老资产的保值增值。

受国家相关法律法规的限制，2001 年之前，我国社会保险基金绝大部分配置在银行存款和国债等保守型投资工具上，年化投资收益率很低。随着通货膨胀率不断上升，社保基金的投资收益无法跑赢通货膨胀。面对人口老龄化程度的加深，国务院于 2000 年成立全国社会保障基金理事会，负责社保基金的筹集与管理。2001 年后，我国社保基金开始逐渐扩大投资范围。

3. 保险类产品

保险类产品是养老资产投资的重要方面。在我国，财富管理机构客户养老资产投资的保险类产品，主要包括传统型养老保险产品和分红型、万能型、投资连结型保险产品。其中，后三类产品是带有显著投资功能的保险产品。

传统型养老保险产品以固定的费率及生命表作为费率厘定的基础，实行固定缴费、定额利息、固定领取。不同年龄段的客户有不同的缴费标准，客户缴费到退休时即开始领取养老金。该类保险产品可以为客户提供稳定、长期的回报，但不具备抵御通货膨胀的功能。

分红型保险产品设置保底收益率，理论上可以抵御部分通货膨胀风险，是对传统型保险产品的改良。但由于该类产品的分红与保险公司的经营状况紧密关联，因而并不能保证客户每年都能够得到分红。

万能型、投资连结型保险产品和分红型保险产品都带有投资性质，但这两种产品需要单独设立投资账户。这两类保险产品缴费时间比较灵活，投保金额可以随时调整。但二者也有区别，主要表现在：一是设立的投资账户不同。万能险产品只设立一个独立的投资账户，而投资连结险产品设有保证收益账户、发展账户和基金账户三个不同类型的投资账户，每个账户的投资组合不同，收益率和投资风险也不同，投保人可以根据个人情况自行选择。二是万能险产品有投资保底利率，而投资连结险产品不承诺投资回报，投资风险完全由客户承担。

传统型和分红型保险产品收益稳定，适合风险容忍度较低或处于高龄阶段的退休人群；万能型保险产品的投资风险比前两种产品要高，适合具备一定风险承受能力的人群购买；投连型保险产品风险最大，适合投资意识和风险承受能力较强、年纪相对较轻的高收入人群。

4. 信托类产品

这里的信托类产品是指信托机构作为受托人，管理委托人的养老金，在客户退休后为其提供年金化收入的养老金产品。作为欧美国家养老金融市场的主流产品，养老信托类产品具有三个优点：一是信托关系的长期性。客户与信托机构之间的信托关系，可以覆盖到从客户参加工作到退休再到去世这样长的时间过程，甚至传递给下一代。二是信托机构的包容性。信托机构的投资范围可以涵盖金融市场投资和实体投资，还可以为客户提供定制化的养老产品。三是信托财产的独立性。在信托机制下，作为信托财产的养老资产不隶属于受托人，不得归入受托人的固有财产，也不会受到委托人死亡或破产的影响，只服务于信托合同的指定用途。

依据信托标的资产分类，养老信托类产品主要分为四种：一是养老金信托。这是指信托机构受托运营养老保险经办机构的养老金，并在客户退休后，为客户提供年金化养老收入。由于养老金规模庞大，信托机构可以充分发挥规模优势，通过专业化运作，实现养老金的保值增值。同时，信托机制下的养老金可以免受信托机构和委托人的行为影响，其本金和收益可以顺利分配。二是养老财产信托。委托人将土地、房产等资产，抑或某种资产的所有权交付于信托公司，信托公司与客户签订一份养老保障计划，依照计划对客户财产以租售、保管等方式进行管理，并将收益用于指定的养老用途。信托公司可以代为保管和运营直至客户去世，因此，该类信托存续期较长。三是养老消费信托。购买此类产品的客户既是委托人也是消费者。信托公司将发行产品募集的资金，交给提供老年客户所需养老产品或养老服务的商家并对其监管。商家使用部分资金支付客户所需商品、服务的价格及其他相关费用，剩余部分交由信托公司进行投资。产品合同到期后，客户在享受消费权益的同时，也可获得投资收益。四是保险金信托。这是一种融信托和保险功能于一身的金融产品。对这种产品将在第八章做专门介绍。

5. 基金类产品

这里的基金类产品是指根据客户特征、风险偏好和收益要求，专门设立的用于客户养老资产投资的基金产品类别。这类产品由专业投资人士管理运作，实行组合投资，监管严格，信息披露及时、透明，流动性强，投资风险较低，收益稳健。美国、加拿大等发达国家金融市场的发育比较成熟，信息可得性较强，投资机构专业化服务水平较高，保护投资者利益的工作比较到位，因此规定养老资产须主要投向具有长期稳健收益的共同基金。

基金类产品按照作用可主要分为两类，即以养老目标型基金为主的配置型基金和以股票、债券及混合类证券组合而成的工具型基金。所谓配置型基金，是以客户养老目标为导向，自带配置属性的产品，包括目标日期型基金和目标风险型基金等。目标日期型基金，又称生命周期基金，是一类依客户不同年龄段（不同生命周期）的风险偏好和收益目标，确定资产配置结构的基金产品。随着客户年龄的增长，距离退休时点的时间距离缩短，基金管理人会相应降低基金中的权益类资产比重，提高固定收益类资产比重。目标风险型基金预先设立了不同风险级别的资产配置组合，客户可以依据不同的风险偏好配置资产，其投资组合长期固定。养老目标型基金的投资对象，可以是商品基金、股票基金、债券基金和混合型基金等。

工具型基金的养老属性偏弱，主要作为个人养老基金的底层资产和工具。

（二）养老风险管理的创新型金融产品

除上述养老风险管理的传统大类金融产品外，还有一些创新的养老风险管理产品，也具备养老风险管理的功能。在一些特定情况下，可以作为财富管理机构配置个人养老资产的良好选择。

1. 住房反向抵押贷款

所谓住房反向抵押贷款，是指由商业银行发起的，将客户存量房产所有权进行转换以盘活其市场价值，且在不损失客户居住权的前提下，为其提供养老收入的金融产品。

与传统的房屋抵押贷款相比，住房反向抵押贷款贷得款项的流向正好相反，故又被称为“倒按揭”。传统住房抵押贷款需要客户定期偿还贷款，而住房反向抵押贷款的作用原理，是老年客户可以自愿选择将房屋产权抵押给贷款机构（通常是银行或保险公司），贷款机构根据房屋居住年限、老年客户基本情况等对房产价值进行评估，并分摊到老年客户预估剩余寿命中计算每年可分配金额，之后将款项定期支付给老年客户。贷款机构可在老年客户去世或永久搬离房屋后收回房产。

这项起源于欧美的金融产品，最初是为了预防居民储蓄动机不足而设计的。但在贷款过程中，贷款机构除了要面对老年客户的长寿风险和市场利率风险外，还要承担与房地产市场相关的风险。因此，住房反向抵押贷款需要以发达的金融市场和完善的房地产二级市场担保机制为前提，辅之以政府提供的政策性支持，才能保证其顺利开展。

伴随老龄化进程的加快，我国于2014年便开始在部分地区开展住房反向抵押贷款养老试点，并在2016年扩大了试点范围。虽然多家保险公司获准了业务资格，但只有幸福人寿和中国人保寿险开办了这项业务。此外，还有部分银行联合房地产企业共同开展了此类业务。总体来看，住房反向抵押贷款类产品的试点效果并不理想。在产品需求端，我国老年人根深蒂固的将房产留给子女继承的观念，造成该类产品市场参与度不高；在产品供给端，保险公司需要承担的风险过重，而国家未能给予相应的政策支持。这些因素制约了住房反向抵押贷款的扩展，也许在未来较长一段时间内，其还只能作为一项小众养老风险管理产品而存在。

2. 住房租换与售后回租

所谓住房租换，是指老年客户通过从面积较大的住宅转向面积较小的住宅取得转换收益，并将所得收益用来补充养老金的一种金融产品。比如，新加坡政府的“乐龄安居花红计划”，就是鼓励老年人由大房子转向小房子，以收益优先充实自身公积金账户的一项计划。然而，老年人极易因居住面积变小而产生心理落差，因此，住房租换是一种较被动的养老风险管理产品。

住房售后回租是“以房养老”的另一种方式。具体流程为：退休客户将自己居住的房产出售给特定房产机构，再作为承租人向机构租回原住房并继续使用，取得的整笔房款用于缴纳房屋租金和养老支出。但伴随客户年龄的增长，客户持有的售房资金会越来越少，而租金与养老支出越来越多，最终可能陷入房钱两空的境地。英国的住房转化计划对此作出了改进。老年人可将部分或全部房产所有权转让给房产机构，获得永久租赁权，且只需缴纳少量租金。若原房主永久搬离住房，未转让给房产机构的部分产权可以通过房产出售转换为资金用于后续养老；若房主去世，该部分资金可由房主继承人继承。

上海市早在2007年便开始了住房售后回租的试点，符合条件的老年人可以将房屋出售给公积金管理中心，由该中心负责房屋的审核、过户和销售等流程。该模式虽然以政府公信力做担保，但也与我国现实情况存在着一些冲突。一方面，住房售后回租与我国传统的房产遗赠观念不符，受到来自老年客户子女和社会舆论的压力；另一方面，由于房主提前将全部或者部分产权交予房产机构，导致房产的增值收益老年客户无法获取。因此，参与住房售后回租的老年人寥寥无几，此项试点最终于2010年被叫停。除了老年客户观念上的阻碍，国家相关机构参与度不足和房产机构承担的风险过重，也是其推广失败的原因。除上海外的其他一些地区也进行了以房养老试点，但失败原因大同小异。

与住房反向抵押贷款完全交付房屋产权相比，住房租换和售后回租两种方式交付给老年人的补助金额偏小。老年客户究竟选择何种“以房养老”方式，还要依据个人实际情况自主决定。

3. 企业年金养老金产品

企业年金养老金产品，是由企业年金基金投资管理人发行的、面向企业年金基金定向销售的企业年金基金标准投资组合。国际上最流行的企业年金的运作模式为受托直投，即法人受托机构可以将受托管理的企业年金基金资产，分配至少一个养老金产品。在受托直投模式下，受托人按照客户需求，直接以投资管理人身份，主动配置资产并为投资业绩负责。

按照企业年金的投资种类划分，企业年金养老金产品一般可以分为货币类、固收类、股票类和另类投资等多种类型。相关数据表明，我国企业年金养老金产品自运作以来发展良好，产品数量和规模逐步增加，投资收益也比较理想。企业年金养老金产品的市场认同度有所提升。不过，较之发达国家企业年金养老金产品多样化的产品结构、规范的运行机制、专业化的管理水平和较高的投资收益率，我国的企业年金养老金产品还存在投资范围受限、集合类投资计划比例不高、专业投资管理人才储备不足等缺陷。

第七章　税收筹划

税收筹划是财富管理的重要内容。了解税收筹划的基本理论知识，掌握税收筹划的具体业务和专业技术，对财富管理机构的从业人员特别是税收筹划人员具有重要意义。

第一节　税收筹划的内涵与作用

一、税收筹划的内涵

20 世纪 90 年代初期，美国斯坦福大学商学院金融学荣誉教授、布莱克—斯科尔斯期权定价模型创始人之一的迈伦·斯科尔斯（Myron S. Scholes）及斯坦福大学商学院顾问教授马克·沃尔夫森（Mark A. Wolfson）等在《税收筹划与企业经营战略》一书中，首次提出了税收筹划的定义。他们认为，早期的以“纳税负担”最小化为目标的税收筹划概念，忽视了交易成本与操作风险等影响因素。真正意义上的税收筹划，不仅要考虑到显性层面上的税收负担，也要将显性税收与非显性税收都纳入税收筹划的考虑范围当中。此外，税收筹划还要充分考虑税收因素与非税收因素之间的相互关系。荷兰国际财政文献局（International Bureau of Fiscal Documentation，IBFD）编撰的《国际税收词汇》（*International Tax Glossary*）将税务筹划定义为“税收筹划是使私人的经营活动或私人缴纳尽可能少的税收安排”。我国会计学者盖地在其所著的《税务筹划》一书中认为，“税务筹划是指纳税人依据所涉及的现行税法，在遵守税法、尊重税法的前提下，运用纳税人的权利，对经营、投资、筹资等活动进行旨在减轻税负的谋划和对策”。

税收筹划又可以理解为“合理避税”，一般是指纳税人为实现既定主体财富价值最大化或股东权益最大化，在现行税制框架内，自行或委托代理人通过合理安排和策划，确定最佳纳税方案以减轻、延缓或免除税负行为的财务管理活动。美国开国元勋富兰克林曾说："在这个世界上，除了死亡和税收，没有什么是确定的。"不管是企业的财务管理，还是个人或家族财富的管理和传承，税收都是必须承受的成本。税收筹划就是在依法合规的前提下，尽可能使纳税人支付的纳税成本达到最低。

二、税收筹划的由来与发展

（一）税收筹划在国内外的演进

税收筹划最早起源于 19 世纪中期的意大利。经过长期的发展，现今在发达国家已经成为一个成熟的业务领域。在我国，随着税收筹划需求的逐步扩大，税收筹划这种"舶来品"也逐渐为国人所接受。

1. 国外税收筹划的发展过程

国外税收筹划的发展过程，大致可以划分为三个阶段。

第一阶段：现代税收筹划的兴起阶段。

早在 19 世纪中叶，意大利的税务专家就开始为企业和个体纳税人提供税务咨询服务，其中便包括为纳税人进行纳税筹划，但税收筹划被经济社会广泛关注和得到法律认可，则要追溯至 20 世纪 30 年代一则最为典型的案例。1935 年，英国上议院议员汤姆林爵士在处理"税务局长诉温斯特大公"一案时指出："任何人都有权安排自己的事业，依据法律这样做可以少缴税，为了保证从这些安排中得到利益……不能强迫他多缴税"，从而对当事人依据法律少缴税款给予了法律上的认可。随着西方发达国家经济的持续发展，税收筹划逐步成为纳税人理财和企业经营管理不可或缺的重要内容。此后，英国、美国和澳大利亚等国的法院在税收判例中经常引用这一原则精神，从而推动了西方发达国家税收筹划业务实践的发展和理论研究的深化。

第二阶段：现代税收筹划的快速发展阶段。

第二次世界大战结束后，伴随着工业化时代与信息化时代的到来，西方国家的经济实现了快速增长。这些国家在推动工业进步的同时，纷纷建立了较为成熟的现代税收制度，以便在促进经济快速健康发展的前提下增加政府财政收入，强化政府公共服务能力。这种税收制度一方面构建了相对稳定、合理的征税体系，另一方面则充分考虑到了纳税主体的承担能力，强化私有产权保护，以刺激微观经济增长，同时也为税收筹划提供了很大的操作空间。从国际比较来看，世界各国在税法规制上的属地或属人原则的差别导致纳税人的概念不尽一致，在课税方式以及同一税种的税率上也存在差别。至于各国对各种扣除项目在规定上存在的差异，更是导致了征税税基上不小的差别，从而为通过跨国税收筹划避免在两个或两个以上国家双重征税提供了空间。此外，各国反避税方法的使用、税法有效实施的保障，以及其他非税收法律上的差异等，都促使纳税人积极寻求跨国纳税筹划。在这一阶段，税收筹划在得到纳税人和政府高度重视的同时，税收筹划的专业化水平也得到了快速提升。很多企业和富裕家族都通过家族办公室或者聘请专业的税收筹划人员、注册会计师、会计师事务所、私人金融顾问来开展税收筹划业务。在这种情况下，专门从事税收筹划的税务筹划师，已经成为一个含金量很高的职业，而税务律师作为发达国家中律师的职业细分，也受到客户的普遍欢迎，其主要工作是在遵循国内外税收法律法规的前提下，为客户提供“专业化、多元化、个性化”的税务法律服务，帮助客户降低纳税风险、优化节税空间、实现合法税务筹划。

第三阶段：21 世纪以来的税收筹划发展阶段。

进入 21 世纪以来，税收筹划发展的一个重要特点，是税收筹划专业机构和专业人员在税收筹划中的作用越来越重要。欧洲出现了专门针对金融机构开展税收筹划业务的金融工程师。如今在欧洲正常经营的企业中，有一半以上的企业通过专业的税收筹划人员办理税收筹划。在美国，60% 以上的企业要借助专业税收筹划机构办理纳税。在日本，通过专业人员办理税收筹划业务的企业在全部企业中的占比，更是超过了 80%。

2. 国内税收筹划的发展过程

在我国，税收筹划从进入社会经济生活至今，大体上经历了两个发展阶段。

第一阶段（1978—2000 年）：税收筹划发展的初期阶段。

税收筹划在发达国家发展较早且应用普遍，但在我国起步较晚。改革开放之前，我国实行的是单一公有制的所有制形式，税收筹划没有生存和发展的基础环境，因为这种所有制形式下的经济主体根本没有必要进行税收筹划。1978 年改革开放后，我国出现了大量的“三资”企业，其充分利用我国政府给予的税收优惠政策，普遍实施税收筹划。有的企业甚至只是将注册地放在经济特区以享受税收优惠，而实际经营则另寻他地。在这种情况下，我国税收机关开始对税收筹划有了初步认识，经济理论界也开始关注这一经济行为，但人们对纳税筹划仍然比较敏感和忌讳。1992 年 10 月召开的中共十四大明确了我国经济体制改革的目标是建立社会主义市场经济体制，国有企业改革由此逐步深化。在独立的经济利益驱动下，自主经营、自负盈亏的国有企业也开始重视税收成本。1994 年，我国开始建立税务代理制度并在全国试点，为税收筹划的发展奠定了制度基础，成为税收筹划发展进程中的标志性事件。各类微观经济主体对税收筹划的态度，也由过去的忌讳、排斥到逐步接受。人们逐渐认识到，符合税收政策的正当避税属于税收筹划，而为了实现减轻税收负担的目标，纳税人没有必要铤而走险采取违法的偷税等行为，完全可以在遵守税收法律法规的前提下，采取合法方式达到规避税收负担的目的。我国税收理论界也把税收筹划纳入了研究视野，一些学者开始将其研究重点转向纳税筹划，加强了对税收筹划基本理论和实际业务的研究，出版了纳税筹划方面的专著，有的高校还开设了这方面的专业课程，招收了这类研究方向的研究生。国家税务总局主办的《中国税务报》还专门设立了纳税筹划专栏，为各类纳税人提供税收筹划的学习平台和具体案例。税收筹划研究的开展和税收筹划知识的宣传，强化了纳税人的税收筹划意识，为税收筹划提供了必要的理论和舆论支持。与此同时，各种税务中介机构开始进入税收筹划这一新的业务领域，为客户提供税收筹划业务服务。但就总体而言，这一阶段还处于税收筹划发展的初期，税收筹划需求和税收筹划供给没有实现完全、有效的对接，税收筹划的业务规模不大。作为提供税收筹划专业服务的税务师事务所等税务中介机构，也还没有树立起强烈的税收筹划服务理念，没有形成完整、成形的业务线，来自税收筹划的收入在业务收入中的占比很低。

第二阶段（2001 年至今）：税收筹划的快速发展阶段。

2001 年我国加入世界贸易组织（WTO）后，进一步改革和完善税收制度，以适应 WTO 的要求和与国际税收制度接轨的需求。我国税收法制化的进程也相应加快。在税收制度发展和规范过程中，伴随着税收筹划实践经验的积累，人们对税收筹划有了更加深入的认识，政府主管部门对税收筹划的态度也从默许转变为以法律法规来引导和规范。2017 年 5 月，国家税务总局颁布了《涉税专业服务监管办法（试行）》，在涉税专业服务机构可从事的涉税业务中明确提到了“税收策划”，即涉税专业服务机构可对纳税人、扣缴义务人的经营和投资活动提供符合税收法律法规及相关规定的纳税计划、纳税方案。这在法律法规层面为税收筹划提供了有力支持。

进入 21 世纪以来，不少富裕起来的超高净值人群即将退休或已步入老龄，开始考虑将家族事业和财富传承给子孙后代，而这种传承无论是采用不动产传承方式，还是采用股权转让方式，都面临着巨额的税收成本，因而这部分人自然萌发出强烈的税收筹划需求。与此同时，蓬勃兴起的互联网和金融科技大潮，又大量催生出“80后”和“90后”一代年轻富裕群体，部分青年才俊通过技术专利、企业交易和股改上市等途径，获得了大量财富，从而也对税收筹划有着迫切需求。这类高净值群体和一些经营规模较大的民营企业的税收筹划需求，成为推动税收筹划发展的重要动力。税收筹划进入了快速发展阶段，参与税收筹划的涉税专业服务机构越来越多，既包括税务师事务所、会计师事务所、律师事务所（税务律师）、财税咨询公司等专业税务咨询机构，也包括企业内部的财务税务团队，税收筹划逐渐发展成为一个独立的行业。不过，税收筹划的主要对象是所得税等直接税税种，而我国现行税收制度是以增值税、营业税等流转税为主体的复合税制。由于我国尚未开征遗产税、赠与税等直接税种，税收制度的不完善限制了税收筹划的市场空间。此外，我国缺乏高素质的复合型税收筹划专业人才，也成为制约税收筹划发展的重要因素。随着我国经济的持续稳定发展和税收制度的逐步完善，经济主体对税收筹划的参与度必将进一步提高，税收筹划拥有广阔的发展前景。

（二）税收筹划的发展动因

纵观国内外税收筹划发展的历史，其动因主要表现在以下四个方面。

一是各类纳税人对税收筹划的内在需求。西方发达国家对于富裕家族的财富传承和赠与征收高额遗产税和赠与税（一般税率在20%～50%）是普遍做法，因此，国外富裕人士和家族非常重视税收筹划。20世纪50年代以来，发达国家富裕居民和跨国企业对税收筹划的需求进一步扩大，促进了税收筹划的发展。特别是随着经济金融全球化的发展，跨国投资、跨国贸易和跨国移民活动日益频繁，国外大型财富管理机构和企业集团都格外重视税收筹划在经营管理中的运用。比如，波音公司采纳了财富管理机构对其提出的财富管理战略，把税收筹划作为集团业务层面的重要考量因素，将其总部搬离了经营数十年之久的西雅图。再如，联合利华（Unilever）集团虽然通过跨国经营降低了自身的经营成本，但是诸多国家之间完全不同的税收制度大幅度地提高了其纳税成本。该公司后来通过与跨国财富管理机构合作，大大降低了自身税收筹划成本，提高了经营效益。

二是与税收筹划相关的税收制度的日益完善。随着工业化与信息化时代的到来，西方国家在实现工业进步的同时纷纷建立了较为成熟的现代税收制度，以在促进国民经济快速健康发展的前提下努力提高政府财政收入，保障和强化政府公共服务能力。各国的税收制度在形成相对稳定合理的征税体系的同时，也充分考虑到了纳税主体的税收承担能力，以刺激微观经济增长，强化私有产权保护。进入21世纪以来，随着互联网、移动智能终端和金融科技的广泛开发和运用，通过运用现代科技手段进行税收筹划的业务规模快速扩张。

三是各类税收筹划机构的发育成长。1959年，由5个欧洲国家的从事税务咨询的专业团体在法国巴黎发起成立了欧洲税务联合会，使从事税务咨询及税收筹划的专业人员有了自己的行业组织。税收筹划行业不仅得到了这些国家政府的认可，而且可以通过行业组织制定行业规范，保护合法经营，纠正违规行为，促进形成公平竞争的行业经营环境，规范和推动行业发展。税收筹划在欧洲国家开始走上健康发展的道路。进入21世纪以来，在税收筹划需求逐步扩大的背景下，国内从事包括税收筹划业务在内的税务咨询机构也在显著增加，税务代理机构、税务律师和独立税务个人咨询师都在承办税收筹划业务。这些机构伴随税收筹划需求应运而生，但反过来又促进了税收筹划行业的发展。

四是经济社会对税收筹划认可程度的不断提高。仅以我国为例，我国的税务机构和一些社会公众长期以来在税收筹划上存在认识误区。比如，有人认为鼓励税收筹划会反向激励纳税人偷逃税款，助长偷逃税歪风，不利于国家税收征管和财政收入的稳定增长；也有人认为，鼓励税收筹划会导致纳税人曲解国家税收立法意图，滥用税收优惠条款，削弱税收杠杆的宏观调控作用。但是，随着国家税收法律制度的完善和执法力度的加大，越来越多的企业和个人对税收筹划有了正确认识，纳税人对税收筹划的认可度和需求明显上升，为税收筹划发展提供了有利的基础性条件。

三、税收筹划的作用

税收筹划的作用，主要表现在以下几方面。

（一）税收筹划有助于提高纳税人的纳税意识

税收筹划的前提是不能违反相关税法，纳税义务人不能借税收筹划之名进行偷税、漏税、逃税和抗税。税收筹划与纳税人纳税意识的增强具有很强的正相关性。从企业作为纳税人的角度而言，这种正相关性主要体现在三个方面：第一，税收筹划是企业纳税意识发展到一定阶段的必然产物。税收筹划的基础是税制改革与税收征管取得了明显成效，税法的权威性得到广泛认可。如果对于偷税、漏税和逃税等各种违法行为不能进行有效遏制，对非法偷逃税收行为只限于补缴税款，那么就难以有效消除各种偷逃税行为。而纳税主体如不需税收筹划也能取得可观的经济利益，则难以使其增强纳税意识，自然其也没有进行税收筹划的动力。第二，一般来说，具有较强纳税意识的企业，同时也会对税收筹划具有强烈的需求。依法纳税是企业纳税意识增强的题中之义，税收筹划行为是建立在合法或者不违反税法的基础之上的。第三，企业财务制度健全是税收筹划的基本前提。企业依法建立了完整、规范的财务会计账表和会计制度，依法建立了各种纳税账户，是税收筹划的基本前提和依法纳税的基本要求。从个人纳税主体看，具有良好的个人信用、强烈的守法意识并且对个人名誉和资产安全高度重视的富裕人士，对税收筹划的需求越发强烈，而其委托有关机构依法进行税收筹划，反过来又有助于进一步增强其依法纳税意识。

（二）税收筹划有助于依法维护纳税人的合法权益

税收筹划是所有纳税人的一项基本权利。在法律允许的前提下，纳税人通过税收筹划对其资产、收益进行合理安排，是法律赋予纳税人的经济权利。纳税人通过税收筹划不仅可以降低税收负担，也可以规避各种税收陷阱，避免遭受税务执法机构惩罚而缴纳更多税款，维护自身合法权益。

（三）税收筹划有利于提高纳税人的经济效益和会计管理水平

税收筹划的根本目的是实现纳税人经济利益最大化。如果降低纳税成本不能有效抵消纳税人的人力和物力消耗，税收筹划就失去了其应有的意义。对于纳税企业而言，税收筹划就是要实现资金、成本、利润三大要素的最优组合，提高企业经济效益。这就要求企业不断提高财务和会计管理水平，提升市场竞争力。会计人员要熟知会计准则、会计制度和现行税法，依法设账、记账和编报财务会计报告，依法计税和填报纳税申报表。对于纳税个人而言，通过税收筹划有利于提高其对相关税法的了解程度和执行能力，强化其财富管理意识。

（四）税收筹划有利于国家税收制度建设

税收是国家调节社会财富分配，提高社会资源使用效率的重要工具。保障和支持合法的税收筹划，有利于降低社会税负水平，提高社会经济活力。较低的税负有利于国家避免频繁使用税收优惠政策，刺激某一行业和市场的发育，从而可以减少政府对经济活动的过多干预，进一步落实竞争中性原则。同时，也有利于完善有关税收政策和现行税法，促进国家税收制度建设。

（五）税收筹划有利于实现国家税收政策目标

政府一般会站在国家宏观管理的高度，从有利于实现经济和社会发展目标的角度出发，通过制定各种税收优惠、税收鼓励和税收差异政策，推动经济社会发展。纳税人在税法允许范围内的税收筹划行为，有利于体现政府的税收政策导向，满足企业和个人强烈的节税愿望，刺激投资和消费的良性增长，促进实现国家的宏观经济政策目标。比如，为了鼓励战略性新兴产业以及新产品、新技术的发展，我国相关的税收制度规定，在企业的所得税中可以对企业的研发费用加计扣除，这样不仅可以使企业享受到国家的税收优惠政策，达到节税目的，而且还促进了战略性新兴产业和高新技术的发展，强化了经济增长的创新驱动。

第二节　财富管理中的税收筹划

财富管理中的税收筹划，是财富管理机构适应客户的税收筹划需求，在遵守国家税收法律法规的前提下，通过自身的税收筹划行为或借助专业税收筹划机构的支持，对客户在财富管理方面所涉及的相关税务问题提前进行设计与规划的过程。

作为财富管理机构客户的各类纳税主体，可以通过税收筹划合理合法地降低自身的纳税负担，有利于实现其财富的保值增值，提升其财富转移和财富传承的能力。而对于从事税收筹划的财富管理机构来说，开展税收筹划则是其赢得客户、增强市场竞争力的有效手段和重要途径。财富管理机构只有深入研究各国和地区的税收体系与税收政策，不断提高税收筹划技巧，才能高质量地完成税收筹划，切实满足客户的税收筹划需求。

一、税收筹划在财富管理中的重要性

（一）税收筹划有利于控制财富管理过程中的税务风险

无论是各类纳税主体财富的保值增值，还是家族和个人的财富传承，都伴随着巨额资产的流动和转移，自然会涉及数额巨大的流转税、所得税和遗产税支付，从而客观上面临着税务风险。财富管理机构在为这些客户提供全面的财富管理业务服务时，要根据客户需求和客户的具体情况制定财富管理规划。在制定财富管理规划阶段，财富管理机构就要立足于有效防控客户的税务风险，为客户制订具体的税收筹划规划方案，并随着财富

管理业务服务的实际进程具体实施。具有丰富税收筹划经验的财富管理机构在为客户办理税收筹划的过程中，凭借自身专业优势，能够很好地管控客户的税收风险，维护客户的经济利益。

（二）税收筹划有利于家族和个人财富的保值增值

财富管理机构通过税收筹划，对家族或个人财富管理中的涉税事项提前进行谋划与安排，可以达到减少税费支出、相对增加收入的目的。尤其是对于高净值人群而言，通过税收筹划减少税款支出，增加财富存量的效果更加明显，而家族和个人财富表现形式的多样性和财富管理内容的广泛性，则为税收筹划提供了较为广泛的运作空间。

（三）税收筹划有利于高净值群体的财富传承

无论在什么国度，财富传承都是高净值群体财富运用和分配的一个重要方向，是高净值群体的必修课。高净值群体财富传承的目的，不仅希望把辛辛苦苦打拼积累的财富安全地传承给后代，更希望通过这种传承完成家族企业的顺利交接，实现家族的永续发展。但财富传承必不可免地面临较为繁重的赠与税和遗产税问题。发达国家的遗产税税率很高，且多实行超额累进制，最高者在50%以上甚至达到70%。至于赠与税，世界上好多国家将其作为遗产税的补充税种，在征收遗产税的同时一并征收。我国现在虽然还没有开征遗产税，但未来开征应该是极有可能的。根据2010年8月新版的《中华人民共和国遗产税暂行条例（草案）》，应征收遗产税的遗产，包括被继承人死亡时遗留的财产以及死亡前五年内发生的赠与财产。该条例还规定，遗产税实行超额五级累进税率，最高适用税率为50%。按照该条例，意味着遗产继承人在继承遗产时，必须缴纳不菲的遗产税。不过，在财富管理机构有效利用各种财富传承工具的避税优势和税收筹划技术进行精心的税收筹划之后，就可以明显降低遗产税税负，帮助高净值群体较为圆满地实现家族企业顺利交接和其他财富传承目标。

二、三种财富管理活动中的税收筹划

财富管理中的税收筹划涉及的范围较为广泛，包括客户的投融资、企业并购与重组、金融资产交易、财富传承等多方面的涉税事项。财富管理机构要在现行税收法律法规允许的范围内，基于为客户减轻税收负担、降低税收风险的目的，从税收角度对上述事项进行事先安排与规划。就税收筹划的内容看，其包括避税筹划、节税筹划、规避“税收陷阱”、转嫁筹划等几个方面。这些内容具体体现在财富管理机构为客户提供的产品和服务过程中，其中避税和节税这两种筹划方式使用较为广泛。

下面，具体介绍三种财富管理活动中的税收筹划。

（一）投资管理中的税收筹划

投资管理是财富管理全过程中最为重要的环节。投资管理的成效，直接关系到客户投资资金的保值增值程度和财富管理目标的实现程度。而有质量的、精致的税收筹划，对提高投资管理成效是必不可少的。

1. 税收筹划可以助力提高投资收益

财富管理机构要实现客户投资资金收益最大化，不仅要着力研判市场，不断提升投资管理水平，在提高投资收益率方面“开源”，而且要在投资管理过程中通过税收筹划努力降低税收负担，在提高投资收益率方面“节流”。两者并行不悖，缺一不可。财富管理机构在制定投资规划时，就要考虑到不同投资对象的税务负担以及相关的法律法规，即在这个环节就进行税收筹划。这样做可以明显减轻投资的税务成本，实际上是相对增加了投资收益。在20世纪90年代，一些欧洲学者比较分析了上市公司股票、短期政府债券以及国库券70年内经过税收与通货膨胀调整后的实际收益率，结果表明，税收对投资收益率的影响程度，远远高于通货膨胀率对投资收益率的影响程度。这实际上从实例角度说明了税收筹划对于投资管理的重要性。面对投资工具结构丰富的资产管理市场，多元化资产配置已成为财富管理机构投资管理的常态。财富管理机构根据不同类型客户的投资资金规模、投资收益目标和投资风险承受能力，在相应的投资对象中寻找税收减免条件，进行税收筹划下的投资方案设计，可以降低投资资产持有阶段和投资所得可能面临的税务成本，助力提高投资收益。

2. 投资管理中的税收筹划操作

由于离退休老年客户及其他风险厌恶型客户风险承受能力较低，财富管理机构可以考虑投资国债、特种金融债等金融产品。这些产品的收益率大多高于同期储蓄存款利率，同时投资利息一般又可享受免税优惠。投资商业保险产品（主要是寿险产品）也是一个不错的选择。在我国，根据《中华人民共和国个人所得税法》《中华人民共和国个人所得税法实施条例》和相关法规的规定，保险赔款是免税的，故投资寿险产品获得的保险金理赔所得不用纳税，而且投资理财型寿险产品的收益所得也是免税的。对于个人投资资金规模较大、投资风险承受能力较高的客户，财富管理机构可以为其考虑投资信托产品，因为信托产品的投资收益较高且免征个人所得税。

对于拥有一家或多家企业的财富管理机构客户，既可以自然人身份投资，也可以法人身份进行投资，但以不同身份作为投资主体承担的税负是有差异的。在这种情况下，自然有税收筹划的必要。根据我国的个人所得税法，以自然人身份进行证券投资所获得的利息、股息、红利等，需缴纳20%的个人所得税，而根据我国企业所得税法的规定，以法人身份投资在满足连续持有居民企业公开发行并上市流通的股票12个月以上的条件时，投资收益免征企业所得税。因此，从税收筹划的角度考虑，如果客户的投资资金是长期资金且希望获取较高收益，则财富管理机构应该帮助客户选择业绩稳定增长的上市公司的股票长期持有，而客户以法人身份投资持股更合适。除此之外，还可以采用另一种税收筹划方式，即财富管理机构可以建议客户个人在投资前，先设立一家全资拥有的公司作为持股公司，客户将投资资金注入该持股公司，再由该公司投资于具体的证券品种。相对于投资对象的证券而言，持股公司是直接股东，客户是间接股东。当被投资证券分派利息、股息或红利时，将这些所得利得首先分配给持股公司。由于这种证券投资符合企业法人投资收益免征企业所得税的要求，因而持股公司取得的利息、股息或红利是无须纳税的，这与直接分配给客户个人后立即产生纳税义务是不同的。如果客户有新的投资项目，就可以利用持股公司的所得利得进行再投资。显然，在未发生税收成本的情况下，客户资金的投资效益和使用效益提高了。

财富管理机构进行证券投资，必须根据证券交易数额和国家规定的税率缴纳证券交易税（在我国即证券交易印花税）。有些国家在证券交易税之外还要对证券交易价差征收资本利得税，而且后者远比前者的税率高。一些财富管理机构的主动型投资经理为了追求高额投资收益，往往频繁地进行证券的短期交易，结果承担的这两种税负在很大程度上侵蚀了投资收益。财富管理机构在进行投资决策时，必须考虑到这两种税负对投资收益的负面影响，尽可能选择具有投资价值的、能够用来进行长期投资的股票品种，避免因高频交易行为导致的“给证券经营机构打工”的投资不赚钱的现象。对于高素质专业投资人才较少、投资经验不多的小型财富管理机构或刚刚进入投资市场的财富管理机构来说，投资指数基金或许是一个避免高额投资税负的较为有利的选择。

好多高净值客户不满足于仅仅在境内配置资产，其通常依靠财富管理机构进行全球化的资产配置。为了降低沟通成本和实现服务的连续性，一些高净值客户一般在境内外选择同一家财富管理机构进行投资管理。在海外投资的实际操作中，财富管理机构除考虑不同国家的投资环境、预期投资回报等直接关系投资收益的因素外，也会充分考虑与投资相关的税收制度，尽可能选择预期投资回报和税收条件都有利于客户的国度作为投资首选地，同时借助丰富的投资工具和投资组合进行节税避税。另外，不少国家对非居民在本国投资获得的股息、红利等往往要征收25%～35%的预提所得税，如美国、法国、瑞典的税率是30%，瑞士是35%。财富管理机构可以利用各国间互相签订的国际税收协议为客户实现节税，因为这类协议中大都包含各自向对方国家的居民与企业提供所得税优惠的相关内容。如果利用这种协议节税，该类预提税率可以降至15%以下的水平。

在境外购置房产，一直是高净值客户所热衷的一种另类投资。对这类客户在境外投资的房产，境外国家一般都要征收房地产税。不过，各国的征收方式、征收税率等不尽相同。即使同一国家的不同地区、同一地区的不同房产类型等，也可能存在税负差异。例如，英国是将房屋价值分级后对不同级别采用不同的税率水平，而日本的税率则相对固定。财富管理机构需要根据客户的需求，在综合考虑房屋品质、现时房价水平、未来升值空间、保有成本和税收成本等多种因素后，帮助客户作出最佳投资决策。高净值客户如投资国内的房产，则需要考虑可能开征的房产税、遗产税、赠与税等与房产持有和房产传承的税种带来的税收成本。为了应对这些可能开征的税种带来的税务负担，财富管理机构可以帮助客户将投资有升值空间地区的房产和人寿保险产品两者作为投资组合，以保险理赔金为未来可能开征的遗产税、赠与税等提供税收支撑，用来缓解投资房产带来的高额税负面临的财富缩水问题。

国家税收制度的调整、金融投资工具的创新、市场投资热点的更迭以及不同类型客户需求的变化等因素，都影响到税收筹划下的投资决策。财富管理机构要适应客户需求，以国家现行税收法律法规为依归，着力发掘不同投资领域、不同投资产品中节税避税的可能性，为客户制订包含税收筹划内容的个性化的投资方案，自觉地把税收筹划融入投资决策之中。

（二）企业组织形式设计中的税收筹划

投资管理直接关系财富管理机构的投资业绩，因而投资管理中税收筹划的需求主体主要是财富管理机构，而企业组织形式的设计，直接关系财富管理机构客户的经济利益，因而税收筹划的需求主体主要是财富管理机构客户。

企业组织形式即企业存在的形态和类型，涉及持股主体类型、各类持股主体的持股比例及其相互间的关系，是公司治理结构的组织制度基础，对公司治理效能发挥和公司治理结构建设至关重要。在西方发达国家，企业创办人创办企业，把设计什么样的企业组织形式更有利于减轻税负，作为一个非常重要的问题予以考虑。在我国，这个问题对财富管理机构的客户特别是高净值客户，意义同样不能小视。在为客户设计有利于节税避税的企业组织形式方面，财富管理机构可以发挥重要作用。

财富管理机构对客户企业组织形式设计的税收筹划，应该是在充分考虑客户拟设立企业的经营特点、经营需要和不同组织形式企业的税收条件的基础上，尽可能采用可以享受税收优惠的企业组织形式，以降低企业在资本运营、利润分配、投资退出等方面的税务成本。从各类企业组织形式的比较看，合伙企业除了具有合伙人出资方式多样、有限合伙人退出容易、企业分配机制灵活等方面的优势外，还具有税收优惠方面的优势。合伙企业作为税收的“透明实体”，所得“先分后税”，纳税主体是合伙人而不是合伙企业，即只缴纳合伙人所得税而不缴纳企业所得税，从而避免了有限公司的双重税负，降低了税收成本。假设某客户选择了有限公司（有限责任公司或股份有限公司）的企业组织形式，通过设立一家有限公司开展投资，则按照我国现行税收法律的规定，公司要按投资收益的25%缴纳企业所得税，而纳税后的收益再分配给客户个人，客户还需要缴纳20%的个人所得税。如此算下来，该客户的税收成本大致为投资收益的40%。如果采用合伙企业的企业组织形式，企业本身没有纳税义务，投资收益分配给合伙人后，由合伙人直接缴纳所得税。合伙人是自然人的，缴纳个人所得税；合伙人是公司的，缴纳企业所得税。客户以自然人身份缴纳个人所得税，适用5%～35%的累计递增税率，一般综合税收成本为投资收益的33%～35%。显然，合伙企业较有限公司制的企业组织形式能够明显减轻税负。

此外，有的国家和地方政府还有专门针对合伙企业的税收优惠政策，从而使合伙企业成为税收洼地。美国就有专门针对包括合伙企业在内的小企业的税收优惠政策措施。我国一些地方政府为了招商引资，促进高新技术企业发展，也出台了税收优惠和财政补贴政策，特别是吸引创业投资和股权投资类企业的税收优惠政策更多一些。财富管理机构应该充分研究各地税收优惠政策所对应的条件，在客户拟投资企业可以采用合伙制的情况下，尽量采用合伙企业的组织形式，并选择合适的注册地以降低税负。特别是客户若投资设立创业投资、股权投资类企业，更适宜采用合伙制。当然，在选择和适用地方税收优惠政策时，需要考虑其合法合规性。

在我国现行税收制度下，出资人选择什么样的投资持股方式，也会对其承担的税负产生影响，因而财富管理机构在为客户设计企业组织形式时，对这个问题也必须认真加以考虑。出资人投资可以分为直接持股与间接持股两种类型。前者是指自然人直接持有被投资企业一定比例股权的方式，后者则由自然人出资设立的合伙企业或有限公司持有被投资企业的股权。不同持股模式下的持股主体，在企业分红、分红再投资、股权转让等方面的税负都存在差别。比较而言，间接持股模式在分红再投资、未分配利润及盈余公积转增股本等问题上更具税收优势，而且还有可能适用特殊性税务处理实现递延纳税，因而税收筹划的可操作性要大一些。财富管理机构应该根据客户的实际情况和税收筹划诉求，充分运用间接持股模式为客户拓宽税收筹划空间。

（三）遗产继承中的税收筹划

自 1694 年英国开征遗产税以来，世界上已经有 100 多个国家开征了遗产税。由于遗产税的税率通常较高，纳税主体具有强烈的减轻遗产税税务负担的税收筹划需求，遗产继承自然也就成为税收筹划的一个重要领域。

世界各国的遗产税征收制度，大致可以分为三种类型：一是总遗产税制，即对财产所有人死亡后遗留的财产总额课征遗产税的制度，其特点是先纳税再分割遗产；二是分遗产税制，即对各个继承人分得的遗产份额分别课征遗产税的制度，其纳税人为遗产继承人，因而又称“继承税制”，其特点是先分割遗产再纳税；三是总分遗产税制，也称“混合遗产税制”，是融合了前面两种税制特点的遗产税制，即对被继承人的遗产先征收总遗产税，再有区别地对继承人所得的继承份额征收分遗产税，其特点是“先总税后再分税”。但不管采用哪种遗产税征收制度，纳税人都要承担很重的税收负担。特别是第三种税制，对同一遗产两次征税，尽管有利于保证国家税收和促进税收公平，但有重复征税之嫌，会进一步加重纳税人的税负。

为依法合规保护遗产继承人的经济利益，财富管理机构大多采用设立信托合约、购买保险产品、设立公益基金会一类的公益财团法人等税收筹划方式，帮助其实现降低税率等级、减轻税收负担、推迟缴税时间等一系列目标。这些方式具有明显的节税避税功能，是遗产继承中通常采用的税收筹划方式。此外，财富管理机构也可以帮助被继承人设立遗嘱，在遗嘱中明确禁止遗产分割的期限（发达国家该期限多为6～10年，最长者为30年），并指定或由继承人共同推选的方式来选择企业代表人，由其与继承人共同负责家族企业的日常经营管理。这样做既可以推迟遗产税的缴税时间，又有助于提高家族企业经营的稳定性。

第八章　财富传承

创造财富不易，传承财富更难。如何打破“富不过三代”的家庭财富魔咒，实现安全、有效的财富传承，对家族企业和高净值人群而言是个非常重要的课题，而财富管理机构可以在这方面发挥重要作用。

第一节　财富传承的动因及其与财富管理的关系

一、财富传承的概念

财富传承，是财富所有者按照自己的意愿，把财富有计划、安全地传递给后代及利益相关者，以寻求家族基业长青和财富永续保值增值的活动。从财富管理的角度理解，财富传承也是财富所有者对财富的一种持续化管理和去风险化投资的活动。

财富传承是物质财富传承和精神财富传承的统一体，其外延既包括物质财富的传承，也涉及家族精神、企业文化、经营理念和治家方略等精神财富的传承。财富所有者将自身在创造财富过程中的艰苦奋斗、百折不回、勇于竞争、坚持创新、诚实守信等精神和品格，以及拥有财富后热心公益、扶危济困、回馈社会的慈善情怀传递给后代，对促进子女弘扬家族精神，提升自身财富管理能力，树立正确的价值观念和社会责任意识，具有很重要的作用。精神财富传承是物质财富传承的精神支撑和道德承载。如果财富所有者的后代不能很好地接受前辈的精神财富，不能从前辈起伏跌宕的创业经历和坎坷复杂的人生中汲取精神力量，则物质财富的传承就不可能持久，财富所有者财富传承的目标也难以实现。从这个意义上说，精神财富传承是财富传承的本质。

二、财富传承与财富继承的区别

与财富传承相近的概念是“财富继承”。两者存在着一定程度的联系。

财富继承是财富传承的一个方面，而且对某些财富所有者来说，其财富传承的主要甚至全部目的，就是实现财富的代际继承。不过，财富传承的内涵要比财富继承丰富得多。二者的区别主要表现在以下几个方面。

第一，涉及的利益相关者的身份和代际不同。从法律角度讲，财富继承必须以法定的亲权关系为基础，即财富继承人必须与财富所有者具有血缘关系，而且财富继承一般只能溯及下一代，但财富传承涉及的利益相关者则由财富所有者自己决定，不受法定的亲权关系约束，溯及的人员范围也可以是多代人，不必拘泥于财富传承规划制定时家族现有成员的实际情况。

第二，涉及的财富的种类不同。财富继承涉及的财富是物质财富，通常必须是财富所有者设立遗嘱时已经明确登记在自身名下且产权状态完整、无瑕疵的财产。财富传承涉及的既有物质财富，也有精神财富。

第三，涉及的文件的数量和复杂程度不同。以遗嘱继承为主要表现形式的财富继承，一般仅需要一份书面文件，即以书面形式确认财富所有者财产于继承发生时在利益相关者之间的分配方案。财富传承则涉及一整套系统、复杂的法律文件，包括家族信托的设立文件、特殊目的机构（SPV）的设立文件、家族资产现有和未来收益分配的相关文件等。

第四，实施的时间和采取的程序不同。财富继承通常在财富所有者离世后方可实施。作为财富继承书面依据的遗嘱，一般需要经过公证等法律程序，在遗嘱执行时还必须经所有法定继承人对遗嘱效力进行确认且都无异议，这样的情况下才能根据遗嘱内容进行财富继承。财富传承则通常是落实原有规划方案的活动，在财富所有者生前便可实施，实施程序也较为简单。

三、财富传承的动因

财富传承的动因，即财富所有者进行财富传承的动机和原因，实际上也是财富传承必要性和作用的体现。其主要表现在以下四个方面。

（一）避免家族争产纠纷

由于家人对家族财产争夺而引起家族内部冲突的事例，古今中外屡见不鲜。激烈的家族争产纠纷，甚或使母女结怨、兄弟反目，原来依靠亲情牢牢维系的家族关系变得不堪一击甚至土崩瓦解。中国台湾地区台塑集团创始人王永庆家族的遗产纷争就是一个典型实例。王永庆先生于 2008 年突然病逝，留下 600 多亿元人民币的财产。由于其生前并未留下任何与分配财产有关的遗嘱，也未制定财富传承规划，而其持有的庞大规模的资产的结构和分布状况又非常复杂，于是导致财产继承人之间发生了尖锐的遗产争夺冲突，甚至为分割遗产多次展开诉讼、对簿公堂，最终还不得不缴纳100多亿元新台币的遗产税。而财富所有者在生前有针对性地选择合适的财富传承工具，通过制定综合性的财富传承规划，把财富按照个人意愿有计划地传承给子孙后代和利益相关者，就可以在很大程度上避免家族内部在财富分配过程中可能产生的矛盾和冲突，消除因争产纠纷产生的家族风险。美国的洛克菲勒家族就是在理念和行动上践行财富传承的成功范例，令人称道。老洛克菲勒依靠石油业起家，是世界公认的“石油大王”，其积累了巨量财富，几乎富可敌国。为了实现家族财富永续，老洛克菲勒选择了以家族信托为主要方式传承财富，并设立了世界上第一个家族办公室和家族基金，在着力对家族资产进行有效配置的同时，注重家族精神的传承。洛克菲勒家族从老洛克菲勒至今已经延续7代，横跨3个世纪历经150多年，却依然保有巨额财富，而且整个家族仍保持着高度的和谐团结，没有家族争产丑闻和豪门恩怨。

（二）保证企业平稳交接

几乎所有财富所有者的财富积累，都是依靠家族企业实现的。相当一部分财富所有者希望在自己年迈或过世后不能继续主导家族企业的经营时，由下一代或者家族成员接班，以继续维持对企业的经营控制权。不过，家族成员之间像争夺家产一样对家族企业经营控制权的激烈争夺，则给财富所有者最为关心的接班人问题的解决，蒙上了一层阴影。而通过制定体现财富所有者意愿的、周密的家族财富传承规划，并据此提前进行家族企业的股权结构设计和转让分配安排，就可以避免家族企业控制权的旁落，实现家族企业的平稳交接。

（三）有效减轻税负压力

对于财富所有者来说，其财富在创造、流转及代际传递的过程中会有额外的流失，而导致流失的重要因素是必须支付的各类税费。这在遗产税方面表现得特别突出。截至2018年，全球已经有100多个国家和地区开征了遗产税，且相关税率普遍处于较高水平，有些国家遗产税的最高税率甚至达到了50%以上。如果高净值财富所有者简单将财富以遗产等形式传递给下一代，将会因较高的遗产税支出损失相当一部分财富。而通过专业财富管理机构制订包含节税内容的、科学的财富传承方案，并由其依据财富所有者个人财富结构进行合理的税收筹划，依法合规避税，则可减少不必要的税收支出，减轻税负压力，从而可使财富所有者能够更理想地实现财富的代际传递。

（四）促进财富保值增值

实现个人财富稳定的保值增值，保持乃至提升个人先前辛苦打拼积累起来的财富的价值水平，是所有高净值财富所有者孜孜以求的目标。而作为财富传承基本工具的寿险产品、家族信托等，则具有显著的资产和风险隔离功能，可以帮助财富所有者实现财富保值。比如，寿险产品具有明显的避债优势，财富所有者购买了人寿保单后，其保险金的给付不受债务影响；再如，财富所有者将个人财富的所有权转移至家族信托后，就可以把家族企业的经营风险和家族财富隔离开，避免因家族企业经营不善导致破产或引起法律诉讼时以家族财富偿还企业债务，同时，还可以消除家族成员因婚姻关系变化、继承等问题对家族财富造成的影响。财富所有者在选择了具体的财富传承工具后，相应的财富管理机构会凭借自身的专业投资优势，提供个性化的投资管理服务，通过实施合理的资产配置方案和投资策略，促进财富所有者家族财富的保值增值。

四、财富传承与财富管理的关系

财富传承与财富管理有着密不可分的关系。两者的密切关系主要表现在四个方面。

（一）财富传承需求是财富管理需求的终端环节和更高层次

财富管理机构客户在职业生涯或创业阶段的初期，收入水平不高，财富积累规模较小。这一时期其财富管理需求主要表现为单一性需求，即对积累财富的保值增值。而当财富管理机构客户的职业生涯或创业周期均进入成熟期，收入水平显著提高，财富积累也达到了相当规模。在物质财富条件已经具备且伴随着年龄的增长的情况下，其自然萌发出强烈的财富传承需求。从财富管理需求发展的逻辑关系看，财富管理需求是遵循“财富积累→一般财富管理需求（财富保值增值需求）→财富传承需求”这样的顺序演进的，即先有一般财富管理需求，后有财富传承需求。从这个意义上可以说，财富传承需求是一般财富管理需求的后续环节，也是整个财富管理需求的终端环节。从财富传承需求和一般财富管理需求的比较看，其需求内容更加宽泛，需求结构更加复杂，即除财富保值增值需求外，还包括现金管理、融资管理、债务管理、税收筹划、退休规划、信托和保险服务、遗产规划、慈善基金、子女教育、海外移民等，涵盖了金融投融资管理服务、咨询服务和延伸服务等财富管理服务的各个方面。相较于一般财富管理需求，财富传承需求对财富管理机构的业务服务范围和专业服务能力的要求更高，因而可以说其是范围更广、层次更高的财富管理需求。

（二）具有财富传承需求的客户是财富管理机构的重点客户

具有财富传承需求的客户基本都是高净值客户，需要财富管理机构提供的产品和服务的种类繁多，且需求规模大，需求频率高。特别是财富管理机构为其提供的咨询类和延伸类服务，没有任何风险却能够给自身带来可观的业务收入。和具有一般财富管理需求的客户相比，其对财富管理机构经营业绩的贡献明显更高，可能是前者的几十倍、上百倍甚至更多。因此，财富管理机构把这类客户作为重点客户，通过加大各方面投入、强力营销、提供高质量个性化服务、打造产品和服务品牌等措施，力求获取更多新客户，留住老客户，并把其培养成忠诚客户。

（三）财富传承能力是财富管理机构市场竞争力的重要体现

具有财富传承需求的客户，不仅需求带有明显的广泛化、多样化特征，而且由于其投资风险承受能力强，对高风险资产和海外资产配置也有着强烈要求。财富管理机构必须具备很强的财富传承能力，才能提供相应的服务以满足这类客户的需求。财富管理机构的财富传承能力，是其财富管理能力和市场竞争力的“参照系”和重要体现。哪家财富管理机构的财富传承能力强，其就能赢得越来越多的有财富传承需求的客户，同时吸引更多的有一般财富管理需求的客户，从而在激烈的争夺客户的市场竞争中占尽先机。

第二节 财富传承的工具

所谓财富传承的工具，是指实现财富传承目标的手段，主要包括遗嘱、赠与、保险和信托四种。

一、遗嘱

遗嘱是指遗嘱人生前在法律框架内，对其拥有的财产或其他事务作出处分决定，并于遗嘱人死亡时发生效力的行为。具体来说，遗嘱包括五种形式。1985年4月通过的《中华人民共和国继承法》，也从法律角度规定了这五种遗嘱形式。

（一）公证遗嘱

公证遗嘱，是遗嘱人通过公证方式订立的遗嘱，具有很强的法律证明力，是世界上大多数国家遗嘱人主要采用的遗嘱形式。订立这种遗嘱，遗嘱人本人必须亲自到公证机关进行口述或书写遗嘱，由公证人员对遗嘱的真实性及合法性进行全面、认真的审查，在对其有效性加以确认后出具“遗嘱公证书”。当同一遗嘱人有几种内容相左的遗嘱同时存在时，以公证遗嘱的内容为准。

（二）自书遗嘱

自书遗嘱，是指遗嘱人自己亲笔书写的遗嘱。该类遗嘱应当由具有书写能力的遗嘱人，亲笔书写遗嘱的全部内容，并亲自签名盖章和注明具体日期及地点。这种遗嘱使用起来方便快捷，但也存在真实性难以把握的缺陷。在现实生活中，经常出现遗嘱继承人和法定继承人之间或遗嘱继承人之间因遗嘱真实性产生纠纷，甚至诉诸法律的事例。因此，自书遗嘱的书写必须合法、规范，才能发挥应有效力，避免出现纠纷。

（三）代书遗嘱

代书遗嘱也称代笔遗嘱，是指由于遗嘱人不会写字或因身体行动力受限等原因不能写字而口述内容，进而委托他人代为书写的遗嘱方式。代书遗嘱必须有两个以上见证人在现场见证，并由其中一人代为书写，书写的内容必须与遗嘱人口述的完全一致，并经遗嘱人认可，然后注明具体日期和地点，由遗嘱人、代书人和其他见证人在代书遗嘱上共同签名。

（四）录音遗嘱

录音遗嘱，是指利用录音器材录制保存遗嘱人口述遗嘱内容的遗嘱形式。遗嘱人需亲自录制遗嘱的全部内容，意思表达要准确，音质要清晰。为避免录音遗嘱被人篡改或伪造，应当有两个以上的见证人在场见证。录音遗嘱完成后，必须当场封存保留并在封条上由遗嘱人、见证人签名，注明具体日期和地点。这种遗嘱多在遗嘱人病危的紧急情况下采用。

（五）口头遗嘱

口头遗嘱也称口授遗嘱，是指遗嘱人在特殊情况下以口头形式所设立的遗嘱。由于其具有缺乏固定载体、容易被篡改和伪造、在遗嘱人死后无法比对查证等方面的缺陷，好多国家对口头遗嘱的适用条件都作出了严格规定。《中华人民共和国继承法》第十七条指出："遗嘱人在危急情况下，可以立口头遗嘱。口头遗嘱应当有两个以上见证人在场见证。危急情况解除后，遗嘱人能够用书面或者录音形式立遗嘱的，所立的口头遗嘱无效。"

遗嘱这种财富传承方式，具有遗嘱涵盖的财产范围明确、财产分配能够充分体现遗嘱人意愿、简便易行等优点。但其不足之处也是显而易见的，主要表现在：其一，遗嘱效力是关系到遗嘱执行顺利程度和遗嘱传承效率的关键，而遗嘱本身容易产生条文规范性、真伪情况等法律效力问题，成为引发继承人纠纷的焦点。其二，遗嘱传承无法实现遗嘱人个人财富与其控制的家族企业资产的有效隔离，从而可能给企业的持续和稳健经营带来风险。其三，遗嘱传承只是解决了遗嘱人存量财富的分配，而没有解决如何提高遗嘱人财富使用效率、确保财富保值增值的问题。如果继承人不具备良好的个人素质，缺乏经营管理能力，有可能导致原有财富严重缩水甚至使家族企业破产。其四，遗嘱传承会产生高额遗产税税负，导致财富损耗。其五，遗嘱传承要求在遗嘱人去世后、继承人财产继承开始时，在继承人之间须公开遗嘱内容。至于公证遗嘱，则需要遗嘱人到公证机构办理公证。这些都会使遗嘱人的财富信息公开化，不利于保护遗嘱人个人和家族的隐私。

二、赠与

赠与是指赠与人将自己的财产无偿给予受赠人，且受赠人无偿接受的行为。这是一种非常简便易行的财富传承工具，而且有些国家规定一定额度内的赠与免征赠与税。其缺点在于受赠人方面要承担较高的税负，同时也加大了税收筹划的难度。为了防止财富所有者出于逃避遗产税的目的将财产赠与他人，赠与税的免征额度通常较低（如美国一年内不用缴税的赠与额度仅为27000美元），超过部分需要缴纳赠与税。赠与行为涉及房产时，还需缴纳契税、印花税等税费。

三、保险

保险的财富传承功能，主要是通过财富所有者购买人寿保险产品实现的。财富所有者购买寿险产品时，通过直接指定大额寿险保单的受益人，便可以按照自己的意愿分配财富，实现财富的传承。这种传承工具具有避债和避税优势，能够实现财富所有者家族企业资产和家族财富的有效隔离，减少财富损耗，同时还可以保护家族隐私，避免家族争产纠纷。不过，保险传承也存在一定的局限性，主要表现在：其一，财富传承的资产范围受限。保险产品购买一般只能使用现金，而财富所有者的固定资产、无形资产及现金以外的金融资产，则无法通过保险工具进行传承。其二，保单流动性差，难以快速变现。其三，增值功能较弱。相对于其他金融资产和另类投资资产，保险产品的避险功能突出而收益回报较低。

四、信托

信托是委托人将其财产权委托给受托人，由受托人按照委托人的意愿以自己的名义，为受益人的利益或者特定目的，进行管理和处分的行为，是建立在转移和管理财产基础上的特殊的财产管理制度，体现的是一种民事财产法律关系，即信托法律关系。

家族信托是财富所有者进行财富传承广泛采用的一种信托产品。所谓家族信托，是指财富所有者作为委托人，将资产转移给作为受托人的信托机构，信托机构作为资产法律上的所有权人对该资产进行管理，并按照与委托人签订的信托合同的约定，将资产及其收益分配给受益人的信托行为。

家族信托是信托制度在财富管理与传承领域的有效应用和成功创新，彰显了其作为财富传承工具的诸多天然优势：一是风险隔离优势。风险隔离是作为委托人的财富所有者的核心要求，而这一点恰恰也是信托制度的主要特征。委托人财产成为具有独立性的信托财产后，就可以实现和委托人其他财产的有效隔离，防止其他财产的风险向信托财产传递，进而保护信托财产的安全。二是财富传承“定制化”优势。委托人可以根据自身财富、家庭等方面的实际状况和财富传承目标，按照自己的意愿，在与受托人签订的信托合同中，就受益人范围、财产分配原则、财产管理运用方式、信托期限等作出相应规定，从而既可保证财富传承充分体现委托人的意志，切实发挥家族信托多方面的服务功能，同时又可避免家族成员之间的争产纠纷，特别是避免家族成员在婚姻关系发生变化或因其他情况影响继承关系可能产生的财产纠纷。三是规避税收优势。委托人和受托人信托签订合同后，信托财产的所有权就发生了转移，委托人原本承担的信托财产的缴税义务自然也就不复存在，从而实现了对遗产税的合理规避。正是基于这一优势，相当多的财富管理机构和高净值人士把家族信托作为进行税收筹划的有力工具。四是保护隐私优势。信托合同签订后，信托财产的受托人对委托人和受益人负有保密义务。

家族信托对委托人提供的信托财产的规模起点要求较高，因而这种财富传承工具只适合具有大额资产的高净值人士。此外，家族信托的信托期限一般为30年（我国的家族信托最短者为10年），更长者达50年，使信托关系处于一种超稳定状态，导致委托人在某些紧急情况下有需要时无法终止信托关系。

除家族信托外，还有一种名为“保险金信托”的信托产品，也具有财富传承的功能。

所谓保险金信托，即以保险金给付为信托财产，由作为保险投保人的财富所有者和信托机构签订合同，当被保险人身故发生理赔或满期保险金给付时，由保险公司将保险金交付给作为受托人的信托机构，由受托人按照信托合同的约定管理、运用、分配保险金，待信托合同到期或终止时，将剩余资产交付给信托受益人。这种信托产品和一般意义上的信托产品既有相同点又有区别，其和保险业务紧密联系，是保险业务和信托业务有机结合的产物。

保险金信托融保险法律关系和信托法律关系于一身，自然也就具备了保险和信托的双重优势。除实现资产隔离、财富传承需求定制化、促进财富有效管理、规避税务支出等优势外，其还具有降低家族信托门槛的优点。家族信托的门槛很高，信托机构要求委托人注入信托的资产数量动辄几千万元甚至更多。保险金信托则不同。由于保费与投保额之间存在杠杆关系，只要委托人的投保额能够达到家族信托的门槛，就可以享受信托结构的服务。这实际上是变相降低了家族信托的门槛。

保险金信托在国外已经有100多年的历史。美国、英国、日本等发达国家的高净值群体，早就把它作为财富传承的重要工具，而避税是利用它的主要目的。2014年5月，我国的中信信托公司和中信保诚人寿公司联合首次推出保险金信托产品。经过几年的发展，保险金信托的规模有所扩大，产品结构也逐步趋于丰富，创立之初只有身故保险金信托一种产品，以后陆续增加了生存保险金信托、信托投保保险金信托、家庭保单保险金信托等多个品种。但我国的保险金信托尚处于起步阶段。客户对保险金信托的认知度不高，客户开发和拓展难度较大，参与此项产品服务的保险公司和信托机构也不多，且共同推出此类产品的保险公司和信托公司多为同一集团下的兄弟公司，如中信保诚人寿和中信信托、中意人寿与昆仑信托、交银康联人寿与交银国际信托等。保险金信托在信托市场中的份额还很小，相关的法律法规也还不健全。不过，尽管保险金信托的发展面临着很多制约因素，但其拥有广阔的发展空间却是不容置疑的。

第三节 家族信托

家族信托具有多样化的功能，是一种理想、灵活的财富传承工具，较之其他财富传承工具有明显的比较优势，受到拥有财富传承需求的财富所有者的普遍青睐，被越来越多的财富所有者采用。

一、家族信托的起源和发展

信托最早起源于古罗马帝国时期，本质是基于委托人和受托人互相信任所产生的一种法律关系。家族信托作为重要的信托产品和信托形式，其雏形也可追溯到古罗马时代。当时实行的《罗马法》中的“十二铜表法”和其他法律，都有“非罗马市民不得享受法律赋予权利”的规定。这里的“权利”当然包括遗产的继承权。是否拥有罗马市民身份，成为能否取得遗产继承人资格的基本条件。这样的规定实际上将在罗马的外来居民排斥于遗产继承权之外，即剥夺了外来居民的遗产继承权。为避开这样的法律限制，一部分居住在罗马帝国的外来居民，将自己的财产委托给其信任的第三方进行管理和运营，并指定自己的儿女和其他家人作为资产的受益人，从而实现他们的遗产继承权。可以说，外来居民规避遗产继承的法律管制的动机，成为催生早期形态的家族信托的基本动力。

（一）英国家族信托的起源与发展

英国是信托制度发展历史最为悠久的国家。英国的信托制度，源于衡平法对“尤斯制”（USE）的确认。公元13世纪，宗教文化成为英国社会的主流文化，大部分英国民众是虔诚信仰基督教的教徒。为了能给自己所在的教会作贡献，教徒们通常采用设立遗嘱的方式，把自己主要的私有财产——土地捐献给教会，从而导致教会占有的土地面积不断扩大。而根据当时英国的法律，教会的土地是免征劳役和税赋的，于是导致国家的劳役和税收收入大幅度下降，严重损害了国王和封建贵族的利益。为了改变这种状况，英国国王亨利三世颁布了《没收条例》，规定教徒向教会捐赠土地必须得到国王的许可，否则将予以没收。面对《没收条例》对教徒捐赠行为的限制，支持教会的英国社会的各方面力量积极寻求应对策略。由于当时的法官多为教徒，他们成了满足教徒心愿、维护教会利益的法律上的代理人。他们参照古罗马的“信托遗赠”制度创设了尤斯制（USE）。在这种制度下，教徒在所立遗嘱中不再把土地捐赠给教会而是捐赠给第三方，并约定该土地产生的实际收益归教会所有，从而使教会虽然没有名义上的所有权，但拥有土地的使用权和收益权，即“用益权”。

尤斯制（USE）下的三方当事人，实际上已经形成了成型信托产品所必备的信托关系。捐赠土地的教徒相当于信托关系中的委托人，第三方相当于信托关系中的受托人，获得土地用益权的教会相当于信托关系中的受益人。尤斯制（USE）创设后，伴随英国封建制的衰落和资本主义商品经济的发展，应用范围逐步扩大，得到了作为国家两大法律之一的“衡平法”的承认。到了19世纪40年代，英国完成了工业革命，社会生产力得到快速发展，社会结构和财富分配结构发生了深刻变化，为信托经济关系的发展提供了良好条件。信托方式获得了英国经济社会的广泛认可，专门从事信托业务的专业信托机构开始设立并且发展迅速，规范信托关系中的当事人行为特别是受托人行为的信托法律法规也陆续出台（如1893年的《受托人条例》、1896年的《官选受托人条例》、1906年的《受托人法》和《官方信托局条例》、1925年的《财产法》等），建立在尤斯制（USE）基础上的现代信托制度也至此定型。此后，在信托制度快速发展的金融背景下，顺应英国经济社会广泛存在的财富管理和财富传承需求，家族信托应运而生。英国也成了真正意义上的家族信托的起源地。

从英国传统的信托业内部结构看，个人信托和公益信托占据着主导地位。而受英国传统商业文化的影响，家族信托一直是个人信托的“主角”，其业务规模在个人信托中占有绝对优势，占比最高时达到80%左右。从英国家族信托的业务范围看，涵盖了遗嘱执行、遗产管理、税收筹划、家族资产管理运作等许多方面。其中，财富所有者基于税收筹划目的开展的家族信托，成为家族信托业务中的主体业务，是推动家族信托业务快速发展的重要力量。其原因在于：英国的遗产税税率高达40%，而财产所有人生前转让资产的税率却只有20%，且遗产税的征收时间要追溯到财产所有人去世的前7年，但财产所有人去世前3年到7年进行资产转移则能够获得一定的税收抵扣，转移的时间越早抵扣比例越大。这些规定极大地刺激了财产所有人设立家族信托以减轻税负的热情和积极性，也使基于这种目的的信托，成为支撑和推动家族信托快速发展的重要力量。

英国根据经济、社会环境和家族信托业务的发展变化，不断完善促进家族信托业务发展的法律法规，着力为家族信托业务发展提供完备的、有利的法律制度环境。这构成了英国家族信托业务发展过程中的一个重要特点，同时也是英国家族信托业务获得快速发展的一个重要原因。从“衡平法”确认尤斯制（USE）的合法地位开始，英国制定了一系列关系到包括家族信托在内的整个信托业运行与发展的法律法规，形成了比较健全的信托法律体系，确立了各类信托产品和信托业务的基本规则。英国信托方面的一些法律制度，还被美国引进，对其制定相关信托法律法规发挥了重要的借鉴作用。

（二）美国家族信托的发展过程

美国是当今世界上信托业最为发达的国家。无论是信托资产的总体规模，还是信托产品结构的多样性，抑或是信托业监管体系的完善程度，其在全球都处于领先地位。

18 世纪末独立战争的胜利，使美国赢得了独立，确立了共和制的政治体制，为美国资本主义经济的发展开辟了道路。美国经济步入了发展的快车道，股份公司大量涌现，社会财富迅速增加，一部分人手中的财富积累规模日益扩大，进而萌发出强烈的利用信托进行财富管理和财富传承的需求。不过，当时美国虽然引进了英国的信托制度，却并没有专门从事信托业务的信托经营机构。美国最初的信托业务，是由保险公司兼营的。1818 年 2 月，美国的麻省人寿保险公司（Massac Husetts Hospital Insurance Company）成立。这家公司成立不久即被政府特许批准经营信托业务，是全美第一家经营信托业务的公司。此后，随着信托需求扩大和信托业务的发展，考虑到专业分工的需要，才产生了主要经营信托业务的信托公司。1822 年 2 月成立的纽约农业火灾保险放款公司（Farmer's Fire Insurance and Loan Company），成立不到两个月便获得纽约州政府的特许，业务范围由经营不动产抵押贷款和代客买卖证券，扩充到以执行遗嘱或契约为依据的动产和不动产信托。1836 年该公司改称为“纽约农业放款信托公司”，不再经营保险业务而经营信托业务，该公司被认为是美国信托业的鼻祖。1853 年，美国历史上第一家专门信托经营机构——美国联邦信托公司成立。1889 年，北方信托公司成立，如今已经成为全美信托业务规模最大的信托公司。当时的信托公司除了经营信托业务，还获准兼营银行业务。这使只能经营单一银行业务的商业银行，在金融竞争中处于不利地位。1913 年，美国国会通过了《联邦储备法》，打破了商业银行不能经营信托业务的限制，允许商业银行依法兼营信托业务。不久美国各州也纷纷修订州法，准许州立银行经营信托业务。美国的信托业在经历了保险公司兼营信托业务、信托公司兼营银行业务两个发展阶段后，又允许商业银行介入信托业务，极大地扩充了从事信托业务的机构队伍，改变了信托业的整体经营格局，标志着美国信托业进入了新的历史发展时期。1999年11月，美国国会通过了《金融服务现代化法案》，实现了美国金融业从分业经营向全面混业经营的转变，也为信托业全面混业经营提供了坚实的法律制度保障。

美国的商业银行在内部设立信托部，负责办理信托业务。但信托业务和银行业务在职能、管理、人员等方面严格分离，财务上也实行单独核算，两类业务之间构筑起了金融“防火墙”。由于美国的大型商业银行具有资金实力、客户资源、专业管理能力、市场影响力、社会声誉等多方面的优势，因而在全面混业经营体制下的美国信托业务中占据绝对的主导地位。信托业务已经成为美国商业银行业务的重要组成部分。据统计，现今全美有420多家商业银行兼营信托业务，其中前100名大型商业银行管理的信托财产，占全美信托财产的70%以上。

家族信托是美国信托业务的重要组成部分。伴随美国信托业的成长进程，家族信托也获得了快速发展。特别是美国的商业银行可以兼营信托业务以后，家族信托的活跃度明显提高，家族信托成为美国信托业中最具代表性的信托方式。这一方面得益于美国经济社会中客观存在的庞大的家族信托需求的有力支撑，另一方面得益于商业银行对家族信托业务的强力推动。美国的家族信托业务具有几个明显的特点：一是注入家族信托的信托财产中的证券资产占比很高。这是因为美国具有全球最发达的金融市场，在美国居民特别是高净值人群的资产结构中，有相当高的比例是以股票、债券等证券资产形式存在的。二是避税需求和遗产传承需求成为推动家族信托业务发展的主要动力。经历了南北战争结束后的“镀金时代”和20世纪的经济快速发展过程，美国经济从自由竞争转向寡头垄断，社会财富大量向少数大财团、大富豪集中。由于美国遗产税税率最高达50%以上，美国的高净值人群特别是超级富豪有着强烈的避税需求，而最有效的避税方式就是办理家族信托。从遗产传承的方式看，美国的遗嘱认证程序相当复杂，不仅耗时过长（通常需要一年甚至更长时间），而且要向相关认证机构支付高昂的认证费用。此外，高净值人群还担心继承人不具备足够的经营管理能力而影响家族企业的传承。而家族信托既不像遗嘱传承那样耗费时间，也不需要那么高的业务费用，而且家族信托通过高素质的专业投资管理人对信托财产进行管理运作，也有利于信托财产的保值增值，实现家族企业的顺利传承。正因为家族信托拥有这些优势，办理家族信托成为美国超级富豪和一般富裕家庭的普遍选择。三是个人信托和法人信托并行发展。美国法人信托形式的出现，始于19世纪初。随着美国经济的发展，公司法人的经营规模和数量不断增加，对信托业务的需求也随之扩大，法人信托的业务范围逐步扩展，法人信托也得到了快速发展。由于法人机构信托财产的规模较大，法人信托成为受托人业务收入的重要来源，受托人之间争夺法人客户的竞争成为一种常态化的行为。美国一些商业银行的信托业务收入，就主要来源于法人客户。而法人信托的信托业务需求，又与美国的经济景气状况密切相关。当经济处于繁荣周期时，公司经济效益较好，法人信托业务显著增加；当经济进入衰退周期时，公司普遍经营困难，经济效益大幅度下降甚至严重亏损，法人信托业务也急剧萎缩。从美国法人信托业务的结构看，非营利法人也是推动法人信托业务的重要力量。美国的慈善信托，好多就是以非营利法人作为委托人设立的。

二、家族信托的基本结构

家族信托的基本结构，主要由信托主体、信托财产、信托目的、信托期限等信托关系的基本要素组成。

信托主体也称信托关系人，即信托行为中的当事人。家族信托关系中的信托主体，主要包括委托人、受托人和受益人。委托人是信托财产的最初拥有者，是具有完全民事行为能力的自然人、法人或者依法成立的其他组织。委托人必须拥有可以移转的财产权并在设立信托关系时将其转移给第三人。受托人是接受信托财产，享有信托财产名义所有权，并按约定的信托合同，对委托人的信托财产进行经营管理的人。受益人是信托关系中享有信托受益权的人，可以是自然人、法人或者依法成立的其他组织。与受托人必须是具有完全民事行为能力的自然人、法人的法律要求不同，受益人无须具备缔结合同的能力。

有的家族信托在信托关系人中，还引入了信托监察人这个角色。信托监察人，是由委托人指定的、依照法律和信托合同规定保全信托受益权、监督受托人管理信托事务的人。设立信托监察人的情况，在离岸家族信托中较为常见。原因在于：离岸家族信托的设立地和适用法律管辖地与委托人所在地通常不是一地，委托人为加强对受托人履职的监督，通常聘请熟悉离岸地各方面情况和离岸地信托法律的人担任信托监察人。另外，有些期限较长的家族信托项目，委托人为确保受托人按照信托合同忠实履职，也会在信托关系中设置信托监察人。

信托财产，是信托关系的标的物，即受托人接受委托人委托进行管理的财产。作为设立家族信托关系的必备要件，信托财产必须是委托人的合法财产，是委托人拥有所有权并可以转移的财产。国家法律和行政法规禁止流通的财产，不得作为家族信托财产。家族信托财产涵盖的范围很广，既可以是动产，如现金、股票、债券、基金证券、保单、企业股权、艺术品等，也可以是土地、房屋等不动产，甚至也可以是各种无形财产权，如专利权、著作权等。

信托目的，是指委托人通过信托行为所要达到的目的。委托人的信托目的必须具备合法性，违反国家法律法规的信托目的是无效的。家族信托作为委托人对家族财产进行长期规划安排和财富传承的重要工具，委托人设立家族信托的目的，主要是实现家族财产的保值增值和家族财富的顺利传承，或者是这两类信托目的的混合。

信托期限，是指家族信托关系的存续期限。如前所述，家族信托的存续期限多在30年以上，有的可长达100年，甚至可以是永续的，因为这样可以服务于委托人若干代以后的受益人。从委托人的角度出发，在受托人能够履职尽责确保家族信托项目有效运行的前提下，家族信托的存续期限越长，服务的委托人后代越多，就越符合委托人的利益。但巨额财富长期集中在少部分人手中，可能不利于提高社会资本的运行效率，也会加剧不同社会阶层的财富分化，因此，有些国家法律对于家族信托的存续期限作出了限制。但国际上大多数国家对家族信托的具体期限，没有明确的限制性规定。我国的《信托法》对信托存续时间也没有期限要求，意味着家族信托可以永续存在。

家族信托的基本结构如图8-1所示。

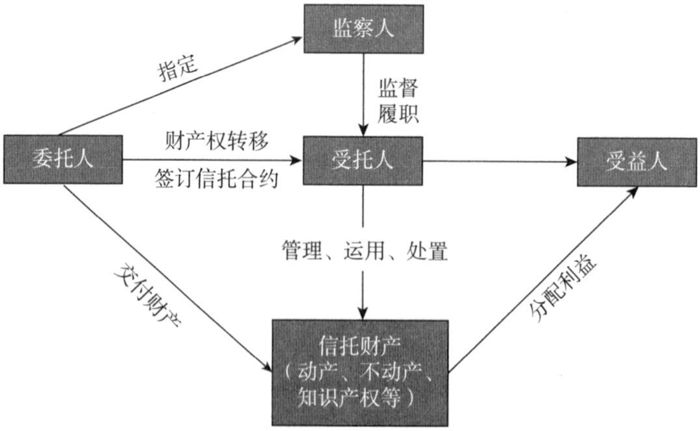

图8-1　家族信托的基本结构

三、我国的家族信托

（一）我国家族信托的发展历程

改革开放后特别是自1992年建立和发展社会主义市场经济体制以来，我国经济快速发展，经济市场化程度逐步提高，民营经济迅速发展壮大。在经济高增长的带动下，我国居民财富也保持了较快的增长速度，财富集中度显著提高，高净值人群队伍迅速扩大。高净值人群财富的快速积累，自然使其萌发出实现财富持续保值增值和代际传承的需求。进入21世纪后，我国高净值人群中的老一辈创业者相继退休或进入老年，进行有效的财富传承也成为他们的迫切需求。据2015年招商银行和贝恩公司联合发布的《2015年中国私人财富报告》披露的数据，2015年底中国高净值人群中，有40%的高净值人士将“财富传承”作为重要财富目标，“财富传承”的重要性排序从两年前的第五位跃居到第二位。高净值人群日益扩大的财富传承需求，为我国家族信托的发展提供了坚实、有利的基础条件。

我国家族信托业务起步的标志，是平安信托率先推出的第一款家族信托产品。2012年9月，平安信托发行了“平安财富·鸿承世家系列单一万全资金信托”，开内地家族信托产品之先河。该产品信托金额5000万元，合同期为50年。2013年7月，招商银行宣布与外贸信托合作，发行了国内第一单以现金资产设立的私人银行财富传承家族信托产品，资产门槛也为5000万元，合同期限为30～50年。同年9月底，北京银行与北京信托合作共同进军家族信托领域，并于2014年推出以房产管理主题的家族信托。随后，上海信托、中融信托、紫金信托等一批信托公司纷纷介入家族信托业务。2014年5月，信诚人寿和中信信托联合推出保费为300万元的信诚“托富未来”终身寿险保险金信托产品。该产品通过保险产品的嵌入，极大地降低了家族信托的门槛，有助于吸引更多客户。2014年7月，诺亚财富宣布在我国香港地区设立子公司经营家族信托业务，标志着第三方财富管理机构开始参与家族信托。在各类信托产品不断面世的同时，为超高净值人士提供家族财富管理和传承专属服务的家族办公室也纷纷设立。家族办公室完全站在被服务家族的角度，提供全方位的个性化家庭事务管理、资产管理和财富传承服务，全力助推其实现财富传承的目标。与信托公司、商业银行的私人银行等金融机构提供的家族服务相比，专属性、专业性和私密性是家族办公室服务的鲜明特点。按照家族办公室的设立主体划分，我国的家族办公室大体上可以分为三种类型：一是信托公司、商业银行的私人银行等金融机构设立的家族办公室；二是高素质专业人士设立的家族办公室；三是家族企业设立的家族办公室。前两类家族办公室的服务对象，主要是国内的高净值客户，而第三类家族办公室的服务对象，则主要是家族自身。

随着家族信托市场的逐步扩大，家族信托业务受到了越来越多的信托公司的重视。截至2018年末，国内68家信托公司已经有36家开展了家族信托业务。大部分信托公司都有专营家族信托业务的专业团队。绝大部分信托公司设定的客户单笔家族信托规模的门槛在1000万元人民币以上，少部分信托公司为500万元。家族信托的期限最短的为10年，最长的30年以上，其中10~30年期限的占比为60%。2018年8月，银保监会发布了《信托部关于加强规范资产管理业务过渡期内信托监管工作的通知》，明确了我国家族信托的定义、受益人标准、家族信托的资产门槛、家族信托的业务范围等重要事项，标志着我国家族信托进入了依法合规运营的新阶段。

专栏8-1

百瑞李氏家族信托案例

案例介绍

客户李先生，男，已婚，中国国籍，多年经营家族企业，积累了一定数量的财富，家族信托中的信托财产为现金资产。李先生夫妇育有一子一女，夫妇共同经营家族企业，儿子已婚，女儿未成年。为了满足李先生对财富风险隔离、保值增值、传承子女等方面的需求，百瑞信托公司为李先生设立了家族信托。

设立家族信托目的

1. 隔离财产风险，即避免委托人持有的财产被未来债权人追及，以及因家庭成员挥霍、婚姻变故等原因带来的风险；

2. 有序传承，即把财产按照委托人的意愿传承给子女；

3. 养老保障，即实现财产的保值增值，使信托运营后的财产收益助力保障委托人夫妇晚年生活后顾无忧。

项目结构

1. 委托人：李先生

2. 受托人：百瑞信托有限责任公司

3. 受益人：李先生夫妇及子女

4. 保护人（监察人）：张律师
5. 托管行：有托管资格的商业银行
6. 信托财产：人民币 7000 万元
7. 信托期限：30 年

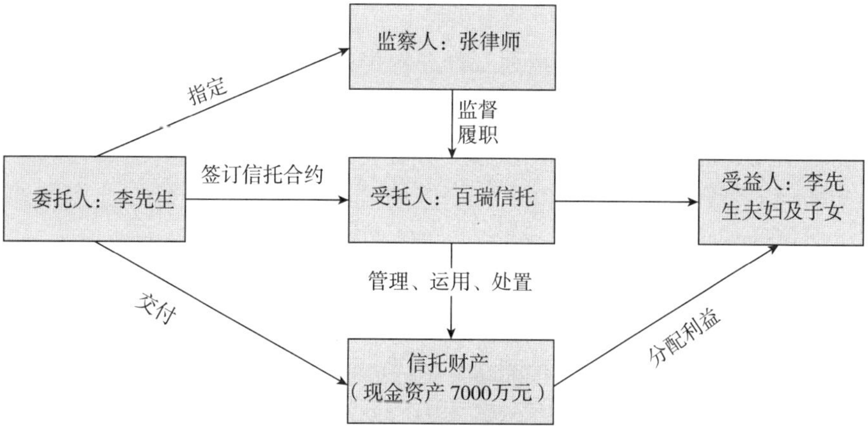

图 8－2 李氏家族信托结构

案例解析

本案例中，李先生有四方面的需求：1. 希望通过家族信托保护家庭财产，不因债务问题被清算；2. 希望通过家族信托实现财产保值增值，并用信托财产未来收益作为夫妇二人养老金的补充；3. 担心儿子婚姻关系不稳定，不希望将过多遗产分给儿子，导致财产因儿子离婚被分割流失；4. 因女儿尚未成年，如将一大笔财产交给女儿其无法打理，希望通过家族信托灵活的分配设计，将财产有序传承给女儿。

在该案例中，如果不采取设立家族信托的方式，李先生的需求很难实现，而通过家族信托方式进行统筹设计，则可以满足李先生的需求：其一，将李先生的财产装入家族信托后，能够有效实现风险隔离，使其财产安全性得到稳固维护；其二，家族信托财产通过专业的投资团队打理，能够取得稳健的投资收益，可以为李先生夫妇退休后提供持续的养老资金补充；其三，家族信托通过对受益权的限制，在李先生过世之后能够将财产按照其意愿进行传承；其四，家族信托通过对未成年女儿受益权分配节点的设置，能够避免一次性分配巨额财产，避免后代挥霍。与此同时，李先生选择自己信任并且具有丰富业务经验的张律师作为信托保护人（信托监察人），对家族信托的管理事务进行监督，并在自己去世后行使管理家族信托事务的权利，有利于确保受托人按照家族信托合约忠实履职。

(二) 我国家族信托的业务模式

经过多年的实践探索，我国的家族信托逐步形成了三种业务模式：

1. 信托公司主导模式

所谓信托公司主导模式，是指信托公司利用自己的客户资源，自己进行市场营销、自己制定相关规划、自己管理运作信托财产的模式。这种模式可以使信托公司获得全部的业务管理费收入，也有助于提高业务决策效率，但信托公司必须具有能够提供全面的、综合性的一揽子专业服务的能力，即除了要具备开展家族信托业务所必需的各方面的金融专业能力外，还需要提供会计、资产评估、法律、税收等中介服务方面的专业能力。对后一种能力，如果信托公司本身没有这些方面的专业团队，必须与外部机构建立密切的合作关系，以确保业务服务的及时性。

2. 信托公司辅助商业银行的私人银行模式

这是信托公司和商业银行的私人银行部门共同合作开展家族信托业务的模式。我国的高净值客户资源主要集中在商业银行的私人银行部门，同时，商业银行又具有渠道优势和金融产品管理优势。从家族信托业务的运作看，客户拓展、尽职调查以及金融投资过程中的资产配置、风险管理等主要工作，都由商业银行来承担，商业银行在整个运作过程中居于主导地位。信托公司仅仅是搭建了一个信托架构，并通过这个架构实现了资产隔离，其起到的是类似于“通道”的作用，在运作过程中处于较为被动的地位。

3. 信托公司与保险公司合作模式

这是保险公司的寿险产品和信托相结合的模式。本章第二节述及的保险金信托，就是这种模式的典型代表。

(三) 我国家族信托发展的制约因素

在英美等信托业发达的国家，家族信托经历了长时间的发展过程。而在我国，家族信托尚处于起步阶段，还存在信托规模较小、信托财产仅仅局限于现金资产、信托产品和服务结构单调、家族信托功能发挥不健全等多方面的问题。我国家族信托在快速发展的过程中，还面临着一些明显的制约因素。

1. 信托法律制度不完善

我国的《信托法》早在 2001 年 4 月就已经问世，为信托业务发展提供了基础性法律依据。但该法受制于当时所处的时代背景和国内信托业务刚刚起步的现状，对涉及家族信托业务的一些重大问题或是没有作出规定，或是即使有了规定也很模糊。比如，信托财产所有权的归属问题，关系到家族信托业务的法律制度基础，是家族信托业务中最为核心的问题。发达国家的衡平法认可信托财产的“双重所有权”，即受托人为信托财产名义所有权人，受益人为信托财产实质所有权人。而我国的《物权法》规定一物一权，即实行单一所有权制度。为避免和《物权法》的规定发生冲突，《信托法》规定中对信托是以“委托代理关系”来进行规范的。由于信托财产所有权的归属不明确，使得家族信托具有的一些独特优势难以有效发挥，同时也影响了高净值人群利用家族信托进行财富传承的积极性。

2. 信托登记制度和税收制度建设滞后

根据我国《信托法》的相关规定，设立信托必须办理信托财产登记才能生效。2017 年 8 月，中国银监会颁布了《信托登记管理办法》，对构建我国信托业统一的信托登记制度作出了具体规定。但是，已有的信托登记制度只是解决了信托产品的登记问题，而完善的信托财产登记制度的建立还处在探索阶段。由于没有完善的信托财产登记制度，现有家族信托业务按照资金信托方式的要求办理信托登记不尽合理，而且对非上市企业股权等非货币资产还不能依法办理登记，信托公司只能以转让登记的方式接受委托人的信托财产。这不仅会加重委托人的税务支出负担，也会影响这些资产注入家族信托后的信托效力。此外，这种登记办法也不利于保守委托人的财产秘密，损害了家族信托应有的保守秘密优势。

信托的税制安排，是信托制度一个基本的构成要素。美国以及欧洲一些发达国家在信托税制的安排上，注重体现信托的特殊性，特别是避免信托主体在信托业务不同环节上的重复性纳税。而我国还没有建立起独立的、充分体现信托特点的信托税收制度，包括家族信托在内的所有信托行为均沿用既有的税制。这导致信托财产在取得、处置、变现等过程中，涉及很多税收种类，信托主体的税负很重，且重复纳税问题也较为突出。此外，我国还没有开征遗产税。所有这些都抑制了财富所有者运用家族信托的欲望和热情，不利于家族信托市场的扩大。

3. 缺乏高素质专业人才

家族信托涵盖的业务范围广、专业性强，对业务团队管理层和专业人员自身专业素质的要求高。而我国家族信托业务经营机构管理层的管理水平和管理经验明显不足，专业经营团队的产品开发设计和创新能力、资产配置能力、风险管控能力等方面的受托服务能力，也远不能适应家族信托业务发展的需要，无法满足客户的多样化、个性化需求，家族信托一些业务细分领域的专业人才更是十分缺乏。

我国高净值人群的持续扩大和其可支配财富规模的不断增长，为家族信托业务构筑了坚实、厚重的需求基础。伴随家族信托业务的快速发展，上述制约家族信托业务发展的问题将逐步缓解直至得到解决，相关制度建设的步伐将加快，业务团队管理层的管理水平和专业人员的专业素质也将逐步提高，未来的家族信托业务拥有广阔的发展前景。

第四节　遗产筹划

遗产筹划是财富传承的重要内容。自然人若想在去世后能够将生前所有合法财产按照自己的意愿进行分配，确保最大限度地实现遗产的有效传承，必须在生前提前进行遗产筹划。

一、遗产的法律特征

所谓遗产，是指自然人死亡时遗留的个人的合法财产，它是财产继承权的客体，仅存在于自然人死亡后直到遗产处理完成前这段时间当中。

遗产作为一种特殊财产，具有以下五方面的法律特征。

（一）时间的特定性

在公民死亡前，其合法拥有的一切财产均属于个人所有财产，不能称为“遗产”。只有在公民死亡离世后，其遗留的个人所有财产才转化为遗产。任何人都无权提出“继承”正处于生存状态的公民的财产的要求。遗产的继承人在完成遗产分割手续后，遗产则转化为继承人所合法拥有的财产，也不能再被称为“遗产”。

（二）财产性

遗产的财产性是就遗产的性质而言的。按照现代的继承法理，继承人仅对被继承人遗留下的财产或财产性权利享有继承权。所谓财产性权利，通常是指可以用货币衡量或通过转让可以转化为货币的权利，是使持有者获得物质利益的权利。原属于被继承人的荣誉权、署名权、名誉权等人身权，不能作为遗产继承。

（三）可转移性

遗产是被继承人去世后能够依法转移给他人的财产，不能转移给他人承受的财产不能作为遗产。比如，被继承人的土地承包经营权就不可以作为遗产，不能由继承人直接继承，而土地承包经营的收益，则属于遗产。遗产的这一法律特征，对遗产的内容作出了限定，因而一些教科书也将这种特征称为“遗产内容的限定性”。

（四）生前个人合法所有性

遗产应当是被继承人生前合法拥有的财产，否则继承人无法继承。此外，国家法律作出明确规定的禁止作为遗产进行继承的财产，也不具备遗产的法律地位。

（五）权利与义务的统一性

继承人在继承遗产时，要以其所继承的财产金额为限，承担被继承人生前尚未清偿的债务数额。若继承人放弃了继承权，就不必承担这种债务清偿责任。

二、遗产的表现形式

被继承人的遗产，大体上有以下四种表现形式。

（一）被继承人享有物权的财产

这里的物权，是指被继承人依法对特定的物享有直接支配和排他的权利，包括所有权和他物权（用益物权和担保物权）。具体来说，被继承人享有物权的财产，主要包括三个方面。

一是被继承人享有所有权的财产。这是指被继承人合法所有的不动产和动产，以及依法享有占有、使用、收益和处分权利的物权，主要包括被继承人合法的货币收入、房屋、生活用品、生产工具、原材料、储蓄存款、证券资产和另类投资资产及其收益等。

二是被继承人享有用益物权的财产。所谓用益物权，是指非所有人对他人拥有的所有物，依法享有占有、使用和收益的权利。一般来说，用益物权是一种不动产物权，即用益物权的标的物仅限于不动产。用益物权还是一种以使用和收益为内容的限制物权，即用益物权人只能就其标的物进行使用和获取收益，而不能进行处分。不过，用益物权人虽然无权处分用益物权的标的物，但可以依法将该用益物权转让给他人。在我国，用益物权主要包括土地承包经营权、建设用地使用权、宅基地使用权、各类自然资源使用权等。

三是被继承人享有担保物权的财产。担保物权，是指以保证债务清偿为目标，由债务人或第三人提供的特定财物或者权利作为标的物而设定的限定物权，包括抵押权、质权、留置权等。如债务人到期无法履行偿债义务，则债权人有权就抵押、质押、留置的财产或权利优先受偿。

（二）被继承人享有债权的财产

所谓债权，是指在债的关系中权利主体所具备的能够要求义务主体为一定行为或不为一定行为的权利，其和物权共同构成财产权的重要组成部分，可以作为遗产由继承人发生继承行为。按照发生的原因分类，债可主要分为合同之债、侵权行为之债、不当得利之债和无因管理之债。而由于合同行为、侵权行为、不当得利等行为而使得被继承人成为债权人的，并且其债权标的为财产时，则这些债权可以发生继承关系。

（三）自然人享有知识产权的财产

知识产权，是创造者对其智力劳动成果在一定时期内所依法享有的专有权利，是一种无形财产权，其客体是智力成果或是知识产品，主要包括工业产权和版权两部分。其中工业产权包括专利权、商标权、商号权（厂商名称权）等；版权在我国称为著作权，是自然人、法人或其他组织对文学、艺术和科学作品依法享有的财产权利和精神权利的总称。

知识产权兼备人身权和财产权的特点。但是，其所具备的人身权不可转移，不能列入遗产范围，只有财产权才可以成为遗产。比如，在我国，著作权中的财产权，主要包括著作的使用权和获取报酬权，可以作为遗产继承，而著作权中涉及的人身权，如署名权、修改权等权利，则只能由继承人来保护其合法权益，禁止作为遗产继承；再如，我国相关法律规定，自然人对其所作出的科学发现、创造发明和其他科研成果有权申请领取荣誉证书、奖金或者其他相关奖励。其获得的奖励中，荣誉证书以及奖状因为与其个人人身不可分离的原因，禁止转让与继承。而其所获得的奖金以及其他物质奖励，属于发明权和其他科技成果权中的财产权，可以依法继承。

（四）继承人依法应缴纳的税款和债务

继承人享受继承权所涉及的财产，既包括财产权利也包括财产义务。财产权利又称为“积极财产”，是以物质财富为内容，直接与经济利益相联系的民事权利，包括物权、债权、知识产权中的财产权等，即与上文阐述的三种财产相关的权利；财产义务又称为“消极财产”，是指继承人需要承担因继承而发生的被继承人的生前债务的义务。

对于遗产继承人在享受财产权利的同时必须承担相应的财产义务，好多国家都有明确的法律规定。我国《继承法》第三十三条规定：“继承遗产应当清偿被继承人依法应当缴纳的税款和债务，缴纳税款和清偿债务以他的遗产实际价值为限。超过遗产实际价值部分，继承人自愿偿还的不在此限。继承人放弃继承的，对被继承人依法应当缴纳的税款和债务可以不负偿还责任。”国家法律作出这样的规定，有利于从法律制度层面保证继承人享受财产权利和履行财产义务的统一性。

三、遗产筹划的工具

遗产筹划，是指财富所有者在世时按照自己的意愿制定遗产规划，对其拥有和合法控制的全部资产与负债进行安排，以确保其离世时完成其所设定的遗产分配目标的行为。

财富所有者进行遗产筹划，必须根据自身的遗产筹划目标，选择适合自己的遗产筹划工具。常用的遗产筹划工具，主要有以下几种。

（一）遗嘱

遗嘱是财富所有者常用的遗产筹划工具。只要财富所有者在立遗嘱时具备相应的行为能力，遗嘱内容为其真实意愿表达，且遗嘱设立全过程符合既定程序，则遗嘱就具备法律效力。需要注意的是，财富所有者在遗嘱中应事先列示出必要的补遗条款，这样当其需要修订相关遗嘱内容时，可以依据此补遗条款进行修改而不必再出具新的遗嘱文件。

（二）遗产委托书

财富所有者因为身体或其他原因，在不能亲自办理有关遗产手续的情况下，可以书面委托形式授权他人代表自己安排和分配财产，并办理相关遗产事宜。在委托书中，要明确约定接受委托者即代理人的权利范围，代理人只能在规定范围内行使权利。遗产委托书可分为普通遗产委托书和永久遗产委托书两种。前者在财富所有者离世或丧失了行为能力后便不再具备法律效力，而后者却并不因此丧失法律效力，代理人仍有权处理相关遗产事宜。显然，后者的法律效力要明显高于前者。正因为如此，很多国家对永久遗产委托书的制定有非常严格的法律规定。

（三）遗产信托

遗产信托，是指财富所有者通过和信托经营机构建立信托关系进行遗产筹划的信托行为，其常常作为遗嘱的替代方式，意在发挥信托在遗产分配和财富传承中的诸多优势。按照制定方式划分，遗产信托可分为生命信托和遗嘱信托两种类型。前者是指财富所有者在世时设立的遗产信托，后者是指按照财富所有者的遗嘱条款设立的信托。当财富所有者离世后遗嘱生效时，信托财产将根据遗嘱条款被转移给托管人，由其按照信托合同内容管理与处置信托财产。

（四）人寿保险

财富所有者投资了寿险产品，则其去世后，受益人可以获得丰厚的保险赔偿金。运用寿险产品作为遗产筹划工具，具有如本章第二节所述的多方面优势。

（五）赠与

采用赠与方式进行遗产筹划，能够降低遗产继承过程中的税收支出，因为好多国家都会规定一定的赠与免税额，即未达到规定数量的赠与额可以免缴赠与税。但赠与行为一般无法撤销，财富所有者完成财产赠与行为后，即丧失了对赠与财产的控制权，不能再予以收回。

四、遗产筹划的步骤

遗产筹划是一项专业性很强的工作。通常情况下这项工作不是由财富所有者个人进行，而是依靠财富管理师来完成。合理的遗产筹划，必须是财富管理师依据财富所有者的资产状况和个人意愿，在遵守“遗产传承成本最小化”原则的基础上，科学安排和规划遗产筹划的各项要素。一个完整的遗产筹划过程，主要包括以下几个步骤。

（一）全面搜集、掌握与遗产筹划相关的信息资料

占有全面、细致的与财富所有者遗产筹划相关的信息资料，是财富管理师进行遗产筹划的基础条件。财富管理师要通过各种方式和渠道，全面了解、掌握财富所有者的资产规模、资产结构、债务规模与结构、家庭结构、主要家庭成员基本情况、养老金计划、是否已采用了遗产筹划工具等与遗产筹划相关的信息。这些信息有的可从作为当事人的财富所有者那里直接取得，有的则必须通过实地访查取得。但不管通过什么途径取得，都必须验看相关证明文件以确保信息的绝对准确。

（二）计算和评估遗产价值

在全面掌握财富所有者与遗产筹划相关的信息之后，接下来就要计算和评估财富所有者的遗产价值。这样做的目的主要有三个：一是为遗产计划中的可分配遗产规模提供依据。财富所有者的可分配遗产规模，是制订

遗产计划所必需的最基本的数据。没有这个数据，就谈不上制订遗产计划。二是根据遗产的规模特别是遗产的结构，选择合适的遗产筹划工具。三是根据遗产规模匡算与遗产相关的税务支出并使财富所有者知悉。这种支出实际上是遗产传承需要支付的成本。

（三）确定遗产筹划目标

在完成财富所有者的遗产价值评估后，财富管理师接着要做的工作，是要在了解和尊重财富所有者遗产传承意愿的基础上，帮助其确定遗产筹划目标。遗产筹划目标的主要内容包括：确定遗产由谁受益或继承，以及受益或继承的份额；确定由谁来执行遗嘱和清算遗产；明确遗产转移和传承的方式；降低遗产转移和传承成本的措施；等等。

财富所有者在家庭生命周期的不同阶段上，由于其家庭成员结构、子女教育所处阶段、子女收入水平等方面情况存在很大差异，导致其关注的重点不同，因而遗产筹划目标也存在差别。

（四）制订遗产计划

制订遗产计划是遗产筹划过程中非常重要的环节。财富管理师要根据财富所有者的遗产价值和遗产筹划目标，制订遗产计划。遗产计划必须具备合法性，同时又必须根据不同财富所有者的情况量身定做，切实体现其个性化需求。

财富管理师在帮助财富所有者制订遗产计划时，必须把确保实施遗产计划所需要的流动性这个问题考虑进去。好多国家都对遗产继承开征了遗产税并设定了较高税率，同时遗产继承还涉及遗产清算与执行等方面的开支。如果在财富所有者的遗产计划中没有针对这些支出事先安排足够的流动性，那么，就会使其受益人承受较大的财务压力，甚至会因此影响到遗产的顺利传承。

采用何种或几种遗产筹划工具，是遗产计划的重要内容。而尽可能降低遗产传承中的税务支出，减轻受益人的财务负担，是确定遗产筹划工具的一个重要的考量因素。

财富所有者的资产状况、受益人状况和遗产筹划目标不是一成不变的，它们会随着影响因素的变化而发生改变。比如，财富所有者的配偶或其他继承者因疾病死亡、财富所有者本人或子女发生婚变等。面对这种变化，遗产计划也应适时修改调整，以准确满足财富所有者变化了的诉求。为确保遗产计划与财富所有者需求的一致性，财富管理师应当与财富所有者协商确定时间，定期对原遗产计划进行检查。如发现有影响原遗产计划的重要因素出现时，必须对原遗产计划的相应内容进行修改。

（五）设立有效遗嘱

为确保遗产计划顺利执行，财富管理师应该帮助财富所有者及时设立有效遗嘱。遗嘱以当事人死亡为生效要件。在此之前，有民事行为能力的当事人可以改变和撤销遗嘱。

第九章　智能财富管理

金融科技兴起改变金融业格局，重构现代财富管理的客户旅程价值链和商业模式，推动财富管理行业上升到智能财富管理的“新赛道”。以客户为中心构建数字化、智能化财富管理新体系，成为国内财富管理机构发展的新方向。

第一节　金融科技催生智能财富管理

智能财富管理的兴起，是金融科技在金融业广泛开发和应用的结果。随着金融科技创新的深化，财富管理将进一步向更高级的智能化转型。

一、方兴未艾的金融科技

“金融科技”（FinTech）一词是英文金融“Finance”与科技“Technology”的动态融合，其核心就是利用各种科技手段创新，赋能金融行业的产品和服务。国际金融稳定理事会（FSB）将金融科技定义为：金融科技主要是指由大数据技术、区块链技术、云计算技术、人工智能技术等新兴前沿技术带动，对金融市场以及金融服务业务供给产生重大影响的新兴业务模式、新技术应用、新产品服务等。金融科技能创造新的业务模式、应用、流程或产品，从而影响金融市场、金融机构或者金融服务的提供方式。该委员会和巴塞尔委员会（BCBS）把金融科技覆盖的范围和主要应用领域分为支付结算服务、存贷款与融资服务、投资管理服务、市场基础设施服务等。其中，“存贷款与融资服务”领域涵盖网贷、征信、众筹等产品；“支付与清结算服务”包括移动支付、P2P 汇款等内容；“投资管理服务”的典型代表是智能投顾与智能投研等；“市场基础设施服务”则是指区块链技术、大数据技术、人工智能技术、云计算技术、网络安全等技术所带来的金融产品和服务创新。维基百科对“金融科技”的定义是，由一群通过科技让金融服务更高效的企业构成的一个经济产业。中国人民银行印发的《金融科技（FinTech）发展规划（2019—2021 年）》（银发〔2019〕209 号）中将金融科技定义为：金融科技是技术驱动的金融创新，旨在运用现代科技成果改造或创新金融产品、经营模式、业务流程等，推动金融发展提质增效。金融科技的核心是利用现代科技成果优化或创新金融产品、经营模式和业务流程，推动金融发展提质增效。总的来看，金融科技就是金融和科技高度融合形成的新的金融商业模式，包括数字支付、网络贷款及智能投顾等，以及在金融服务前端产品和中后台广泛采用的人工智能技术、区块链技术、云计算技术、大数据技术、移动智能网络等科技手段。随着金融科技的不断创新和升级，将推动金融服务业向无处不在、无迹可寻的“无感知金融”转型，有效提升客户体验、降低服务成本，打造金融服务业新的增长点。

二、金融科技在金融业应用的发展历程

金融科技推动了金融产品和服务的持续创新和发展，助力金融业逐步从传统柜台化向电子化、线上化、智能化的不断升级转型。

（一）金融机构业务服务电子化

现代信息技术的发展推动金融服务业从传统的柜台交易向电子化转型。1946 年，世界上第一台电子计算机 ENIAC 诞生，金融业与 IT 业也开始了第一次亲密接触。1955 年，美国银行首先引进 IBM702 型计算机和斯坦福大学研究所开发的电子记录会计系统 ERMA 进行账务处理、报表编制，拉开了计算机代替手工支票处理的金融业电子化序幕。1967 年 6 月 27 日，在巴克莱银行推出谢泼德・巴伦研制的第一台自动取款机（ATM），英国著名演员雷吉・瓦尼完成了 ATM 历史上第一笔交易，随后 ATM 在发达国家和部分新兴市场经济体迅速普及，1969 年 9 月 2 日，美国第一台 ATM 在纽约银行公开亮相。20 世纪 60 年代之后，金融电子化促进了金融业支付结算系统、会计系统、资金转账系统，以及证券电子交易系统的开发和应用，推动金融业进入“后台业务电子化”时期。20 世纪 80 年代之前，IT 在金融业应用的主要特点就是借助 IT 提高银行记账的效率，降低经营成本。银行在支付领域业开始了电子化尝试，大大激发了金融业广泛开发应用 IT 的热潮。

20 世纪 80 年代至 90 年代初这一时期，IBM 推出划时代的个人电脑，苹果和微软公司相继推出新型电脑和办公软件系统，POS 机（销售终端）电子资金转账、电子钱包智能卡、企业间交易付款自动化等金融产品大量涌现，促使金融业进入“前台业务电子化”时期。1982 年，“文艺复兴基

金”的创始人、著名数学家兼密码分析专家詹姆斯·西蒙斯（James Simons）带领数学、物理及计算机算法专家，开发了由计算机算法来筛选市场的变动模型，并按计算机算法进行交易。金融前台业务的电子化极大地节约了金融业人力资源投入，对降低银行经营成本、提高效率和经营效益发挥了重要的“催化剂”作用。在这一阶段，金融业与科技行业仍然是并驾齐驱的行业存在，两者并没有实现真正的融合，但科技进步已开始促进金融市场的全球化。IT在金融业的大规模应用不仅导致金融业出现第一次失业潮，同时也催生了大量更具创造性的新岗位，推动金融业组织形态、经营管理流程和经营模式发生重大变革。

（二）金融机构业务服务线上化

随着互联网的问世和普及，金融业开始加速从部分业务电子化向整体服务的线上化、网络化转移，互联网银行、互联网券商和互联网保险等开始出现。20世纪90年代初期，英国科学家蒂姆·伯纳斯·李（Tim Berners Lee）爵士发明了万维网，技术洞察力敏锐的金融机构开始积极拓展互联网服务渠道，标准化的金融服务和产品开始逐步向互联网迁移。1992年，美国银行建立了网上银行。1994年4月，没有任何物理营业网点，完全依靠互联网、电话和ATM等手段提供金融服务的纯粹互联网银行——美国安全第一网络银行（SFNB）的成立开创了银行经营的新模式。1995年，富国银行首次通过万维网提供在线银行账户管理。网上银行使便捷性服务演化到极致，人们可以通过网上银行随时随地获得转账汇款和网上支付等银行服务。与此同时，传统证券经纪业务也掀起了“上网”潮。20世纪90年代中期，嘉信理财（Charles Schwab）推出在线理财服务，重塑了华尔街证券经纪业务。1999年，美林证券推出ML Direct（美林直接）和Unlimited Advantage（无线优势），成为IT与金融业务融合的典范。1996年成立的ETFC（E * TRADE Financial Corporation，亿创理财）纯粹网络经纪公司开始向投资者提供在线证券交易。我国金融业电子化起步较晚，但充分利用了后发优势，实现了弯道超车。到20世纪90年代中后期，实现了全国范围的银行计算机处理联网。1996—1997年，招商银行推出网上银行“一网通”和交易型网站，向客户提供信息查询、银企对账、工资代发、网上购物等金融产品和服务，我国网上银行发展序幕正式拉开。与此同时，我国现代化支付清算系统也开始立项实施，中国银联的崛起是我国金融电子化发展的又一经典案例，银联卡交易规模超越美国运通卡和日本吉士美卡位居全球第三。在这一阶段，保险行业“触网”步伐也在加快。1997年12月，新华人寿保险公司推出互联网保险单，我国保险业迈进互联网金融的大门。2000年8月1日，平安保险推出PA18，成为国内首家集各类金融业务于一体的个人综合理财服务网站。2003年，中国太平洋保险开始支付航空意外、交通意外、任我游（自助式）等3款保险网络投保。2006年，买保险网“互联网保险超市”推出“网络直销+电话服务”营销模式。2007年，中国第一家P2P网贷平台拍拍贷上线，金融业信息化水平提高到一个新阶段。

在传统金融业务加速互联网化的同时，基于互联网平台的金融业务也开始兴起。包括电子商务平台和互联网第三方支付在内的这类互联网平台大举进入金融服务领域，在平台上销售金融产品，面向网上商户开展小额贷款，面向个人开展消费金融业务等。随着大量追求个性化金融服务和习惯于使用数字设备的年轻客户逐步成长，互联网支付、网络借贷等业务模式成为金融服务体系重要组成部分，互联网金融进入了大众视野。互联网金融机构通过低门槛、低成本的互联网和移动智能终端带来金融行业渠道之变，规模迅速做大。尽管互联网金融在快速发展中也存在一系列风险控制和监管问题，但互联网金融促进了资金端供求双方的高效对接，推动着传统金融业的加速转型：一是降低了投资者准入和投资者门槛。阿里小贷等互联网金融机构惠及大量被排除在家族理财室和私人银行机构之外的富裕客户（Affluent Clients）和大众富裕客户（Mass Affluent Clients）以及小微企业。二是增加客户的选择。借助互联网金融平台，智能财富管理机构开始尝试将投资体验的“个性化”变成一种惯例，重视目标导向的投资原则，投资者的选择范围得到进一步扩大。三是降低交易成本。金融科技带来了新的知识和经营理念，促进金融机构不断调整IT架构，调整优化经营管理流程，加快轻型化和数字化战略转型。中国互联网金融大爆发，催生出了互联网支付、网络借贷等业务模式，推进了互联网行业与金融业的进一步深度融合，推进金融业务资产端、交易端、支付端、资金端的自由组合和互联互通，实现信息共享和业务融合。

（三）金融机构业务服务智能化

金融业通过金融科技改变传统的金融信息采集来源、风险定价模型、投资决策过程、信用中介角色，从而大幅提升金融服务效率，有效解决长期以来金融服务过程中存在的痛点。2015年，美国嘉信理财（Charles Schwab）启动智能投顾业务。黑岩集团（Black Rock）和先锋集团（Vanguard Group）也加入了智能投资顾问之列。同年，中国10部委联合印发了《关于促进互联网金融健康发展的指导意见》，互联网金融开始向规范化发展转型，智能财富管理迈向新阶段。2016 年，蚂蚁金服、京东金融、众安保险、宜信等互联网巨头，相继把自己定义为金融科技公司。2017 年 5 月，中国人民银行成立了金融科技委员会，明确了国家积极支持金融科技创新的态度。金融科技进一步打通金融业的资产端环节，支持财富管理科学定价，实现资金端和资产端的精准高效匹配。财富管理机构不再是一个投资者的物理场所，而是执行财富投资决策和交易的智能 APP 平台。随着金融科技的广泛应用，数字货币、智能信贷、智能投顾、金融支持的互联网平台等新型金融服务方式不断涌现。比如，金融业务和产品的搜索、家庭理财服务、金融社交平台等网络平台虽然不直接提供金融服务，却对于提高公众对金融产品和服务的认知、提供金融体系效率具有重要意义。2018 年，中国人民银行等金融监管机构联合发布的《关于规范金融机构资产管理业务的指导意见》（以下简称“资管新规”），以及中国银保监会、中国证监会发布的子行业监管规范等都对智能投顾进行了明确规范。2019 年 8 月 23 日，中国人民银行发布了《金融科技（FinTech）发展规划（2019—2021 年）》（银发〔2019〕209 号），对金融科技发展进行了全方位布局。智能解决方案、智能风控体系、反欺诈技术、智能营销，以及智能催收和智能投顾等业务将使金融业智能化水平得到进一步提升。

专栏 9－1

《金融科技（FinTech）发展规划（2019—2021 年）》简析

2019 年 8 月 23 日，中国人民银行发布了《金融科技（FinTech）发展规划（2019—2021 年）》（银发〔2019〕209 号，以下简称《规划》），成为中国金融科技发展新的里程碑。

一、《规划》的主要内容

《规划》通过发展形势、发展目标、重点任务、保障措施四章，对我国金融科技发展进行了阶段性总结，对未来金融科技的发展目标与任务进行了统筹布局。一是《规划》明确了我国金融科技发展目标。《规划》将 2019—2021 年三年我国金融科技发展目标确定为：到 2021 年，建立健全我国金融科技发展的“四梁八柱”，进一步增强金融业科技应用能力，实现金融与科技深度融合、协调发展，明显增强人民群众对数字化、网络化、智能化金融产品和服务的满意度，使我国金融科技发展居于国际领先水平。具体目标包含金融科技应用先进可控、金融服务能力稳步增强、金融风控水平明显提高、金融监管效能持续提升、金融科技支撑不断完善、金融科技产业繁荣发展等。二是《规划》部署了重点任务。第三章重点任务部分分为六节27项重点内容，主要包括加强金融科技战略部署、强化金融科技合理应用、赋能金融服务提质增效、增强金融风险技防能力、加大金融审慎监管力度、夯实金融科技基础支撑等。

二、《规划》的突出重点

（一）首次提到智能合约在金融科技中的运用

智能合约（Smart Contract）一般是指交易双方达成一致并以数字形式定义的权利义务，双方将权利义务以代码的方式写入程序，并最终以自动化的方式执行该项合约。《规划》在第一章第一节指出："……借助机器学习、数据挖掘、智能合约等技术，金融科技能简化供需双方交易环节，降低资金融通边际成本，开辟触达客户全新途径……"这是首次在我国官方文件中正式提到"智能合约"概念。智能合约运用的典型场景是区块链技术环境，金融交易则更是运用智能合约的理想场合，智能合约广泛用于金融交易是必然的发展趋势。

（二）强调金融科技要纳入金融机构的信息披露

《规划》在重点任务部分之（一）中提出"金融机构要在年报及其他正式渠道中真实、准确、完整地披露用于创新性研究与应用"。要通过金融科技信息的充分披露促进金融机构转变经营发展方式，加大科技投入力度，重塑银行业务价值链和经营发展新生态，有效提升银行核心竞争能力。《规划》特别强调"增强金融监管的专业性、统一性和穿透性"，强化对银行金融科技创新发展的监管力度，防范各类新型风险，促进金融业健康发展。

（三）明确了商业银行大数据技术的开发和运用规划

《规划》在重点任务第四条提出："……形成统一数据字典，再造数据使用流程，建立健全企业级大数据技术平台，进一步提升数据洞察能力和基于场景的数据挖掘能力，充分释放大数据技术作为基础性战略资源的核心价值……发挥金融大数据技术的集聚和增值作用，……助推全国一体化大数据技术中心体系建设。"其根本目的在于解决国内金融机构之间存在的严格数据壁垒，拓展在依法合规保护客户权益前提下的大数据技术开发和应用的范围和效用，提高信息和技术资源的利用效率。比如《规划》在"拓宽金融服务渠道"小节中，提出银行业要"借助应用程序编程接口（API）、软件开发工具包（SDK）等手段深化跨界合作，在依法合规前提下将金融业务整合解构和模块封装，支持合作方在不同应用场景中自行组合与应用，借助各行业优质渠道资源打造新型商业范式，实现资源最大化利用，构建开放、合作、共赢的金融服务生态体系”。

（四）提出了对人工智能技术的开发和应用规划

《规划》在重点任务部分的第六条指出：要深入把握新一代人工智能技术发展的特点，统筹优化数据资源、算法模型、算力支持等人工智能技术核心资产，稳妥推动人工智能技术与金融业务深度融合。同时，《规划》还对人工智能技术在风险管理中的应用进行了详细规定：加强金融领域人工智能技术应用于潜在风险研判和防范，完善人工智能技术金融应用的政策评估、风险防控、应急处置等配套措施，健全人工智能技术金融应用的安全监测预警机制，研究制定人工智能技术金融应用监管规则，强化智能化金融工具安全认证，确保把人工智能技术金融应用规制在安全可控范围内。

（五）强调在金融科技应用中要线上线下并重

《规划》在重点任务部分第九条强调，要线上与线下紧密结合拓宽金融服务渠道，要求商业银行等传统金融机构转型要“充分运用信息技术与互联网资源做强线上服务，丰富完善金融产品和业务模式，为客户提供全方位、多层次的线上金融服务。进一步发挥线下资源优势，构筑线上线下一体化的经营发展模式，加快制定线上线下渠道布局规划和全渠道服务实施方案，实现电子渠道与实体网点、自助设备等的信息共享和服务整合，增强交叉营销、跨渠道服务水平，解决线上线下发展不平衡不充分的问题”。

（六）提出了优化金融服务实体经济的具体措施

《规划》在第三章第三节提出了多项具体的优化金融服务实体经济体的措施，其中包括：完善金融产品供给；提升金融服务效率，重点提高网点营业效率、客户识别效率、公共服务效率、金融服务运营效率；增强金融惠民服务能力；优化企业信贷融资模式，提高贷款发放效率和服务便利度，促进经济转型升级和新旧动能转换；等等。

（七）明确了金融机构支付服务新标准

支付服务效率和质量直接影响到整体经济的健康稳健运行。《规划》在重点任务部分中明确指出：利用人工智能技术、支付标记化、云计算技术、大数据技术等技术优化移动支付技术架构体系，实现账户统一标记、手机客户端软件（APP）规范接口、交易集中路由。推动条码支付互联互通，研究制定条码支付互联互通技术标准，统一条码支付编码规则、构建条码支付互联互通技术体系，打通条码支付服务壁垒，实现不同APP和商户条码标识互认互扫。

（八）规范金融科技创新的边界和方向

《规划》在金融科技创新的边界和发力方向上提出了“守正创新、安全可控、普惠民生、开放共赢”的16字原则。《规划》在“（十八）做好新技术金融应用风险防范”小节中提出：“综合实际业务场景、交易规模等深入研判新技术的适用性、安全性和供应链稳定性，科学选择应用相对成熟可控、稳定高效的技术。充分评估新技术与业务融合的潜在风险，建立健全试错容错机制，完善风险拨备资金、保险计划、应急处置等风险补偿措施，在风险可控范围内开展新技术试点验证，做好用户反馈与舆情信息收集，不断提升金融产品安全与质量水平。”预计未来金融科技开发和应用将呈现六大发展趋势，即技术从移动互联到万物互联；市场格局从竞争竞合到跨界融合；经营模式从金融业务到科技赋能；发展重心从争夺C端到发力B端；金融服务从单维服务到无界服务；金融监管从行为监管到监管科技。《规划》的出台是我国金融科技发展的重大事件，对于推动智能财富管理业务长期可持续发展，为财富管理机构和客户创造更大的价值具有重要意义。

（九）提出要对金融科技实施穿透式监管

《规划》第三章第五节强调要在建立金融科技的监管基本规则体系的基础上，提升穿透式监管能力的要求：“加强监管科技应用，建立健全数字化监管规则库，研究制定风险管理模型，完善监管数据采集机制，通过系统嵌入、API等手段，实时获取风险信息、自动抓取业务特征数据，保证监管信息的真实性和时效性。引导金融机构积极配合实施穿透式监管，通过系统接口准确上送经营数据，合理应用信息技术加强合规风险监测，提升智能化、自动化合规能力和水平，持续有效满足金融监管要求。”

三、金融科技重点技术在财富管理中的应用

财富管理中应用的重点金融科技手段可以简称为ABCD，即人工智能技术（AI）、区块链技术（Blockchain）、云计算技术（Cloud）、大数据技术（Data）。同时，5G技术对财富管理的智能化发展将发挥重要的助推作用。财富管理机构借助上述数字化技术的不断迭代和创新，可以营造全新的财富管理平台，打造一个由众多金融机构、众多产品、众多客户组成的数字化财富管理交易平台，实现点对点、端对端的链接和交易组合。

（一）区块链技术在财富管理中的应用

1. 区块链技术构建财富管理生态系统基础结构

2008年末，中本聪在其论文《比特币：一种点对点的电子现金系统》中首次提出区块链技术（Block Chain）。区块链是分布式数据存储、点对点传输、共识机制、加密算法等计算机技术的新型应用模式，其主张通过分布式记账、共识算法、智能合约等核心要素，构建一个分布式信任网络的验证机制，实现财富价值安全转移及点对点的交易，使互联网经济活动更简便、更安全、更容易。区块链本质上是一个去中心化的数据库，同时也是比特币的底层技术。由于区块链技术系统的跨国和地区的所有参与方都能够收到即时交易信息，每次交易记录都具有加密性、集体维护和不可篡改的记录不变性、高度透明、匿名性、自动实现可编程货币场景（如智能合约）等特点，因此，区块链技术作为一种引发金融服务去中介化的技术开始向金融领域广泛渗透。比如，信任和安全是分布式账本技术（DLT）在财富管理中受到广泛重视的主要优势，财富管理机构可以在现有客户信任的基础上，通过哈希码、加密密钥、钱包使用和相关冷存储选择的智能组合，来有效解决财富管理隐私、透明度和安全需求等问题。随着该技术的逐步成熟和广泛应用，区块链将推动财富管理领域的持续创新。

近年来，区块链技术开始在全球许多投资公司和财富管理机构应用，比如摩根大通在区块链技术方面与英特尔、微软等企业组成区块链技术联盟；高盛公司联合谷歌（Google）入股大数据技术智能分析处理方面的引擎公司肯手（Kensho），其构建的投资模型引入了对外部事件的主题量化。国内商业银行在区块链技术应用方面主要是在跨境直联清算业务上建设区块链技术平台；在同业数字签约方面，构建金融机构之间数字化协议签约的平台；搭建客户信息共享平台。在证券业务方面，私募股权管理、公募证券发行交易可以通过区块链技术被重新设计和优化。共识机制保证证券登记在市场中同步更新，完整记录各类交易信息，保持内容的真实性和一致性。

2. 区块链技术在财富管理中的应用前景

区块链技术正在从根本上改变财富管理机构的经营方式。在财富管理机构客户的准入流程、模型组合构建、交易结算和清算，以及与反洗钱相关的合规流程等重要领域中都可以使用区块链技术，实施基于分布式账本技术的解决方案。区块链可以使投资者和产品发行人进行直接的沟通和交易，通过高效、精益的交易及相关流程降低财富管理成本，提升财富管理价值链中任何数字交易或互动的效率。由于区块链交易都是具有时间戳式的、不可变的、透明的、可审计的，因此，通过共享和自动验证区块链上的资产及价值的新模式大大简化了合规流程，加快了去中介化进程。

一是智能合约。通过自动化脚本代码、智能合约自动触发记账等技术，可以为客户构建财富链，经前置授权后开展线索查证和财富管理，从而建立理财师、金融机构和融资方的信用问题，降低信任成本。比如，在客户准入和分析流程中，如果将高净值客户数据存储在分布账本上，经被许可的个人就可以获得访问权限，从而大幅减少加入新客户的时间和成本。区块链由于具有不变性和可审计性，可以很容易地为每个客户保留审计线索。

二是共享信息。通过开发和实施区块链解决方案，区块链技术可以实现客户需求、资产动态、市场动态等方面信息的共享，允许财富管理机构根据客户存储的投资限制创建和管理投资组合，促进投资组合的创建和客户组合变更的沟通，大大提高整个投资过程的效率，强化财富管理机构与其客户之间的关系。区块链技术可以帮助资产管理经理解决管理数据、提供解决方案和产品、减少数据处理、淘汰传统基础设施、降低投资中的摩擦成本、改善数据源、增加收入、提供实时报告或交替改变交易策略等。

三是共享账本。区块链技术未来最可能被用于记录资产的所有权和交易信息，成为所有金融交易中唯一的真相来源。具体应用方向包括支付、交易银行、保险、资本市场、票据领域、财富管理、投资银行业务等，实现上下游业务结算、投资者进款信息、融资方资金调用，提高货币发行及使用便利性，实现点对点跨境支付与结算交易，减少人为介入票据与供应链金融业务，实现证券发行交易的实时资产转移等目标，减少中间费用、降低法律合规成本、提高交易清算速度。财富管理机构借助区块链技术可以实现资产管理业务的部分或全部外包，同时保持对所有内容的透明控制和审计追踪，从而使得资产经理能够专注于其核心的资产管理职能。

四是防止金融犯罪和操作风险。财富管理机构可以通过区块链技术进行资金最终用途去向监控、实时穿透监管、抵押和质押登记、理财师资质证明，以及发行方、担保方、融资方的实体资质证明等，有效解决传统财富管理中的信息不对称问题。

（二）人工智能技术在财富管理中的应用

1. 人工智能技术成为财富管理市场变革的催化剂

根据维基百科定义，“人工智能技术就是机器展现出的智能”。大英百科则限定人工智能技术是数字计算机或者数字计算机控制的机器人在执行智能生物体才有的一些任务上的能力。百度百科定义人工智能技术是“研究、开发用于模拟、延伸和扩展人的智能的理论、方法、技术及应用系统的一门新的技术科学”。概括地讲，人工智能（Artificial Intelligence，AI）技术是研究、开发用于模拟、延伸和扩展人类智能的理论、方法、技术及应用系统的一门新的技术科学。其主要应用领域包括但不限于机器视觉、指纹识别、人脸识别、视网膜识别、虹膜识别、自动规划、智能搜索、自动程序设计、智能控制、机器人学、语言和图像理解、遗传编程等技术。在财富管理业务中，随着客户期望的不断提高，对快捷、安全和高度个性化解决方案的需求将更为强烈。机器学习、深度学习技术、机器人和智能代理在强大的云计算平台上的有机结合，可以向财富管理机构提供大量的情景洞察，确定当天的有限顺序，保留和吸引客户，识别业务机会并保持合规，可以让财富管理机构的员工有更多的时间强化与高优先级客户关系，做自己最擅长的事情，提高服务质量，以更加自信的姿态帮助客户解决其最重要的财务问题。人工智能技术与区块链技术、大数据技术等有机结合形成的解决方案可以实时动态控制，确保与客户的每一次互动都体现出个性化、关联性、合规性和规模化特点，从而推动财富管理产品、服务和财富管理市场发生重大变革。

2. 人工智能技术在财富管理中的应用前景

现阶段，人工智能技术应用主要集中在投资决策中运用人工智能技术的算法、在信息搜集和处理中应用大数据技术和自动化技术、在确定投资目标和风险控制过程中应用人机交互技术、在提升运营管理和风险管理中的应用云计算技术等。未来人工智能技术与财富管理业务的紧密结合可以提升智能投研、智能运维、智能风控、智能客服和智能投顾的水平，重点在客户引导和客户概括分析、投资组合构建和管理、沟通和报告等方面。在客户引导和客户分析方面，借助人工智能技术可以获得客户关系、偏好和需求的即时状况，通过客户行为分析进行具体的投资者性格分析，帮助理财顾问更好地了解客户，建立人工智能引擎，强化与客户互动，维护客户关系。在投资组合构建和管理方面，借助人工智能技术可以全方位查看客户投资组合，并利用自动化的建议来改进投资组合，在授信管理、资产选择、资产配置、投资交易、绩效分析等方面提供集约化决策支撑；可以开发新的业务模型，构建新的产品和服务组合，并基于强大的数据支持，快速作出投资管理决策。在沟通和报告等方面，人工智能技术可使用防欺诈技术减少错误警报，变更内部管理规则，确保依法合规；利用语音或视觉处理技术改变财富管理中金融信息的传播方式，聊天机器人既可以作为主元素应用于自动化客户交互，为客户提供最新的投资见解和业绩报告，还可以为个人投资组合和资产提供警报，强化风险防控、动态监测、绩效评价。在保险业务领域，从保险产品设计、投保到承保理赔等环节，人工智能技术都可以发挥重要作用。在银行业务领域，人工智能技术可以提供智能化机器人服务、智能化内部监察和风险识别等。

智能投顾（Robo－Advisor，RA）是人工智能技术在财富管理中应用的典型实践，是虚拟机器人根据客户的理财需求，结合现代投资组合理论，通过算法和产品搭建数据模型，替代传统人工顾问完成理财服务。其借助于计算机建立动态的、覆盖多影响因子的模型，并通过调查问卷评估客户的风险偏好和风险承受能力；根据现代资产组合理论为无暇理财的高净值客户和大众富裕客户建立与选择分散化的投资组合，利用自有的证券公司或者与其他证券公司合作提供高效的交易执行服务；根据投资组合市值的变化，实施从动态资产配置向静态资产配置的再平衡；通过分析税收的特征和结构，优化资产配置，为客户进行税收筹划，使客户获得最大化节税目标。此外，智能投顾还可以为客户提供投资业绩展示，进行投资组合的描述性统计分析、回测和模拟，以及业绩归因和风险因子分析等。智能投顾起源于美国，20 世纪 90 年代末期，部分财富管理公司开始向客户提供在线投资顾问，2008 年“机器人投资顾问”公司开始相继出现，自 2011 年开始，Wealthfront 等公司向个人理财用户推出基于互联网技术的财富管理模式。2017 年 7 月，摩根大通投入使用的一款金融合同解析软件 COIN，借助机器学习和加密云网络技术，处理智能合约以及解析商业贷款协议，在几秒钟内就能完成每年原先需要由人工律师和发放贷款人员的 36 万个小时才能做完的工作，不仅大幅度降低了错误率，还能够 7×24 小时不间断运行。未来，大量金融交易中将使用具备人工智能技术的超高速机器人交易员进行统计性分析，预测交易价格，执行交易，并开展投资组合管理和风险管理。

（三）大数据技术在财富管理中的应用

1. 大数据技术催生财富管理业精益化转型

大数据技术（Big Data）是指无法在一定时间内用常规软件工具进行捕捉、管理和处理的数据集合。大数据技术具有大量（Volume）、高速（Velocity）、多样（Variety）、低价值密度（Value）、真实性（Veracity）等特征。借助大数据技术分析，可以从少则几十、多则几百甚至更多个视角去审视宏观、中观和微观各类经济主体的多种指标特征。金融市场中每时每刻都会产生大量的数据，包括以个人在商业银行等金融机构中的账户、交易、投资、信贷等数据和企业资产负债数据、业务经营数据等构成的结构化数据，以及个人在参与金融市场交易中所产生的语音、文字以及企业在经营管理过程中的卫星图片等各种数据资料。财富管理机构通过大数据分析，可以细分投资者，描写每一个投资者的投资心理画像，实现理财产品、服务和营销的精益化，提高投资和资产配置的科学性，降低财富管理的交易成本。

2. 大数据技术在财富管理中的应用前景

财富管理机构所拥有和获取的大量数据蕴含着巨大的业务应用价值和挖掘潜力。花旗银行利用 IBM 沃森电脑为财富管理客户推荐产品；美国银行利用客户点击数据集为客户提供信用额度等特色服务。招商银行利用客户刷卡、存取款、电子银行转账、微信评论等行为数据定期给客户发送有针对性的广告信息。在信贷流程中，大数据技术更多地被应用在流量获客、身份识别验证以及风险评定中，有的商业银行还自主设计研发了以企业家大数据技术应用平台为基础的，强化低成本加工存储、统计分析、业务模型探索、实时分析和决策能力的功能。百度的财富管理以自身的大数据为基础，推出了包括百度钱包（支付方式）、百发金融（融资方式）、百度信用和金融之心等在内的财富管理模式。阿里巴巴以信用和电子商务数据为基础，开拓性地推出了支付宝、余额宝，以及淘宝理财和阿里小贷等。腾讯基于自身的关系数据和社会数据，强化了财富管理产品导向的创新，推出的主要产品有金融支付和微信（支付方式）、腾安价值 100 指数、腾讯操纵器等财富管理方式。未来，大数据在财富管理中的应用领域将非常广阔，重点包括以下三个方面：一是客户画像，精准营销。客户画像就是要根据客户社会属性、生活行为习惯、金融消费和投资行为习惯等信息抽象出一个标签化的客户模型。比如，客户来办理业务时，财富管理机构就应当借助金融科技迅速整合客户在社交媒体、电商网站等方面的数据，为客户进行精准的画像，以此为基础对客户进行实时贴心的营销、交叉销售、个性化推荐，以及寿命周期财富管理服务等，让客户获得有温度、有尊严、有专业水准的服务。二是优化运营，强化风险控制。财富管理机构可以利用金融行业数据了解自身业务运营的薄弱环节，利用大数据技术加快内部流程的优化，提升内部数据处理速度。中国光大银行的大数据技术实验室基于风险管理领域的预警分析研究，孵化出数据产品的“滤镜”，形成了高信用违约客户名单，为风险管理决策提供了精准的支持。三是通过特征识别，进行业务欺诈分析。通过对信用数据库、失信数据库、高危账号库、欺诈关联图等的综合分析得出信用评估结果及客户社交行为记录等实施信用卡和消费金融反欺诈工作。利用决策树技术进行抵押贷款管理，利用数据分析报告实施产业信贷风险控制。

（四）云计算技术在财富管理中的应用

1. 云计算技术构建财富管理新生态

根据美国国家标准与技术研究院（NIST）定义，云计算技术提供可用的、便捷的、按需的网络访问，进入包括网络、服务器、存储、应用软件服务的可配置计算资源共享池，向海量客户同时快速提供相关服务。百度百科将云计算技术（Cloud Computing）定义为基于互联网的相关服务的增加、使用和交互模式，通常涉及通过互联网来提供动态易扩展且经常是虚拟化的资源。财富管理机构借助云计算技术可以解决计算资源不足的问题，并通过各类计算能力和云的组合打造新的财富管理生态。

2. 云计算技术在财富管理中的应用前景

在财富管理机构中，传统技术系统架构在技术适配、开发成本等方面制约了产品和服务创新。借助私有云搭建或行业云的租用，以及公有云的使用，财富管理机构可以快速且有弹性地在整个虚拟网络中分配计算、存储、网络等资源。基于云的IT解决方案不仅能够降低财富管理机构的经营成本，减少基础设施建设和营运开支，也可以根据业务需求调整规模大小，提升灵活性和敏捷性能力。云计算技术在基金管理中的运用早有范例，例如，一些基金公司使用亚马逊EC系统进行投资分析，用大数据技术开展投资研究。还有一些财富管理公司直接利用亚马逊云服务进行应用开发和产品发布，利用Salseforce在云端进行客户关系管理，利用动态资源进行高频交易和分析等。中国光大集团的云付通过互联网综合金融服务、互联网资管、大数据技术及消费金融等平台打造了数字化的“网上光大集团”。为了充分利用强大并以互联网为基础的财富管理解决方案优势，财富管理机构需要结合公共云数据资源的安全性与私有云数据资源的隐私性优点，构建新的财富管理IT技术架构。云计算技术和财富管理结合要有明确的方针和政策，委托到云运营商的优先数据应由财富管理机构的综合治理机构制定明确的服务协议和时间框架。

（五）5G技术在财富管理中的应用

1. 5G技术创造财富管理行业新未来

2015年9月，国际电信联盟（International Telecommunication，ITU）正式确认5G的官方名称为“IMT-2020”。其中IMT是国际移动电信（International Mobile Telecommunication）的简称。2018年6月，国际移动通信标准化组织（3GPP）批准了第5代移动通信技术标准独立组网功能的动议。5G具有高速度、泛在网、低功耗、低时延、万物互联、重构安全等特点，主要技术包括网络切片、内容分发网络、边缘计算、软件定义网络和网络虚拟化、网络的自组织、超密集异构网络、灵活的框架设计、OFDM加窗提高多路传输效率、可扩展的OFDM间隔参数配置、基于OFDM优化的波形和邮址接入等。5G技术不限于移动互联网，而且将广泛应用在工业互联网、智能制造、5G车联网、AR/VR、车辆无人驾驶、智慧城市等众多领域和产业，有效支持物联网、人工智能技术等海量应用。美国高通公司预计从2020年至2035年，5G技术将每年为全球GDP创造3万亿美元的价值。到2035年，5G技术将在全球创造12.3万亿美元经济产出，同时创造2200万个工作岗位。5G技术以“互联网+”方式，促进5G+金融科技+金融的深度融合，推动财富管理形成新的财富管理价值链，使进入市场、客户引导、投资建议及分销、投资管理、账户管理、客户关系维护等拥有更加强大的信息科技支持。在5G技术的支持下，基于线上平台的数字财富管理将突破传统财富管理的时间和空间限制，使财富管理下沉普惠到海量中低资产净值的用户层面，极大地推进服务客群的延展、服务效率提升及服务体验的改善。

2. 5G技术在财富管理中的应用前景

5G技术在财富管理中的应用前景广阔：一是5G技术为财富管理提供了新选择。在5G技术推动下，金融无卡化、用户行为在线化、账户载体多元化、交易验证便捷化、支付方式场景化等是大势所趋。二是极大缩短金融交易时间和操作延迟时间。金融交易操作将会迎来包括5G手机、5G可穿戴设备和虚拟现实技术等工具，大大缩短交易周期和交易延迟时间，财富管理市场将产生革命性变化。三是5G技术将重塑智能财富管理。5G技术可以通过智能手机和可穿戴设备极大地促进移动支付、手机银行和金融产业的发展，帮助财富管理等金融机构实现数字技术和金融产品供给方面的突破，构建一流、高效、直达、智能化、共享化的数字生态财富管理生态圈。随着智能化、自动化、个性化的金融科技和新一代信息技术应用于财富管理实践，实现财富管理的精准营销与定价，让财富管理客户享受差异化、专业化、便捷化、虚拟化的投资体验，日益成为各类财富管理机构关注的焦点，财富管理行业正在从传统财富管理向“智能财富管理”转型。

第二节　智能财富管理发展的历程与动因

智能财富管理是金融科技与财富管理的紧密结合形成的新的财富管理模式。目前智能财富管理仍处于发展的初期阶段，随着金融科技特别是人工智能技术的进一步升级，智能财富管理将获得更大的发展。

一、智能财富管理的内涵与外延

（一）智能财富管理的内涵

智能金融（AiFinance）是借助金融科技特别是人工智能技术与金融业的深度融合形成的金融服务新业态，是用机器学习等技术手段替代和超越人类部分经营管理经验与能力的金融模式变革。智能金融具有透明性、即时性、便捷性、灵活性、高效性、安全性等特点，是在数字化基础上金融科技与金融业紧密结合的高级形态，代表着金融业未来的发展趋势和金融业新的核心竞争力。智能财富管理是智能金融的重要组成部分，是利用以人工智能技术为代表的金融科技全部或部分代替人工财富管理专家为客户进行投资理财活动的总称，其包括但不限于：第一，为客户提供更加丰富的最优资产组合。这主要是利用计算机的智能算法，为客户提供与其风险承受能力相匹配的最优资产组合。第二，丰富财富管理产品和服务内涵。智能投顾系统能为用户提供财务规划、保险产品购买建议、财富健康状况检视等功能服务，其具有低门槛、低成本、便捷高效、投资建议更加客观等优点。第三，促进财富管理体系的智能化发展。以金融科技为技术支撑，推进智能财富管理组织体系、智能化投顾、智能化资产管理、智能化风险控制、智能化监管等的迭代升级。第四，促进财富管理过程即时动态化调整。通过将现代投资和财富管理理论与金融科技的有机结合，低成本、迅捷、批量化地解决各种数据运算，然后根据客户需求、风险偏好、心理账户轨迹等要素，为客户提供个性化、量身定做的专属性财富管理组合产品和服务，根据财富市场状况对投资策略和投资组合及时进行动态优化调整。

（二）智能财富管理的外延

一是财富管理业务范围扩大。智能财富管理由于其技术和监管方面的特征，其业务范围与传统财富管理有所差异。2016 年 3 月，美国金融业监管局（FINRA）在其发布的“数字化投顾”的报告中，将智能投顾表述为：在投资管理服务中支持以下一项或多项核心功能的软件，即客户档案创建、资产配置、投资组合选择、交易执行、投资组合再平衡、节税方案、投资组合分析等。其中数字化投顾分为两类：面向金融专业人士的数字化工具和面向最终客户的数字化投顾服务，后者就是所谓的“智能投顾”。二是财富管理过程更加智能化。随着金融科技的不断升级，智能财富管理业务将从前台营销、投顾、客服，到中台的投研和信息资讯，再到后台的理财产品研发、风险管理、合规审计等，均主要依靠金融科技的布局规划和应用。三是财富管理效率得到迅速提升。投资顾问智能化能够有效提高财富管理服务效率，降低服务费率，简化交易互动程序，满足更多长尾端客户的财富保值增值需求，不仅提升了财富管理机构市场规模、投资效率和客均投资数额，也为客户提升投资效益，防范各类金融风险创造了条件。四是财富管理产品和服务更加个性化。智能财富管理机构根据客户个性化、差异化需求，提供多样化的服务，深刻洞悉用户的资产配置需求，为其提供匹配需求的产品和服务，精准达成客户的多元化目标等。银行财富管理机构产品线丰富，业务成熟，连接的资产端多，因此在智能财富管理发展中具有重要地位。

二、智能财富管理发展的历程

财富管理的进步与工业革命的发展历程紧密相关。在走过了手工传递文件、手工流程的机械化等阶段之后，财富管理从 20 世纪 80 年代开始向智能财富管理转型，先后经历了在线理财初级阶段、互联网理财快速发展阶段，现已进入由智能计算等技术推动的智能财富管理新时代。

（一）在线理财阶段

这一阶段的主要特点就是传统财富管理机构加速“触网”，一些传统理财业务被搬“上网”，财富管理技术、交易、产品与互联网的结合逐步深化。早在 20 世纪 80 年代末期，国外投资者就可以使用网上投资分析软件，简单地对投资收益和风险进行分析。2000 年，中国的在线理财开始正式起步，中国证券监管部门发布了《网上证券委托暂行管理办法》，互联网证券交易正式纳入规范化监管。2003 年支付宝诞生及 2004 年中国光大银行发行我国第一款人民币理财产品——“阳光理财 A 计划非凡理财”标志着我国在线财富管理市场的正式启动。2007 年，中国第一家网贷平台“拍拍贷”

诞生，在线财富管理实现从产品到组织形式的跃升。但总的来看，这一阶段的互联网与财富管理业务的结合还是处于发展的初级阶段，社会互联网化水平还处于加速发展的初期，金融机构的互联网技术应用与开发水平还不高，社会大众对互联网理财的认识水平和应用能力也处于较低水平。

（二）互联网理财快速发展阶段

这一阶段是网上理财快速发展的时期，国内外依托互联网和机器智能开展互联网理财的机构如雨后春笋般大量出现，人工智能技术等金融科技手段在财富管理中的应用开始升级，政府监管部门更是鼓励发展互联网理财业务，出现了一些基于机器学习的数字化投资分析工具，在客户分析和大类资产配置中机器智能开始发挥重要作用。2012 年至 2013 年，我国证券监管部门连发 5 个文件，鼓励证券公司发展互联网理财业务。国内广义的互联网财富管理机构（平台）数量一度高达数千家。2014 年 8 月，大智慧公司通过整体收购湘财证券 96.5% 的股份，成为首家拥有证券牌照的互联网金融公司。但这一阶段，互联网金融行业由于“鱼龙混杂”、监管放松，导致风险暴露大量增加，迫使监管部门强化了对互联网金融行业的整顿。

（三）智能财富管理阶段

2016 年是金融科技 2.0 元年，智能财富管理发展开始提速，国内出现了大量的智能化财富管理机构，智能财富管理技术、产品和服务也开始出现跨越式发展。其原因主要有四个方面：投资者权益保护条例的收紧有利于只收取服务费的模式；智能投顾有利于加快客户资产规模增长；移动智能终端普及有利于居民随时随地使用网络进行理财；智能投顾不仅吸引了零售银行低端客户和“将富未富群体”，还获得了高净值人群的青睐。财富管理机构根据客户的风险承受能力、投资目标收益等指标，运用大数据技术及投资组合优化模型，分析客户的投资理财行为、资产配置分布，以及投资理财的活跃情况、变动趋势等指标，建立投资者偏好模型，结合风险问卷测评等级，向客户推荐风险等级适配的智投组合。近年来，招商银行摩羯智投结合机器学习算法和长期的财富管理实践及基金研究经验，构建了以公募基金为基础的、面向全球资产配置的“智能基金组合配置服务”。工商银行推出的智能投顾“AI 投”则根据投资者风险承受水平、收益目标以及风格偏好、风险容忍度等特点，借助机器人智能算法及投资组合优化等模型，为各类投资者提供个性化、定制化的资产配置建议。民生证券推出了普惠型大类资产配置服务 AI 投。中信银行发布了“信智投”智能投顾产品。智能财富管理机构开始以智能客户画像为核心，通过建立涵盖智能辅助决策、智能投顾、智能资讯、智能客服、智能营销等全方位的智能化服务体系，打造金融科技时代全新的财富管理新商业模式。但是，国内的智能财富管理还未形成需要大量市场分析的数据支撑，因此，如何进一步开发场景化资产配置服务，更好地服务于高净值人群，是财富管理机构未来必须考虑的问题。除了加速财富管理的数字化发展之外，如何通过强化财富管理机构的内部管理，满足金融监管的要求，也是财富管理机构必须深入研究的问题。智能财富管理行业还面临高素质人才储备不充分、合格的理财师培养时间较长、行业淘汰率高等矛盾。在产品方面，公募基金投资工具同质化严重，纯股票型基金占比过小，且基金投资风格同质化严重，产品差异性小，因此，如何根据客户复杂和个性化需求实现最优资产配置，对智能财富管理行业还是一个很大挑战。

三、智能财富管理发展的动因

（一）年轻客户群体智能财富管理需求旺盛

根据有关研究资料，中国出生于1982年至1998年的“千禧一代”有将近4.15亿人，占中国总人口的31%左右，是美国的五倍。其中，属于家庭唯一孩子者占27%，城市地区出生者占23%，住在城区者占59%，60%与直系家属同住，76%从事全职工作。中国的“千禧一代”是一群思想开明的人，见证了物质层面和个人生活上的巨大转变，见证了国家脱贫的全部过程，是中国现代历史上第一批不需要考虑温饱问题的群体，但是他们同时也面临着巨大的赡养长辈的压力。中国年轻人对未来退休生活大体上表示乐观和向往，但是超过一半的年轻人尚未开始为养老做准备。从投资理财角度看，这些年轻客户群体觉得父母的顾问对自己的投资理念、风险偏好和容忍度、投资方式等并不了解，因此希望摆脱“我父亲的投资顾问综合征”。他们认为科技是财富管理的一个重要方面，因此更加热衷于使用现代信息科技和金融高科技工具在智能财富管理平台上进行自我导向的自主虚拟交流和交易，从而激发了智能财富管理市场的巨大潜力。未来十年，随着财富传承和职业收入的积累，以“千禧一代”为代表的年轻群体的净资产将大幅增加，进入黄金收入期和投资理财需求快速增长期，从而有助于智能财富管理的进一步发展。国家金融与发展实验室等机构共同发布的《互联网理财指数报告》统计，2020年，我国个人可投资资产将达到200万亿元，2025年将达到320万亿元。若按照10%的智能投顾渗透率和0.5%的管理费率计算，则2020年智能投顾领域有20万亿元人民币可管理资产，管理费收入将达到1000亿元。2025年将有32万亿元人民币可管理资产、1600亿元管理费收入。

（二）财富管理机构追求卓越的财富管理服务

面对日益激烈的市场竞争和年轻客户群体需求的增加，以及传统知名理财顾问的退休，如果没有适当的业务继承计划，客户就可能更换理财公司或理财模式。在这样的背景下，财富管理机构可以通过新型的智能投顾或者为人工顾问提供智能机器人服务，提升投资分析和咨询的效率和质量，也可以在一个财富管理平台上将更多的财富管理解决方案链接在一起，提高财富管理的效率和洞察力，以吸引和留住更多的客户可管理资产。成功的财富管理经理应当向潜在客户证明其能够向数字时代的原住民提供有关投资机会的数据、新闻和事件信息。财富管理机构还可以借助智能投顾为客户提供一系列附加服务，比如为高净值客户提供更加精准的财务目标规划及客户资产管理的监督、保险产品组合设计、财富运营健康状况检查等，为高净值客户实现“一站式”财富管理，有效提升客户体验。同时，财富管理机构利用智能投顾不仅降低了人工客服压力，还可以优化投资交易程序和信息平台，强化对投资者行为的掌控，根据投资者个性化需求和行为偏好，提供符合客户风险偏好和风险承受能力的投资方案。智能财富管理系统可以7×24小时不间断运行，推动客户资产的全球配置，为客户财富保值增值创造更多机遇。

（三）财富管理机构发展普惠金融的需要

智能财富管理使得财富管理机构可以为高净值和超高净值的富裕客户提供更多的产品和服务，同时也可以向中低财富净值的长尾端客户提供财富管理服务。中国人民银行发布的《消费者金融素养调查分析报告（2017）》显示，近65%的居民理财知识水平不够，超过8亿居民不懂如何理财。除此之外，近70%的居民没有充足的现金流，10%的居民根本不看合同，很多的投资者都处在“假装投资”的状态里。但是，居民对通过互联网和移动智能终端进行理财的热情比较高。《2018年移动支付用户调研报告》显示，99.1%的用户表示经常在购买理财、股票证券等投资理财类场景使用移动支付。金融科技让互联网色彩浓郁、用户流量基础强大、经济金融发展落后的地区和中低收入净值的客户等成为财富管理新蓝海。财富管理机构依托智能财富管理系统强大的分析和服务能力，以及新增投资者边际成本几乎为零等优势，大幅度降低了财富管理业务门槛，有利于吸引更多的资产净值“长尾端”客户。线上理财产品的优势在于门槛低、购买方便快捷、理财产品种类丰富，因此可以实现“一站式”理财，投资者可以在同一个理财平台上同时购买多种理财产品，享受多样化线上理财服务。2020 年第一季度爆发的全球新冠肺炎疫情对投资者的偏好变化产生了重要影响，疫情加速了客户线上化步伐。智能财富管理的普惠化使大量沉淀资金被盘活，有助于有效服务实体经济，提升人民群众的财富获得感。

（四）财富管理机构提升竞争力的需要

根据京东金融和外贸信托等机构的问卷调查，高净值客户最看重财富管理机构三方面特质：风控能力、预期收益水平、便捷的客户交互系统。拥有“千禧一代”的数字思维是智能财富管理取得成功的关键，财富管理机构可以借助金融科技，打造包括客户、产品、风控、系统、渠道、平台等六个层面的核心竞争力，并在依法合规的前提下通过微信等社交媒体网站来接触现有的和潜在的“千禧一代”客户，增强对客户的影响力，提升客户的忠诚度。大数据技术分析丰富了理财产品的营销和风险管控手段，云计算技术降低了财富管理的成本，人工智能技术推动财富投资逻辑、投资组合构建、投资方式、风险管控逻辑等发生变化，区块链技术与各类金融投资场景相结合将打造全新的财富管理新方向。智能财富管理需求的增加要求财富管理机构建设智能化信息系统，为客户提供丰富的财富投资建议，帮助客户培养和提升自身的智能财商。随着金融业全面开放的深化，中国财富管理市场的国际化、综合化、科技化竞争将更加激烈，各类金融机构纷纷加快金融科技布局和投入力度，利用数据仓库和信息仓库精准挖掘客户需求，改善客户资产在全球的资产配置能力，根据金融市场变化情况调整相关模型参数，在模型的运营中不断实现自我升级，实现投资者利益最大化。

（五）财富管理机构提高投入产出效率的需要

智能财富管理机构可以依托智能平台雄厚的技术实力和模型方法，低成本地为客户提供质优价廉的综合投资服务，为用户推荐符合其投资理念和风险偏好的个性化理财产品。根据中欧财富管理研究中心对中国银行“中银慧投”、工商银行“工行投”和招商银行“摩羯智投”的业绩表现分析发现，在不同的市场行情下，其业绩表现有明显差异。比如，在弱市行情下，智能投顾的业绩能够跑赢权益类市场，但一般跑输债券市场和货币基金市场；在稍强势的市场行情下，智能投顾业绩一般会跑赢债券和货币基金，但整体落后于股票基金的投资业绩；在强势市场行情下，智能投顾的业绩表现一般大幅落后于股票基金；从超过1年的长周期来看，智能投顾业绩跑赢权益市场、债券市场和货币基金市场的整体业绩表现。

第三节　智能财富管理的重点应用场景

金融科技将大幅提升财富管理服务效率与精准度。“千人千面”和“一人千面”的财富管理解决方案，推动财富管理机构加快向数字化、智能化转型。

一、智能财富管理中的人机结合

智能财富管理平台是财富管理智能化转型的核心，通过智能财富管理平台赋能财富管理机构，可以提升财富管理质量、改造财富管理流程、推动财富管理转型升级。根据人工智能技术与人工结合的方式，可以将智能财富管理平台模式归纳为完全的智能设备导向、传统的人工投资顾问与智能投资顾问相结合、典型的主题投资选择、资深专业投资者引领。

（一）完全的智能设备导向

智能设备导向模式是指完全依靠自动化的机器人等智能设备为客户提供投资顾问咨询。这种模式不仅能够取得较好的投资业绩，也避免了利用人工投资顾问可能产生的道德风险。财富管理机构为客户构建投资组合要经过三大步骤：一是投资风险评价。智能投资顾问会自动为客户设计一张内容丰富的信息调查表，投资者通过智能终端或其他电子媒介触点并按照设定程序要求详细地填写有关个人的自然信息，以及投资目标、风险容忍度、风险偏好等理财资料。智能投顾随后根据投资者所填写的上述信息，通过一系列智能算法及投资组合优化理论模型等技术，对该投资者的风险容忍度和风险偏好、投资目标等进行客观评估。二是构建客户个性化和差异化的投资组合。智能投顾根据对客户资料信息的全方位综合分析，给出客户风险评分和画像，然后结合客户投资目标、投资周期长短以及所开投资账户的类型，自动而快速地决定各类投资资产配置的权重，为客户提供定制化、差异化资产组合配置方案。三是动态跟踪优化投资组合。智能投顾在为投资者构建资产组合之后，持续根据市场动态变化，调整投资组合方案，提供纳税筹划等方面的增值服务。

（二）传统的人工投资顾问与智能投资顾问相结合

尽管智能投顾发展迅速，但是一些投资者和财富管理机构对人工投资顾问服务还是比较看重的，主要原因在于：一是智能投顾较难获得高净值用户的完全认可。国内的高净值用户财富存量大，理财认知能力强，需要对财富管理受托人有高度“信任”，并获得有差异、有尊重、有温度、有专业的服务。因此，科技味十足和“一视同仁”的智能投顾服务，无法解决高净值用户最为关心的信任、尊享、差异化、虚荣心问题。这一客户群体中有相当一部分是“60后”和“70后”，其中不习惯计算机和智能手机复杂操作的人也不在少数。在可预见的未来，人工投资顾问仍将是不少高净值客户投资委托的首选。二是高素质、高学历的投资者对智能投顾持观望态度。智能投顾所涉及的金融产品采用黑盒策略，具体算法和模型的因子、参数是财富管理公司的机密和独门绝技，因此不会详细告知投资者，这必然导致具有较高净值或管理资产的专业投资者对此抱有怀疑的态度，担心资产受到黑客和诈骗分子的侵犯。三是智能投顾难以触发低净值的大众用户的理财“惊叫点”。低资产净值用户由于财富存量少，对收益率极为看重，一般要求资产具有较高的流动性，而这与智能投顾所追求的长期投资收益目标是相悖的。因此，智能投顾与人工投资顾问相结合的模式比较受投资者欢迎。比如，成立于2009年的美国个人资本公司（Personal Capital）主要提供两方面服务：免费的智能投顾分析工具和传统人工投顾的收费服务。其智能投顾平台通过智能分析工具随时动态跟踪和展示投资者的投资组合价值变化情况，帮助投资者及时清晰地认识自身投资的财务状况，发现资产配置组合的风险和不合理费用结构，然后对投资组合进行动态优化调整。同时，智能投顾还通过建模工具和蒙特卡洛分析等手段，帮助投资者制定精确、个性化、风险适当的退休养老投资计划。嘉信理财（Charles Schwab）公司在充分发挥传统人工投资顾问作用的同时，高度重视发展基于全市场投资品类的智能化投资顾问、免费的专业投资组合管理服务、投资组合的智能化托管，以及简化投资流程中的智能交易与手动交易的实时切换。美国西雅图的金融科技公司 Kavout 则将人工智能技术和大数据技术结合纳入财富管理场景，为机构和个人高净值客户提供智能投顾＋传统人工专家的个性化定制财富管理服务。该公司旗下的智能财富管理业务覆盖全球资本市场的多种投资产品，借助先进的人工智能技术和海量金融大数据技术，根据客户风险偏好与收益需求，为客户提供以 ETF 为主的多元资产配置服务，并通过不断对历史数据进行动态分析，优化调整算法模型，为客户获得更大的投资回报。

（三）典型的主题投资选择

智能投顾平台通过强化对投资者社交属性的分析和分类，推动一般投资者主动跟随在投资平台上注册的资深专业投资者的投资组合进行投资，各个投资者也可以管理自己的投资组合，向其他投资者分享自己所设计和钟情的投资组合配置，供其他投资者自主选择。比如，美国 Motif Investing 公司就是一个以主题为导向的社交投资平台，Motif 是该平台投资组合的代称，每个 Motif 由具有相似主题且总数不超过 30 只的股票或者 ETF 基金组成。该投资平台提供了 150 个以上的平均年收益达到 16.3% 的投资组合。投资者按照指定程序在平台上完成注册并绑定资金账户后，不仅可以直接使用平台上已有的投资组合，还可以自己修改或者创建全新的投资组合，或者通过平台的社交机制，把自己所创设的组合分享给亲朋好友。除了投资股票和 ETF 基金，该平台还和 J. P. 摩根等大型投行合作，为投资者提供参与 J. P. 摩根等投资银行主导的 IPO 组合机会。此外，Motif 投资平台还为投资者提供自动化投资、再平衡、市场动态评论、实时报价以及免佣金交易等服务，以及市场分析报告、一次免费组合交易或者个股投资机会。

（四）资深专业投资者引领

智能财富管理平台经过严格程序选出资深专业投资者后，由这些投资者专门负责提供资产组合方案，其他普通投资者可以按照自己的意愿决定是否跟随这些专业投资者的投资轨迹进行投资。借助该平台，普通投资者不仅能够降低投资过程中的信息不对称性，还可以低成本地获取资深专业投资者各类资产组合动态变化的信息，使自己的资产管理更加透明和可控。例如，美国波士顿 Covestor 平台要求投资者资产组合最小金额为 10000 美元，普通投资者想要跟随平台上的资产组合，必须完成注册、风险评分、投资等步骤。尽管在每个投资组合中资产类别和结构不同，但一般都包括投资策略、近一年的夏普比率、市场表现、风险评分以及费率等信息要素。平台根据资深专业投资者资产组合配置情况，帮助其他投资者自动更新和完善资产组合。为了保障其他投资者权益，平台要对专业投资者身份和交易信息进行认证，普通投资者可以随时在平台上查看专业投资者资产配置和近期交易操作情况。为了防范误导普通投资者，保持专业投资者和普通投资者利益的一致性，专业投资者要用自有资金进行交易。展望未来，以数字化驱动的人力财富管理顾问加智能机器人投顾的混合模式将成为智能财富管理模式的主流。MyPrivateBanking 预测，到 2025 年，混合模式所管理的资产规模（AUM）将占纯智能投顾和混合模式之和的 86%。

二、智能财富管理中的投入与产出管理

尽管不同功能的财富管理机构在金融科技时代的盈利模式存在差异，但总体而言智能财富管理的盈利模式就是借助金融科技手段对财富管理过程中的价值评估和管理，有效整合各种财富管理资源要素，在为客户创造价值的同时，获得手续费、代销费、顾问费用的系统方法。

（一）财富管理机构的收入来源

一般而言，智能财富管理机构的收入 = 管理资产（AUM）×收费率，在费率差别不大的情况下，规模是与收入直接挂钩的参数。管理资产规模越大，财富管理机构的收入就越高。智能财富管理机构的盈利 = 管理资产规模（AUM）×收费率 - 运营成本。从收费模式上看，前端收费模式有三种：一是根据客户委托管理的资产规模，收取一定比例的综合管理费。这主要包括客户账户的管理服务、交易执行、交易清算和结算、客户资产保管和定期书面绩效评估等项目的费用，涵盖了财富管理的基本收费项目，是目前国际财富管理机构的主流收费方式。二是投资策略费用（个性化的特定投资策略）。这是在前述收取基本的账户管理费用之外，财富管理机构应客户要求，在采取特定的投资策略或者是要选择特定的投资组合模型之后，向客户收取的特定投资策略费用，实际上就是在为客户创造超额盈利之后抽取的一定比例的提成。三是其他服务的费用。有时财富管理机构还要求客户支付额外的佣金和加价，比如账户的维护费、转账费、终止费、现金管理服务费、第三方费用，以及在交易、充值提现、资产组合调整等有关环节收取的服务费等。后端收费模式主要有两种：智能财富管理平台以批发价获得金融资产，再以稍高的价格出售给客户，从中赚取利差；帮助金融机构出售产品，获得销售收入分成。具体操作中财富管理机构常见的收费方式主要包括只收取佣金、佣金另加服务费、只收取服务费等。总的来看，财富管理机构服务客户的收费方式正在由佣金模式向服务费模式转移，根据摩根士丹利奥纬咨询测算，行业采用服务费模式或佣金 + 服务费模式的比重由 2005 年的 74% 左右增至 2019 年的 87% 左右，服务费模式增加了财富管理机构收入的稳定性。

国际大型财富管理机构收取的费率一般略高于资产管理业务费率。比如，瑞银的财富管理综合费率在 0.62% ~0.96% 之间，而资产管理综合费

率一般在0.46%~0.68%之间，财富管理费率长期比资产管理费率约高0.2个百分点。但具体到智能投顾平台的收费标准一般要远比人工投资顾问便宜，总体看费用差不多是人工投资顾问的1/4到1/3。比如Covestor平台采用两种收费模式：第一种根据普通投资者投资额收取管理费用，不同投资组合收取的年化管理费率从0.25%到1.5%不等；第二种收费主要面向合格投资人，为其提供定制的投资策略，合格投资人除需缴纳一般的管理费和经纪费用外，还需要缴纳2%至12%的业绩分成费用。美国Motif投资平台的投资者每交易一次，组合平台只收取9.95美元费用，如果该组合是由投资者自己建立的，组合建立者将获得1美元回报。如果是个股交易，则每次收取4.95美元。嘉信理财（Charles Schwab）个人投资者起投门槛只有5000美元，还免除了账户管理费。Wealthfront平台在用户开户之日起的下一个月起，每月第一个工作日收取该用户账户管理资产总额扣除1万美元之后余额的0.25%作为佣金。未来我国财富管理机构将从目前实行的收取1%以上的咨询费、交易费、充值提现费、投资组合调整费用、隐藏费用、零散费用等近十类费用，转向仅仅收取0.15%~0.35%咨询管理费的形式。

表9-1　美国传统投资顾问与智能投资顾问的收费比较

投顾服务商	服务模式	起投门槛（美元）	年度费用（占资产总额）
嘉信智能组合	智能投顾	无门槛	免管理费
Wealthfront	智能投顾	500	0.25%，1万美元以内免费，超出部分收费
Betterment	智能投顾	无门槛	0.35%或36美元（0~1万美元），0.25%（1万~10万美元），0.15%（10万美元以上）
Vanguard Personal Advisor Services	半智能投顾	50000	0.30%
目标日期基金平均	FOF	N/A	0.73%
传统付费投顾平均	传统投顾	N/A	1.43（0~25万美元），1.37%（25万~50万美元），1.28%（50万~100万美元），1.16%（100万~200万美元），0.79%（200万美元以上）

资料来源：PriceMetrix，Morningstar，各平台网站，华宝证券研究创新部。

（二）智能财富管理机构的成本控制

国际领先的财富管理机构在战略发展过程中一般要花费大量资金进行并购，组建高素质的投顾团队，这些成本一般需要5~6年才能收回。由于智能投顾平台依靠互联网技术的优势，减少了雇佣人员、租赁办公场所等方面巨大成本，极大地节省了传统投资理财机构的固定性和流动性成本支出，只要成交规模足够大，完全能够实现较多的利润，降低投资者费用。比如，贝莱德公司管理资产在6.5万亿美元，在固定费率模式下，其营业支出占管理资产的0.1%～0.4%，约为65亿美元；在浮动费率模式下，营业支出占管理资产的1%～1.5%，约为260亿美元。智能财富管理具有规模经济和范围经济效应，跟随智能投资的投资者越多，越显示资深投资人的号召力大，赚钱概率也会增大。埃森哲等有关机构预计，到2022年，全球智能投顾的用户数量将跃升至1.2亿人，是2017年的9.3倍。中国的智能投顾规模将达到6600亿美元，智能投顾用户数量将达到1亿人。作为跟随投资的受益者，投资者需要付给平台上业绩优异的资深投资人一定比例佣金，这些佣金将由平台和资深投资人分享。跟随的投资者在将其财富管理账户与资深投资人的投资组合连接之后，无须再次付费就能得到资深投资者的优质投资组合信息，自主跟随资深投资人投资交易。

三、智能财富管理中的投资管理

（一）智能投资流程

与人工投资顾问操作流程相比，智能投顾的投资流程简单、高效。比如，美国Wealthfront平台采用被动型投资策略，在投资者输入年龄、财务状况、理财目标等关键要素之后，该平台操作流程包括六个步骤：（1）评估客户风险容忍度。投资者需要认真回答机器所列示出的参与投资的动因，比如获得退休后的资金保障、增加资产收益、为了孩子教育进行储蓄，以及其他方面的安全保障等，还有投资者的个人投资理念和投资感觉、期望的理财顾问资质、个人目前年龄、每年税前收入、客户目前的家庭状况、现金和短期投资总额、客户最关心投资过程中的什么问题、对风险损失的容忍度大小（比如能够容忍的最大损失比例的可能性）等问题，以便智能财富管理平台围绕特定的投资主题和有影响力的投资机会为客户提供定制化服务。一般而言，投资者年轻时会注重配置高收益、高风险的权益类资产，在年老时则更加注重配置稳定的债券等固定收益类低风险资产。对于20～45岁的投资者，投资高风险特征的股票的比例占90%，但投资者年龄到了80岁时，投资股票的比例基本就降到30%以下。（2）系统推荐投资组合计划。智能投顾运用投资组合理论构建投资组合，投资组合中包括有需要纳税的投资组合和不需要纳税的退休金投资组合，智能财富管理平台会结合税务筹划进行投资组合再平衡。投资者对投资组合的需求一般包括一定比例的总体回报、投资组合价值或者固定收益（包括退休后的收益）等。智能投顾投资组合中的资产类别一般包括权益类股票、固定收益类的债券，以及贵金属和房产投资信托（REITs）等另类投资，共计十一个细分类，指数基金 ETF 是投资组合的主要载体。投资组合不仅要考虑投资者的投资目的，还会考虑投资者的风险容忍度、风险偏好，即使不同的投资者有相同的投资目的，但风险厌恶型投资者债券投资比例要求较高，敢于承担风险的风险型投资者往往更愿意高比例配置股票等高风险资产。一些投资者获得的投资计划建议甚至可能只包括部分类别资产。在投资组合中还要明确时间跨度（短期、中期、长期、代际传承），以及目标优先等级（包括基本目标、重要目标和理想目标）。(3) 开户。在开户之前，客户要首先选择所开账户类型，以及是否选择避税的工具和方式，同时要履行填写个人基本信息、被排除的股票名单、资金支付方式、检查核对信息等步骤。为保证客户资金安全，客户开户以后财富管理机构要将其资金转入名为Apex Clearing 的证券经纪公司进行第三方托管。(4) 交易。买卖 ETF 交易指令由智能财富管理平台代客户向证券经纪公司 ApexClearing 下达。(5) 评估与检查。完成投资过程后，智能财富管理平台要进行用户评估并检查投资组合状况。如果经过检查和评估，用户认为有必要调整投资组合结构，智能财富管理平台就会根据用户要求调整投资组合。(6) 付费。根据合同约定的方式，平台获得相应佣金。

(二) 智能投资组合管理

一些智能财富管理机构运用人工智能技术不断优化算法、增强算力、实现更加精准的投资预测，通过投资组合优化管理，在实盘中取得显著的超额收益。智能财富管理平台的最优投资组合需要满足平台上的投资者拥有多个目标、目标优先级有别、不同的投资时间跨度、客户风险容忍度的差异等要求。与传统的短期投资相比，智能投顾的长期投资组合需要更加复杂和审慎的设计。比如，在中国招商银行的摩羯智投财富管理模式下，客户打开摩羯智投页面，首先要完成投资期限和风险收益选择。平台设定的投资期限分为短期（0～1 年）、中期（1～3 年）、长期（3 年以上）。风险承受能力有 10 个选项，分别是 1～10 级。两个选择项目有机结合可以形成 30 个投资组合，“摩羯智投”会根据客户自主选择的“目标—收益”要求构建差异化的投资组合。客户根据页面显示的模拟历史年化业绩和年化波动率等，就可以相对容易地判断自己所能承受的最大风险。上述两项选择完成之后，平台会显示包括各大类投资资产的具体资产组合方案，并通过图表的形式系统地显示组合资产近 3 个月、近 6 个月、近 1 年和近 3 年的收益率情况供投资者进行决策，投资者经过深思熟虑后执行“一键购买”，并将享受后续各种投资优惠服务。中国工商银行的“AI 投”智能投资平台根据客户风险承受能力、投资目标收益等要求，借助大数据技术及投资组合优化模型对客户的投资理财行为、资产配置，以及投资理财的历史记录、变化趋势等指标进行详细分析，为客户建立个性化投资偏好模型，并结合客户的风险问卷测评等级等信息，为客户推荐与其个性化风险等级匹配的智投组合。中信银行“信智投”基于对数百万客户的多维度大数据技术分析，构建了先进的智能化风险评估模型，对于该行老财富管理客户，平台将进行自动的智能化画像分析，描绘出客户的五维风险承受能力图景。对新签约客户，该平台基于客户的风险评估，自动提供客户的目标风险和模拟收益情况，然后为客户推荐最适合的投资组合。

四、智能财富管理中的产品构建

（一）客户投资预期管理

财富管理机构要进行客户投资预期管理，首先要了解你的客户。财富管理机构要通过互联网和各类金融科技手段实时把握客户真实需求偏好和风险容忍度，教育客户摆正风险与收益的关系。财富管理机构可以委托各类咨询公司梳理客户的底层 KYC 数据维度，重点把握客户 KYC 投资需求、融资需求、子女教育、家庭保障、财富传承、品质生活等多角度信息数据采集，为 360 度客户画像提供底层数据基础，展现客户应有的行为习惯、金融和非金融需求。

（二）跨市场理财产品库构建

首先，智能财富管理平台要有跨市场的产品和服务品种“篮子”支持。其次，要有丰富的交叉性金融产品。除了提供基金、股票、债券等标准化金融产品外，还应提供房地产投资信托（REITS）、私募（PE）等另类投资产品。最后，要有不同风险度和不同预期收益的产品组合。比如，蚂蚁金服推出招财宝金融信息服务平台和蚂蚁聚宝一站式理财平台，产品体系囊括了市场上最常见的各种理财产品，形成了支付业务之外的财富管理板块。中国民生证券 2017 年率先推出了普惠型大类资产配置服务“率先投”，让普通大众客户享受到依托现代投资组合理论的专属大类资产配置服务。依托于人工智能技术，AI 投能够根据客户的风险偏好、投资预期、财富阶段，提供专属的资产组合建议，通过公募基金配置全球十大类资产，实现动态调仓，优化理财组合。这个资产篮子实际上就是一个拥有近 2000 只金融产品“一站式”金融产品超市，覆盖现金管理、固定收益、权益类及另类投资四大领域，贯穿公募基金、私募证券投资基金、股权投资基金、银行理财、信托计划、收益凭证等多种财富管理工具。超市中拥有从 1 元起投的货币产品工具到高净值客户专属的家族信托计划、股权投资基金，从而在投资期限、投资门槛、收益风险多个维度上实现全风险等级产品全面覆盖。投资者可得到量身定制的投资和财富管理方案，随时通过电话或视频会议获得理财顾问的专业建议，获得由智能投顾的算法模型给出的基于公募基金的投资组合建议。同时，结合互联网软件平台，提供“黄金宝”“工资宝”“定投宝”“组合宝”等场景化投资助手，为客户进行全球化、全资产类别、全生命周期的资产配置提供服务。

（三）产品与客户投资预期的匹配

投资者适当性制度是财富管理市场的一项基础制度，是贯彻落实依法监管、从严监管、全面监管的重要支撑，也是切实保护投资者合法权益的强有力措施。财富管理产品和服务设计的股票、债券、期货、期权等各类市场是有风险的专业化市场，不同的产品在功能、特点、复杂程度和风险收益特征上千差万别，而广大财富管理客户在投资专业水平、风险承受能力、风险收益偏好等方面千差万别，对金融产品的需求及财富管理的目标也不尽一致，财富管理市场的长期稳定发展需要财富管理产品与各类投资者的专业化程度和风险承受能力相匹配。比如，中国招商银行摩羯智投投资组合中的固定收益和现金及货币购买的都是中风险、平衡型的基金产品，有较为稳定的收益。另类及其他投资品种主要是风险和收益较高的基金产品。工商银行“AI”资产配置包括货币类、固定收益类、股票类、另类及其他和商品类资产等。

五、智能财富管理中的营销

财富管理机构要构建 360 度全视角客户画像，创造客户极致体验，提升营销精准度。智能营销降低营销成本、改善服务效能，正在经历从人机分工向人机协同方式的转变，未来将向跨领域、融合的人机合作工作方式转型。

（一）精准锁定客户

财富管理机构可借助金融科技力量，从多场景、多维度分析投资者的基本情况、投资者的潜在投资需求、财务实力、风险偏好等，从而实现快速锁定目标客户、筛选和接触用户，并根据客户个性化、分层化、群体化要素特征，借助互联网和移动智能终端设备量身定制地提供个性化、差异化和创新性财富管理产品和服务，提高客户营销成功率、黏性和满意度；借助大数据技术分析，精准匹配客户的核心需求，构建客户综合服务体系，变被动营销为主动营销、精准营销，提升客户价值；强化对客户提升的预测分析、防降级预测分析、客户偏好分析和客户价值分析；实现对高净值客户的精准获客，以及存量客户的精准需求服务。

（二）精细化客户分析

智能投顾利用5G技术和金融科技手段对用户行为、市场、产品等进行详细分析，智能投顾系统为客户推荐多元化投资组合，既能避免客户与理财顾问可能的利益冲突，也可减少用户的投资成本，使投资者获得更多收益。精细化客户分析主要包括：（1）综合价值贡献结构性分析。这包括趋势分析、人口学特征分析、AUM 组成分析、利润贡献组成分析等，多方面展示客户综合价值贡献的结构特点。（2）特定客户群应用场景分析。譬如财富管理机构应为未享受到财富管理服务或支持的低收入个人或财务基础薄弱的中小企业提供服务，提升低价值贡献客群，降级高价值贡献客群等，制定差异化管理和营销策略。

（三）精准化客户画像

财富管理机构通过梳理和测算客户基本信息、资产信息、负债信息、风险信息等重要指标数据，详细了解客户统一图像。根据业务应用场景和不同应用深度，财富管理机构可以确定适合于本机构特色的客户画像关键指标，例如人口学信息、家庭信息、资产和负债信息、风险信息等。同时，通过对仓库数据（CRM 系统、CMM 系统和权益平台系统）、采集的数据以及第三方合作公司的外围数据进行梳理，展示360度客户画像，包括基本特征、开户特征、资产特征、产品特征、交易特征、睡眠特征。埃森哲公司认为，从客户角度看，智能财富管理机构要根据客户分类需求特征，为个人客户提供智能“投”服务。比如，对于聚焦公司外部个人用户，要通过APP 和网页提供投资服务，以及全自动化投资流程，以人工客服协助沟通客户及解答客户各种疑问。从财富管理供给侧角度看，智能财富管理要能够为财富顾问或基金经理提供智能“顾”服务。比如针对公司内部的财富顾问或基金经理，要借助人工智能技术帮助他们降低投资决策时间，利用智能投顾确保进行实时投资决策。随着金融科技的不断升级，要进一步实现理财咨询流程的自动化和智能化。

六、智能财富管理中的风控管理

财富管理机构要在国家“健全互联网金融监管体系”的大思路指引下，遵循相关金融科技监管政策，规范智能财富管理规范发展，防止出现行业性或系统性金融风险。智能风控为财富管理行业提供了一种以线上业务为基础的新型风控模式，但智能风控技术仍有待进一步升级、试点和推广。

（一）智能财富管理中的风险暴露

除了财富管理中的传统风险外，金融科技导致智能财富管理新的风险暴露，影响财富管理机构的生存和发展。

1. 合规风险

智能财富管理服务流程碎片化和黑箱化，投资者可能误解重要信息，不能准确填报个人信息，甚至不了解投顾工具的逻辑算法，对于智能投顾“黑箱内”投资建议的匹配程度也一无所知，因此依据智能投顾提供的不匹配的投顾建议和不公平条件设定往往会作出错误的投资决策，甚至导致重大损失。一些“伪智能投顾”平台甚至在智能投顾幌子下，采用各种欺诈手段恶意募集客户大量资金进行直接投资，违规开展资产错配、期限错配、承诺收益的资金池业务，甚至携款跑路。有些机构甚至并非基于客户真实信息匹配投资建议，盲目配置 P2P 等非标资产进行高风险投资，追求高收益，骗取客户信赖等，导致财富管理机构面临诉讼和声誉受损的风险。

2. 技术风险

当前人工智能技术仍处于弱人工智能技术阶段，还只是对人脑简单的模拟，难以适应复杂场景下的决策，在财富管理应用中存在一定的技术风险。智能财富管理的核心是技术与系统，部分平台可能无法满足海量数据的对接需求，或是缺乏对于前端突发情况的应急处理机制，存在潜在的技术风险。由于金融科技尚未经过经济周期性检验，各种技术也会不断进步，现行的技术条件下缺乏足够的历史数据，可能造成风险被低估和错误定价。智能财富管理的发展可能导致数据、资本与技术向少数大科技公司（BIG TECH）集中，这些公司可能利用其技术优势和业务垄断获取超额利润，在财富管理市场形成“赢者通吃”的局面。比如，智能投顾交易导致某些财富管理机构（比如对冲基金公司）过于强大，可能出现像网络搜索行业的谷歌、网络书籍行业的亚马逊那样拥有独占性市场份额的超级垄断型金融企业，拥有最强大智能机器人交易员的公司会不断从财富管理市场吸走大量利润，全世界的金融机构也许不得不向技术独占企业支付一定的费用。全球性智能财富管理平台掌握着个人和企业信用风险信息与分析方法，包括大量的客户数据，包括身份证、银行卡、资产情况等隐私信息，若未建立完善的内控机制，很可能导致客户信息暴露甚至滥用。

3. 业务替代风险

财富管理市场上已出现部分第三方合作机构因系统缺陷导致金融交易数据泄露的案例。在外包模式下，多家第三方机构共同为智能投顾工具提供支持，但每个公司又可能仅仅负责某一环节的运营工作，不易确定具体的责任承担主体，从而加剧相关机构的营运风险。在缺乏有效的法律制度规制财富管理机构与外包服务商权责情况下，加重外包服务商责任，引发法律纠纷。此外，智能投顾的大量采用也会导致投资者失去接受人工投资顾问服务的机会。

4. 系统性风险

通过金融科技构建全天候（7×24 小时）、全方位、全球化财富管理新模式既有利于实现客户价值最大化，也可能增加金融机构受到外部突发事件冲击的概率，这就要求财富管理机构强化实时监测和突发事件管理能力。智能财富管理的“尾部效应”和“网络效应”，既可以使财富管理机构提升获客能力和风控水平，也可能由于效应叠加增加金融体系的复杂性，部分金融科技公司风险管理的缺陷可能导致风险传递感染，加大发生系统性风险和引发“羊群效应”与市场共振的概率，增加了风险波动和交易的顺周期性。大量智能投顾工具采取的算法相似，可能带来投资策略新的同质化竞争和市场投资动力的失衡。财富管理机构在为客户提供程序化的资产管理建议时，如果采用相似的风险指标和交易策略，可能导致“同买同卖、同涨同跌”现象，加剧市场的波动和共振，甚至导致市场瞬间“闪崩”。

（二）智能财富管理中的风险管理体制

1. 构建全面的智能财富风险管理体系

智能财富管理机构和平台要建立涵盖各类风险在内的全面智能型风险管理体系，以及符合监管政策要求和自身发展需要的风险隔离体制机制。要采用数字模型进行行情分析和信用风险评估、个人行为模型分析。大数据技术分析可以实时监测个人信用风险，机器学习可以发现个人行为模式和个人周围环境的信息与信用风险的关联模型，有效评估个人信用风险等。比如，工商银行“AI 投”将客户的投资等级分为 5 级，投资期限分为 1 年以下、1～3年、3年以上，共15种组合。未来，智能财富管理机构要积极探索与投行业务、股权投资业务等新兴业务相匹配的风险管理模式，针对金融市场特点，实施差异化风险管理。

2. 建立智能财富合规管理体系

财富管理机构开展智能财富管理展业必须进行登记，相关人员要符合资质要求，财富管理产品销售前端必须履行KYC、适当性管理、反洗钱等一系列法定职责。比如，美国的Wealthfront要求用户在享受税收损失收割服务时，需要做到以下四点：一是遵守美国税务局洗售规则（Wash Sale Rule）。投资者要卖出亏损的证券，但如果投资者及其家属、退休金账户在其卖出证券前后30天内又买入同一只或者实质上一样的证券，其亏损不能获得抵扣资本利得。二是通过每天监控投资组合避免错失收割机会。三是遵守洗售规则并将税收损失收割纳入用户储蓄、取款、再平衡、股息再投资等整体投资策略。四是紧密跟踪投资组合中每只股票的购买价格。在税收优化直接指数化情况下，投资者购买与多只股票相关的ETF，无须承担额外的佣金。

3. 强化大数据技术在风险管理中的运用

首先，构建风险管理监控模型。大数据技术可以通过对财富管理过程中全部已发生的风险样本数据分析，发现数据间的相关关系，获得概率性的结果，形成可及时捕捉风险预警信号、具有高度前瞻性的监控模型。其次，构建"千人千面"的风险画像。利用大数据技术支持下的智能算法，可更加有效和精准地测算出客户的风险容忍度、风险偏好，强化风险特征分析、关联分析、分类与预测、孤立点分析等环节，实现对客户"千人千面"的量化准确画像。最后，构建科学的风险定价机制。运用大数据技术为财富管理业务作出更为精准的风险定价，搭建以大数据技术为基础的征信系统，以此为基础对客户和产品进行综合评估，制定差异化、与风险承担水平相匹配的风险定价。

4. 加强智能投顾在风险管理中运用

一是有效分散风险。智能投顾具有大数据技术、人工智能技术、云计算技术等技术优势，可基于庞大的数据样本进行分析，根据投资者的客户画像和风险评级结果，运用智能算法选择出足够数量的投资标的供投资者选择，充分分散投资风险。例如，美国著名投顾平台Betterment提供的投资组合包括13种ETF，6种股票指数基金涉及整体股市、大型股、中型股、小型股，发达国家市场股票和新兴市场股票；7种债券指数基金包括新兴市场债、全球债、美国企业债、美国优质债、通货膨胀保护债和短期政府债等，从而为投资者提供了广泛的品种选择范围。二是强化理性决策。在传统投资模式下，财富管理机构和投资者一般也会在投资前参考整体的风险限额及容忍度水平，设置止盈止损等风险管理指标。但在实际投资过程中，一旦触发以上限额，往往受理财投资经理主观判断的影响，出现未能或未全能严格执行预设标准，最终导致风险管理偏差与滞后的情形。智能投顾具有较大优势：一方面，智能投顾会严格根据后台的客观数据运行结果进行投资分析，不受各种人为管理噪声的影响；另一方面，智能投顾根据客观分析结果，能够果断、准确、及时地作出决策。一旦达到设置的止盈或止损条件时，迅速卖出或买入相关投资品种，可以有效规避投资过程中各种人为因素的干扰，确保风险管理的执行高效。

第四节　财富管理的智能化转型

金融科技在财富管理领域的应用正在从需求和供给两个维度改变财富管理行业的服务生态和市场竞争版图，加快财富管理全面智能化转型。

一、智能财富管理推动财富管理转型

（一）金融科技推动财富管理客户定位下沉

传统私人银行和财富管理机构采取“自上而下”的客户选择策略，重点为可投资产在100万美元或者10万美元以上的中产阶级、高净值人群以及超高净值人群提供“一对一”专属的私人银行或者高端的财富管理服务。随着金融科技向财富管理行业的持续渗透，高净值人群和中低收入的长尾端群体都在加速拥抱互联网，财富管理的行为和需求特征正在发生深刻变化。智能财富管理机构则采取自下而上的客户选择策略，首先瞄准的是长尾端的传统零售银行客户，同时也通过金融科技赋能迅速提升对中产阶级以及更富有的投资者的吸引力，财富管理的获客渠道、产品创新、开放式平台、沟通方式等将开启全新智能化发展模式，财富管理服务将呈现互联网化、智能化、普惠化。

（二）金融科技促进资产配置智能化

通过金融科技赋能，智能化的财富管理系统可以及时地为长尾端人群提供高效率、低风险的财富管理数字化产品和服务，为高净值人群开展高

收益、高风险的全球数字化资产配置。智能财富管理系统还可以快速、准确地分析、研判客户的资产结构特点、个人财富管理需求、未来资产收益预期和资产市场走势预判等因素，及时根据市场和个人情况的变化对投资组合进行优化调整。财富管理机构通过金融科技赋能，可以方便、快捷地为客户制作完整的私人定制方案，大幅提高财富管理效率和用户体验，在竞争中充分显示智能化财富管理的优势。

（三）客户需求多元化推动财富管理智能化发展

传统财富管理一般强调财富管理经理要与客户建立更深和更广的关系，要提供给客户特色化和具有竞争力的产品服务（比如投资专业建议、备选的投资方案等），要满足高净值客户的个性化特殊目标（比如投资业绩、税收筹划、财富传承和转移等）等三要素，但新时代的投资者特别是年轻客户的需求则更加多元化，他们需要随时随地投资、交易和咨询服务，需要过上丰富多彩的生活，需要进行全球化、多元化投资等。在这样的背景下，零售银行客户与财富管理及私人银行客户的界限日益模糊，财富管理机构区分客户的标准也开始从客户的资产净值、金融产品和服务的投入程度转向客户的现代科技素养、社会行为、个人性格和个性化投资目标。伴随我国金融市场的持续开放，资产端的财富管理产品日益丰富，部分大类资产配置的门槛将逐步降低，从而为中低收入的长尾端客户提供了范围更大、更加灵活、更加丰富的财富管理市场和产品选择空间，同时为高净值客户的全球资产配置需求提供了越来越多的选择。但是，现实中客户理财时间更加碎片化，很难抽出较长时间进行专门的理财顾问咨询，因此会更加习惯借助智能化手段迅速处理财富管理事务。特别是随着“富二代”“富三代”接棒，年轻的富裕投资人更期待通过智能化数字化平台及信息技术获得高品质的服务。财富管理机构必须适应新形势，借助金融科技手段，提升数字化运营能力，向客户提供7×24小时的全天候的智能财富管理服务。

（四）财富管理机构跨界融合创新大势所趋

在未来的财富管理市场，财富管理机构除了数字化和智能化转型之外别无选择，核心就是数字化、收入导向、采用人工智能技术和目标导向的投资策略。财富管理机构只有通过广泛应用人工智能技术提高效率，为客户提供高质量、低服务费用的产品和服务，全力拥抱目标导向的投资方式，才能与客户建立起平衡的、合规的、个性化的高价值关系。这是财富管理机构在未来激烈的智能财富管理市场竞争中获得优势的市场地位以及高额投资回报的唯一策略。随着财富管理服务日趋智能化，财富管理机构可以采取自建、收购和合作共建智能财富管理系统等方式推进智能财富管理发展。比如，财富管理机构与金融科技公司凭借各自的资源禀赋，在智能化财富管理产业链上找到符合自身实力的服务场景与定位，在不断强化自身核心能力建设的同时，通过深度合作融合发展，打造具有特色的智能财富管理生态圈。这种合作不仅是资金的合作，甚至可以让双方或多方保留各自的品牌，投放同一市场，前提是相互尊重，为客户创造更好的投资效果。金融科技逐步覆盖从财富管理前台的销售、中台的投研到后台的管理等全部财富管理场景。

二、财富管理智能化转型中的挑战和机遇

（一）财富管理智能化转型中的挑战

1. 智能财富管理的监管约束

为了防止智能财富管埋可能引发的各种风险和合规问题，国内外金融监管机构不断强化的监管将加大智能财富管理的经营压力。

一是突出智能财富管理的监管重点。这主要是智能投顾投资建议的适当性、投资者适当性、智能投顾服务的局限性、监管措施的适应性、网络安全问题等。美国、英国、中国香港地区、日本仍将现有监管规则直接适用于智能投顾业务模式。比如，美国要求智能投顾与传统投资顾问都要遵守《1940 年投资顾问法》（*Investment Advisers Act of* 1940）的规定，接受 SEC 监管。美国在《投资顾问法》第 203 条中明确："非依本条注册，任何投资顾问，以投资顾问身份开展业务时，……，均为非法。"美国要求每家智能投顾公司必须任命至少一位具备投资顾问知识的专职合规人员，负责平台内部合规管理章程与操作流程的制定和实施。美国 SEC 在关于智能投顾的报告中明确规定，开展智能投顾业务的主体必须是注册投资顾问机构，只有在获得金融顾问牌照后才可以开展投资顾问和资产管理服务。该机构还要求所有通过网络开展投资顾问业务的投资顾问公司，无论管理资产规模大小，都必须是在 SEC 注册的投资顾问。美国 SEC 的下设机构投资管理部负责投资顾问资格证书颁发和监管，持牌智能财富管理公司可合法地提供理财服务和资产管理业务。欧盟也将智能投顾划归为投资顾问业务，受到 MiFID 的规制，MiFID 第 5 条要求，投资顾问开展业务须"事先获得核准"。德国、澳大利亚等地区的监管部门也在智能投顾业务监管方面采取了类似的做法。

二是健全有关智能投顾的监管新规。法国、荷兰和新加坡的证券市场监管主体则制定了有关智能投顾的监管补充性规则或保障性措施。韩国金融服务委员会（FSC）修改了“金融投资业务规则”，允许智能投顾公司运营资产管理公司委托的管理资金和委托资产，允许个人参与韩国证券信息公司的智能投顾平台测试，通过测试的智能投顾可以提供投资咨询和委托服务，降低资本要求，使小型金融科技公司可以提供在线智能投顾服务，允许智能投顾直接管理基金资产。

三是强化针对智能财富管理的监管措施和行动。第一，颁布智能投顾指引或规范性文件。2015 年 9 月，加拿大证券管理局（CSA）发布《投资组合管理机构提供在线投资建议的指引》（31－342 号通知），统一了投资组合管理机构通过网络方式提供投资建议服务应当如何符合 NI 31－103 规定的注册和行为要求。2016 年 8 月，澳大利亚证券与投资委员会（ASIC）发布《面向零售客户提供电子化金融产品建议》监管指引（RG255），针对智能投顾服务提出了较为全面、具体的监管要求。第二，针对智能投顾服务市场开展专项审查。部分国家和地区金融监管机构开展了涉及智能投顾服务的专项审查。欧盟金融监管机构审查重点包括智能投顾特征、业务模式、潜在效益和风险、未来演进方向等。美国金融业监管局（FINRA）的调查对象包括面向普通零售客户和机构投资者的智能投顾工具等，强调客户画像的重要性。英国金融行为监管局（FCA）和英国财政部重点对英国市场中金融顾问服务的可得性和可负担性进行了评估，肯定了智能投顾模式发展，认为某种程度上有助于大幅降低投顾业务成本和服务获取门槛。第三，建立金融科技部门或团队。澳洲、英国、中国香港地区、荷兰、新加坡、美国等经济体的金融监管主体都通过建立金融科技监管团队监测和指导辖区内金融科技企业的发展。

四是国内智能财富管理监管将不断强化。现有的金融相关法律法规还没有对人工智能技术对金融业的影响进行充分考虑，一些智能金融应用 APP 处于监管真空或灰色地带，因此增加了技术、合规、系统性等风险。2016 年 4 月 14 日出台的《互联网金融风险专项整治工作实施方案》就网络信贷、股权众筹融资、互联网资产管理、互联网保险、互联网信托、互联网广告等涉及互联网理财领域提出了明确监管要求。“资管新规”第二十三条规定：运用人工智能技术开展投资顾问业务应当取得投资顾问资质，非金融机构不得借助智能投资顾问超范围经营或者变相开展资产管理业务。该条款对智能财富管理市场准入、业务范围和市场退出等情况作出了初步规定，未来需要随着金融科技在智能财富管理领域的广泛应用，制定和实施更加全面、超前并与国际接轨的监管规范，推动智能财富管理健康、可持续发展。人工智能技术显著加大了金融监管难度，大量深奥晦涩的计算机算法模型使监管部门难以对数据质量和风险状况作出准确预判。肖钢等学者在《2019 中国智能金融发展报告》中建议：第一，要加强智能金融法律法规建设。研究出台智能金融隐私保护、数据安全、责任主体认定、消费者保护以及道德伦理方面的规范性文件，条件成熟时逐步上升至法律法规。第二，要大力发展智能监管科技。综合运用各种金融科技手段，强化数据治理和分析能力，实现监管数据实时采集，风险智能化分析，构建智能金融全链条一体化的监管模式，运用监管沙盒等机制有效管理金融创新风险。有效管理金融创新风险。同时，要加强消费者保护，强化金融机构“卖者有责”义务，强化经营者的举证责任。尽管国内尚没有出台有关强化智能财富管理方面的综合监管法规，但是从防范系统性金融风险角度出发，监管机构对于互联网金融创新和智能财富管理技术应用采取比较谨慎支持态度。如果智能财富管理模式在中国发展过于迅猛，出现市场混乱和不良案件，很可能招致监管机构关注和限制。

2. 可投资财富管理市场有限

发达国家等成熟金融市场金融产品和工具种类繁多，能够为投资组合带来相对稳定的收益，特别是 ETF 产品以各类指数为标的，是财富管理的重要投资标的。与美国 1000 多只 ETF 相比，我国金融市场金融投资种类还较少，市场共振和联动性比较大，难以有效分散风险，加上一些上市公司盈利创新能力不足、财务报表造假、个别机构投资者恶意坐庄炒作等方面的原因，智能财富管理市场实现可持续、高质量发展还有很长的路要走。同时，国内资本市场上的投资者以散户为主，这类投资者更加关注短期收益和投机，喜欢追涨杀跌，“羊群效应”明显。这些投资心理和理念与智能投顾所秉持的资产配置、长期价值投资、被动投资等投资理念短期内难以有效协调。一旦客户使用后发现与其所预期的高收益目标相距甚远，就可能导致客户大量流失，维护客户的成本就会极高。如果投资者对市场趋势没有信心，不能对市值管理策略报以满意的预期，以此为标的的 ETF 就难以获取稳定收益，类似 Wealthfront 的投资模式在中国财富管理市场暂时还难以大行其道。

3. 国内财富管理市场数据基础较为薄弱

智能财富管理要求有价值的客户生命周期数据支持，以及与高净值客户相关的企业及家庭的社交、行为、消费、投资和风险容忍度等信息，以便客观地展现客户 360 度画像，能够为客户量身定做智能化投资组合方案。我国财富管理市场的大数据技术基础现在仍然较为薄弱，同时也面临着严格的个人数据安全监管。一是客户数据仍然分散和隔离在不同的行业、企业、政府部门和监管机构。目前阶段国内高净值客户数据大部分局限于历史交易数据，并且许多数据分散在金融、零售、酒店、工商、公安等各类机构的数据库中，缺乏有效的整合分析。智能投资决策系统仅停留在初期自动化层面，用户画像仍简单化、静态化，从而导致场景单一，智能化水平低。同时，客户往往为了财富和个人及家庭的安全，不愿透露更多的生活和社交信息。财富管理机构也缺乏针对客户在航空、教育、医疗、酒店、餐饮等消费行为方面的数据，以及对于客户及家族相关的企业数据的采集和整合。二是个人金融数据安全监管日益严格。个人金融信息是指金融业机构通过提供金融产品和服务或者其他渠道获取、加工和保存的个人信息，包括账户信息、鉴别信息、金融交易信息、个人身份信息、财产信息、借贷信息及其他反映特定个人某些情况的信息，个人金融信息一旦泄露，不仅侵犯当事人的合法权益，也会对相关金融机构声誉和安全造成威胁，甚至引发系统性金融风险，因此，金融监管机构对此高度重视。2020 年 2 月中国人民银行等监管机构出台的《个人金融信息保护技术规范》中规定：金融机构因金融产品或服务的需要，将收集的个人金融信息委托给第三方机构（包含外包服务机构与外部合作机构）处理时要承担信息安全的责任，限制 C3 及部分 C2 类别信息的委托处理，加强对重要信息的保护，采用去标识化等技术进行脱敏保护；还需要对委托行为进行个人金融信息保护安全影响评估，对受委托者进行安全检查和评估，对外部的工具进行技术检测。严格的监管措施将对我国智能财富管理市场的规范发展产生重要的推动作用，同时也对智能财富管理机构经营理念、经营模式、盈利能力、技术开发、风险控制和合规管理等提出挑战。

（二）财富管理智能化转型中的机遇

1. 财富管理监管制度逐步完善

2018 年出台的我国《关于规范金融机构资产管理业务的指导意见》（“资管新规”）第二十三条对智能投顾做了较为详细的规定。在市场准入门槛方面，“资管新规”要求运用人工智能技术开展投资顾问业务应当取得投资顾问资质，非金融机构不得借助智能投资顾问超范围经营或者变相开展资产管理业务。金融机构运用人工智能技术开展资产管理业务应当严格遵守有关投资者适当性、投资范围、信息披露、风险隔离等一般性规定，不得借助人工智能技术业务夸大宣传资产管理产品或者误导投资者。在业务运营方面，金融机构应当向金融监督管理部门报备人工智能技术模型的主要参数以及资产配置的主要逻辑，为投资者单独设立智能管理账户，充分提示人工智能技术算法的固有缺陷和使用风险，明晰交易流程，强化留痕管理，严格监控智能管理账户的交易头寸、风险限额、交易种类、价格权限等。在风险防范和责任担当方面，金融机构应当根据不同产品投资策略研发对应的人工智能技术算法或者程序化交易，避免算法同质化加剧投资行为的顺周期性，并针对由此可能引发的市场波动风险制订应对预案。对于因算法同质化、编程设计错误、对数据利用深度不够等人工智能技术算法模型缺陷或者系统异常，导致“羊群效应”、影响金融市场稳定运行的情况，金融机构应当及时采取人工干预措施，强制调整或者终止人工智能技术业务。金融机构因违法违规或者管理不当造成投资者损失的，应当依法承担损害赔偿责任。2019 年 9 月，中国人民银行出台的金融科技发展规划，对金融科技在金融服务业中的应用进行了初步规范。这些监管规定的出台有利于促进智能财富管理的发展。

2. 客户需求更加多元化和个性化

第一，中高净值财富人群正在加速拥抱互联网和移动智能终端。这些客户因为职业特点和不同时代需求的差异，对移动智能终端有高度依赖性，同时还具有时间碎片化、国际化视野较宽广、文化水平较高、社交需求较强等特点。因此，这一客户群体对多元化和个性化理财产品需求非常旺盛。如果能够引进智能化管理养老账户的方式，在劳动者年轻时就将一部分资金投入多样化的 ETF 中，年老退休后就会获得可观收益。同时，智能财富管理的投资门槛低，完全在工薪阶层的可接受范围之内，一定程度上解决了全寿命周期财富规划问题。

第二，老龄化人口理财需求增加。随着人口老龄化和普惠金融时代的来临，财富管理机构必须通过智能科技手段满足上述客户群体的财富管理需求。智能财富管理是一种特别适合退休养老的长期被动投资。智能投顾的投资门槛较低，非常适合收入较低、财富存量较少的工薪阶层的养老金管理需求，借助智能机器可为客户提供基本的流动性评估、财务规划和投资账户分析，并据此为客户提供资产配置策略建议。

3. 智能财富管理的营销更加精准化

智能财富管理正在从理财产品与互联网渠道融合、财富管理平台与互联网渠道的嫁接，走向深度互联网化的财富管理服务优化及创新。财富管理机构可以将产品和服务深入融合到互联网生活的各类场景中，渗透到客户社会生产和生活的方方面面，实现精准化营销。借助人工智能技术的多元因子为客户规划“千人千面”“一人千面”的智能财富管理解决方案，大幅提升财富管理营销和服务的效率及精准度。智能财富管理平台上的资深专业投资者还可以通过为其他客户提供高质量的参考投资方案，为用户带来实惠，为智能财富管理平台做品牌宣传，分享免除额外费用的好处，实现和财富管理平台的双赢。

三、推进财富管理智能化转型的主要对策

财富管理机构推进财富管理向智能化转型，应该主要从以下几方面入手。

（一）建立数字化、智能化财富管理平台

一是财富管理机构要最大限度地提升全金融市场的综合化服务能力。要利用大数据技术平台整合机构内部客户数据和外部市场数据，挖掘各类数据价值。同时要高度重视经验与直觉的交易模式，进一步提升量化交易能力，促进信息系统开发与业务产品研发的有机协同，提升财富管理系统效率和金融科技服务的业务效能。

二是财富管理机构要加强科技运维与财富管理业务运营的紧密协作。要前移业务需求挖掘工作，捕捉业务、市场和同业最新业态和动向。要基于大数据技术处理的便捷、安全优势，完善财富管理产品和货架管理系统，实现开放式产品平台，加强对技术发展趋势前瞻性研究，促进数字化技术与业务发展深度融合，打造具有自身特色的智能化财富管理生态系统。

三是财富管理机构要推动财富管理数字化创新与转型。要适度提高对创新型科技研发的风险容忍度，营造科技创新的良好环境。积极构建具有弹性的 IT 基础设施和云平台，为未来创新金融科技应用创造条件，探索共建、共享、共赢的开放金融合作模式。打破传统金融机构经营模式下的产品、部门、板块的分割围栏，规划构建灵活的业务架构和支撑平台，提升综合响应能力。

四是通过大数据技术分析来明确客户差异化需求。要制订精准营销方案，借助大数据技术和行为金融分析实现对客户实时管理、个性化服务，以及对新客户行为数据的快速分析，同步提升客户存量与增量，增强营销管理水平。同时，要打破信息壁垒，打通数据挖掘、整合与分析服务平台，

强化对海量信息数据的存储、共享、传输与分析挖掘的一体化流程建设，为财富管理的数字化经营提供全面的信息视图。

（二）践行“以客户为中心”的经营理念

一是适应新型客户群体的需求。财富管理机构覆盖的财富客户群体中既有从“60后”到“80后”的消费中产阶层、高净值财富客户、养老一族，更有在网络e时代诞生的“90后”数字化原住民。在新的时代，财富客户更加注重自主投资决策和投资者主权，重视自主选择接受服务的时间、方式和信息内容，以及接受服务的渠道等，因此，财富管理机构要通过以金融科技为基础的智能财富管理，吸引客户参与财富过程。

二是不断丰富和完善财富管理内涵。金融科技使“数字化原住民”和“千禧一代”客户群体的金融需求更加个性化、多元化，生活的平台更加网络化、移动智能化。2000年之后出生的客户群体不仅热衷于传统的桌面互联网等数字化生活，更沉迷于超级笔记本、游戏机、抖音、社交网络，喜欢以聊天的方式来交流而不是通过电子邮件。他们对金融服务的需求和理解就是无处不在、无迹可寻的“无感知金融”。金融服务的游戏化能够促进金融服务持续创新，帮助投资者培养更好的投资行为和金融消费理念。

三是加强财富管理流程智能化转型。财富管理机构应通过金融科技手段，提升调动中后台各种资源的能力，以更有参与感的方式代替现有的纸质调查问卷、面对面会谈等传统方式。财富管理的流程管理和产品的研发设计必须注重服务效率和界面的友好，为高净值客户、新世代年轻客户和普通大众客户提供高质量、低门槛和方便快捷的财富管理服务。

四是进一步提升服务新体验。简单即是美、大道至简、有温度、界面友好、游戏化的交互方式是金融科技时代财富管理的重要原则，财富管理机构要根据新时代年轻客户需求特点持续改进金融产品，更好地了解投资者风险偏好和投资者行为，击中客户“痛点”和“惊叫点”，满足其价值主张，实现操作的简单易行。

（三）强化智能财富管理的合规管理

在金融科技时代，财富管理机构必须加强对交易的全程监控，依法合规经营。一是保障金融科技开发和应用的合规与安全。财富管理机构应强化客户信息的保密性、真实性、完整性、未授权拷贝和所寄生系统的安全性等，防范服务终端、平台、网络的各类风险。二是保障大数据技术存储和传输安全。要保证后台存储信息的安全可靠和数据传输的安全，强化数据灾难备份，防范发生数据的泄露、被盗取或被非法添加数据与篡改等事件，保护财富客户的隐私和资金安全，避免财富管理机构的声誉风险和法律纠纷，确保金融经济体系运行安全。三是建立完善的司法认证体系。政府监管机构要加快规范电子签名、数字货币、个人金融数据的采集和应用，出台相应的监管规范和标准，推广可靠的电子签名，在金融科技涉及的相关业务中建立可靠的电子凭证等，使相关电子交易受到完善和公平公正的法律保护。

（四）强化大数据技术分析的运用

大数据技术可以使财富管理机构更方便地获得客户信息，了解客户的财富管理风险偏好、容忍度和心理账户，使投资决策具有前瞻性和精准性，让投资组合战略的制定过程更加理性化和科学化。一方面，应用大数据技术创造新的财富管理整合模式。财富管理机构可以有效利用大数据技术分析，支持个人征信、风险偏好确认、授信审批、资产配置、组合管理、投资决策、风险控制、洗钱套现的监控识别、保险定价、纳税筹划等业务。另一方面，提升资产配置决策效率。大数据技术分析应用的重要原则是360度维度上的多角度、多层次信息交叉复现，从而帮助投资者、融资者、财富管理机构、第三方中介服务机构、监管机构等财富市场各利益攸关方以投资产品价格、影响因素、融资成本、交易过程等信息为基础，进行科学理性的投资决策和资产配置。

（五）提升财富管理业务智能化水平

首先，资产配置智能化。金融科技使得财富管理机构可以低成本地为高净值客户进行资产配置，并根据客户的资产结构特点、个人未来预期，以及市场预判等对投资组合进行持续的评估、分析和动态调整。其次，客户管理智能化。财富管理机构基于数字化手段，不仅能够更多地吸引客户，还能够促使其转变投资思维方式，减少投资过程中可能出现的各种行为金融偏差。人工智能技术通过对各种数据的整合分析，可以客观反映客户财富状况、客户风险偏好和风险容忍度，为客户设计更加个性化的投资组合和财富管理方案。最后，普惠金融智能化。金融科技应用降低了财富管理门槛和管理成本，拓展了财富市场长尾端客户群体，让财富管理能够惠及更多的客户群体，使更多的客户享受财富管理收益，增强财富的获得感。

第十章　财富管理师

财富管理师是受过系统专业训练、具有丰富专业知识和实践经验的专门从事财富管理业务的专业人士，是财富管理机构开展业务必须依靠的中坚力量，是支撑财富管理机构运行与发展必不可少的人才条件。在财富管理业务发展迅速或发展潜力巨大的国家和地区，财富管理机构对高素质财富管理师的需求上升，财富管理师受到公众青睐，成为年轻人羡慕和向往的职业。

第一节　财富管理师的职责

财富管理师的基本职责，是在全面了解、分析客户家庭基本情况和财务状况的基础上，从客户整个生命周期的角度，考虑与客户财务需求相关的各种因素，帮助客户制定财富管理规划，并在此基础上根据客户的投资约束条件，为客户进行全过程的投资管理，促进客户资产的保值增值，以便最大限度地实现客户的财富管理目标。

如果将财富管理师的职责具体化，那么，其主要包括以下几个方面。

一、分析客户财务状况

分析客户财务状况，是财富管理师为客户提供服务的基础性工作，也是为客户制定财富管理规划的基础性条件。客户财务状况分析，包括客户要素分析、客户资产负债状况分析和客户日常现金收支分析及预测三个方面。

（一）客户要素分析

1. 收入能力

这主要分析客户现有工作、收入情况和未来发展潜力。从现有工作情况看，通常认为就职于高成长行业的客户，工作富有挑战性，拥有更大职业发展空间和更多晋升与加薪机会，创收能力较强。这一点在互联网行业表现得尤为明显。互联网及相关产业的飞速发展，使新的产品、新的平台和新的商业模式不断涌现，从事互联网行业的职工的收入也随之变化，有很大的提升空间。对客户收入能力的分析，不能只着眼于当前收入，还应考量其未来职业发展潜力。因为职业发展潜力巨大的客户，意味着其收入提升的空间也很广阔。

2. 劳动保障

劳动保障分析主要考察客户的劳动能力和收入之间的关系，分为年龄和身体状况两个方面。客户的年龄决定了其事业发展所处的阶段。年轻人刚刚步入社会开始工作，正处于青春期和事业起步期，身体健康，充满激情和活力，拥有对工作和生活目标的美好憧憬，其工作持续性是可以保证的，因而拥有持续稳定的收入。但对于面临退休、即将步入老年或已经退休的老年人来说，身体状况肯定不如年轻人。若是虽在工作岗位但身体欠佳的客户，由于身体原因会出现经常请假不能很好地持续工作的情况，收入的持续性势必打折扣。而已经退休的老年人，大多身体大不如前，或是进入了职业生涯末期或是彻底结束了职业生涯，收入水平自然明显下降。

3. 家庭责任

家庭责任更多地涉及客户的家庭生活，具体是指客户在家庭中处于怎样的角色，需要承担怎样的责任。这可以从客户的婚姻情况以及家庭成员结构入手来进行分析。一般来说，已婚客户肩负着家庭生活的重担，未婚客户则相对轻松。从家庭结构角度分析主要是考察客户的家庭负担。一般情况下，客户赡养和抚养的老人、子女越多，家庭责任就越重；客户的兄弟姐妹越少，本人承担的家庭责任也就越重。此外，客户需赡养的老人的健康状况，子女的年龄、学业进展等情况，也会影响客户的家庭责任。

（二）客户资产负债状况分析

1. 资产

客户资产可分为现金类资产、投资性资产、保值性资产和消费性资产。现金类资产是指客户拥有的现金及现金等价物，包括现金、活期存款、超短期财富管理产品等，是流动性最强的资产。投资性资产包括股票、债券、基金、期货、投资性房产等可供出售的金融资产。保值性资产包括黄金、珠宝、收藏品、保险保单等。消费性资产是指满足客户基本生活需求且能够带来使用效益的资产，如自用房产、自用小汽车等交通工具以及电视、冰箱等家电产品。

2. 负债

客户负债包括银行贷款以及其他形式的负债。

（三）客户日常现金收支分析及预测

1. 收入

客户收入包括工资、劳务收入、收取的房租、存款和债券利息、股息及其他收入。

2. 支出

客户支出包括维持生活的基本开销、房贷和车贷等家庭贷款的本息、每月需支付的房屋租金、子女教育和赡养老人的支出等。

3. 盈余情况

客户盈余情况分析，就是对客户的收入和支出进行比较，看客户的盈余状况是入不敷出还是收大于支。

4. 未来现金收支预测

这是指分析客户未来收支的影响因素和各因素的影响程度，对客户未来的现金流进行预判。

（四）客户财务分析报告

财富管理师在了解客户的收入、支出、盈余情况后，分析其资产状况并形成报告，据此评估客户的风险偏好和风险承受能力。报告的内容包括客户现时收入状况和未来可能的收入水平、客户资产负债情况的统计分析、客户未来支出的变化趋势等。在此基础上，财富管理师对客户的风险承受能力进行评价，为客户的财富管理规划制定提供依据。

二、梳理客户财富管理需求

客户的财富管理需求具有差异化、个性化的特点。财富管理师只有深入了解和客观把握客户的财富管理需求，才能使制定的财富管理规划具有针对性、适用性和科学性。

（一）了解客户的财富管理目标

客户的财富管理目标，是客户财富管理需求最主要的内容，因为其构成客户财富管理规划基本的“参照系”。这种目标具有三个鲜明特征：一是目标的差异性。不同客户由于自身的家庭状况、能力水平、资源禀赋等存在很大差别，因而财富管理目标也千差万别。二是目标的时限性。财富管理目标既包括短期目标，也包括长期目标。短期目标只考虑客户近期情况与需求，长期目标则考虑客户长期情况与需求。三是目标的多层次性。马斯洛的“需求层次理论”把人的需求从低级到高级，分为生理需求、安全需求、社交需求、尊重需求和自我实现需求五个层次。同样的道理，财富管理需求也有一个从低级到高级的层次区分。同一客户在生命周期不同阶段的家庭状况、收入水平、投资资金规模等迥然不同，财富管理需求也表现出显著的层次性差别。一般而言，伴随家庭生命周期的演进，客户的财富管理需求基本都会循着基础生活需求（家庭形成期：追求基本生存需求满足和财务与投资安全）→品质生活需求（家庭成长期和成熟期：追求生活品质和财务自由与投资回报）→无忧生活需求（家庭衰退期：追求退休后生活安稳无忧）这样的层次路径递进和发展。

财富管理师应该根据客户自身情况和实际诉求，帮助客户制定合理的财富管理目标。这种目标必须符合四个要求：一是目标表述必须明确和清晰。例如，“我准备明年买一辆车”的目标表述就是模糊的，合格的表述应为“我准备明年10月前后买一辆15万元左右的家用车”。二是目标必须可以用货币来计量。三是目标必须是通过财富管理有机会实现的。四是目标必须是合理的，且不能影响其他目标的实现。比如，一个工薪阶层客户的目标是想两年后购买一辆法拉利，该目标是不大可能通过财富管理实现的，违反了第三条的要求；如果其目标是三年购买一辆宝马7系，虽有可能通过财富管理达到，但因此会严重影响其他财富管理目标的实现，也是不合理的，违反了第四条的要求。当客户提出不符合以上四条要求的目标时，财富管理师应当与客户及时进行沟通，说服客户并提出合理建议。

（二）了解客户的风险特征

了解和明确客户的风险特征，是梳理客户财富管理需求的重要步骤。客户的风险特征，包括风险偏好、风险认知度以及实际风险承受能力三个方面。风险偏好是指客户对不同风险的偏好程度，受客户自身性格、人生经历、财务状况等因素的影响，是其面对不确定性时的个性化反映；风险认知度，是评判客户对于风险的了解情况和认识程度的标准，也由客户的主观判断支配；实际风险承受能力，反映了客户在客观上有能力承担的风险程度，需要根据事实评估。这三个方面的因素是对客户风险特征的综合反映和具体描述。由于每个客户的成长环境、性格特点、社会经历、收入水平等不同，其对风险所持态度必定会产生差异。

客户的风险特征会直接影响财富管理师为其设计的财富管理规划。对实际风险承受能力较强、属于积极型或激进型的客户，在制定财富管理规划时，提高权益类和其他风险类资产占比更符合其风险特征；而对实际风险承受能力较低、属于低风险偏好的保守型的客户，则应多配置低风险、稳健型产品。

了解客户风险特征的常用方法，是邀请客户填写风险特征测试问卷，通过测试问卷中情景问题的回答，明确客户风险特征的等级。

三、建立独立、合适的产品体系

财富管理产品林林总总，丰富多样。财富管理师必须建立独立、合适的产品体系，将最契合客户财富管理需求和风险特征的财富管理产品匹配给客户。由投资理念（Philosophy）、投资团队（People）、投资流程（Process）、投资绩效（Performance）组成的“4P”标准，是国外成熟市场选择投资管理机构的通行和有效的标准，也是财富管理师选择以什么样的公司产品作为投资标的的基本准则。财富管理师在具体实施过程中，首先要判断自身投资理念与产品所属公司的投资理念是否契合；其次要分析产品管理团队是否拥有严谨、科学的投资流程，是否拥有优良、可观的长期投资业绩；最后要认真考察产品管理团队的实力，因为这是制约财富管理产品表现的一个极其重要的因素。对这一点，可以通过了解团队人员的背景资历、团队组建时间、团队稳定性等情况进而作出判断。在按照“4P”准则选择之后，财富管理师要着眼于产品的具体细节，在选择的产品中进行全面比较，从中挑选出有利于客户财富管理目标实现并且符合客户风险特征的投资产品。

四、制定全面的财富管理规划

如第一章所述，制定财富管理规划是财富管理基本流程的一个重要环节，而这项工作主要是由财富管理机构的财富管理师完成的。这一规划的完整性、实用性和科学性如何，既在很大程度上制约着客户财富管理目标的实现程度，同时又是财富管理师专业水平的具体体现。

财富管理规划一般包括五个方面的规划。

（一）消费支出规划

这是在客户一定的财务资源水平下，对客户在一定时期内消费规模和消费结构进行的规划安排。制定这种规划，需要明确客户的日常生活消费、住房消费、汽车消费、子女教育消费等主要消费品种的消费需求目标，分析影响消费支出的各种因素，在此基础上确定客户的消费支出规模和消费结构，以及弥补消费收支缺口的具体措施。制定消费支出规划，一方面，可以保证客户合理的消费支出，稳步提高客户生活质量；另一方面，可以促进客户适度消费，进而增加客户的财富积累，扩大客户的投资资金规模。

（二）投资规划

所谓投资规划，是指财富管理师根据客户的收益目标、风险偏好和其他投资约束条件，按照科学方法和特定程序，运用各种投资工具对客户的投资资金进行组合配置后形成的投资方案。

财富管理师在为客户制定投资规划时，首先，应了解与客户投资相关的基本情况，包括客户的收入来源与收入水平、可投资资金数量、投资收益的预期目标、风险偏好等；其次，根据上述情况帮助客户确定投资目标、选择合适的投资工具或产品；最后，制订出合适的投资规划方案以便付诸实施。在选择投资工具时，需要遵循“分散投资”原则，将投资资金按照合理比例分配到不同资产上。在实施投资规划后，财富管理师还应定期监控投资组合的收益状况并进行风险评估，及时调整资产配置结构进行资产再平衡，以保障客户的投资收益。

（三）保险规划

所谓的保险规划，是指财富管理师在了解、分析客户保险需要的基础上，帮助客户制订具体的保险产品购买方案，使客户通过购买保险产品达到风险转移和合理避税的目的。

保险规划主要包括三方面内容：一是选定保险产品。不同年龄阶段、不同收入水平、不同财富积累程度的客户，对保险有着不同的需求。财富管理师应从客户的现实保险需求出发，在对比不同保险产品的功能、期限和理赔金额的基础上，帮助客户确定购买哪种性质的保险产品，以及同一性质产品下哪种类型的产品。二是确定保险金额。三是确定保费缴纳机制，即根据客户的现时收入和预期收入，明确保费是采用趸交方式还是期交方式。

（四）税收筹划规划

关于税收筹划，第七章已经做了较为全面的阐述。财富管理规划中的税收筹划，是指财富管理师在不违反国家法律和相关政策规定的前提下，通过对客户的经营和投资活动进行科学的安排和筹划，帮助客户减轻税收负担，获得“节税”收益的行为。税收筹划规划，即财富管理师对客户经营和投资活动中的税收筹划作出的总体性规划安排。

客户投资活动中的税收筹划，一般主要通过两种方式实现：一是在风险水平大致相同、收益水平大体相近的投资产品中，优先选择国家税法给予免除投资所得税或低税率优惠的产品，如国债、金融债券等；二是在投资产品的期限、规模、发行地点等投资要素的选择上，根据税法或相关法律中规定的优惠政策的内容，相应作出决定。

（五）财富传承规划

财富传承规划是财富管理规划的重要内容。特别是对超高净值客户来说，制定这种规划对实现财富管理目标，具有更为重要的意义。一个切实可行的、完善的财富传承规划，可以使客户在丧失行为能力或过世时，既能够将财富按其意愿分配给家庭成员和安全传承给后代，减少或避免因财产分配、继承而产生的家庭纷争，又能够合法避税、节税，使财富遭受的损失最小化。

财富管理师在为客户制定财富传承规划时，应对客户家庭和本人、客户资产规模与结构等方面的信息进行收集、整理和分析，在此基础上对客户存量财富的价值进行评估，然后根据客户自身特点和需求，制定完善的财富传承规划。

财富管理师为客户制定的财富管理规划并不是一成不变的。宏观经济环境和财富管理市场环境的变化、相关法律法规的修改等，都会影响到财富管理规划的实施效果，而客户收支状况和财富管理目标的改变，也使得原来财富管理规划中的某些内容已不合时宜，因此，财富管理师必须适时对规划进行调整改进。

第二节　财富管理师的职业特点和个人素质

客户是财富管理机构收入和利润的源泉，是财富管理师服务的基本对象，也是财富管理师的“上帝”。财富管理师的职责，决定了其以客户需求为导向的职业特点，同时也对其个人素质提出了较高的要求。

一、财富管理师的职业特点

财富管理师以客户需求为导向的职业特点，要求其时时、处处、事事必须践行“以客户为中心”的服务理念，在为客户提供服务的全过程中把客户利益放在首位，真正做到想客户之所想、急客户之所急。客户的需要和向往，就是财富管理师的工作目标。

财富管理师要做到“以客户为中心”，需要从以下几个方面入手。

(一) 明确目标客户

目标客户，是财富管理师提供产品和服务的客体。寻找合适的目标客户，是财富管理师开展各项业务服务的前提条件。不同客户由于在收入来源与水平、所处人生阶段、风险承受能力等方面存在差别，在财富管理需求上自然存在差异。财富管理师要在全面了解、深入分析不同类型客户需求的基础上，按照业内通常采用的客户可投资资金规模分类标准进行客户细分。财富管理师应该根据所在机构业务发展战略中的客户开发战略、客户需求和自身所能提供的产品和服务类型等因素，细分客户价值，确定自己的目标客户，找准自己的客户市场定位。

(二) 提供高质量专业服务

财富管理师应该针对目标客户需求，利用自己的专业技能和先进的信息技术工具，帮助客户制订科学的资产配置方案或财富传承方案，为其提供适宜的产品、有效的投资管理、富有前瞻性的专业化咨询建议和其他方面的业务服务。对一些高净值客户和超高净值客户的特殊需求，则应拿出精致、细化的问题解决方案，为其提供个性化、定制化的产品和服务。财富管理师要加强和客户的沟通与互动，经常征求客户的意见和建议。如客户对自己推荐的某种产品、提出的某种方案或提供的某种服务有意见，应适时转换、修改和优化，使客户从高质量的产品和服务中得到获得感和满足感，进而提高对自己所在机构的忠诚度。为了提高自身专业化服务水平，财富管理师必须紧紧把握财富管理市场的发展脉搏，密切跟踪客户的需求变化，坚持不懈地进行业务创新，不断开发新的产品和服务品种，不断提高自己的专业能力。

(三) 严格遵守管理制度

财富管理机构要真正做到“以客户为中心”，必须自觉把这一理念贯穿自身业务经营的全过程，在战略管理、业务流程管理、营销管理、产品管理、投资管理、风险管理、绩效管理等经营管理的各个方面，都把客户需求、客户利益置于首位，构建“以客户为中心”的全面管理体系。这种管理体系涵盖的各项制度，是财富管理师开展业务时必须遵守的行为规范。特别是绩效管理制度，把财富管理师的薪酬水平与其行为表现、工作业绩、客户满意度等直接挂钩，构成财富管理师基本的激励约束机制。财富管理师要以满足客户需求为天职，严格地、不折不扣地按各项制度办事，在制度框架内开展工作，努力完成公司制定的各项工作目标。

二、财富管理师的个人素质

解决同样问题的财富管理方案，因财富管理师个人的行为特点、工作经验、专业能力等方面的不同，也会有明显区别甚至差异很大。从这个意义上说，财富管理业务具有较强的财富管理师个人色彩。而客户财富管理规划的科学性、财富管理中投资业务的收益，以及总体财富管理目标的实现程度等，都与财富管理师的个人素质高度相关。客户基于对收益的高期望和对财富管理师的信任，向财富管理师提出了越来越多的要求。而财富管理市场上的产品种类越来越多样化，结构越来越复杂，加之建立在信息技术和人工智能技术基础上的智能投资顾问的发展，都对财富管理师的知识结构和能力结构提出了更高的要求。新的市场形势下的财富管理，要求财富管理师必须具备以下几方面的素质特征。

（一）专业性

财富管理业务具有专业性高、技术性强的特点，因此，要求财富管理师具有扎实的专业知识基础、丰富的业务实践经验和较强的沟通能力，确实经受过较长时间实际财富管理业务的历练，表现出很强的专业水准。此外，财富管理师还需掌握法律、税务、财会等方面的知识，具备复合型知识结构和综合素质。财富管理师必须秉持“终身学习”的理念，不断向市场和实践学习，不断更新自己的知识结构，不断提升自己的专业技能，只有这样才能更好地满足客户需求和财富管理业务发展的需要。

（二）独立性

这里的独立性，是指财富管理师基于客观、公正的立场，根据客户的财务状况和实际需求，独立执行业务，而不受任何个人和机构的干预与控制。财富管理师根据自己的专业判断为客户选择合适的投资工具，独立为客户制订符合其需求的财富管理规划方案，自主为客户进行投资管理和提供其他服务。

财富管理师的独立性，主要体现在两个方面：一是有独立的观点和看法。财富管理师在为客户提供业务服务过程中作出的所有选择和决策，都应该是建立在自身专业能力和自我认知基础上的独立判断。这种判断既不受财富管理师从被服务客户身上获取收入多少的影响，也不依附和屈从于任何机构，不受任何外部因素的干扰。二是客户的需求和利益至上。财富管理师在从事的所有业务活动中，都要把客户利益置于首位，使个人利益和所在机构利益服从客户利益。财富管理师要站在客户的立场上，独立地聚焦于投资产品本身的核心价值及其与客户需求的匹配程度，根据客户需求进行全过程的财富管理。美国相关法律就把是否做到了“客户利益大于自身利益”作为衡量财富管理机构独立性的重要标准。

海外成熟的财富管理市场，有着为数众多的独立理财师（也称独立理财顾问）。这类理财师有别于一般理财机构的业务员和理财经理的市场定位，并不直接销售理财产品，没有销售业绩压力，其基本职责是站在第三方的客观角度，独立为客户制订资产配置方案和进行投资管理，并提供相关的税务、法律等方面的建议。

在一些发达国家，主要由独立理财师组成的独立理财机构，已经成为财富管理市场重要的供给主体。

（三）综合性

这是要求财富管理师具有综合性知识结构和综合性能力。财富管理师应具备全面的知识素养，不仅需要全面、系统地掌握金融专业知识，了解从事业务所需的会计、税务、法律等方面的知识，还需具有人文、艺术、历史等人文类的知识修养。财富管理师还应具有很强的协调沟通能力、人际交往能力以及敏锐的市场洞察力。综合性知识结构、能力结构和修养境界，对财富管理师个人的人生观、价值观的形成具有重要作用，是其实现高质量服务所必备的。

（四）职业操守

财富管理师不但要具备综合性知识结构和丰富的实践经验，还应具备良好的职业操守。具体而言，要求财富管理师在业务活动中，必须遵循正直诚信原则、公正原则以及保密原则。

所谓正直诚信原则，是指财富管理师应当正直、诚信地为客户提供专业服务，绝不能因为个人利益或其他因素而出现欺瞒和造假行为。比如，财富管理师在帮助客户制订财富管理规划方案时，应主动向客户全面介绍拟投资产品的潜在风险；在面对客户的问题时，应该如实作答，不可向客户隐瞒事实，更不允许利用专业知识故意误导客户。

财富管理师要有强烈的法治观念和合规意识，自觉坚持守法经营、合规经营。比如，不可出于招揽客户的目的，向客户作出不合法律法规要求的投资业绩承诺或保本保证。

所谓公正原则，是要求财富管理师在为客户制订财富管理规划方案和提供其他类型的服务时，要公正、客观地作出各种行为决策，不因个人的喜好、偏见或者利害关系影响职业判断。比如，财富管理师对一些不擅长获取信息、难以快速跟进和学习新技术的年龄大或文化水平不高的客户，在进行资产配置、推荐投资产品时须保持客观谨慎。对属同一类型但家庭背景不同、文化层次不同、社会关系不同的客户，应该公平对待，不能有亲有疏。财富管理师要杜绝任何关联交易、潜在利益输送等问题，不得借助自身优势地位谋取私利，损害客户利益。

所谓保密原则，是指财富管理师不可泄露客户信息，包括客户个人信息、与投资有关的信息等（获得客户允许的情况下例外）。财富管理师严格遵循这一原则，就会与客户建立起一种信任关系。为了有效服务客户和保护好客户的隐私，财富管理师必须保存好各类信息和资料，防止客户信息外泄。但有的国家的相关法律规定，财富管理师被客户控告失职必须进行申辩，或财富管理师与客户发生纠纷需要相关资料提供支持时例外。

第三节　财富管理师的选择与评估

由于不同财富管理师在知识储备、专业能力、敬业精神等方面存在差别，其给客户带来的投资收益和客户财富管理目标的实现程度也有明显差异。因此，对客户来说，财富管理师的选择和评估至关重要。

一、财富管理师的选择

判断一个财富管理师能否提供高质量的、让客户满意的服务，是否值得信任，主要看其是否具备以下几个条件。

（一）较强的专业能力

选择财富管理师，就业务能力角度而言，要从知识水平、专业技能、资质认证等多方面去考察评判。

1. 具有丰富的从业经验

财富管理师并非理论研究型职业，纸上谈兵是行不通的，关键要看实操能力。因此，除了具备专业知识和综合素养外，财富管理师还必须拥有丰富的投资实战经验和从事其他业务的实践经验。这是选择财富管理师的重要标准之一。

2. 能够制定科学、周密的财富管理规划

财富管理规划内容宽泛，专业性、综合性、实操性都很强。能够制定出精准匹配客户需求的、科学、周密的财富管理规划，既是对合格财富管理师的基本要求，也是合格财富管理师能力的实际体现。

3. 取得专业资格认证

财富管理领域有许多富有含金量的、权威的财富管理专业资格认证，如 CFP、CFA 等证书。资格认证可以在相当程度上反映出财富管理师的知识占有量和专业能力。获得了某种权威的资格认证证书并不代表一定有很高的财富管理专业水平，但其无疑是客户选择财富管理师必不可少的参照标准之一。

（二）值得信任的人格

如果财富管理师无法取得客户信任，客户可能选择隐瞒自己的财务状况等信息，给财富管理师在制定个性化财富管理规划时增加难度。同时，财富管理业务一般持续时间较长，客户的风险收益偏好以及财务状况等可能随着时间的推移而发生改变，只有客户对财富管理师充分信任，主动及时告知具体的变化情况，财富管理师才能及时调整财富管理规划和投资决策，促进顺利实现财富管理目标。客户对财富管理师的充分信任，是开展财富管理业务的前提，而这种信任必须建立在财富管理师具有良好的从业记录、业内口碑和市场形象的基础之上，因为这些足以为其值得信任的人格提供佐证。

财富管理师若使自己的人格得到客户广泛认可，必须具有良好的职业操守。对此前面已经细述。

（三）提供匹配的服务

财富管理师在开展业务时，应当遵循客户至上理念，为客户提供匹配的服务。如果遇到暂时难以满足客户要求或客户要求明显不合理的情况，也应耐心向客户解释说明，争取取得客户理解。财富管理师向客户提供的各种文件资料应尽可能全面、细致，同时作出全面、精确的风险提示，有助于客户充分了解投资产品和投资过程中的风险。

二、财富管理师的评估

国际上对财富管理专业人才的评估，并非仅仅对其投资业绩的评价，而是有一套较为复杂的、涵盖范围很广的评价指标。一个优秀的财富管理师，应兼具“软实力”和“硬实力”。所谓“软实力”，通常是指财富管理师的学历、资历等衡量知识水平和专业能力的表象指标，而“硬实力”是指财富管理师的工作实绩，主要是衡量其较长时间段内投资实际盈利能力、抗风险能力和市场影响力的具体指标。

财富管理师综合能力评价指标体系见图 10 – 1。

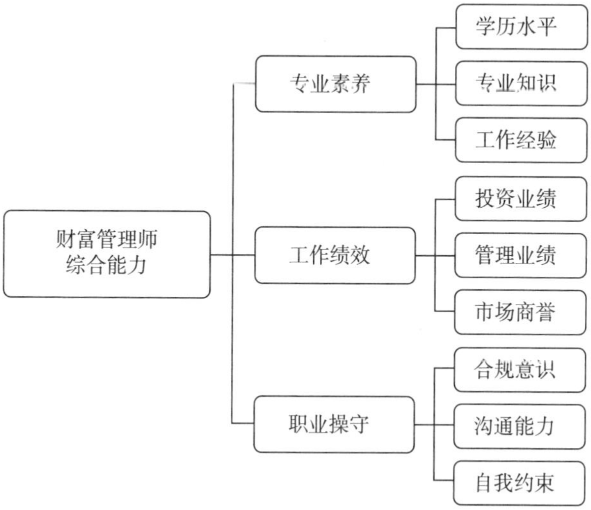

图 10 – 1　财富管理师综合能力评价指标体系

在该评价指标体系中，财富管理师的综合能力分为专业素养、工作绩效和职业操守三个方面。

衡量专业素养的指标，包括学历水平、专业知识和工作经验三个方面。一般来说，财富管理师的学历越高，接受专业教育的程度就越深，专业理论基础也就越扎实。专业知识主要指从事财富管理业务所必需的各种实务性知识和操作性知识。财富管理业务特别是其中的投资业务，实务性、应用性都很强，而且往往要跨多个金融子行业和多个金融子市场。财富管理师跨金融子行业和金融子市场的各种实务性知识、操作性知识越丰厚，运用起来越娴熟，专业背景的多样性越强，表明其金融素养越好。工作经验可以用财富管理师的从业时间作为“参照物”。财富管理师的从业时间越长，工作经验也就越丰富。

衡量工作绩效的指标，包括投资业绩、管理业绩和市场影响三个方面。投资业绩指财富管理师根据客户需求、市场情况等因素，管理客户投资所取得的实际收益情况；管理业绩是在投资业绩定量评价的基础上，对财富管理师包括投资管理在内的各方面的管理水平进行的综合评判；市场影响是指财富管理师从业以来形成的大众口碑和社会美誉度。

衡量职业操守的指标，包括合规意识、沟通能力和自我约束三个方面。合规意识是指财富管理师在从业时严格遵守相关法律法规，坚持客户利益至上。沟通能力即财富管理师与他人沟通、交往的能力，是财富管理师专业知识、专业能力自我展示的结果，是财富管理师个人素质的客观反映，其主要体现在财富管理师和客户的交流技巧，以及和领导、同事、同业、监管部门等方面的交往、联系能力上。自我约束是对财富管理师个人自制力、自控力和自律力的评估。而财富管理师的自我约束，包括法律法规、职业道德、行为规范、契约精神等方面。财富管理师具有细致耐心、沉稳慎重、严格自律的心理和性格特质，就可以较好地做到自我约束。

第四节　国际著名的财富管理师认证资格

国际著名的财富管理师认证资格，代表着当今财富管理师专业资格认证的国际水平，对财富管理师有很大的吸引力。因为财富管理师获得这类认证资格，既是对自己专业能力的一种表证，有助于获得客户认可从而赢得更多客户，同时也会激励自己进一步提高专业技能和服务水平，为客户提供更优质的服务。国际上现有多种类型的财富管理师认证资格，基本上都是围绕财富管理专业人才从业所必需的“知识、技能、行为规范”三方面的要求设立的。

国际著名的财富管理师认证资格主要有以下几类。

一、国际金融理财师（CFP/AFP）

国际金融理财师（Certified Financial Planner，CFP），是国际上广泛认可的财富管理师认证资格，含金量高。2009 年之前，我国的国际金融理财师资格是由中国金融教育发展基金会金融理财标准委员会（简称“标委会”）来进行认证。自 2009 年起，“标委会”改为国际金融理财标准委员会中国专家委员会和现代国际金融理财标准（上海）有限公司（FPSB China），CFP 资格也转为由该机构进行认证。我国的金融理财师认证制度，包括金融理财师（AFP）和国际金融理财师（CFP）两个不同的级别，其中 AFP 是第一阶段，也是考取 CFP 证书的必经阶段。

国际金融理财师资格认证体系由四部分组成，即教育（Education）、考试（Examination）、从业经验（Experience）和职业道德（Ethics），也称

"4E"认证标准。

教育（Education）是指申请人必须学完由国际金融理财标准委员会要求的一系列金融理财核心课程以及由会员国（或地区）所规定的本土化课程。申请人需要通过学习理解和掌握金融理财规划的理论知识和操作知识。课程包括金融理财原理、保险规划、投资规划、税收筹划、员工福利和退休规划等方面，内容十分丰富。

考试（Examination）是指申请人必须通过一系列金融理财师资格认证考试。该考试旨在评估申请人应用金融理财相关知识的能力，因此不仅会检验申请人在培训教育阶段对理论知识的掌握程度，还将考察其能否运用所掌握的理论知识解决实践中所遇到的问题，考试的内容涵盖了金融理财规划的各个方面。

从业经验（Experience）是指根据现代国际金融理财标准（上海）有限公司的要求，申请人必须具备在金融机构、会计师事务所、律师事务所或现代国际金融理财标准（上海）有限公司认定的其他机构中从事金融理财或相关岗位的从业经验。其申报的证明自己工作经验的材料，会由具有资质的专业人士进行严格审查。

职业道德（Ethics）是指申请人要作出承诺，遵守《金融理财执业标准》及《金融理财师道德准则和专业责任》。其中规定金融理财师必须如实披露与工作有关的所有调查和诉讼等，且要通过书面形式向客户说明薪酬的支付方式并如实揭示利益冲突。同时，申请人要承诺勤勉、正直、客观地为客户服务，满足客户的需求。

二、注册财务策划师（RFP）

注册财务策划师（Registered Financial Planner，RFP），是由美国注册财务策划师协会（RFPI）推出的个人财富管理行业专业资格国际认证，得到国际范围内的广泛认可。注册财务策划师，是指能够通过财务分析程序来对个人的财务计划、投资策略等进行科学合理的规划与管理，以帮助实现个人生活目标和财富管理目标的专业型人才。与传统的金融财务人员有所不同，注册财务策划师更关注个人和企业资产的保值与增值，并为了实现这种目标而进行投融资运作、风险管理、税收筹划、上市并购等方面的操作。

通过注册财务策划师资格认证的人员，可以担任所在机构的个人财富管理师或咨询师，为客户提供私人财富管理方面的服务和咨询。除此之外，注册财务策划师也可以服务于银行、保险、证券等金融机构或经营债券、外汇、基金、期货、黄金等相关业务的机构或公司，还可以从事投资业务和投资管理公司业务，或是从事与律师相关的职业。

三、特许金融分析师（CFA）

特许金融分析师（Chartered Financial Analyst，CFA），是由美国特许金融分析师学院（ICFA）于1962年设立的。自设立以来，得到了170多个国家广泛的认可，成为国际金融界重量级财务金融机构金融分析从业人员必备的证书，也是全球投资业中最为严格与含金量最高的资格认证。CFA被全球投资行业视为知识体系和道德操守等方面的标准与规范，被誉为“华尔街的入场券”。

在国际金融领域，CFA证书持有人备受投资银行、投资公司、基金公司、保险公司等各类金融机构的青睐，具有十分明显的市场竞争优势，是金融职场上和财富管理行业中的重点关注与培养对象，其薪资也相当可观。在中国，CFA持证人不仅可以获得体面、高薪酬的工作，还往往可以享受某些一线、二线城市人才引进政策带来的福利。

CFA作为全球金融投资领域的顶尖资质，已经成为越来越多国内外专业金融人才提升自身核心竞争力的首选，但是要通过CFA考试并不是件容易的事情，因为CFA涵盖十门课程，知识面覆盖范围较广。

四、金融风险管理师（FRM）

金融风险管理师（Financial Risk Manager，FRM），是由美国全球风险管理协会（Global Association of Risk Professionals，GARP）设立的，是风险管理领域最权威、认可度最高、最权威的证书之一。风险管理涵盖市场风险、信用风险、操作风险等风险的管控，以及相关的数量分析、会计、法律等众多内容。风险管理是所有经营主体特别是金融企业的生命线，是决定一切金融投资活动成败的关键。这也是金融风险管理师日益受到重视的原因之一。金融风险管理师资格证书，是国际上最受瞩目的风险管理证照，全球报考人数正以每年超过30%以上的速度快速增长。与此同时，随着我国金融监管机构和各类金融机构对风险管理重视程度的提高，国内对金融风险管理专业人才的需求也在日益增长。

我国首次FRM认证资格考试举办于1997年，之后每年5月和11月各举行一次。FRM考试在我国北京、天津、上海、广州、南京、成都、深圳等16座城市设有考点。FRM考试全部实行标准化，考试费用比较低。

五、特许财富管理师（CWM）

特许财富管理师（Chartered Wealth Manager，CWM），是由美国金融管理学会（American Academy of Financial Management，AAFM）设立的，得到了全球100多个国家及800多所大学、美国证券交易商协会、美国政府劳工部一级皇家学会联盟等国际知名组织的一致认可。

特许财富管理师（CWM）证书是美国财富管理培训认证的四大证书之一。与其他资格证书相比，CWM更加注重营销实务、实用技能和信息交流，所以更大众化。调查发现，美国的银行工作人员中，持有CWM证书的比例最高，CWM证书在银行界的权威性也可见一斑。由于CFP与CWM的知识体系存在一定的一致性和连贯性，已经获得了CWM证书的人员在补充完成其余规定课程后，也可申请CFP证书。CWM认证进入我国后，得到了全国各地多家金融机构的认同。

六、国际认证财富管理师（CWMA）

国际认证财富管理师（Certified Wealth Management Advisor，CWMA），是国际金融专业人士协会（ISOFP）旗下的财富管理专业能力认证。国际金融专业人士协会（ISOFP）成立于2004年，总部位于美国纽约，致力于为金融专业人士提供国际水准的培训及资格认证，认证范围遍及全球70余个国家和地区，逾10万名会员。

CWMA是面向为中高净值客户提供综合财富管理服务的金融从业人员而设计的财富管理专业能力认证。2016年，CWMA认证被引入我国，并规定由国际金融专业人士协会财富管理中国分会负责运营。国际金融专业人士协会财富管理中国分会，是ISOFP唯一授权在中国境内进行财富管理品牌运营与管理的非营利性组织。该分会致力于将培训的国际标准与认证体系本土化，旨在为我国培养专业技能高超的财富管理师，提升我国财富管理的专业水平，促进我国财富管理行业的快速和健康发展。

第十一章　中国资产管理市场

中国资产管理市场是国民财富效应和金融市场化改革的产物。新的资产管理监管框架的建立和统一监管规则的出台，正在推动中国资产管理市场步入高质量成长的转型发展新阶段。

第一节　中国资产管理市场的发展历程

改革开放后中国经济的持续高增长和国民财富积累程度的逐步提高，是推动资产管理市场快速发展深化的基本动力。经过二十多年的快速发展，中国资产管理市场在规模扩展、结构优化、监管强化、对外开放等方面都取得了长足进步，其发展历程大体上可以划分为四个阶段。

一、资产管理市场萌芽阶段（1993—2003 年）

我国的资产管理业务最早产生于非银行金融服务业。1979 年 10 月中国国际信托投资公司（CITIC）的成立，标志着新中国信托业发展的大幕开启；1981 年国库券首次发行，1984 年北京天桥股份有限公司和上海飞乐音响股份有限公司向社会公开发行股票；1993 年君安证券公司设立君安受益基金，在国内率先开展了资产管理业务，这可以看作我国资产管理业务的缘起；1996 年中信实业银行广州分行设立“私人理财中心”，专门为客户提供理财投资咨询服务，在商业银行中率先开展了个人理财业务，银行的个人外汇理财业务也在这一年推出，这两者成为银行理财业务的发端。1997 年 11 月《证券投资基金管理暂行办法》发布后，1998 年 3 月，南方、国泰两家基金公司分别发行了“基金开元”和“基金金泰”两只封闭式股票型基金，这一年也成为中国基金业的元年；2003 年 9 月，中国证监会发布了《证券公司客户资产管理业务试行办法》，之后证券公司不受 200 人投资人数限制的集合资产管理计划（大集合产品）陆续推出，证券公司的资产管理业务开始起步；2003 年 7 月，中国人保资产管理公司成立，奠定了保险公司开展资产管理业务的组织制度基础。中国资产管理市场萌芽阶段的代表性事件见表 11 –1。

表 11 –1　中国资产管理市场萌芽阶段的代表性事件

时间	事件
1993 年	君安证券公司设立君安受益基金，率先从事资管业务
1995 年	中国人民银行批准证券公司从事资产管理业务
1996 年	中信实业银行广州分行率先挂牌成立“私人理财中心”，向高净值客户提供高端理财等金融产品和服务，推出了具有理财功能和注册商标的中信理财宝储蓄卡，向客户提供投资顾问和个人外汇理财服务，成为中国银行业理财的雏形
1997 年	中国证监会出台《证券、期货投资咨询管理暂行办法》，证券投资咨询机构从 1999 年开始向基金、券商等机构类客户和上市公司提供研究报告和顾问服务
1998—1999 年	中国第一批商业化运作的基金公司获批，拉开了中国公募基金业发展序幕。国家批准设立国泰、南方、华夏等 10 家基金管理公司（简称“老 10 家”）
2002 年	光大银行推出我国第一款银行理财产品——美元结构性存款，民生银行等也开始向机构客户推广外汇结构性产品。银行理财产品逐渐为居民和各类机构所认知
2003 年	中国人保资产管理公司成立，保险资产管理进入了集中化和专业化运作时代

在这一阶段，以股份制改革为代表的经济体制改革和建立社会主义市场经济体制目标的确立，为机构投资者和居民个人创造了更大的投资市场空间。这主要表现在：

一是股份制改革和股票市场的建立，为资产管理市场的早期发展创造了条件。上海证券交易所和深圳证券交易所的相继开业，以及信托公司的成立与发展，使居民对股票、信托产品等的投资成为现实。

二是社会主义市场经济体制改革目标的确立，为资产管理市场各类参与主体的早期发育提供了制度保障。1992 年，邓小平同志南方谈话和党的十四届三中全会通过的《中共中央关于建立社会主义市场经济体制若干问题的决定》，推动中国进入社会主义市场经济建设的新时期，证券公司、保险公司、信托公司、基金公司等金融机构个人理财业务开始起步。

三是资产管理监管制度的推出，对中国资产管理市场发展发挥了重要的促进作用。2001 年中国证监会开始颁发券商资产管理牌照，并于同年 11 月发布了《关于规范证券公司受托投资管理业务的通知》，对资产管理业务第一次给予了清晰界定。这一年的 9 月，首只开放式基金——华安创新开放式证券投资基金成立，基金行业开始步入黄金发展期。2003 年 12 月，中国证监会发布了《证券公司客户资产管理业务试行办法》，对客户资产管理的业务范围、业务规范、风险控制、客户资产托管、监管措施和法律责任等作出了具体规定，券商资产管理业务进入相对规范化时期。

四是加入世界贸易组织（WTO）成为中国资产管理市场快速发展的“催化剂”。随着中国加入 WTO 后金融业对外开放的深化和金融监管体制的逐步建立，非银行金融机构纷纷加大创新力度，投资者对理财的认知度不断提高，证券投资基金及券商集合资产管理产品成为理财市场的产品主体。同时，随着中国金融衍生品市场的发展，中国的商业银行开始为具备真实贸易背景且拥有外汇资金的大型机构客户提供期货套期保值和利率互换等避险金融工具。

这一阶段资产管理市场的主要特点是大部分居民的财富存量有限，理财需求较弱，理财产品供给较少，资产管理机构的产品发行规模不大，理财监管体制也不健全。从各类资产管理机构理财业务开展的情况看，信托业在经历六次大规模治理整顿后，凭借其金融综合经营优势，信托理财产品数量、种类和管理资金规模增长较快；券商资产管理主要做标准化资产投资，创新产品较少，业务发展速度较慢；国内商业银行的理财产品还处于启蒙阶段，以外资银行的结构化产品、外币理财产品等各种“舶来品”为主，基金公司和保险公司早期的理财产品还处于试验阶段，其发行的理财产品基本上都是结构简单的同质化产品。

二、资产管理市场多元化发展阶段（2004—2011 年）

2005 年 9 月，中国银监会发布了《商业银行个人理财业务管理暂行办法》。此后至 2011 年底，监管部门针对个人理财业务、集合资金信托计划、QDII、特定客户资产管理等业务领域，相继出台了一批法律法规，用于明确这些业务的操作规范，保护客户利益，促进资产管理业务的健康发展，由此中国资产管理市场监管的制度框架也基本成型（见表 11 -2）。与此同时，由银行理财产品、证券资管产品、保险理财产品、信托计划等各类金融机构理财产品共同推动的多元化财富管理市场也基本形成。

表 11－2　中国资产管理市场监管制度框架的逐步搭建

时间	事件
2005 年 9 月 24 日	中国银监会发布《商业银行个人理财业务管理暂行办法》，明确个人理财业务
2005 年 9 月 24 日	中国银监会发布《商业银行个人理财业务风险管理指引》，要求银行建立个人理财业务风险管理体系。业界普遍认为，银行个人理财业务拉开了资产管理业务的序幕
2006 年 4 月 17 日	中国人民银行、中国银监会和国家外汇管理局共同发布《商业银行开办代客境外理财业务管理暂行办法》，允许境内机构和居民个人委托境内商业银行在境外进行金融产品投资，银行系开始 QDII 业务
2007 年 3 月 1 日	《信托公司集合资金信托计划管理办法》实施。在这之前，2001 年 10 月 1 日，《中华人民共和国信托法》开始实施
2007 年 3 月 12 日	中国银监会发布《信托公司受托境外理财业务管理暂行办法》，信托公司开始经营 QDII 业务
2007 年 6 月 20 日	中国证监会发布《合格境内机构投资者境外证券投资管理试行办法》，基金管理公司和证券公司开始经营 QDII 业务
2007 年 7 月 25 日	中国保监会、中国人民银行、国家外汇管理局共同发布《保险资金境外投资管理暂行办法》，保险公司开始经营 QDII 业务
2007 年 11 月 29 日	中国证监会发布《基金管理公司特定客户资产管理业务试点办法》（证监会令第 51 号），基金管理公司从事特定资产管理业务有法可依
2011 年 8 月 25 日	中国证监会发布修订后的《基金管理公司特定客户资产管理业务试点办法》（证监会令第 74 号），涉及法规体系、业务资格准入条件、委托财产的投资范围等方面的调整，有利于促进基金公司专户理财业务的持续稳定发展

这一时期的中国资产管理市场步入发展的快车道，而银行的理财业务和基金公司的公募基金业务很好地发挥了引领作用。具体来说，其呈现出三个方面的鲜明特征。

第一，银行理财业务创新发展实现了高速增长。2004 年 9 月，光大银行以预期收益率的形式发行国内首款人民币理财产品“阳光理财 B 计划”，拉开了商业银行理财业务发展的序幕，从此银行理财业务进入了十年高速扩张的时期，理财产品种类和规模爆发式增长。在 2004 年和 2005 年两年内，银行理财资金主要投向标准化债券市场，而在 2006—2011 年，银行理财业务创新步伐加快，低门槛、短期限、收益稳定的理财产品大量涌现。

2006 年首只“非标”产品诞生，2008 年首只开放式、净值型理财产品诞生，银行理财产品对储蓄存款、国债等传统投资方式形成明显替代。数据显示，在银行理财业务起步的 2004 年，只有 12 家银行发行了 133 款理财产品，募集资金规模不足 500 亿元人民币；到了 2011 年，94 家银行发行银行理财产品达 20270 款，募集资金规模已达 16 万亿元。银行理财产品的募集资金规模远远超过证券投资基金、券商集合理财产品和信托产品募集资金规模的总和。

第二，以公募基金公司、证券公司为代表的非银行金融机构资产管理业务快速发展，成为资产管理市场上一支重要的生力军。大量个人投资者购买公募基金进行理财，同时，公募基金也成为社保基金、保险资金、大型财务公司等机构投资人主要的投资对象。从公募基金自身的运作看，其内部操作和运作模式也相对规范和专业。基金产品的结构也日益丰富，包括权益类、固定收益类、货币类、混合类、量化类等诸多种类，形成了层次多样的多元化产品体系，基本上能够满足不同收益风险特征的客户的差异化需求。公募基金公司还大力开发 QDII 基金，将投资领域扩展到了海外市场。除基金公司外，这一阶段证券公司的资产管理业务也得到了较快发展，产品结构逐步优化，客户数量不断增加，业务规模显著扩张。

第三，银信合作导致资产管理业务规模快速扩张。出于银行表内资产表外化需求和投资“非标”产品带来的更高收益，银行与信托公司合作的价值和意义凸显，由此导致银信合作背景下的资产管理业务规模大幅扩张。在银信合作过程中，部分机构进行监管套利，大量发行“滚动发售、集合运作、期限错配、分离定价”的“资金池”模式产品，导致资产管理业务偏离了“受人之托、代人理财、风险自担”的固有本质，并且给资产管理市场带来了潜在风险。

三、资产管理市场步入“大资管”阶段（2012—2015 年）

2012—2015 年，监管环境放松，政策管制松绑，中国资产管理行业迎来“大资管”时代，资产管理市场也相应步入“大资管”发展阶段。

2012 年，中国证监会、中国保监会等监管部门相继出台监管政策降低资产管理行业准入门槛，放松资产管理市场管制，导致资产管理服务机构数量大幅增加，资产管理市场规模呈现出爆发式增长。此后，监管部门又推出一系列宽松的监管政策措施，包括明确基金子公司的投资范围，突破信托、银行理财、保险资管等的投资领域约束；赋予保险资产管理公司第三方资产管理人的权利，打通保险与证券、基金等机构之间的通道等。在该阶段，商业银行、证券公司、保险公司、信托公司、基金和期货公司等金融机构在资产管理业务方面既相互竞争又紧密合作的“竞合关系”进一步强化。

这一阶段资产管理市场运行的一个重要特征，是各类金融机构的资产管理业务都得到了快速发展。除银行理财产品一马当先处于领跑地位外，非银行金融机构特别是券商的资产管理规模也迅速扩大。2012 年以前，资产管理市场以银行理财、保险资管、信托资产管理和公募基金为主，券商资产管理业务进展相对迟缓。2012 年初，中国银监会叫停了银信合作票据业务，券商资产管理业务迎来快速发展机会；当年 5 月，券商创新大会召开，中国证监会大幅放松了行业管制，对券商资管业务的创新予以松绑；10 月，中国证监会取消了券商集合资产管理计划的行政审批，允许券商定向资产管理计划成为新的通道。券商资产管理业务在通道业务大幅增长的带动下快速扩张。根据中国证券业协会的统计数据，2011 年末，证券公司受托管理资金规模仅为 2819 亿元，而 2012 年受托管理资金较 2011 年增长了 5.7 倍。2013 年末，这一规模则突破了 5 万亿元大关，达到 5.2 万亿元，随后 3 年每年依然保持 50% 的同比增速。券商资产管理规模的迅速扩张，使其成为资产管理市场中重要的市场供给主体。

四、资产管理市场规范转型发展阶段（2016 年至今）

2013 年以来，中国经济进入了“三期叠加”阶段，经济的周期性、结构性、制度性矛盾交织在一起，从而必然影响到金融运行的稳定性，而随着金融体系复杂度和开放度的明显提高，金融市场的潜在风险也在逐步累积，金融体系的脆弱性上升。从资产管理市场看，在 2012—2015 年资产管理规模急速扩张的过程中，各类金融机构的资产管理业务普遍存在产品多层嵌套、期限错配、刚性兑付、资金池、监管套利等不规范行为，相应增大了金融风险，而金融分业监管体制下不同监管机构在同类资产管理业务的监管规则、业务标准、执法口径等方面又不统一，从而削弱了监管效率。在这种情况下，按照党的十八大以来反复强调的“牢牢守住不发生系统性金融风险底线”的要求，监管机构把防范发生系统性金融风险作为根本任务，围绕禁止资金池运作、去通道业务、打破刚性兑付、构建统一监管体制等方面，强化资产管理市场监管，严格规范各类资产管理机构的业务经营，资产管理市场进入了规范转型发展阶段。

资产管理市场监管环境的变化，对资产管理市场的规模扩张及竞争格局产生了重大影响。其主要表现在：

第一，强监管导致资产管理市场扩张速度大幅放缓。受监管机构强监管的影响，2016 年，商业银行、证券公司、保险公司、信托公司、期货公司、公募基金公司以及私募基金七大资产管理板块管理资产规模合计为 116.18 万亿元，同比增长 28.6%，较 2015 年的 51.4% 的增速大幅下滑。2017 年该增速继续下滑至个位数，仅为 8.5%。

第二，“资管新规”出台导致市场竞争格局发生变化。2018 年 4 月，中国人民银行、中国银保监会、中国证监会、国家外汇管理局联合发布了《关于规范金融机构资产管理业务的指导意见》（简称“资管新规”），明确了资产管理业务的具体准则，为资产管理业务提供了基本指引。此前的 2016 年 3 月，证监会发布了《基金管理公司子公司管理规定》以及《基金管理公司特定客户资产管理子公司风险控制指标管理暂行规定》（两者统称为“基金子公司新规”），确定了基金子公司以净资本为核心的风控体系，并要求基金子公司分类处理现有多类业务。受“资管新规”和“基金子公司新规”实施的影响，基金子公司的通道业务承受了巨大压力，其资产管理业务市场占比从 2016 年的 14.5% 大幅降至 2017 年的 10.9%；受监管影响，银行理财业务和券商资产管理业务占比分别从 2016 年的 25% 和 15.1%，下降至 2017 年的 24.3% 和 13.4%；信托计划、公募基金和私募基金 2017 年市场份额则有所提升，分别为 20.8%、9.2% 和 8.8%。

第三，因通道业务受限使得券商资管业务收缩显著。由于通道业务在券商资产管理业务中占有非常重要的地位，在去通道业务的大背景下，券商的资产管理规模在 2017 年首次出现下降。中国证券业协会数据显示，券商资管业务规模从 2014 年末的 7.95 万亿元逐季增长，扩张至 2017 年第一季度末的 18.77 万亿元后连续 3 个季度下滑，到年末回落至 16.88 万亿元。

加强资产管理市场监管，严格规范市场主体行为，治理资产管理业务乱象，是这一阶段的主要特征。“资管新规”发布后，监管部门制定的一系列配套细则也陆续出台，标志着统一的资产管理监管框架正式形成，对于统一同类资产管理产品监管标准，规范金融机构资产管理业务，推动社会资金流向实体经济，有效防范和控制金融风险，都具有重要意义。同时，这也意味着资产管理行业告别了过去的野蛮增长，进入了以转型升级为基本驱动力的高质量发展的新时代。

第二节　中国资产管理市场的主要结构

经过二十多年的快速发展，中国资产管理市场形成了由各类资产管理需求主体、供给主体和市场中介机构等市场主体共同参与、由多样化资产管理产品所支撑的结构比较健全的市场体系。

一、资产管理市场的主体结构

（一）需求主体结构

资产管理的需求方即委托方，主要由机构投资者和个人投资者组成。受资产管理市场所处发展阶段的制约，现阶段我国资产管理市场的机构投资者占比较低，个人投资者占比较高。

1. 机构投资者

机构投资者是指符合法律法规规定，可以从事资管产品投资业务的法人实体。广义的机构投资者，是指用自有资金或者从分散的公众手中筹集的资金，专门进行资产管理产品投资活动的法人机构。

发达国家的机构投资者，主要是以资管业务收益为其重要收入来源的证券公司、投资公司、保险公司、各种福利基金、养老基金及金融财团等。从资金来源上看，资产管理市场中机构投资者占60%以上，其中保险公司和养老金分别占15%和35%左右。

中国资管市场的机构类客户，多数是一般工商企业和金融机构。除保险公司外，国际流行的养老金、主权财富基金、捐赠基金等主流机构投资者在中国资管市场的发育程度还显不足，市场化投资管理机构尚在探索之中。现时情况下只有社保基金、企业年金和部分基本养老基金参与资产管理市场投资，并且这些机构投资者经营运作还不成熟，投资行为与其资金属性、投资目标等还不完全匹配，整体呈现短期化倾向。

随着中国金融市场对外开放的深化、中产阶级的崛起和老龄化社会的来临，外资机构投资者大量进入中国资管市场，机构投资者结构将不断优化。资管市场的需求主体，将从目前的以个人投资者为主逐步向以长期机构投资者为主的方向转化。瑞士信贷集团在《转型中的亚洲》报告中预计，到2030年，中国机构投资者管理资产的总规模将达到13.8万亿美元（2014年总规模仅为1.4万亿美元），机构投资者的投资规模显著扩大。这就要求资产管理市场的供给主体在产品设计、市场营销、风险管控等方面加快转型。

2. 个人投资者

个人投资者即投资资管产品的自然人。我国个人投资者在资管市场的需求主体中占据主要地位，面向个人投资者发行的理财产品存续余额，占全部理财产品存续余额的60%以上。

中国资产管理市场个人投资者“二八”分化明显，占个人投资者80%的低净值人群的平均风险偏好水平较低，坚持以持续消费为目标的生活哲学，更加重视养老、子女教育、医疗、购房等方面的需求。此类投资者偏好低风险和无风险的固定收益类金融产品，资金配置集中在商业银行存款、低风险和低收益的银行理财产品、净值稳定的公募基金等方面。

相比而言，富裕家族客户、企事业单位高管、职业投资人、律师、医生、文体明星等高净值客户对资产配置多元化和海外资产配置的需求上升，特别是超高净值群体对个性化资产管理的需求更加迫切。这类投资者对金融市场具有较深刻的洞悉，具有相对丰富的投资经验和个性化投资哲学，其资金主要配置在净值类产品和风险类资产，比如私人银行产品、公募基金、私募基金、信托产品和券商及基金子公司资管产品。

“资管新规”将资管产品的投资者分为不特定社会公众和合格投资者两大类。合格投资者是指具备相应风险识别能力和风险承担能力，投资于单只资产管理产品不低于一定金额且符合以下三个条件的自然人和法人或者其他组织：一是具有2年以上投资经历，且满足以下条件之一：家庭金融净资产不低于300万元，家庭金融资产不低于500万元，或者近3年本人年均收入不低于40万元。二是最近1年末净资产不低于1000万元的法人单位。三是金融管理部门视为合格投资者的其他情形。

“资管新规”还规定，合格投资者投资于单只固定收益类产品的金额不低于30万元，投资于单只混合类产品的金额不低于40万元，投资于单只权益类产品、单只商品及金融衍生品类产品的金额不低于100万元。投资者不得使用贷款、发行债券等筹集的非自有资金投资资产管理产品。

未来，随着中国资产管理市场的发展深化，个人投资者的投资资产结构也将发生变化。随着经济增长速度放缓和个人收入增幅下降，普通个人投资者低风险偏好仍然难以改变，无风险和低风险产品仍是其资产配置的首选，但资产配置的期限结构将有所拉长，资产收益的波动性会有所增加。从长期看，随着我国市场监管环境和产品结构的变化，投资者将逐步形成风险自担的净值型投资理念，投资者的分层化、需求的差异化趋势将更加明显。

（二）供给主体结构

资产管理的供给方，即作为受托方的资产管理人，通常是具有资产管理资质的各类金融机构，包括商业银行、证券公司、保险公司、信托公司、公募基金公司、期货公司、金融资产投资公司，也有私募投资管理机构和独立第三方资产管理机构。金融机构的资管业务，有的由旗下的资管事业部或资管子公司运营管理，有的由内设的资产管理部经营，也有的由于自身投资能力不足将全部或部分理财资金委托外部机构管理，即委外业务。

1. 商业银行

商业银行是资管市场最重要的供给主体，在资管市场产品发行规模中占比最大。在银行理财产品线方面，国有商业银行产品结构最为丰富，而城商行和农商行的开放式产品比例较高；在理财业务人员配置数量和专业素质方面，国有商业银行和全国性股份制商业银行居于领先地位；在渠道建设方面，国有商业银行和一些全国性股份制商业银行更加重视线上线下渠道的一体化发展。由于近年来商业银行资管业务规模盲目扩张且经营运作不规范，也积累了较大风险，主要表现为信用债和“非标”资产的信用风险、投资期限错配带来的流动性风险、监管套利风险，以及隐性担保和刚性兑付产生的风险。

“资管新规”的发布和中国银保监会落实“资管新规”的配套细则《商业银行理财业务监督管理办法》于 2018 年 9 月发布后，商业银行强化资产管理业务的规范化操作，稳妥推进产品端的风格转换，着力提升投资端的管理能力，切实完善运营端的配套制度，强化业务经营过程中的风险管控，加快设立理财子公司，积极推进资管业务数字化进程，资产管理业务转型升级的步伐明显加快。

2. 证券公司

现阶段证券公司业务主要收入来源为证券经纪业务，资产管理业务在其业务总收入中的占比不高，2017—2019 年平均占比在 10% 左右。不过，尽管证券公司在资产管理市场上的地位明显逊色于商业银行，但因其主要活动范围是资本市场，因而在股票和基金投资、投资研究、渠道和新三板做市商等方面，具有明显的专业优势。2018 年 10 月，中国证监会依据“资管新规”制定了资管业务规则，颁布了《证券期货经营机构私募资产管理业务管理办法》，对证券资管业务的投资范围、风险防控、信息披露、监管标准等作出了新的规定。在新的监管政策环境下，券商资管业务去通道、降杠杆的过程加快，资产管理业务的集中度逐渐下降，中小证券公司资管业务发展潜力凸显。从管理方式看，通道业务红利逐步消失，主动管理业务占比上升，提升主动管理能力成为证券公司资管业务竞争的重点；从产品类型看，大集合产品公募化转型发力，企业资产证券化（ABS）产品创新加快，科创主题资管产品不断推出，量化类产品密集发行，证券公司资管产品结构加速调整优化；从技术支持看，区块链、大数据、云计算、人工智能等技术正在逐步应用到股票遴选、投资研究、风险管理和机构服务中，金融科技和资管业务加快融合。面对金融同业机构竞争加剧和监管强化的资产管理市场环境，证券公司也在全力优化资产管理运营模式，持续推进资产管理业务转型升级。

3. 保险公司

保险公司是资产管理市场重要的供给主体。保险公司的资管业务，主要由保险资产管理公司来打理，专业性保险资产管理机构和保险公司的投资部门发挥次要和辅助作用。保险资产管理公司作为受托人，可以接受客户委托，以委托人名义开展资产管理业务，也可以自己设立资产管理产品，为受益人利益或者特定目的开展资产管理业务。保险资管公司的主要资金来源，包括母公司的保费收入、承接银行等第三方金融机构的委托管理资金、主动发起设立保险资管计划募集的资金等。从保险资管公司的资金运用看，现其已涵盖了债权类、股权类、组合类、基金类等大类资产，形成了传统投资与另类投资、私募投资与公募投资、一级市场投资与二级市场投资、境内投资与境外投资相结合的分散化、多元化资产配置格局。由于我国老龄化程度加剧，加之兼具保险功能的保险资管产品具有避债避税优势，使得保险资管产品拥有广泛的社会需求。这成为促进保险资管业务发展的重要的基础条件。而保险资金是国内资产管理市场中规模最大的长期投资资金，是股票、债券和公募基金的重要的机构投资者，保险资管业务的发展，又可以在服务国家重大战略、支持实体经济发展、促进金融市场稳健运行等方面，发挥重要而又独特的作用。

4. 信托公司

信托公司在我国资产管理市场中也占有重要地位。信托理财产品具有投资门槛高、周期长、收益率高等特点。比如，集合资金信托计划产品的认购起点为100万元，投资期限一般为2~3年，收益率也远高于相同期限的银行理财产品。正因为如此，信托公司的投资客户多为中等收入水平客户和高净值群体。

2007年1月，中国银监会发布了《信托公司管理办法》和《信托公司集合资金信托计划管理办法》，对信托公司的业务定位和业务范围作出了明确界定，为信托业发展提供了有力的制度保障。此后，信托业进入了快速发展的阶段。特别是2013年以来，信托业突飞猛进，信托资产规模实现了超常规增长。到2017年底，信托资产规模达到26.25万亿元，信托公司成为位居商业银行之后的第二大资管机构。但信托公司在快速发展过程中，也暴露出了一些问题，主要表现为：业务结构不合理，资产规模增长主要依赖通道业务；资金信托规模在全部信托业务规模中占比较高，信托公司类银行业务的特征明显；风险管控不到位，导致一些信托公司项目信用违约风险上升；有的信托公司资本实力不足，资本补充较为困难。而从信托业发展的现实环境看，经济增速下行，房地产信托业务受限，基础设施信托业务因地方政府债务风险受到影响，银信合作空间收窄，信托业高速发展中积累的风险在逐步释放，信托资产收益率下滑。“资管新规”的实施，将使通道业务规模大幅缩减，提高合格投资者门槛会增加发行信托产品募集资金的难度，而规范资金池业务和禁止期限错配则对信托公司的流动性管理提出了更高的要求。所有这些，对信托公司的业务经营构成了严峻挑战，信托公司面临着沉重的转型发展压力。

5. 基金公司

基金公司可以分为公募基金公司和私募基金公司。公募基金向投资客户提供的主要产品是基金证券。基金证券是一种投资风险较低、投资收益相对稳健的投资工具，具有专家管理、专业投资、分散投资、信息透明、流动性强、独立托管、投资门槛低等方面的优势，受到中小投资者的普遍青睐，成为大众化的资管产品。随着基金业的发展，证券投资基金的种类也不断增加。除货币市场基金、债券型基金、股票型基金、混合型基金等传统基金类型外，指数基金、对冲基金、ETF基金、FOF基金、MOM基金等也纷纷跻身基金市场，为投资者提供了多样化的基金投资选择。在基金投资方式上，除一次单笔投资外，还有“定期定额”投资的基金定投方式。这种投资方式均衡投资金额和投资时间，能够帮助投资者更有效地分散投资风险，提高投资收益。

2012年10月，中国证监会发布了修订后的《证券投资基金管理公司子公司管理暂行规定》，开启了基金公司设立基金子公司的大门。监管部门允许基金公司设立子公司的初衷，是要解除公募基金在“非标”资产投资上的限制，支持公募基金开展多元化资产管理业务，促进公募基金与券商和信托公司的资管业务竞争。基金公司以发行管理公募基金产品为主，同时可开展基金私募类专户业务，投资对象主要是股票、债券等标准化资产，而基金子公司仅能以私募方式通过专项资管计划募集资金，除可投资标准化资产外，还可以投资非上市股权、债权、收益权等类型的资产。

私募基金公司通过非公开方式向投资者募集资金，投资于上市交易的证券、金融衍生产品、各类特定行业（主要是新兴产业和高科技产业）中处于创业期、成长期的非上市的企业股权以及有并购价值的并购项目，其客户是少数机构投资者和高净值群体。

近年来宏观经济金融环境、监管政策环境和行业生态环境的深刻变化，给基金公司的发展带来了重大影响。纷纷设立的银行理财子公司，成为公募基金主营业务的强劲竞争对手，将打破公募产品市场上公募基金一家独大的局面；基金费率竞争趋于常态化，将导致基金公司的管理费收入和利润下降；金融科技重点技术的应用，将推动基金产业链重构，改变传统的基金业业态；基金业对外开放的步伐加快，将形成中外基金公司同台竞技的新的竞争格局，基金业的竞争强度将进一步提升。公募基金公司只有顺应整体经营环境的变化加快转型，才能实现业务的稳健和可持续发展。

6. 第三方财富管理机构

第三方财富管理机构，是指独立于银行、保险等金融机构，不代表和隶属于任何一家金融机构的理财服务型企业。这类机构严格按照客户需求进行投资管理，为客户提供综合性资产管理服务，具有客观中立、信誉可靠、综合规划等方面的优势，其业务收入主要来自资产管理的顾问收入而不是资产管理产品的销售佣金。发达国家第三方财富管理机构的市场占有率很高，有的国家甚至达到60%以上，而我国第三方财富管理机构的市场份额占比还不到5%，且专业化资产管理能力不高、团队稳定性较差、增值服务能力有限。因此，第三方财富管理机构在我国还有很大的发展潜力。

除上述需求主体和供给主体外，会计师事务所、律师事务所、资产评估事务所等资产管理市场的中介服务机构，也是资产管理市场不可或缺的经济主体。

二、资产管理市场的产品结构

资产管理产品，是指资产管理机构通过向客户募集资金或接受特定客户委托财产，为客户和资产委托人的利益，运用客户资金和委托财产进行投资的金融产品。“资管新规”将资管产品定义为：资产管理产品包括但不限于人民币或外币形式的银行非保本理财产品，资金信托，证券公司、证券公司子公司、基金管理公司、基金管理子公司、期货公司、期货公司子公司、保险资产管理机构、金融资产投资公司发行的资产管理产品等。

（一）资产管理产品的分类

1. 按照募集方式分类

按照产品募集方式分类，资产管理产品可以分为公募产品和私募产品。

公募产品面向不特定社会公众公开发行，发行对象主要是风险识别和承受能力偏弱的一般社会公众，具有较强的风险外溢性，因此，在投资范围、信息披露、利润分配等方面受到严格的监管。该类产品的投资对象，主要是标准化债权类资产以及公开上市交易的股票。除法律法规和金融管理部门另有规定外，公募产品一般不得投资未上市企业的股权。

私募产品面向不超过200名合格投资者非公开发行，发行对象主要是风险识别和承受能力较强的合格投资者。与公募产品相比，对私募产品的监管要求相对宽松。这类产品更加尊重投资者的投资意愿，投资范围更为广泛，包括债权类资产、上市交易的股票等标准类资产，未上市企业股权和受（收）益权等非标准资产，以及符合法律法规规定的其他资产。

2. 按照投资性质分类

按照产品投资性质分类，资产管理产品可分为现金管理类产品、固定收益类产品、权益类产品、商品及金融衍生品类产品和混合类产品。现金管理类产品，是指仅投资于国债、央行票据、债券回购、短期融资券等货币市场投资工具，每个交易日可办理产品份额认购、赎回的流动性很强的产品。这类产品具有投资期短、交易灵活、收益较银行活期存款高等特点，通常用来管理短期闲置资金；固定收益类产品，是指主要投资于银行间市场、证券交易所以及其他金融市场子市场的固定收益投资品种的产品，其投资于存款、债券等债权类资产的比例不低于80%；权益类产品，是指投资于股票、股票型基金、认股权证、存托凭证等权益类资产的产品，其投资于股票、未上市企业股权等权益类资产的比例不低于80%；商品及金融衍生品类产品，是指投资于大宗商品和金融衍生品的产品，其投资于商品及金融衍生品的比例不低于80%；混合类产品，是指分别投资于固定收益类资产、权益类资产、商品及金融衍生品类资产的产品，且投资于其中任一资产的投资比例未达到前三类产品的标准。除现金管理类产品的资管产品外，一般按照投资风险越高、分级杠杆约束越严格的原则，设置差异化的分级比例限制，信息披露要求也存在差别。

3. 按照产品期限分类

按照产品期限分类，资管产品可以分为超短期产品（委托投资期限1个月以内）、短期产品（委托投资期限1~3个月）、中期产品（委托投资期限3个月至1年）、长期产品（委托投资期限1年以上），以及开放式产品（产品可以每天或者在约定的日期申购、赎回）。

4. 按照产品结构层次分类

按照产品结构层次分类，资管产品可以分为单一结构产品和结构化产品。前者是指理财资金投资对象和运用方式单一、风险和收益权没有设置分层结构的产品；后者是将固定收益证券和衍生产品组合而成的对风险和收益权设置不同层次的产品，其是资管机构利用金融工程技术，针对投资者不同的投资风险偏好，以“固定收益证券加期权”的方式，将基础产品的投资报酬与衍生合约标的资产的价格变化联系在一起，由此增加投资收益和将投资者对标的资产价格未来走势的预期产品化的一种资产组合行为。衍生合约标的资产，包括信用、利率、汇率、商品（指数）、股价（股指）等。

为维护金融市场平稳运行，抑制资产价格泡沫，“资管新规”对结构化资管产品的杠杆使用和杠杆比例作出了严格规定，即禁止公募产品和开放式私募产品进行份额分级，而在可以分级的封闭式私募产品中，固定收益类产品的分级比例（优先级份额/劣后级份额）不得超过3∶1，权益类产品不得超过1∶1，商品及金融衍生品类产品、混合类产品均不得超过2∶1。

5. 按照产品计价货币分类

按照产品计价货币分类，资管产品可以分为人民币理财产品和外币理财产品。人民币理财产品只能用人民币购买，外币理财产品只能用美元、欧元、英镑、日元等外币购买。

（二）资产管理产品结构的演进

我国资管行业起步较晚，但发展迅速。从产品结构看，2007年之前理财产品的投资对象以公募基金为主，产品类型以股票型基金和偏股型基金为主。2008—2012年，随着资管行业的发展，银信合作兴起，银行理财和信托、保险理财快速发展，同时，大量私募基金也开始进入资产管理市场。这一阶段资管产品的种类增加，基金占垄断地位的局面被打破。2013—2016年，资管行业发展进入快车道，各类资管机构的竞合关系强化，产品创新提速，不同类型、不同风险偏好的资管产品大量涌现，资管产品呈现出多样化发展格局。在这个时间段内，商业银行理财业务依托渠道优势发展迅猛，理财产品的负债端扩张对银行渠道高度依赖，银行理财一家独大的格局开始形成。自 2017 年以来，资管行业高速发展过程中的风险加速暴露，资管市场的监管日趋强化，带有“刚性兑付”性质的保本保收益理财产品逐渐式微，而净值型产品越来越受到各类资管机构的高度重视，资管产品结构正在发生深刻的良性变化。

第三节 中国资产管理机构的经营管理

随着国内资产管理市场环境的深刻变化，作为市场供给主体的资产管理机构应以服务实体经济为使命，回归资产管理本源，明确自身市场定位和资产管理业务发展的战略目标，建立具有竞争力的盈利模式。

一、国内资产管理机构的主要类别

资产管理机构通过产品的创设和服务的提供，将不同风险和收益特征的资产与多样化的投资资金相匹配，以满足居民和企业的资产管理需求。如前所述，在过去的二十多年间，我国资产管理行业经历了四个发展阶段。尽管中国资产管理行业发展历史短暂，但随着资产管理市场规模的扩张和资产管理机构的发展，资产管理业务的定位逐渐独立化、专业化和清晰化。资产管理业务按照资产管理机构划分，可以主要分为六个子领域，分别是银行理财、信托理财、保险资管、券商资管、公募基金和私募基金。

银行理财业务在我国资产管理市场中占据主导地位。根据 2014 年，中国银监会《关于完善银行理财业务组织管理体系有关事项的通知》（银监发〔2014〕35 号）的要求，银行资产管理业务主要实行事业部制。银行理财的资金来源仍以个人投资者为主。从银行理财资金的投资渠道看，主要有债券与货币市场工具、通道类投资和主动管理类产品三大类，而开放式净值型理财产品是银行理财未来发展的方向。2018 年 12 月，中国银保监会发布《商业银行理财子公司管理办法》。截至 2020 年 2 月末，共有 30 余家银行宣布设立或已经设立理财子公司，其中 11 家已正式开业。

信托公司通过发行信托产品进行资产管理业务。信托产品多通过银行、证券公司、保险公司等其他金融机构代理销售，资金通常会投入基础设施、房地产和工商企业等领域。信托理财产品高门槛、高收益，最基本的门槛一般为 100 万元，因受“单只信托计划的自然人人数不得超过 50 人”限制，实际投资门槛通常更高。

保险资产管理公司由中国保监会会同有关部门批准，其主要股东或母公司为保险公司，是中国资产管理行业的重要组成部分。保险资产管理业务由保险资产管理公司接受保险公司委托管理保险资金，或者向特定客户募集资金、接受特定客户财产委托担任资产管理人，为资产委托人的利益运用委托财产进行投资，以促使保险资金保值、增值为目标。目前保险资产管理的业务模式主要有投资管理、投行业务、金融同业和财富管理四种，具有集约化和集中化管理、专业化运营、规范化运作及市场化运作的特点。

证券公司的资产管理业务属于持牌业务，券商需要取得中国证监会的行政许可。证券公司开展资产管理业务主要通过三种形式：以法人内设部门为主体开展；设立资管子公司以独立法人形式开展；以专门开展资管业务的分公司形式开展。除了证券公司资产管理牌照下的资管业务外，当前大部分证券公司均取得了可以设立开展资产管理业务的私募子公司的资格，这构成了证券公司资产管理业务的重要组成部分。目前证券公司资产管理多以委托管理为主，主动管理模式将成为未来证券公司资产管理业务转型和发展的关键。

公募基金，是指通过发售基金份额，将众多不特定投资者的资金汇集起来，形成独立资产，委托基金管理人进行投资管理，基金托管人进行财产托管，由基金投资人共享投资收益、共担投资风险的集合投资方式。我国公募基金产品销售渠道主要有两种：一是线下销售，包括银行网点代销、证券公司代销、专业机构销售；二是线上销售，主要是通过第三方电子商务平台服务机构和第三方支付机构销售。

私募基金分为私募股权投资基金和私募证券投资基金两种。私募股权投资基金是从事私人股权（非上市公司股权）投资的基金，主要包括投资非上市公司股权或上市公司非公开交易股权两种，其追求的不是股权收益，而是通过上市、管理层收购和并购等股权转让路径出售股权而获利。私募证券投资基金是相对于我国政府主管部门监管的，向不特定投资人公开发行受益凭证的证券投资基金而言的，是指通过非公开方式向少数机构投资者和高净值个人客户募集资金而设立的基金，它的销售和赎回都是基金管理人通过与投资者协商进行的。

二、银行理财子公司的兴起及其管理

随着“资管新规”的落地，以往基于监管套利、通道业务和刚性兑付的野蛮生长模式已经难以为继。我国的资产管理机构尤其是过去几年充分享受了旧有发展模式红利的银行资管、券商资管、信托等机构，正面临沉重的转型压力。不仅如此，我国目前已放开外资对金融机构的持股比例限制，不久的将来海外资管巨头也将进入中国市场以分享资产管理行业发展的红利，国内资产管理机构将面临更大的市场竞争压力。

从海外资产管理公司经营的组织形式看，主要可以分为三种情况：一是独立上市公司，比如黑石公司（Black Rock）、亨德森（Henderson）等。二是独立私人公司。这类公司没有公开 IPO，也不属于任何大型金融集团，这是全球范围内大部分资产管理人所采用的模式。三是附属公司。这类资产管理机构大部分是大型商业银行和保险公司的控股或参股子公司。每种所有权模式各有利弊，附属公司的特有优势是母公司的强力支持，独立私人公司在业绩报酬方面具有优势，上市公司则具有长期激励机制的优势等。未来，金融控股公司附属的资产管理子公司模式将是最普遍的所有权形式，但随着金融供给侧结构性改革和金融业开放的深入，资产管理公司阵营中也将出现独立上市资产管理公司、独立的私有化的资产管理公司。

从经营方式的角度看，国际上的资产管理机构大体可以分为四类：一是靠近资金端，具备销售渠道优势的机构；二是靠近资产端且产品种类丰富的机构；三是深耕某一领域或某类策略且出类拔萃的机构；四是贯通资金端和资产端，具有完整的“咨询—配置—投资—管理”业务线的机构。摩根大通、高盛、瑞银等银行系资产管理机构先天具备客户资源和分销渠道优势，不过建立资产管理业务条线的方式仍然不尽相同；贝莱德等大型基金公司往往率先从产品端发力，建立完善的基金产品体系，同时提供全方位的投资服务以维持客户忠诚度；嘉信理财则通过低费率、高效率的经纪业务积累客户资源，随后再建立资产管理业务线。此外，市场上还存在不少在特定领域深耕细作的专精型机构，如对冲基金中的桥水、并购重组领域的 KKR 等。

全球资产管理市场份额前 20 名的资产管理机构，包括 11 家银行系、4 家保险系以及 5 家独立管理人，其中，美国最大的两家机构贝莱德及领航均为独立管理人，而欧洲整体及日本则以银行或保险系为主导。融资体系、监管环境、客户结构、分销格局以及激励机制等因素的不同，共同决定了各国资产管理市场的不同竞争格局。就整体而言，在间接融资体系、混业经营环境（如银行通过附属公司开展资管业务）、个人资金主导的市场中，银行系资产管理机构易占据有利位置，这与我国当前银行系主导的竞争格局相吻合。

以我国商业银行为例，资产管理的组织架构经历了四次转型。

第一次转型是多部门、多条线管理资产管理业务。在资产管理业务发展的初期，无论是商业银行还是其他非银行金融机构的资产管理业务，一般作为一项具体业务分散在不同部门。由于开展业务的部门分别从资金募集、资金投资等不同角度切入，造成了不同部门、不同条线分别管理理财业务的情况。

第二次转型是专门资产管理部门统筹负责理财业务。2009 年，中国工商银行资产管理部正式成立，以总行一级部门专营理财业务，拉开国内银行理财业务向资产管理业务转型发展的大幕。在这之后，其他商业银行也陆续设立总行一级部门专营和集中管理理财业务。

第三次转型是政策推动理财事业部制的改革。2014 年，中国银监会发布《关于完善银行理财业务组织管理体系有关事项的通知》（银监发〔2014〕35 号），要求银行按照单独核算、风险隔离、行为规范、归口管理等要求开展理财业务事业部制改革，设立专门的理财业务经营部门，负责集中统一经营管理全行理财业务。交通银行是理财事业部改革的典型代表。2013 年第四季度末，交通银行率先提出理财事业部制改革，并于 2014 年第一季度末正式完成资产管理业务事业部制改革，后更名为交通银行资产管理业务中心。

第四次转型是理财子公司的设立。“资管新规”明确要求，主营业务不包括资产管理业务的金融机构，应当设立具有独立法人地位的资产管理子公司，强化法人风险隔离，暂不具备条件的可以设立专门的资产管理业务经营部门开展业务。中国银保监会发布的《商业银行理财业务监督管理办法》（简称“理财新规”）要求，商业银行应当通过具有法人地位的子公司开展理财业务。暂不具备条件的，商业银行总行应当设立理财业务专营部门，对理财业务实行集中统一经营管理。随着“资管新规”“理财新规”以及《商业银行理财子公司管理办法》的陆续出台，越来越多的商业银行向监管部门申请设立理财子公司。

预计未来中国的资产管理子公司将得到快速发展，各类主流金融机构都将通过设立资产管理（理财）子公司开展资产管理业务。

专栏 11－1

商业银行理财子公司的设立与业务规范要求

一、商业银行理财业务迈向规范化

2018 年 12 月 2 日，中国银保监会正式发布并实施《商业银行理财子公司管理办法》(以下简称《办法》)。《办法》与“资管新规”、《商业银行理财业务监督管理办法》(以下简称“理财新规”)共同构成商业银行理财子公司开展理财业务的监管制度基础。

(一)关于理财子公司的设立条件与要求

《办法》规定申请设立理财子公司需满足以下关于公司形式、注册资本、治理结构、人员配置、系统与制度建设、场地设施诸方面的要求。《办法》规定，理财子公司在设立上应当是由在我国境内注册的商业银行作为控股股东发起设立的独资或控股子公司，在股权结构上商业银行可以全资控股，也可以通过与境内外金融机构、境内非金融企业共同出资设立。注册资本为一次性实缴货币资本，最低10亿元人民币或等值自由兑换货币，这是对理财子公司的最低注册资本门槛要求，理财子公司名称一般为“字号+理财+组织形式”。

(二)关于理财子公司的业务范围

《办法》规定，商业银行下设的理财子公司是专门从事理财业务的非银行金融机构。理财子公司业务范围主要为发行公募和私募理财产品，以及理财顾问和咨询服务等。但是，理财子公司不得从事吸收存款和发放贷款等传统银行业务。

(三)关于理财子公司的业务规则

《办法》将理财子公司业务范围设定为四个方面：面向不特定社会公众公开发行理财产品，对受托的投资者财产进行投资和管理；面向合格投资者非公开发行理财产品，对受托的投资者财产进行投资和管理；理财顾问和咨询服务；经国务院银行业监督管理机构批准的其他业务。《办法》规定理财子公司的公募理财产品主要投资于标准化债权及上市交易的股票，同时必须对股票投资实行集中度管理。这就要求理财子公司必须突出强化投研团队建设，以适应理财子公司股票投资和净值化管理的需要。

(四)关于产品销售渠道和投资者适当性管理

《办法》规定理财子公司的理财产品可以通过银行业金融机构代销，也可以通过银保监会认可的其他机构代销，理财产品的线上化销售进程未来也可能加速，但从国内外理财业务发展实践看，预计银行仍将是未来理财子公司产品的主要销售渠道。《办法》同时规定，理财子公司还必须遵守监管机构关于在营业场所必须进行专区销售和录音录像(双录)，进行客户风险承受能力评估，遵守风险匹配原则、信息披露等监管规定；《办法》要求理财子公司必须高度重视投资者保护，强化风险防范，但不再强制要求个人投资者首次购买理财产品进行面签，允许投资者在首次购买理财产品前，通过理财子公司或其代销机构渠道进行风险承受能力评估。

（五）关于非标债权投资限额管理

《办法》允许商业银行理财子公司投资非标债权类资产，但是对投资限额作出了明确规定即该类投资的余额不得超过理财产品净资产的35%，同时要求理财子公司必须严格遵守“资管新规”中关于非标资产与理财产品期限不得错配的监管规定。

（六）关于理财产品分级

《办法》允许商业银行理财子公司发行私募分级理财产品，但规定所发行产品必须遵守和符合“资管新规”与《办法》中关于分级资管产品的相关规定。《办法》也给理财子公司留有一定的空间，以使其能够针对不同的客户需求设计定制具有不同风险和收益水平组合的差异化、个性化产品，充分发挥母公司商业银行对基础资产组合的风险管理优势。

（七）关于理财业务合作机构

为了吸取过去几年资管业务发展过程中机构管理混乱的教训，《办法》规定理财子公司发行的公募理财产品所投资资管产品的发行机构、受托投资机构必须是持牌金融机构，但私募理财产品的合作机构、公募理财产品的投资顾问可以是持牌金融机构，也可以是依法合规、符合条件的私募投资基金管理人。

二、商业银行理财子公司的组织和产品体系

（一）理财子公司组织体系

在理财子公司的组织架构上，各银行由于组建理财子公司的基础不同，在基本架构一致的基础上，也存在一些差异。总体来看，各家银行在理财子公司发展的战略目标上都力争立足于自身特色：强化母行与理财子公司的协同作战能力，以及银行集团内部的资产管理板块在产品、客户、业务等方面的整体联动，不断完善综合化理财产品和服务；依托5G和金融科技等现代科技手段，提升理财业务数字化服务能力，提升理财业务的风控水平和运营效率；不断拓展理财业务的全球视野，强化投研和全球资产配置能力，提升理财业务的境内外联动效率和效益。

（二）理财子公司产品体系

各理财子公司的产品体系主要有三个特点：固定收益类产品仍是银行理财业务的主导产品，各家理财公司都高度重视实现长期稳健的收益；在权益类资产投资方面，各家银行的理财子公司早期将主要通过FOF、MOM

和私募股权模式进行，但相对固定收益类资产投资而言占比较低，说明理财子公司的净值化产品投资管理能力有待进一步提升；适应指数投资的全球化发展趋势，各家理财子公司都将不断优化量化投资策略。比如，工银理财以固定收益类产品为主，其次是权益类和混合类产品。权益类产品主要投向未上市公司股权，混合类产品多以 FOF 形式参与股票投资。与传统产品相比，混合类理财产品的整体投资期限有所加长，主要目标是获得长期稳健收益。交银理财投资标的也是以固定收益类为主，同时还推出了与商业养老、科创投资、长三角一体化等发展策略相关的特色主题理财产品。交银理财的长期目标是将权益类产品的占比从目前的3%提升至10%以上。

三、资产管理机构的经营管理原则

（一）保护投资者利益原则

在新的监管环境下，打破刚性兑付后的资产管理市场竞争将更加激烈，市场波动性将持续增加。为了提升客户满意度，资产管理机构要从“以产品为中心”向“以客户为中心”转变，做到真正地了解客户需求，明确其对投资的定位、预期投资收益和投资风险容忍度等。资产管理机构还要将线下销售渠道和简单、快捷的线上销售渠道相结合，扩大资产管理产品和业务对长尾端客户的覆盖面，提升市场营销能力和普通客户的体验与黏性，践行普惠金融，满足各类客户的财富保值增值及资产负债匹配需要。更重要的是，资产管理机构要借助金融科技力量为投资者提供卓越的投资管理服务，通过科学的资产配置和风险管理，切实提高投资收益，使投资者能够获取理想的投资回报。

资产管理机构必须“了解产品”和“了解客户”，向投资者销售与其风险识别能力和风险承担能力相适应的产品，不得欺诈或者误导投资者购买与其风险承担能力不匹配的产品，不得通过对资产管理产品进行拆分组合，向风险识别能力和风险承担能力低于产品风险等级的投资者销售产品。针对固定收益类、权益类、私募类、商品及衍生产品类、混合类等不同类型的金融产品，资产管理机构的从业人员要向投资者说明投资时应当关注的重点，强化投资者的产品认知能力，使投资者充分认知和接受风险。要通过清晰、全面的资产走势分析和科学的投资策略，不断提升所投资资产的主动管理能力，在所选择的投资领域打造品牌竞争力，服务好自身的客户群体。

（二）投资风险自负原则

我国资产管理业务过去长期存在刚性兑付和资金池操作，对投资者教育和风险提示不足。而资产管理业务是具有金融特点的业务，纳入投资组合管理中的各种金融资产都具有投资风险。一般来说，资金端的风险要高于传统金融业务，同时，由于一些投资组合是跨市场配置资产，资产管理机构面临的投资风险，也由传统金融产品的单一风险因子为主（如信用风险或市场风险），转变为跨市场、多类别多风险因子组成的混合风险。比如，大类资产配置即包含着信用风险、市场风险和流动性等多种风险在一起的组合风险。资产管理业务是资产管理机构接受投资者委托投资的“代客理财”业务，投资风险理所当然由投资者自己承担。

（三）服务实体经济原则

支持实体经济发展是金融机构的天职。资产管理机构基本都是金融机构，当然概莫能外。资产管理机构的业务作为对接资金端和资产端的桥梁，要通过拥有丰富的金融产品和多元化投资者参与的资产管理市场，为各类市场主体提供个性化的投融资服务和风险管理工具。要通过资产管理业务中的债券、股票、再融资、私募股权等金融工具，有效优化社会融资结构，助力金融供给侧结构性改革，践行普惠金融，解决实体经济发展中的融资难、融资贵问题，支持实体经济高质量发展。要严格避免资金“脱实向虚”，积极引导资金向实体经济转移。

（四）合规经营原则

资产管理机构应当坚持依法合规经营，使自身经营行为和经营活动与相关法律法规、监管制度和行业准则相一致。要严格遵守信息披露制度，向投资者主动、真实、准确、完整、及时披露产品募集信息、资金投向、杠杆水平、收益分配、托管安排、投资账户信息和主要投资风险等内容。

四、资产管理机构的建设重点与市场定位

（一）资产管理机构建设重点

1. 明确理财子公司的战略定位

金融机构设立理财子公司，对于推动资产管理业务规范化经营，提升资产管理业务核心竞争力，有效隔离理财子公司与母公司的经营风险等，都具有重要意义。中国这样一个庞大的、具有广阔发展潜力和前景的资产管理市场，未来一定会出现像贝莱德、桥水那样的世界级资产管理机构。

同时，庞大的市场空间也为资产管理机构的差异化发展创造了条件。理财子公司要根据金融监管要求和金融机构母公司的发展战略，科学确定是走“大而全”的综合资产管理公司经营之路，还是以“小而美”的精品店资产管理公司为战略发展目标。这种战略定位对理财子公司的未来发展至关重要。理财子公司只有明确了自身的战略定位，才能在此基础上筹划股权架构、盈利模式、产品结构、风险管控等与经营密切相关的工作，也才能科学定位目标客户群，制定客户经营策略，规划金融科技的开发应用及资产管理渠道合作。

2. 打造科学高效的公司治理和运营架构

首先，根据《公司法》和资产管理监管的各项新规定，建立健全科学高效、相互制衡和合作的“三会一层”公司治理架构以及公司授权与决策体系。其次，明确自身与母公司的协同关系（比如，如何分账、分配利润和打造协同机制等），明确自身和母公司集团旗下公募基金、信托子公司、金融租赁子公司、消费金融子公司、信用卡子公司、保险子公司等的差异化定位。最后，明确和完善前中后台核心职能。在理财子公司整体框架下，需要设立编制完整的前台、中台、后台团队，同时建立独立的投资团队、销售团队和中后台运营团队。其中，投资团队包括投资、研究、交易人员；销售团队包括机构销售团队和零售客户团队；中后台支持体系涵盖了运营、系统、人力、财务等职能。中后台方面可以考虑完全独立，也可以与母公司共享平台。

3. 做好资产管理组织机构转型的各项衔接工作

在银行业，理财子公司在过渡期内采用的是“总行 + 子公司”并行的模式，母行保留着对银行集团内所有资产管理业务板块的统筹协调和布局职能，新设立的理财子公司则侧重于符合“资管新规”的新产品运作。而在理财子公司架构下，大量业务机制需要重新设计，包括理财子公司的决策机制、授权机制、差异化的人才机制等。在向理财子公司转型的道路上，可以考虑在母公司设立资产管理委员会或财富管理战略推进委员会等机构，将“资产管理中心”变更为“资产管理部”，继续统筹协调全集团的资产管理，逐步实现理财子公司的独立核算、风险隔离和自主经营，从原来单一地服务母公司或主要股东客户，逐步向大力拓展外部客户群体转变。

（二）资产管理机构的市场定位

1. 客户定位

客户定位包括确认和审查谁是“真正”的客户、客户的产业和市场地位、客户的开放性程度、客户特征研究等。国际先进资产管理机构的客户，主要定位于公司、公共机构、捐赠基金、基金会、非营利性机构等机构投资者，以及全球高净值和超高净值个人客户、家庭客户、货币经理、企业主等高净值客户。国内资产管理机构客户目前主要定位于中等收入阶层和高净值的个人客户。随着“资管新规”的实施，个人客户需求不断提升，资产管理机构应逐步向公司、机构和个人客户业务协调发展转变。

随着人民币国际化的推进、金融业扩大开放和中国企业海外并购的兴起，中国企业和居民的全球资产配置需求日益旺盛。国内各类资管机构应根据控股股东或集团母公司的发展战略、自身的产品开发和服务能力、人才队伍建设情况，以及监管机构对资产管理业务客户标准的要求，综合确定本机构的服务客户群体，实现与国内外竞争同业的差异化竞争，并逐步由向国内市场客户提供的在岸资产管理，向面向全球化市场的客户提供离岸在岸协同资产管理转化。中国金融市场的扩大开放，既放宽外资对国内银行、保险、基金公司、资产管理公司等的设立和持股比例要求，也扩大外资金融机构的业务范围。这种对外资金融机构“双向”开放的举措，深化了互联互通机制，使得外资金融机构将有更大的用武之地。与此同时，国内资产管理机构也有机会在“双向”开放、市场竞争和与外资机构的战略合作中，学习、引进和消化成熟市场的资产管理理念、管理技术和管理经验，提高自身运行效率，实现高质量发展。在全面开放的资产管理市场格局下，资产管理业务也将从目前主要在国内配置资产，向资产的全球配置转化。

2. 产品定位

所谓产品定位，是指资产管理机构用什么样的产品和服务来满足目标客户或目标市场的需求，即是将目标市场与自身产品结合的过程。在新的监管要求下，净值型理财产品将成为资产管理市场的主流。适应这种变化，资产管理机构应综合自身风险控制能力、渠道建设情况、客户群体的风险偏好和风险承受能力等因素，科学确定自身的差异化产品定位。资产管理机构对资产管理产品应实行净值化管理，净值生成要符合公允价值原则，及时反映基础资产的风险和收益。在净值化投资组合管理模式下，资产管理机构要聚焦“固收 + 投资”策略，形成固定收益、固定收益 + 权益/量化、股债混合、纯权益等多层次产品体系，以保护投资者利益为业务创新和投资决策前提，不断提升投资管理能力。要通过配置高流动性资产，创设完全市场化的净值类投资组合。

3. 业务定位

国际金融集团中的资产管理业务，是与投资银行、财富管理、商业银行业务、零售金融业务、债券与证券业务并列的重要业务条线。比如，瑞银集团财富管理业务就包括投资银行、财富管理、资产管理三大板块。资产管理分别向投行和财富管理提供交易服务、设计结构产品、提供产品基金等业务，共同为客户提供高质量的服务。再如，摩根大通业务条线包括投资银行、资产管理、商业银行业务、债券与证券业务、零售金融业务等，其中，资产管理业务又通过摩根富林明资产管理、高桥资产管理和私人银行部门运营。近年来，国内各家资产管理机构已初步形成了资产管理业务与投资银行业务协同发展的格局，业务范围覆盖了投资理财、债务融资、财务顾问、并购重组、产业基金、财富管理和私人银行、资产证券化等多个领域，基本形成了债券承销、资产管理、财务顾问、资产证券化四大业务板块。面向未来规范化、净值化、全球化的新的资产管理市场环境，金融机构的资产管理机构应根据母公司和主要股东的发展战略，夯实业务发展基础，强化特色资产管理业务打造和独特价值提升，形成符合自身资源禀赋和核心竞争能力要求的资产管理业务条线组合。

五、资产管理机构的营销管理与金融科技运营管理

资产管理机构经营管理体系的构建，必须综合考虑监管政策、市场竞争、企业资源禀赋和企业发展战略的要求。经营管理体系的构成要素较为复杂，最基本的要素包括市场营销、信息技术支持、风险管控、产品和服务创新等。

（一）资产管理机构的营销管理

一是当资产管理机构代销同业机构产品时，应明确与委托代销机构的权利义务关系和相关风控责任与转移方式，合规代销其资产管理产品。要认真评估委托代销机构的资产管理能力，通过对代销产品存续期间机构投资行为的监控和事后业绩归因分析，合理评估产品业绩，保证代销的产品最终能给客户带来好的投资收益。在代销过程中，要采取有效措施避免丧失客户信任，引致法律纠纷。

二是做好零售客户群体营销。资产管理机构应该建立以投资顾问为核心的产品销售模式，做好一线理财销售经理的业务培训，根据客户的收益目标、风险偏好为其推荐适宜的产品。资产管理机构要建立优秀的产品经理团队，支持客户经理进行各种类型产品的销售，向客户传播资产配置

理念。

三是强化机构客户的直销团队建设。机构客户是资产管理机构重要的客户群体和经营收入来源。资产管理机构需要建立面向机构客户的直销团队，深入了解机构客户需求，与投资经理合作，根据不同客户对资金久期和风险、收益偏好的差异化需求，提供定制化、个性化的投资解决方案。

四是组织综合化、集团化协同营销。资产管理机构要建立协同组织，打造协同营销的组织基础，确保协同营销落到实处。要明确参与协同营销的各个机构或部门的职责任务和收入分成办法，降低机构或部门之间的利益冲突，形成协同营销的合力。

五是构建特色资产管理品牌。纵观全球领先的头部资产管理机构，都具有自身特色的资产管理品牌。在中国资产管理市场群雄逐鹿的竞争环境下，资产管理机构必须将品牌建设放在重要位置，强化品牌意识，加强品牌建设、保护和宣传。要注重资产管理市场细分，打造差异化品牌，并注重品牌的创新和发展，不断丰富品牌内涵，持续提升品牌价值。

（二）资产管理机构的金融科技运营管理

资产管理机构要建立全面、高效运营的信息技术系统，包括业务应用、数据分析与管理、IT 运维等系统，实现资金流、资产流、信息流的电子化管理，以及前台交易、中台风控、后台清算账务处理的无缝衔接。信息技术系统要顺应数字化时代特点和发展趋势，根据资产管理产品碎片化、高频交易、海量用户等特点，强化系统整体承压能力，提升客户体验，快速响应业务部门的需求变化。同时，应保持一定的前瞻性与先进性，为未来业务发展与创新留有灵活性与弹性余地。

资产管理机构要从满足监管要求和自身业务发展需要出发，持续强化资产管理技术系统建设。一是适应产品净值化管理需求。净值化管理对系统建设的要求是计算产品净值和托管对账。为支持产品向净值化转型，系统应具备准确性、灵活性、完整性，实现估值管理及对账流程的自动化。针对净值型产品存续期间的净值波动性管理，系统应能够提供影子定价管理、净值试算模拟等功能。二是适应产品穿透管理的需求。系统必须能够穿透产品管理底层的资产数据，并进行相应的组合分析和风险控制，同时满足监管机构对资产管理产品信息的报送要求。三是适应提升主动管理能力的需求。系统应当为投研决策、交易管理、投后绩效分析等方面的工作提供有力支持。四是适应提升业务运营能力的要求。按照“资管新规”要求，资产管理机构应当增强系统的互联互通，强化监管报送平台、数据平台和自定义报表等方面的系统建设。

（三）资产管理机构的风险管控

风险管理是资产管理机构业务经营过程中永恒的主题。资产管理机构要贯彻全面风险管理原则，根据各类经营风险的差异化特征，借助指标分析、情景分析和压力测试及授信管理、限额管理、授权管理、黑白名单管理等风险管理措施，强化各类风险的管理。要通过相关参数指标的设定和实时监测，实现对产品风险的动态预警。要引入大数据、人工智能技术等金融科技手段，不断提升风险管理能力，强化风险量化、预测工作和产品的风险定价，实时跟踪风险。要不断完善会计核算系统及产品估值体系，划清产品边界，对产品实行单独托管、独立建账，实现资产与负债的一一对应。

第四节 中国资产管理市场的监管

随着资产管理业务的快速发展，中国资产管理市场的监管体制在逐步完善，监管制度的内容不断丰富。本节主要对我国资产管理市场监管体制的演变和监管重点进行分析。

一、我国资产管理市场监管体制的演变进程

我国金融监管体制的形成起始于 1984 年中央银行和专业银行二元银行体制的确立。在 1984 年至 1992 年，银行业、证券业、保险业和信托业由中国人民银行统一监管。1992 年中国证监会成立，1998 年中国保监会成立，至此初步形成了中国金融业分业监管的格局。1997 年，中国证监会设立基金监管部，对公募基金行业实施监管。2003 年中国银监会成立，从此中国形成了延续到 2018 年初的“一行三会”分业监管、地方政府配合监管的金融监管体制。在这种监管体制下，银行及信托系资产管理业务由中国银监会监管，证券、基金、期货系资产管理业务中国证监会监管，保险系资产管理业务由中国保监会监管。“一行三会”分别就银行、信托、证券、保险、基金、期货等金融机构，以及非金融机构作为私募基金管理人的资产管理业务制定系列监管规定和行为规范。中国银行业协会、中国证券投资基金业协会等行业自律性组织分别配合相应的监管机构组织执业人员考试、资质管理和业务培训等，中国证券投资基金业协会也承担了部分行业监管职能，如办理私募基金登记和备案等。

2018 年 3 月，我国金融监管体制进行了重大调整，成立了国务院金融稳定发展委员会，办公室设在中国人民银行，初步完成了金融统筹监管和监管协调的顶层设计。在国务院金融稳定发展委员会领导下，中国人民银行负责制定货币政策和金融业基本法规，重点关注货币政策的执行和金融稳定；中国银保监会负责银行理财、信托公司、保险公司和保险资产管理公司的监管；中国证监会负责基金公司、基金子公司、私募基金管理机构、证券公司以及期货公司等机构的监管。

金融是现代经济的核心，必须高度重视防控金融风险、保障国家金融安全。为深化金融监管体制改革，解决金融监管体制存在的监管职责不清晰、交叉监管和监管空白等问题，必须强化综合监管，优化监管资源配置，更好统筹系统重要性金融机构监管，逐步建立符合现代金融特点、统筹协调监管、有力有效的现代金融监管体制框架，以守住不发生系统性金融风险的底线。新金融监管体制框架"一委一行两会"（国务院金融稳定发展委员会、中国人民银行、中国银行保险监督管理委员会和中国证券监督管理委员会）的确立，为对资产管理市场实施功能监管，提高监管效率和质量，奠定了制度基础。

二、我国资产管理市场的监管目标

（一）保护投资者合法权益

保护投资者合法权益，使广大投资者分享中国经济和中国资产管理市场发展的成果，是资产管理市场长期健康稳定发展的基石，也是衡量资产管理市场是否成熟、监管是否有效的重要标准。特别是在现阶段，机构投资者群体发育还不成熟，中小投资者合法权益的保护更具有现实意义。金融监管部门要通过资产管理行业的立法、行政、司法以及投资者教育等方式强化投资者保护，激发投资者参与资产管理市场的积极性，引导资产管理市场回归应有的博弈环境和运行秩序，促进资产管理机构树立自身信誉，加大对市场违法违规者的惩处力度。要全心全意服务中小投资者，建立资产管理市场供求双方的相互信任，保障资产管理市场健康稳定可持续发展。

（二）保障资产管理市场稳健运行

从宏观上讲，金融监管机构要通过建立健全资产管理业务的宏观审慎政策框架和制度规范，强化从宏观、逆周期、跨市场等方面对资产管理业务和市场的监管。要强化合规监管，坚持公平正义，防范市场垄断，维护市场平等有序的竞争环境。金融监管机构要强化功能监管和穿透式监管，统一同类产品的监管标准，遏制产品嵌套导致的风险传递，消除套利空间。从微观上讲，金融监管机构应强化业务“栅栏”监管，严格对资产管理产品实施单独管理、单独建账、单独核算的监管要求，防止期限错配。资产管理机构应建立健全独立托管制度，强化不同资产管理产品之间以及资产管理机构自有资金和受托管理资金之间的风险隔离。为了保持资产管理市场健康稳定发展，应统一同类资产管理产品的杠杆率，有效控制资产管理市场的杠杆水平，防范资产泡沫积累。监管机构应要求资产管理机构加强投前尽职调查、风险审查和投后风险管理。

（三）支持实体经济发展

实体经济是金融业生存之本，而实体经济发展也离不开金融业的大力支持。两者互相依存，互相促进。作为资产管理市场供给主体的资产管理机构，基本上都是金融机构，理所当然要把支持实体经济作为自己的天职。“资管新规”以及一系列配套监管细则的实施，对推动资产管理机构支持实体经济健康发展具有重要作用。资产管理机构要恪守资产管理行业本质，发挥资产管理专业能力，把握实体经济的发展脉络，优化金融资源配置，促进产业结构转型升级和经济结构调整优化，切实支持实体经济发展。

（四）规范资产管理业务运作

资产管理机构业务运作的规范化程度，直接关系到资产管理市场的规范化水平和运行的稳定性。

资产管理业务的本质是“受人之托，代人理财”。资产管理机构受托开展投资所产生的收益和风险，应由投资者享有和承担，其作为受托人只能收取相应的管理费用，不能也没有义务向投资者承诺保本保收益的刚性兑付。资产管理机构要加强投资者适当性管理和投资者教育，强化投资者“买者自负”的投资理念，禁绝刚性兑付行为，同时依法严格履行受托人责任，在受托业务与自营业务之间建立风险“防火墙”。要强化自身主动管理职责，防止为委托人提供规避投资范围监管、杠杆约束监管等行为的发生。

三、资产管理市场监管的主要内容

我国金融监管机构将按照机构监管与功能监管相结合、实行穿透式监管、强化宏观审慎管理等原则，强化对资产管理市场的监管。资产管理市场监管的主要内容，表现在以下几个方面。

（一）市场准入监管

市场准入监管，是指监管机构根据法律法规的规定，对欲进入资产管理市场的管理机构主体或客户（产品）进行的限制。对资产管理机构主体的限制，包括对公司发起人或股东资格、公司最低资本、公司主要从业人员资质、公司治理结构等方面的具体要求。对客户的限制，主要是投资经历、持有金融资产规模等方面的要求。资产管理市场的准入监管，主要包括四个方面的内容：

一是资产管理机构准入监管。机构资格准入一般包括资格要求和程序要求。“资管新规”第七条规定：“金融机构开展资产管理业务，应当具备与资产管理业务发展相适应的管理体系和管理制度，公司治理良好，风险管理、内部控制和问责机制健全。”在准入程序方面，我国《商业银行理财子公司管理办法》第五条规定：设立银行理财子公司应当采取有限责任公司或者股份有限公司形式。银行理财子公司名称一般为“字号 + 理财 + 组织形式”。

二是资产管理机构注册资本监管。资产管理机构经营具有的风险特性，决定了资本在其经营中的特殊意义。监管制度规则对于资产管理机构的注册资本设立了最低标准。比如，我国商业银行设立理财子公司的注册资本应当为一次性实缴货币资本，最低金额为 10 亿元人民币或等值自由兑换货币。中国银保监会根据审慎监管的要求，可以调整银行理财子公司最低注册资本要求，但不得少于这一规定金额。

三是资产管理机构高级管理人员准入监管。监管制度规则要求金融机构应当建立健全资产管理业务人员的资格认定、培训、考核评价和问责制度，确保从事资产管理业务的人员具备必要的专业知识、行业经验和管理能力，充分了解相关法律法规、监管规定以及资产管理产品的法律关系、交易结构、主要风险和风险管控方式，遵守行为准则和职业道德标准。金融监管机构应当按照《中国银监会非银行金融机构行政许可事项实施办法》规定的行政许可范围、条件和程序，对银行理财子公司董事和高级管理人员任职资格进行审核，国务院银行业监督管理机构另有规定的除外。高级管理人员获得任职资格准入后才能履职。

四是资产管理机构业务范围准入监管。业务范围准入是资产管理机构市场准入的重要内容，主要规定资产管理机构可以做什么，不可以做什么，资产管理机构必须在监管机构批准的业务范围内依法合规开展资产管理业务。比如，我国银行理财子公司可以申请经营的资管业务主要包括：面向不特定社会公众公开发行理财产品，对受托的投资者财产进行投资和管理；面向合格投资者非公开发行理财产品，对受托的投资者财产进行投资和管理；理财顾问和咨询服务；经国务院银行业监督管理机构批准的其他业务。

（二）业务运营监管

监管机构对资产管理机构的业务运营进行监管的目的，就是要通过监管促使资产管理机构依法合规经营资产管理业务。与资产管理业务运营相关的监管内容很多，主要包括但不限于以下几个方面：一是通道业务监管。“资管新规”第二十二条规定：“金融机构不得为其他金融机构的资产管理产品提供规避投资范围、杠杆约束等监管要求的通道服务。”二是“资金池”业务监管。“资金池”运作模式的主要特点，是资金来源与资金运用不能一一对应且两者期限不匹配。这种安排使每一款理财产品缺乏与其对应的资产组合，无法实现独立的成本与收益核算，从而不能客观量化和揭示产品的投资风险，也不能满足监管机构所要求的进行公开、公正的产品信息披露的要求，同时也强化了资产管理机构的期限错配动机，加大了流动性风险。此外，还在客观上形成了资产管理机构对投资风险“兜底”的局面，强化了刚性兑付。“资管新规”明确禁止“资金池”业务，要求必须对资产管理产品进行单独管理、单独建账、单独核算。同时，要求加强产品的久期管理，确保封闭式资管产品最短期限不得低于 90 天。这些新的监管要求避免了资产管理产品发行期限过短的倾向，有利于消除由于资金端和资产端期限错配可能导致的流动性风险。三是产品形式的监管。按照“资管新规”“对资产管理产品应当实行净值化管理”的要求，资产管理机构应该在产品的开发设计上，逐步减少预期收益率型产品，增加净值型产品，并做好投资者教育，使投资者树立“卖者有责、买者自负”的投资理念，自担投资风险。四是刚性兑付的监管。资产管理产品的刚性兑付，违背了金融产品天然具有投资风险这一属性，增加了投资者的道德风险，扰乱了资产管理市场秩序，导致投资行为和资产管理市场扭曲。“资管新规”已经明确资产管理业务是金融机构的表外业务，金融机构不得开展属于表内资产的资产管理业务，不得对投资者承诺保本保收益。即便资产管理产品到期出现兑付困难，也不得对投资者以任何形式垫资兑付。

（三）净资本及相关指标的监管

一是净资本与风险资本的监管。这是资产管理行业监管的重要内容，相当于商业银行的资本充足率监管指标。资产管理行业其他的监管指标，大体上都与净资本、风险资本指标存在关联。我国《商业银行理财子公司净资本管理办法（试行）》规定，理财子公司净资本不得低于5亿元人民币，且不得低于净资产的40%；净资本不得低于风险资本，确保理财子公司保持足够的净资本水平。风险资本包括资产管理机构自有资金投资需要的风险资本、理财资金投资需要的风险资本和其他业务需要的风险资本，其总额为三者之和。

二是风险分散及准备金计提的监管。“资管新规”对单只基金投资、单一资产管理机构发行的全部公募产品投资、单一机构全部资产管理产品投资单一上市公司股票等的集中度都作出了明确规定。比如，单只公募资金管理产品投资单只证券或者单只证券投资基金的市值不得超过该资产管理产品净资产的10%；单一机构全部资产管理产品投资单一上市公司发行的股票不得超过该上市公司可流通股票的30%。为了应对可能的操作风险或者其他非预期风险带来的损失，“资管新规”要求资产管理机构需建立一定的风险补偿机制，即计提相应的风险准备金。资产管理机构应当按资产管理产品管理费收入的10%计提风险准备金，或者按照规定计提操作风险资本或相应风险资本准备。风险准备金余额达到产品余额的1%时可不再提取。

三是资产管理产品杠杆率的监管。为了控制资产管理产品的杠杆水平，“资管新规”规定每只开放式公募产品的总资产不得超过该产品净资产的140%；每只封闭式公募产品、每只私募产品的总资产不得超过该产品净资产的200%。资产管理机构不得以所持有的资产管理产品份额进行质押融资，进一步放大杠杆。

（四）信息披露的监管

信息披露制度是资产管理市场中的重要制度。高质量的信息披露，可以消除资产管理机构和投资者之间的信息不对称，维护投资者的知情权，保护投资者利益，也有利于强化资产管理机构之间的竞争，实现投资资金的优化配置。“资管新规”要求资产管理机构必须向投资者主动、真实、准确、完整、及时披露资产管理产品相关信息，并分别对公募、私募、固定收益类、权益类、商品和金融衍生产品类、混合类资产管理产品的信息披露作出具体规定。

第五节　中国资产管理市场的发展趋势

中国经济已经进入中速增长平台，金融对外开放进入新阶段，强监管成为金融监管的常态，智能金融的发展如火如荼。在这样的宏观经济金融大背景下，中国资产管理市场既面临新的发展机遇，也面临重大挑战。坚持依法合规经营，加快推进创新转型，提升主动管理水平，强化金融科技应用，将成为资产管理机构的不懈追求。从注重资产规模扩张转向追求高质量发展，成为资产管理行业发展的主基调，引领资产管理行业进入新时代，从而也为中国资产管理市场带来了广阔的发展前景。

一、中国资产管理市场发展潜力巨大

未来的中国资产管理市场拥有巨大的发展潜力，这种发展潜力主要来自以下几个方面。

（一）居民个人财富积累成为资产管理市场发展的强劲动力

根据国务院发展研究中心的数据，2020—2035 年我国经济平均增速将达到 4.8% 左右，经济总量规模大致可以在现有基础上翻一番。2019 年，我国人均 GDP 已经达到 1 万美元。考虑到人口变动、通货膨胀、汇率变化等因素，2035 年人均名义 GDP 有望接近 2 万美元，显著超过全球人均 GDP 的平均水平，我国也将因此进入高收入国家行列。与人均 GDP 增长情况相适应，中产阶层队伍也将继续扩大。据总部位于伦敦的经济分析机构经济学人智库（The Economist Intelligence Unit，EIU）2016 年 11 月发布的《中国消费者 2030 年面貌前瞻》报告的预测，到 2030 年我国低收入人口占比将从 2015 年的 37% 大幅下降至 11%，而中等收入人口（包括中低收入人口和中高收入人口）将占全国总人口的约 75%，我国将越来越多地呈现出中产阶层社会的特点。居民个人财富积累程度的持续提高和中产阶层队伍的迅速扩大，为资产管理市场发展奠定了坚实、厚重的基础，成为推动资产管理市场发展的强劲动力。

（二）社会老龄化程度加剧提升资产管理需求

随着我国人口老龄化程度加剧，补充养老资金供求缺口的资产管理需求明显提升，从而为资产管理市场带来重要发展机遇。2016 年 12 月 2 日，联合国驻华系统发布的一份题为《老年公平在中国》的报告指出，到 2030

年中国的老年人口将占全国总人口的25%左右。根据经济合作与发展组织（OECD）的人口发展预测，到2030年中国65岁以上人口在总人口中的占比将超过日本，成为全球老龄化程度最高的国家。而根据2019年4月中国社科院发布的《中国养老金精算报告2019—2050》分析，2019年我国企业职工基本养老保险基金累计结余为4.26万亿元，到2035年将耗尽累计结余，2050年当期结余可能达到-11.28万亿元。在作为养老资金来源第一支柱的基本养老金不能完全满足养老保障的情况下，将扣除必要生活消费后的货币结余投资资产管理产品，以实现资产保值增值以增加养老金供给，就成为中老年社会群体的必然选择。鉴于我国的老龄化是一个相当长的时间过程，这部分用于养老的投资资金作为资产管理市场稳定的资金来源，将持续提升资产管理需求，是推动资产管理市场长期繁荣的一个重要因素。

（三）高科技创新产业发展催生新的资产管理需求

随着我国高科技创新产业的发展特别是科创板的开通，部分科技创新型企业家和高科技企业的中高层管理人员的财富将呈现爆发性增长。这一新兴富裕群体多为中青年，作为高净值群体中的一支生力军，他们拥有可观的财富存量，有炽热的实现财富保值增值的资产管理需求，期望获取高投资回报并且敢于承担高投资风险，是资产管理机构的理想客户。资产管理机构只有加大权益类产品、另类投资产品和境外资产的配置比例，取得较高的投资回报，才能适应这类客户对高投资收益率的需求，而这无疑会促进资产管理机构投资管理水平的提升。

（四）机构投资者的长期资产管理需求上升

国内外财富管理业务发展的实践表明，随着市场持续向深度和广度发展，长期投资资金将加速向市场聚集，机构投资者将大量增加，从而引致市场投资者结构发生深刻的良性变化。机构投资者一般注重长期投资回报，对资金期限不敏感，这有利于资产管理机构统筹安排投资资金，进行长期投资。反过来，重要机构投资者的市场声誉和知名度，还可为资产管理机构背书，成为其市场竞争力的一个重要的“参照系”，助力其吸引更多机构投资者，进一步拓展资产管理业务。近年来，随着我国资本市场改革深化和对外开放的扩大，市场的基础制度逐步趋于完善，市场的发育程度明显提高，市场的投资回报对机构投资者也越来越具有吸引力。在这种情况下，保险资金、社保基金、各类养老金、慈善基金、教育基金、员工持股计划等各类机构投资者的长期资产管理需求上升，利用资本市场进行长期投资的资金规模逐步扩大。这不仅有利于优化资产管理市场的投资者结构，而且也有利于增强资产管理市场运行的稳定性。

（五）金融机构转型发展迫切需要强化资产管理业务

在经济减速下行、资本补充压力加大、智能金融快速发展、金融监管日益强化、传统经营模式和业务结构已不适应经营发展需要等多种因素的综合制约下，整个金融生态环境正在发生重大变化，金融机构面临着沉重的转型发展压力。注重发展“轻资本”的资产管理业务，提升资产管理业务在业务经营中的地位，努力把资产管理业务打造成新的收入和利润增长点，通过提高资产管理的综合服务能力，加快实现资产管理业务向全方位财富管理业务的转化，成为金融机构转型发展的战略重点和必由之路。资产管理业务的拓展能力和运作质量，已成为决定金融机构转型发展成效和进程的一个重要因素。资产管理业务将成为金融机构的主营业务，与信贷业务、投行业务一起构成金融机构业务经营发展的三大支柱。

（六）经济发展创新驱动凸显资产管理机构作用

创新驱动是推动我国经济高质量发展的必由之路。近年来，我国大力实施创新驱动发展战略，强化创新驱动发展战略的政策引导，有力推动了经济发展。而创新驱动发展战略的实施，离不开金融部门的支持。无论是科技创新活动中的技术研发，还是成型科技成果的转化和市场推广，都存在着不断放大的资金需求，都需要大量的长期资金支持。特别是高新技术研发，周期长、风险大，可能带来的投资收益也很高。在这方面，资产管理机构作为买方投资机构的作用凸显。资产管理机构通过认真选择新技术投资项目，以股权投资等方式科学配置中长期投资资金，可以为科技创新活动提供强有力的长期资金支持，增强创新驱动发展动力。

二、中国资产管理市场发展趋势的主要特点

（一）资产管理产品结构多样化

随着资产管理市场规模的持续扩大，为更好地适应不同类型客户对资产管理产品的多样化需求，提升自身市场竞争力，各类资产管理机构必将按照合规要求，全力推进产品创新，不断丰富产品结构，为客户提供涵盖标准化资产投资、另类投资、并购投资等投资类型且具有不同风险收益特征的全方位产品线服务，并实现资产的境内配置和境外配置相结合。

1. 净值型产品将成为市场主导产品

净值型产品代表了资产管理产品发展的根本方向。“资管新规”第十八

条要求："金融机构对资产管理产品应当实行净值化管理，净值生成应当符合企业会计准则规定，及时反映基础金融资产的收益和风险。"由资产管理产品的净值模式取代原来的预期收益模式，既可以使投资资产的风险和收益情况及时、准确地反映到产品的价值变化中，也可以使投资者通过对产品风险和收益的识别，选择适合自身风险收益特征的产品。在净值模式下，资产管理产品不再设定预期收益率，而是定期披露净值、定期开放供投资者按照净值申购和赎回，投资组合公开透明，投资收益率随净值变动相应变化，投资风险由投资者自己承担。这种模式不仅可以避免预期收益模式下基础资产的风险和收益不能及时反映在产品价值变化上带来的风险错配，而且可以打破刚性兑付。毫无疑问，随着"资管新规"确定的过渡期的结束，相当于"类存款"的封闭式预期收益率产品，将逐渐被净值型产品所取代，净值型产品将成为资产管理市场的主导产品。

实现资产管理产品向净值化产品转型，对于资产管理机构来说迫在眉睫。而净值化产品的开发能力和估值能力，对于这种转型至关重要，构成资产管理机构的核心竞争力。资产管理机构要适应市场发展和客户需要，加强市场研究，做好大类资产配置，提升投后管理能力，特别是要着力构建科学、全面的产品估值体系，完善对投资期限较长、公允价值不好确定的非标资产的估值方法。要通过产品的净值化设计，引导客户强化"投资风险自担"的投资意识，强化投资者适当性管理，完善客户分层，将产品销售给风险特征与之相匹配的投资者。

2. 主动管理型产品比重将明显上升

提升主动管理能力，扩大主动管理产品的市场规模，是所有资产管理机构的共识和孜孜以求的目标。其原因在于：主动管理能力提升在给客户带来可观的投资收益的同时，也会以管理费加业绩报酬的方式给资产管理机构带来更多收益，这是资产管理机构核心竞争优势的主要体现。在资产管理业务去通道化、市场利率下降导致资产管理产品收益率下滑、"资产荒"现象延续的情况下，集中优势资源发力主动管理，已经成为各类资产管理机构的共同选择。特别是金融机构的资管子公司，依托母公司在研究、信息、技术等方面的资源，具有开展主动管理的明显优势。而从主动管理产品的发展趋向看，适应具有高收益追求、高风险偏好的部分机构投资者和个人投资者的需求，权益类产品在资产管理机构资产配置中的比重将会明显上升，各种类型的主动管理型基金、量化对冲产品等将会大量涌现，由标准化资产和另类投资产品共同构成的多元化投资组合也有较大成长空间。

（二）资产管理机构经营规范化

在新的、统一的资产管理行业监管制度下，监管部门以防范系统性风险为底线，严格监管常态化，从而功能监管和行为监管将得到强化，监管的有效性也将进一步增强。在这样的监管背景下，资产管理机构将强化“规范发展”的理念，更加注重依法合规经营，从产品的开发设计、营销推广、投资管理、收益分配，到机构本身的运作管理，整个全链条的资产管理经营行为将越来越规范化。资产管理机构经营规范化水平的提高，也将有力提升资产管理市场的规范化程度和运行的稳定性。

（三）资产管理业务经营智能化

金融科技降低了投资者的投资门槛和交易费用，打破了资产管理行业壁垒，扩大了客户的投资边界和资产选择范围，使普通大众投资者也能够享受到较为便捷的资产管理服务。为了强化金融科技在资产管业务中的应用，实现金融科技与资产管理业务的高度融合，金融机构纷纷加大投入，强力推进资产管理业务的智能化转型，以培育资产管理业务高质量发展的关键动力。这种智能化转型主要表现在：一是投资过程的智能化。资产管理机构借助金融科技的重点技术，对占有的广泛的数据资源进行全面的数据处理和数据分析，通过模型、算法、策略几个维度制订资产配置方案，决定投资组合中的大类资产配置比例，并根据市场的变化及时对投资组合进行动态调整优化。至于高度依赖模型并且需要密切跟踪市场交易机会的量化投资，更是离不开大数据、云计算、区块链和人工智能技术。二是风险控制的智能化。传统的风险控制方式难以及时跟进资产管理市场的动态变化，风险控制措施滞后，往往是风险出现后再进行补救，而智能化风险管理通过引入机器量化风控机制，建立覆盖投前、投中、投后三方面的投资管理全流程的智能风控平台，进行智能行业和投资研究、风险画像、财报及时再造、押品估值、智能法审和智能投中及投后服务，实现对资产管理业务过程中的信用风险、市场风险、操作风险、流动性风险、品牌声誉风险等的全面管控。三是营销服务的智能化。资产管理机构利用移动互联网、大数据和人工智能，可以在掌握各类客户基本情况的基础上，进行精准的客户分类和营销，显著提升营销效率。客服运营模式的智能化，使得不受时间和空间限制的线上营销成为新的营销方式，这不仅有助于增强客户的在线服务体验，提高服务效率，而且降低了营销成本。资产管理机构根据客户群体的差异化特征，将传统投资顾问与智能投顾有机结合，将营销服务向收入水平较低的大众投资者拓展，还有利于使这部分社会群体也享受到资产管理服务，提升其财富获得感，提高资产管理的普惠化水平。

（四）资产管理业务集中化

从国际资产管理行业的发展实践看，资产管理业务的集中化，是资产管理业务发展到一定阶段的必然结果。根据新华出版社 2018 年出版的《2018 年中国资产管理行业报告》提供的数据，截至 2017 年底，排名全球前 50 位的头部资产管理机构管理的资产总额，在全球资产管理行业管理的资产总额中的占比接近 70%。大型资产管理机构产品线丰富，专业投资能力强，品牌效应突出，市场影响力广，因而更能赢得客户和市场份额，实现资产规模的持续扩张。根据全球最大的保险经纪公司之一的韦莱韬悦（WILLIS TOWERS WATSON）对资产管理规模位居全球前 500 名的资产管理公司的跟踪，排名前 20 名的头部资产管理公司的市场份额（AUM 份额）从 2007 年的 37.5% 持续上升至 2017 年的 42.3%。再如，美国基金市场从 2007 年到 2019 年 6 月的十多年间，市场集中度逐步提升，市场排名前四位的四家公司的市场份额从 38% 上升至 51%，而小型资产管理机构的市场则大幅下降。在我国资产管理市场的监管标准已经趋于统一、各类资产管理机构的业务类型和投资范围趋同度上升、资管子公司设立导致资产管理业务专业化程度提高、资产管理服务综合化趋势加剧等因素的影响下，未来我国资管市场的竞争将更加激烈，并将呈现出“强者恒强”“赢者通吃”的竞争格局，资产管理业务的集中度也将进一步上升。商业银行特别是大型商业银行具有客户资源优势、渠道优势、业务综合化优势、资管子公司专业化运作优势和品牌效应，仍将成为资产管理市场的主导和中坚力量，市场份额将稳步扩大。证券公司、保险公司、基金公司等非银行金融机构凭借产品特点和自身优势，在资产管理市场中也将占有重要地位。专注于特定资产投资或具有特定投资风格、特定投资策略的小型资产管理机构，如小型证券公司、私募基金、第三方财富管理公司、独立理财师等，也会受到特定投资者的青睐，在财富管理市场也有一席之地。未来有可能在金融机构资管子公司的基础上，逐步形成若干家在国内外具有强大市场竞争力、资产管理业务综合化、整体上市的资产管理集团，其也将成为资产管理业务集中度上升的主要载体。

（五）资产管理业务国际化

在我国经济和金融对外开放逐步扩大、“一带一路”倡议实施不断深化、人民币国际化不断推进的大背景下，境外投资需求持续上升，资产管理机构业务经营的国际化趋势不可逆转。

我国资产管理机构业务经营的国际化，主要表现为大型金融机构资产管理业务的国际化拓展，其具体表现在两个方面：一是资产配置的全球化。大型金融机构在全球范围内配置资产，主要是配置境外成熟金融市场的资产，这样做可以改善资产配置结构，降低投资组合波动性，分散投资的周期性和区域性风险，分享不同国家和地区不同经济周期下的增长红利，提高投资收益。在人民币波动幅度加大，房地产市场风险逐步累积，金融资产投资收益率下滑的情况下，大型金融机构的一些客户特别是高净值客户具有强烈的境外资产配置需求。与这种需求相适应，跨境资产配置成为大型金融机构一个重要的资产配置方向和着力点，其通过到境外设立分支机构作为投资平台、与境外金融机构合作或为客户设立境外账户等方式，来实现资产的境外配置。境外资产的投资对象，既包括固定收益类和权益类产品，也包括大宗商品、房地产等另类投资产品。二是业务经营范围的国际化。大型金融机构通过在主要国际金融中心和新兴市场重点城市布局机构网点，或采用兼并收购方式控股、参股境外同业机构，来拓展境外业务。近年来，大型金融机构纷纷在境外增设分支机构，境外并购活动也十分活跃，这为扩大境外资产管理业务规模，有效参与国际资产管理市场业务竞争创造了有利条件。与此同时，随着我国金融业对外开放的不断扩大，海外金融机构也在加速进入国内资产管理市场，形成了中外资产管理机构同台竞技的竞争格局。这不仅有助于我国资产管理市场国际化程度的提高，而且给我国金融机构提供了学习外资同行先进的投资理念、投资策略和服务方式的机会，有助于提升我国金融机构境外资产管理业务的经营管理水平。尽管我国金融机构境外资产管理业务的拓展，还受到对境外市场熟悉程度不够、投资运作经验缺乏、风险防控能力不足、高素质国际化专业投资管理人才短缺等条件的制约，但资产管理业务的国际化程度将逐步提高是毋庸置疑的。

参考文献

［1］［美］戴维·达斯特．资产配置的艺术，中文版［M］．上海：上海人民出版社，2005.

［2］［美］基思·布朗，赖利．投资分析与组合管理，中文版［M］．北京：机械工业出版社，2004.

［3］［英］尤拉姆·拉斯汀．资产配置投资实践，中文版［M］．北京：电子工业出版社，2016.

［4］［美］哈里·马科维茨．资产组合选择和资本市场的均值—方差分析，中文版［M］．上海：上海人民出版社，1999.

［5］［美］威廉·夏普．投资组合理论与资本市场，中文版［M］．北京：机械工业出版社，2016.

［6］［美］兹维·博迪．投资学（第10版），中文版［M］．北京：机械工业出版社，2017.

［7］［美］约翰·马金，唐纳德·塔特尔，杰拉尔德·平托，丹尼斯·麦克利维．投资组合管理动态过程（第3版），中文版［M］．北京：机械工业出版社，2012.

［8］［美］弗兰克·赖利、基恩·布朗．投资分析与组合管理（第8版），中文版［M］．北京：中国人民大学出版社，2011.

［9］［加］约翰·赫尔．期权，期货及其他衍生产品（第9版），中文版［M］．北京：机械工业出版社，2015.

［10］［美］安东尼·桑德斯，马西娅·米伦·科尼特．金融风险管理，中文版［M］．北京：人民邮电出版社，2012.

［11］［加］约翰·赫尔．期权期货和衍生证券，中文版［M］．北京：清华大学出版社，2017.

［12］［加］约翰·赫尔．风险管理与金融机构，中文版［M］．北京：机械工业出版社，2018.

［13］［美］兹维·博迪、罗伯特·莫顿．金融学，中文版［M］．北京：中国人民大学出版社，2000.

［14］［美］保罗·西罗尼．金融科技创新，中文版［M］．北京：中信出版集团，2017.

［15］［美］布莱特·金．银行4.0，中文版［M］．广州：南方出版社，2018.

［16］［美］布莱特·金．银行3.0，中文版［M］．台北：台湾金融研训院，2013.

［17］苑德军，张颖．个人理财［M］．北京：中央广播电视大学出版社，2007.

［18］林晓明．风险平价模型在大类资产配置及行业配置中的应用［R］．华泰证券研究报告，2016.

［19］王前锋．量化大类资产配置［M］．北京：电子工业出版社，2017.

［20］朱淑．金融风险管理［M］．北京：北京大学出版社，2017.

［21］汪昌云．金融衍生工具［M］．北京：中国人民大学出版社，2017.

［22］张金清．金融风险管理［M］．上海：复旦大学出版社，2011.

［23］中国期货业协会．期货及衍生品分析及应用［M］．北京：中国财政经济出版社，2015.

［24］郑功成．多层次社会保障体系建设：现状评估与政策思路［J］．社会保障评论，2019（1）.

［25］李桂荣．西方养老保险制度的改革与发展对我国当代转型的启示［J］．科技信息，2012（24）.

［26］黄瑞．从西方养老保障方式演进看中国养老保险制度建设［J］．湖北经济学院学报（人文社会科学版），2008（2）.

［27］熊海帆，蒲璞．养老保险之中西方制度文化的比较分析［J］．科技情报开发与经济，2004（7）.

［28］赵书博．西方国家养老保险制度研究及借鉴［J］．首都经济，2003（6）.

［29］林义．西方国家养老保险的制度文化根源初探［J］．财经科学，2000（4）.

［30］林义．西方国家养老保险的制度基础［J］．财经科学，1999（5）.

［31］余桔云．养老保险理论与政策［M］．上海：复旦大学出版

社，2015.

［32］北京当代金融培训有限公司．员工福利与退休规划［M］．北京：中信出版社，2014.

［33］黄祝华，韦耀莹主编．个人理财［M］．大连：东北财经大学出版社，2013.

［34］毕小龙．中国社会养老保险制度：经济转型、人口老龄化与社会养老保险［M］．广州：暨南大学出版社，2009.

［35］侯立平．欧美养老保险改革及其启示［M］．成都：西南财经大学出版社，2008.

［36］张颖．个人理财基础［M］．北京：对外经济贸易大学出版社，2005.

［37］李连友．基本养老保险制度中政府作用研究［M］．长沙：湖南人民出版社，2004.

［38］钟文华．企业税收筹划及其在M公司的运用［D］．西安：西安电子科技大学，2010.

［39］马海蓉．家族企业传承，国外有哪些好经验［R］．人民论坛，2017（11）.

［40］Lixue. 税收筹划革新，2018全球税改年下的资产配置与财富保全［EB/OL］．（2018－07－07）［2018－12－28］．http：//www. rtfcpa. com/showinfo－119－1851－0. html.

［41］向兆礼．浅谈房地产开发公司的税务筹划［J］．财会研究，2006（4）.

［42］朱林．论私募股权投资基金组织结构设计与税收筹划［J］．财会学习，2018（31）.

［43］亿德晟集团．精读｜保险的税务筹划功能［EB/OL］（2018－12－18）［2018－12－28］．http：//www. sohu. com/a/282781255_ 100014622.

［44］财政部．对养老基金投资利息免征增值税，养老金融月度资讯（2018. 9. 1—9. 30）［R］．中国养老金融50人论坛，2018.

［45］李君平．私人财富管理研究述评与展望［J］．外国经济与管理，2014（8）.

［46］新财道财富管理股份有限公司．家族财富管理之道［M］．北京：中国金融出版社，2017.

［47］赖秀福．发挥信托制度优势，助力家族财富管理行稳致远［J］.

清华金融评论，2018（10）.

［48］吕健祥．家族财富传承金融解决方案［D］．杭州：浙江大学，2016.

［49］招商银行，贝恩公司．2017年中国私人财富报告［R/OL］（2017-06-21）［2019-03-01］．http：//www.bain.com.cn/pdfs/201708140851144139.pdf.

［50］袁吉伟．生命周期、财富传承与家族信托——长期视角下的家族财富发展研究［J］．内蒙古金融研究，2013（10）.

［51］刘鸿儒．中国金融理财业的发展与前景［J］．杭州金融研修学院学报，2004（12）.

［52］连平．创新经营管理模式推动财富业务发展［R］．21世纪亚洲金融年会委员会，2009（12）.

［53］智信资产管理研究院．中国信托业发展报告（2013）［M］．北京：社会科学出版社，2013.

［54］王增武，黄国平，陈松威．财富管理的内涵、理论与实证［J］．金融评论，2014（6）.

［55］于蓉．金融机构财富管理业务发展面临的矛盾与对策［J］．金融实务，2016（7）.

［56］邱峰．财富传承工具之抉择［J］．金融创新，2014（12）.

［57］霍玉芬．信托法要论［M］．北京：中国政法大学出版社，2003.

［58］阮默．我国家族企业财富传承法律制度构建［J］．综合论坛，2017（2）.

［59］孔志军．财富传承：富豪家族信托解密［J］．人民文摘，2013（7）.

［60］姜勇．我国家族企业财富传承法律制度构建［J］．法制与社会，2017（28）.

［61］郭瑞军．家族企业代际传承关键问题研究［D］．郑州：郑州大学，2012.

［62］姚亚菊．家族信托浅析［J］．时代金融，2013（6）.

［63］汪其昌．家族信托：私人银行的业务突破口［J］．金融管理与研究，2011（8）.

［64］陈丹妮．关于对中国私人财富管理及传承问题的认识［J］．区域金融研究，2013（8）.

［65］周小明．信托制度：法理与实务［M］．北京：中国法制出版

社，2012.

［66］王小刚．富一代老了怎么办？——财富规划与信托安排［M］．北京：法律出版社，2012.

［67］于霄．家族信托的法律困境与发展［J］．南京大学法律评论，2014（1）.

［68］巴曙松，等．中国资产管理行业发展报告（2018年）［M］．成都：四川人民出版社，2018.

［69］肖钢，等．2019年中国智能金融发展报告［R］．第三届金家岭财富管理论坛，2019.

［70］杨立．财富管理论：从理财师到智能投顾［J］．商讯，2018（8）.

［71］赵旭．基于突变评级法的证券分析师专业能力评价［J］．湖南财政经济学院学报，2015（6）.

［72］苏薪茗．转型向未来：中国资管行业发展与监管［M］．北京：中国金融出版社，2018.

［73］巴曙松．中国资产管理行业发展报告［M］．成都：四川人民出版社，2018.

［74］每日经济新闻．2018中国财富管理市场报告［R］．2018.

［75］中国证券投资基金业协会．逐鹿大资管时代［M］．北京：中国人民大学出版社，2014.

［76］张春子．统一监管规则下商业银行资产管理业务发展战略思考［J］．银行家，2018（5）.

［77］曹德云．保险资产管理改革的深化［J］．中国金融，2019（19）.

［78］张志前，祝伟清，高彦如．资管新时代——从野蛮生长到高质量发展［M］．北京：社会科学文献出版社·经济与管理分社，2019.

［79］谭人友，韦起．“大资管”市场的九大发展趋势［J］．清华金融评论，2017（12）.

［80］王雯，陈韵杨，陈福．证券资产管理行业报告：国际经验与国内展望［J］．广发非银金融研究，2019.

［81］谢亚轩．招商宏观：全球资管与中国资产［J］．招商宏观研究，2020.

［82］Bridgewater：Risk Parity is about Balance（2011）［EB/OL］．［2018-12-28］．https：//www. bridgewater. com.

［83］Jeffrey A. Helewitz. Basic Wills，Trusts，and Estates for Paralegals，4th edition［M］．Wolters Kluwer，2008.